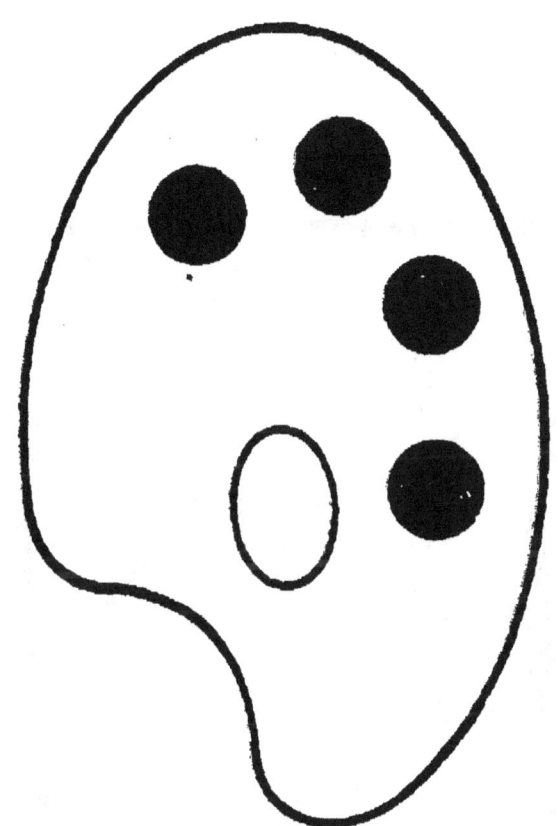

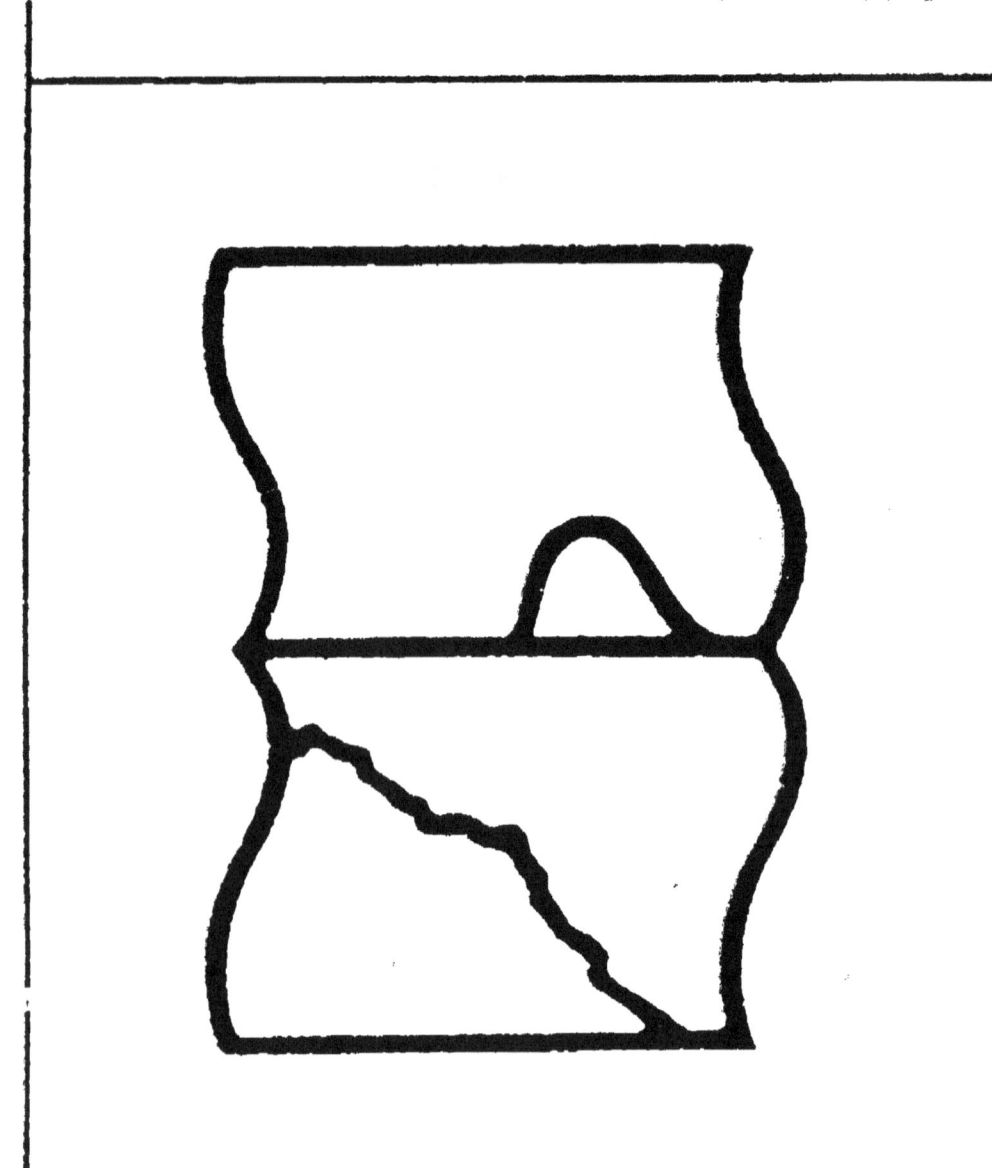

ALBERT LE ROY

L'Aube du Théâtre Romantique

PARIS
SOCIÉTÉ D'ÉDITIONS LITTÉRAIRES ET ARTISTIQUES
Librairie Paul Ollendorff
50, CHAUSSÉE D'ANTIN, 50

1904
Tous droits réservés.

*L'Aube
du Théâtre
Romantique*

8°Yf
1344

DU MÊME AUTEUR

George Sand et ses Amis, 1 vol. in-18.
La France et Rome de 1700 à 1715, 1 vol. in-8.

ALBERT LE ROY

L'Aube du Théâtre Romantique

PARIS
SOCIÉTÉ D'ÉDITIONS LITTÉRAIRES ET ARTISTIQUES
Librairie Paul Ollendorff
50, CHAUSSÉE D'ANTIN, 50

1904
Tous droits réservés.

A
M. ALFRED CROISET

MEMBRE DE L'INSTITUT
DOYEN DE LA FACULTÉ DES LETTRES DE PARIS

L'AUBE
DU
THÉATRE ROMANTIQUE

CHAPITRE PREMIER

LES ORIGINES DU ROMANTISME

Il est plus facile de raconter que de définir le romantisme. La critique s'évertue à découvrir les origines, à délimiter le domaine, à indiquer les confins d'un genre littéraire, qui, durant quelque quinze ans, depuis la préface de *Cromwell* jusqu'à la représentation des *Burgraves*, exerça une véritable maîtrise, et dont le déclin fut presque aussi rapide que soudaine avait été son apogée. Telle une fleur, éclose au matin, et qui languit et se décolore vers le soir. Le romantisme fut un épanouissement, un rayonnement de beauté, vite envahi par le crépuscule et enveloppé par les ténèbres. Au gré des uns, c'est un renouveau de Shakespeare; pour les autres, une transformation de la philosophie sentimentale et individualiste de Jean-Jacques Rousseau. On peut disputer s'il est un produit de terroir ou une importation d'outre-Rhin ou d'outre-Manche. Du moins il substitua la luxuriance de sa frondaison au vieux feuillage classique qui commençait à s'étioler. Par une sorte d'interversion saisonnière, c'est un printemps radieux qui succède sans transition à la mélancolie automnale.

Stendhal, joignant aux audaces d'un théoricien révolutionnaire les violences d'un briseur d'images, apporte sa définition, fatalement outrancière, du romantisme. « C'est, dit-il, l'art de présenter aux différents peuples les œuvres littéraires qui, dans l'état actuel de leurs habitudes et de leurs croyances, sont susceptibles de leur donner le plus de plaisir possible. Le classicisme leur présente la littérature qui donnait le plus de plaisir à leurs arrière-grands-pères. » Peu importe à Stendhal d'être injuste et agressif envers les deux siècles — le dix-septième et le dix-huitième — où le génie français a resplendi de tout son éclat. Il ne se préoccupe que d'être ingénieux et scintillant dans ses paradoxes.

En réalité, c'est chez madame de Staël que l'idée et la formule du romantisme font leur apparition. Dans un court chapitre de trois pages, intitulé « la Poésie classique et la Poésie romantique », ce dernier vocable se trouve employé pour la première fois avec le sens exact qu'il allait revêtir. Jusque-là c'était un néologisme, un terme à signification imprécise. Quand Marmontel attribuait à un caractère, Jean-Jacques à un site, ou Ducis à un chant l'épithète de *romantique*, c'est *romanesque* qu'il fallait entendre. L'âme de madame de Staël, comme l'a observé Paul Albert, appelait une rénovation littéraire. Elle eut la prescience du romantisme. La Révolution politique de

1789, si elle manqua d'un complément religieux et social, eut du moins son nécessaire contre-coup dans l'ordre intellectuel et psychologique. La société nouvelle fut dotée d'une nouvelle poésie et d'un nouveau théâtre.

En Allemagne, tels amateurs de généalogie lointaine font de Luther l'ancêtre ou le précurseur du romantisme. De même, en France, certains néophytes prétendirent se rattacher à Ronsard. Le bon Ducis, à son insu — car il croyait être un fidèle héritier des classiques — favorisa les velléités ou les curiosités naissantes, en ramenant sur la scène les drames de Shakespeare, que les adaptations de Voltaire et la traduction de Letourneur avaient fait connaître au public français. On se rappelle la colère de notre Voltaire, lorsqu'il s'aperçut que le théâtre shakespearien n'était pas sa propriété exclusive et que d'autres se permettaient d'admirer et de vulgariser cette œuvre puissante. Dès lors, le grand écrivain anglais ne fut plus, à ses yeux, qu'un *gilles* et un *histrion*. « Ce qu'il y a d'affreux, s'écriait-il, c'est que ce monstre (Letourneur) a un parti en France, et, pour comble de calamité et d'horreur, c'est moi qui autrefois parlai le premier de Shakespeare; c'est moi qui le premier montrai aux Français quelques perles que j'avais trouvées dans son énorme fumier. » Ducis, à l'image de Voltaire, voulut accommoder au goût français des chefs-d'œuvre qui ont le double prestige de l'universalité et de la pérennité. Vainement il taille dans ces drames admirables, comme un jardinier dans les charmilles de Versailles; vainement il essaie de réduire l'exubérance de Shakespeare à la mesure d'un sage alexandrin: le génie éclate, et brise les entraves qu'on lui inflige. Au demeurant, il convient de déclarer, avec Hippolyte Lucas, que « Ducis fit faire un pas de plus à l'action théâtrale par l'infusion du sang shakespearien dans les veines de la tragédie expirante. »

Ne s'était-il pas avisé, ce traducteur prudent, de supprimer dans *Othello* le rôle d'Iago? Et M. Charles Lenient, après Alfred de Vigny qu'il omet de citer, remarque avec malice : « L'idée était aussi ingénieuse que le serait la suppression du serpent dans la légende d'Adam et d'Eve. » Otez le serpent, tout s'évanouit. Un objet des plus indispensables partage, ou peu s'en faut, le sort d'Iago. Ducis ne permet pas à son More de Venise de s'écrier, au paroxysme de la frénésie jalouse : « Le mouchoir! le mouchoir! » C'est Alfred de Vigny, en 1829, qui risquera ce coup d'Etat dramatique. En 1823, la cause de Shakespeare n'était pas encore gagnée. Quand des acteurs anglais vinrent à Paris jouer plusieurs de ses pièces, ce furent des bordées de sifflets, des cris et des coups. En guise de projectiles, les petits bancs volaient à travers la salle. L'un d'eux alla frapper une actrice en scène, et l'auteur de cet exploit crut sans doute avoir pris sa revanche de Waterloo. Des spectateurs chauvins hurlaient : « A bas Shakespeare! C'est un aide de camp de Wellington. » Leur ferveur patriotique primait leur culture littéraire.

M. Ferdinand Brunetière, dans divers articles de la *Revue des Deux-Mondes*, et particulièrement dans une conférence à l'Odéon le 18 février 1892 sur « le Théâtre romantique », s'est exercé avec sa sagacité coutumière à explorer les alentours de son sujet et à en prendre possession. Il reconnaît ce fleuve sinueux, au cours inégal, tantôt débordant, tantôt presque tari, et il remonte vers la source. Toutes les définitions, successivement données, du romantisme lui semblent fausses. Il ne cite pas, mais il désavoue implicitement celle que Paul Albert avait ainsi formulée : « D'une part, le romantisme est l'œuvre de la jeunesse ; de l'autre, il est la liberté dans l'art. » Aussi bien M. Brunetière note très judicieusement qu'à peine les novateurs ont-ils renversé les anciennes règles, ils en ont dû promulguer de nouvelles. De même, il réfute la théorie qui fait consister le romantisme dans l'imitation soudaine des littératures étrangères. Dès le dix-septième et le dix-huitième siècle, le système classique de la prohibition avait été enfreint, et plusieurs de nos meilleurs écrivains s'étaient approvisionnés, non plus seulement aux amples greniers et réservoirs de l'antiquité, mais encore et surtout par delà les frontières. Est-ce que Scudéry et Scarron, et le grand Corneille lui-même, n'avaient pas fait de fréquents emprunts à l'Espagne ? Est-ce que Voltaire et l'abbé Prévost s'étaient abstenus de prélever sur le propre fonds de l'Angleterre ?

Comme précurseur du romantisme et devancier de Victor Hugo, M. Brunetière indique Népomucène Lemercier, non pas en ses premiers ouvrages, *Méléagre*, le *Lévite d'Ephraïm*, ni même en cet *Agamemnon* qu'il composa à vingt-cinq ans et où l'on trouve d'éloquentes réminiscences d'Eschyle, de Sénèque et d'Alfieri, mais dans *Pinto*, histoire comique d'une conjuration méthodiquement ourdie. Le mélange du plaisant et du sévère encourut les anathèmes de la critique, qui exigeait alors le scrupuleux respect de la division des genres. Un des aristarques patentés fulmina solennellement, au nom des vieux dogmes littéraires et de l'infaillibilité traditionnelle : « Le citoyen Lemercier a fait deux poèmes qui, loin d'accroître sa réputation, l'ont presque totalement détruite. L'*Arlequinade* de *Pinto* lui a donné le coup de grâce; aujourd'hui il fait le mort. » Ce jugement est plus qu'erroné, il est inique. Lemercier avait en littérature des opinions aussi nettement arrêtées qu'en politique. Citoyen, il refusa de se courber devant l'implacable tyrannie de l'Empereur qu'il appelait ironiquement « son ami le premier consul ». Poète, il composa la *Panhypocrisiade*, où s'étalent les vices, les ridicules ou les frivolités de l'espèce humaine. Dramaturge, il hasarda délibérément les audacieuses nouveautés de *Pinto*, en portant sur la scène, selon son expression, « la tragédie dépouillée du faux appareil de grandeur qui la couvrait » et en montrant « les grands en déshabillé. »

De vrai, le romantisme c'est surtout l'expansion du moi. L'individu, qui dans la littérature classique est comprimé aussi étroitement que dans les institutions du vieux régime féodal et monarchique, renverse les barrières et s'échappe à travers champs. Chez les romantiques, l'écrivain, au lieu de s'abriter derrière son œuvre, se met en évidence et livre au public le tréfonds de son cœur et de sa pensée. Au genre impersonnel se substitue le débordement de la personnalité, qui s'abandonne et se complaît à des effusions lyriques. Par là, Jean-Jacques Rousseau, dans ses *Confessions*, ses *Rêveries* et son *Émile*, ouvre la voie et allume le flambeau. Il le transmet à Chateaubriand, qui joint à la pompe du style et à la majesté des périodes le goût de se raconter et de s'admirer soi-même. De *René* aux *Mémoires d'outre-tombe*, ne cesse de s'affirmer le procédé romantique. Ajoutez que la nouvelle école a un tour persistant de religiosité et même de mysticisme, que nous trouvons d'abord dans la *Profession de foi du Vicaire savoyard*, tout imprégnée de ce spiritualisme laïque destiné à produire en 1794 le culte de l'Etre suprême. Alors que les derniers classiques sont les disciples et les imitateurs de Voltaire, les romantiques constituent la lignée intellectuelle et morale de Jean-Jacques. A l'impiété et à l'ironie qui semblent saluer irrévérencieusement l'agonie de l'ancien régime, les novateurs opposent un élan d'idéalisme et de foi. Chateaubriand exalte les *Martyrs*; Lamartine, dans ses *Méditations* élève vers le ciel les soupirs et les prières d'une âme aussi désireuse de croire que d'aimer. Et, si quelque symbole pouvait exactement figurer l'éveil du romantisme, ce serait une cathédrale gothique, la *Notre-Dame* de Victor-Hugo, sortant de la brume en une belle clarté d'aube, pour dominer le siècle naissant. Un souffle de ferveur passe sur la France que vient de secouer la main brutale de l'Empereur. A une génération de conscrits succède une génération de poètes et d'artistes. La pensée humaine, trop longtemps opprimée, reprend ses droits et proclame ses titres.

D'autre part, le régime clérical de la Restauration avait soulevé, dans la bourgeoisie, un mouvement de révolte contre les Jésuites et la Congrégation. On gémissait de voir la jeunesse des classes dirigeantes livrée à une association que présidait le P. Ronsin, de la Compagnie de Jésus, et qui, sous couleur de conserver la religion et les mœurs, asservissait les intelligences. Des missions parcouraient la province et s'emparaient des chaires délaissées par le clergé paroissial. Déjà les réguliers supplantaient les séculiers. Les libéraux en émoi cherchaient à se défendre contre cette invasion. Pour résister aux moines, on appelait les comédiens. Le théâtre faisait concurrence à l'église. Talma ou mademoiselle Mars, dans leurs tournées à travers la France, étaient fêtés ainsi que des libérateurs. Le parterre réclamait une représentation supplémentaire de *Tartufe*, et la soirée se terminait par des manifestations contre le « parti-prêtre », comme on disait alors, et contre la cabale des dévots. — Aux funérailles de l'acteur Philippe, la foule conduisit le convoi vers les Tuileries, en sommant le roi d'assurer au défunt les prières et les bénédictions du clergé. Quand Talma, nourri de l'esprit philosophique et sceptique du dix-huitième siècle, alla jusqu'à refuser, à son lit de mort, non seulement les sacrements, mais la visite même de l'archevêque de Paris, ce fut une explosion d'enthousiasme et une popularité posthume qui passa tous les succès de sa carrière théâtrale. — Sous la Restauration, il y eut cet étrange contraste d'une opinion publique résolument anticléricale et d'une littérature orientée vers un réveil religieux. Seuls, ou presque seuls, Paul-Louis Courrier et Béranger écrivent et manifestent au nom du libre examen et de la gaieté française. Parmi tant d'ultramontains, ce sont d'irréductibles Gaulois. Ils triompheront en 1830.

Au delà du Rhin, l'individualisme romantique avait aussi ses adeptes : d'abord, ce merveilleux et insaisissable Henri Heine, dont l'âme et la pensée étaient destinées à devenir nôtres, à trouver sur notre terroir une patrie d'élection. Est-il un écrivain, hormis Alfred de Musset, qui ait introduit avantage sa personnalité dans son style et dans son œuvre? Le 29 octobre 1820, il mande à son ami Steinmann : « Les vieilles souffrances reviennent dans leur ancienne hôtellerie, qui n'est autre malheureusement que mon propre cœur, et toute cette famille Douleur y recommence son sabbat. J'entends piétiner la grand'mère aveugle, la vieille Tristesse, j'entends grogner une petite fille nouvellement née, mademoiselle Regret. » Comme sa correspondance intime ne lui suffit pas, Henri Heine s'épanche ou se dédouble dans les ouvrages qu'il offre au public. Voici en quels termes il explique au même Steinmann la genèse de son drame *Almanzor*, qui fut représenté à Brunswick le 20 août 1824 et, d'ailleurs, échoua lamentablement : « Si la pièce ne plaît pas, elle fera tout au moins grand bruit. Je m'y suis mis tout entier, y compris mes paradoxes, ma sagesse, mon amour, ma haine et toute ma folie. » Par ainsi, il justifie de point en point la théorie de M. Brunetière, lequel estime et proclame qu'une des principales nouveautés du romantisme consiste à substituer la personnalité de l'auteur à l'individualité de ses héros. Henri Heine s'y applique, dès l'époque où il conçoit et rédige cet *Almanzor*. « Je veux, écrit-il encore à Steinmann le 4 février 1821, te dire un mot de ma tragédie. J'y ai travaillé de toutes mes forces, n'épargnant ni le sang de mon cœur ni la sueur de mon cerveau, et je m'aperçois que cette œuvre splendide, adorée et divinisée par moi, non seulement n'est pas une bonne tragédie, mais ne mérite même pas le nom de tragédie. N'aurais-je aucun talent dramatique ? C'est bien possible. Ou bien les tragédies françaises, que j'ai fort admirées jadis, auraient-elles, à mon insu, continué à agir sur moi ? Le dialogue est presque aussi précieux, peigné et arrondi que dans *Phèdre* ou *Zaïre*. J'ai tenté de combiner dans ce drame l'esprit romantique avec une forme sévèrement plastique. »

La *combinaison* devait être reprise en France et réalisée avec succès. Elle donne du romantisme une analyse plus exacte, une formule plus précise que la doctrine qui le réduit à avoir amalgamé tragédie et comédie pour composer le drame. Cette erreur ou plutôt cette incomplète appréciation, M. Maxime Gaucher l'a signalée, dans la *Revue Bleue* de 1883, avec sa raillerie habituelle : « M. Aulard, dit-il, tient pour le mélange du comique et du tragique. Il les lui faut, non pas l'un après l'autre, mais ensemble, les *Plaideurs* intercalés dans *Andromaque*. Les petits chiens et le petit Astyanax mêlant leurs larmes et mouillant ensemble le plancher, voilà l'idéal ! Je ne suis pas persuadé. On me sert un homard à l'américaine et une charlotte russe : je me promets deux plaisirs successifs. Vient M. Aulard qui verse la charlotte dans le homard et me dit : deux plaisirs à la fois. »

Il est loisible, à distance, de noter, de montrer, de multiplier et de grossir les verrues du romantisme. M. Thiers, qui fut pourtant homme d'esprit, portait, en ses dernières années, un jugement déraisonnable à force de partialité, que nous a transmis Edmond Schérer : « Les romantiques, c'est la Commune. » A ce paradoxe du conservatisme littéraire apeuré nous opposerons le cri d'admiration que jetait Lamartine, quelques semaines avant la Révolution de juillet, en séance de l'Académie française. Son optimisme enthousiaste devait déconcerter la majeure partie de ses collègues, classiques attardés et impénitents : « Que si mon regard se porte sur la génération qui s'avance, je le dirai, messieurs, je le dirai avec une intime et puissante conviction, dussé-je être accusé d'exagérer l'espérance et de flatter l'avenir heureux de ceux qui viennent après nous : tout annonce pour eux un grand siècle, une des époques caractéristiques de l'humanité. Le fleuve a franchi sa cataracte, le flot s'apaise, le bruit s'éloigne ; l'esprit humain coule dans un lit plus large ; il coule libre et fort. » C'était répondre délibérément et avec noblesse aux énergumènes du classicisme qui se délectaient à lire, dans le journal le *Commerce*, cette définition extravagante : « Le romantisme est une maladie comme l'épilepsie. »

En dépit des diagnostics pessimistes et des excommunications majeures, la nouvelle école va conquérir sa place au soleil. Elle ne sera pas, ainsi que le prétend l'orthodoxie de Désiré Nisard en quelque accès d'intolérance, « une débauche d'écoliers. » Elle ne saurait être confondue avec les boutades ou les calembredaines de certains *Bousingots* qui, pour exaspérer les bourgeois et les gardes nationaux, annonçaient des œuvres ridiculement intitulées : « De l'incommodité des commodes » ou « de l'influence des queues de poissons sur les ondulations de la mer. » Le pur romantisme n'a rien de commun avec ces gamineries auxquelles se complairont tels personnages d'Eugène Sue, tels étudiants en goguette d'Henri Murger ou la singularité d'Henri Monnier, père de Joseph Prudhomme. Ce fut un grand effort vers un idéal entrevu, désiré et momentanément conquis. Dans toutes les branches de la pensée humaine, il y eut l'invasion victorieuse d'un nouveau venu qui se glorifiait des plus illustres et des plus lointaines origines. Il se targuait de descendre du moyen-âge et il avait par étymologie, grâce à madame de Staël, des affinités avec les langues romanes. Comme ancêtres et répondants, il invoquait Gœthe et Schiller, Byron et Walter Scott, les *Nuits* d'Young et Ossian. Bref, il était, au regard de la vieille littérature, ce que la Réforme fut au catholicisme suranné et la Révolution aux institutions de l'ancien régime. Il eut la soudaineté et l'attrait d'un renouveau.

La poésie languissait. Elle rajeunit, se métamorphosa, resplendit, avec les *Méditations* et les *Harmonies*, les *Odes et Ballades* et les *Orientales*, *Rolla* et *Namouna*, avec Théophile Gautier, Sainte-Beuve au temps de *Joseph Delorme*, et la pléiade des *poetæ minores* qui font escorte aux chefs d'école, pour aboutir à Auguste Vacquerie, l'auteur du truculent *Tragaldabas*. — La peinture, aux mains des disciples d'Ingres, risquait de n'être plus qu'une forme élégante de la chromolithographie : elle va se transfigurer, changer de procédés, de sujets et d'inspiration, avec un Eugène Delacroix, un Géricault, un Paul Delaroche, un Ary Scheffer, un Horace Vernet. Léopold Robert lui-même sera contraint parfois de s'humaniser. Pareille évolution en sculpture avec Rude, David d'Angers et Barye, en architecture avec Viollet-le-Duc, qui demande à l'art gothique et à la Renaissance de lui révéler leurs secrets. — En musique, Gluck et Mozart, classiques incontestés, ont pour héritiers des novateurs romantiques, Mendelssohn et Schubert, le sensible Chopin, le dramatique Meyerbeer, le fécond Rossini, et Berlioz, âme vibrante, tempérament révolutionnaire. — Dans le domaine de la science et théorique et appliquée, Leverrier, Dumas, Chevreul, Claude Bernard, Pasteur et tant d'autres, étendent leurs conquêtes et ouvrent des horizons élargis. Les chemins de fer, l'électricité, la photographie réalisent de merveilleuses transformations, contemporaines du romantisme, en même temps que Saint-Simon, Enfantin, Pierre Leroux, Fourier, chercheurs idéalistes, rêvent pour l'humanité un avenir de bien-être et de justice distributive, de fraternité et d'amour. — Dans l'histoire, l'école nouvelle triomphe, avec Augustin Thierry, le chantre épique des jeunes années de la France, avec Michelet, qui eut la compréhension symbolique de la vie nationale, avec Edgar Quinet, qui joignit la raison d'un philosophe et la sagesse d'un juge à l'imagination d'un artiste, avec Lamartine exaltant la Gironde, avec Louis Blanc plaidant pour la Montagne. — Si l'histoire se fait romantique, le roman emprunte à l'histoire ses thèmes les plus attachants. Alfred de Vigny y trouve toute l'intrigue de *Cinq-Mars*; Prosper Mérimée butine, glane et lie sa gerbe, en parcourant les annales et les mémoires; Alexandre Dumas père découvre dans la France d'autrefois le solide canevas sur lequel il dessinera ses arabesques, et la *Comédie humaine* de Balzac n'est-ce pas l'exacte image des mœurs, des passions et des vices de son temps? Quant à l'œuvre de George Sand, elle est éclose, elle a fleuri et s'est fanée sur le terroir romantique. — C'est au théâtre d'abord, fidèle miroir de la vie sociale et sentimentale, qu'il importe de demander comment et pourquoi une nouvelle formule de l'éternelle fiction scénique se manifesta sous la Restauration, pour croître, décliner et disparaître avec la monarchie de Juillet. Il semble, de prime face, qu'il y ait, non pas corrélation et conformité, mais antithèse et disparate entre un art très raffiné et une société exclusivement bourgeoise. En réalité, toutes les révolutions sont solidaires et, sinon concomitantes, du moins voisines et successives. Le théâtre réclamait la sienne. Les vieux moules n'offraient plus ni relief ni solidité : ils avaient trop longtemps servi, et, créés par les grands artistes de jadis, ils étaient tombés aux mains maladroites de vulgaires artisans. Les unités de temps, de lieu et d'action, qui sont une force et un adjuvant pour des écrivains de talent, deviennent des entraves quand elles s'imposent à des manœuvres inhabiles ou fatigués. Une réaction intervint qui, comme à l'ordinaire, passa la mesure. Pour répudier le procédé de Racine, on imita jusqu'à l'excès, jusqu'à la servilité, William Shakespeare, en omettant de lui dérober le secret de son génie. Au lieu de s'enfermer dans une durée de 24 ou de 36 heures, certains romantiques espacèrent leurs drames sur des années entières. En la place des cinq actes réglementaires, il y eut des pièces en dix, quinze et vingt tableaux, où l'on multipliait à plaisir les changements de décor. Ce sera tout un art nouveau de mise en scène dont il sied d'étudier les artifices littéraires et les moyens mécaniques. Même révolution dans le plan des caractères. La tragédie classique avait glorifié la puissance et célébré les rois : c'était un théâtre destiné à une monarchie absolue, où chacun tenait son rang selon les lois de la hiérarchie et les règles de l'étiquette. Avec les romantiques, bouleversement complet. Presque toujours le révolté a raison et nous conspirons avec lui, qu'il s'appelle Didier, Hernani, Ruy Blas ou Antony. L'amour illégitime gagne son procès contre les justes noces. L'adultère est honoré, purifié, voire même sanctifié. Certains personnages, qui parlent au nom de l'auteur, ont toutes nos sympathies contre tels autres qui représentent le principe d'autorité, le devoir conjugal, la morale traditionnelle. Dans chaque pièce, ou peu s'en faut, il y a une thèse consacrée à ébranler, à détruire une idée reçue, et à faire valoir un paradoxe, revêtu des couleurs de la vérité et rendu infiniment aimable. Enfin, l'optique du théâtre est renversée. On croirait regarder la vie par l'autre bout de la lorgnette. Les classiques nous avaient proposé un aspect d'ensemble de l'humanité, envisagée dans ses caractères généraux. Les personnages de la tragédie ou de la comédie étaient des figures représentatives : ils traduisaient ces instincts éternels d'honneur, de devoir, de passion, de faiblesse, de jalousie, de colère, qui à toute époque, en tous pays, resteront non seulement vraisemblables, mais véridiques en leur universalité. C'était l'homme abstrait, l'homme collectif, pour ainsi parler. Le romantisme, au contraire, s'attache à peindre l'individu, l'être exceptionnel, extraordinaire, anormal, jeté dans des situations imprévues et qui ne semblent pas susceptibles de se renouveler. De là une alternance d'attitudes glorieuses ou bizarres, un entrecroisement de héros sublimes et de monstres infâmes ; des intrigues où l'on se perd, des sentiments dont on a peine à concevoir la majesté fastueuse ou la bassesse insolente. Les classiques étaient dominés par l'idée de beauté et d'harmonie ; les romantiques sont hantés par un besoin maladif d'étrangeté et par une fièvre de l'inconnu. Les suivre, c'est s'avancer à tâtons, sans savoir si l'on marche vers une lumière radieuse ou vers un cloaque pestilentiel. Et cette incertitude constitue peut-être l'attirance du voyage. A l'eurythmie, poétique et plastique, éclose sous le ciel ensoleillé de l'Hellade et transportée à Versailles, nous verrons succéder des silhouettes tourmentées, qui se profilent dans une atmosphère de brume septentrionale et de mélancolie moderne.

CHAPITRE II

LA PRÉFACE DE *CROMWELL*

En 1823, Stendhal, qui fut tantôt un précurseur sagace, tantôt un enfant perdu, battait en brèche le classicisme et appelait à l'assaut les jeunes recrues du bataillon romantique. Dans une brochure intitulée *Racine et Shakespeare*, il jette le cri d'alarme : « Prenez garde, nous restons toute notre vie en France des hommes de collège pour la littérature... Cessez de regarder Shakespeare à travers La Harpe, ne vous préoccupez plus des unités, et surtout de celle du temps; ne soyez scrupuleux que sur l'idée d'intérêt, et je vous promets des merveilles. La tragédie racinienne ne peut jamais prendre que les trente-six dernières heures d'une action; donc jamais de développement de passions. Il est intéressant, il est beau de voir Othello, si amoureux au premier acte, tuer sa femme au cinquième. Si ce changement a lieu en trente-six heures, il est absurde, et je méprise Othello. » Après avoir emprunté plusieurs autres exemples à Shakespeare, Stendhal conclut : « Ces changements de passion dans le cœur humain sont ce que la poésie peut offrir de plus magnifique aux yeux des hommes. » Pour injuste qu'elle se montre envers le grand siècle, une telle théorie trouve un écho chez les contemporains. Elle va obtenir l'assentiment de Victor Hugo et inspirer en 1827 la préface de *Cromwell*, préface contradictoire à l'œuvre même qui n'est qu'une manière de tragédie amplifiée et débordante. Au défaut de l'unité stricte de lieu, l'unité de temps y est respectée. « Ce drame, observe l'auteur, ne sort pas de Londres ; il commence le 25 juin 1657 à trois heures du matin, et finit le 26 à midi. On voit qu'il entrerait presque dans la prescription classique, telle que les professeurs de poésie la rédigent maintenant. » D'où vient donc la colère de la vieille école et cette exclamation d'Alfred Nettement : « C'est un 93 théâtral succédant à la Terreur et au 93 politique ? » Tout uniment, le romantisme s'annonçait subversif. Quelques années révolues, dans les *Lettres de Dupuis et Cotonet* publiées en 1836 et 1837 par la *Revue des Deux-Mondes*, Alfred de Musset raillera ces audaces prétentieuses et impuissantes. « Vous n'êtes pas, écrit-il, sans vous souvenir que, de 1824 à 1829, il a été grandement question d'une méthode toute nouvelle qu'on venait d'inventer pour faire des pièces de théâtre, des romans, et même des sonnets. On s'en est fort occupé ici (à La Ferté-sous-Jouarre) ; mais nous n'avons jamais pu comprendre, ni mon ami Cotonet ni moi, ce que c'était que le *romantisme*, et cependant nous avons beaucoup lu, notamment des préfaces, car nous ne sommes pas de Falaise, nous savons bien que c'est le principal, et que le reste n'est que pour enfler la chose. »

Les indigènes de La Ferté-sous-Jouarre entendaient mal la distinction du classique et du romantique. Pour madame Dupuis, c'était jus-vert ou vert-jus. « Il faut vous dire, continue le collaborateur de Cotonet, qu'en province le mot *romantique* a, en général, une signification facile à retenir, il est synonyme d'absurde, et on ne s'en inquiète pas autrement. Heureusement, dans la même année, parut une illustre préface que nous dévorâmes aussitôt, et qui faillit nous convaincre à jamais. Il y respirait un air d'assurance qui était fait pour tranquilliser, et les principes de la nouvelle école s'y trouvaient détaillés au long. On y disait très nettement que le romantisme n'était autre chose que l'alliance du fou et du sérieux, du grotesque et du terrible, du bouffon et de l'horrible, autrement dit, si vous l'aimez mieux, de la comédie et de la tragédie. » Musset remarque que plusieurs des anciens, spécialement Aristophane, avaient connu et mis en pratique cette alliance. L'auteur des *Nuées* était-il donc romantique, ou le *romantisme* ne serait-il qu'un mot? « Nous le trouvions beau, déclare Dupuis, et il nous semblait que c'était dommage qu'il ne voulût rien dire. Il ressemble à *Rome* et à *Romain*, à *roman* et à *romanesque*. » Fallait-il admettre que ce fût l'imitation des Anglais ou des Allemands, ou encore des Espagnols? ou le genre historique, ou le genre intime, ou un système de philosophie et d'économie politique? Le héros d'Alfred de Musset se pose et nous pose toutes ces questions grosses de perplexité; puis il redescend des sommets sublimes et cherche une explication plus modeste : « De 1833 à 1834, nous crûmes que le romantisme consistait à ne pas se raser, et à porter des gilets à larges revers, très empesés. L'année suivante, nous crûmes que c'était de refuser de monter la garde. L'année d'après, nous ne crûmes rien. » Mais Musset, qui avait un joli don de dessinateur enclin à la caricature, s'amuse à parodier les langueurs, les outrances ou les fureurs du romantisme. Son Cotonet demande, exige qu'on le lui définisse : « Est-ce l'emploi des mots crus ? Est-ce la haine des périphrases ? Est-ce l'abus des noms historiques ? Est-ce la forme des costumes ? Est-ce le choix de certaines époques à la mode, comme la Fronde ou le règne de Charles IX ? Est-ce la manie du suicide et l'héroïsme à la Byron ? Sont-ce les néologismes, le néo-christianisme, et, pour appeler d'un nom nouveau une peste nouvelle, tous les *néosophismes* de la terre ? Est-ce de jurer par écrit ? Est-ce de choquer le bon sens et la grammaire ? Est-ce quelque chose enfin, ou n'est-ce rien qu'un mot sonore et l'orgueil à vide qui se bat les flancs ? » Or l'interlocuteur, lequel est clerc d'avoué et romantique transcendantal, répond à Cotonet avec exaltation : « Le romantisme, mon cher monsieur ! Le romantisme, c'est l'étoile qui pleure, c'est le vent qui vagit, c'est la nuit qui frissonne, la fleur qui vole et l'oiseau qui embaume ; c'est le jet inespéré, l'extase alanguie, la citerne sous les palmiers, et l'espoir vermeil et ses mille amours, l'ange et la perle, la robe blanche des saules, ô la belle chose, monsieur ! C'est l'infini et l'étoilé, le chaud, le rompu, le désenivré, et pourtant en même temps le plein et le rond, le diamétral, le pyramidal, l'oriental, le nu à vif, l'étreint, l'embrassé, le tourbillonnant ; quelle science nouvelle ! C'est la philosophie providentielle géométrisant les faits accomplis, puis s'élançant dans le vague des expériences pour y ciseler les fibres secrètes... »

Que si nous ne sommes pas suffisamment édifiés par cet ironique galimatias, retournons-nous vers Victor Hugo. Peut-être a-t-il, ou du moins il se targue d'avoir les clartés du Thabor. Dès ses débuts littéraires, à peine âgé de vingt ans, il affecte ce ton sentencieux et dogmatique qui, dans l'apothéose de l'arrière-saison, fera ressembler la demeure de Guernesey à l'antre de la Sibylle, au trépied de Delphes ou au rocher de Pathmos. Celui que Chateaubriand appelait l'*Enfant sublime* allait s'ériger glorieusement, au sortir de l'adolescence, en législateur dramatique. A seize ans, il était couronné aux Jeux Floraux, et en deux concours successifs il obtenait trois prix, avec les pièces intitulées : *Moïse sur le Nil*, les *Vierges de Verdun* et la *Statue de Henri IV*. Sa première publication en librairie, faite à ses frais, lui rapportait huit cents francs, produit de deux satires et d'une ode. Cette somme l'aida à vivre treize mois, durant lesquels il composa *Han d'Islande*. A dix-neuf ans, il était illustre et il était marié. « Il aimait — raconte Alexandre Dumas père dans ses *Mémoires* (V, 243) — une jeune fille de quinze ans avec laquelle il avait été élevé, mademoiselle Foucher. *Han d'Islande*, vendu mille francs, fut la dot des époux, qui avaient trente-cinq ans à eux deux. Le premier volume de poésies publié sur ces entrefaites par Victor Hugo rapporta neuf cents francs. De ces neuf cents francs, le poète acheta le premier châle qu'il donna à sa jeune femme. » Et Dumas se plaît à ajouter ce commentaire sentimental : « D'autres femmes, des femmes de banquier ou de prince ont eu des cachemires plus beaux que celui-là, madame ! nulle n'a eu tissu plus précieux, étoffe plus magnifique ! » La seconde édition de *Han d'Islande* se vendait dix mille francs. *Bug-Jargal*, paraissait en 1826, et Victor Hugo s'orientait vers le théâtre. En même temps qu'une œuvre, il voulait produire un manifeste. De là *Cromwell* et sa préface. Jusqu'alors il s'était contenté d'avoir du talent : il lui plut d'arborer un programme. En tête des *Odes et Ballades*, dans une manière de préambule, il avait déclaré « ignorer profondément ce que c'est que le genre classique et le genre romantique. » Il raillait les termes dont on usait pour qualifier l'une et l'autre école : « Signes sans signification, disait-il dédaigneusement, expressions sans expression, mots vagues que chacun définit au besoin de ses haines ou de ses préjugés, et qui ne servent de raisons qu'à ceux qui n'en ont point. » Loin de prendre posture de porte-drapeau, il regardait de loin le fanion de madame de Staël et recevait d'elle le mot d'ordre. Voyez avec quelle exactitude il observait la consigne : « Selon une femme de génie, qui la première a prononcé le mot de littérature romantique en France, cette division se rapporte aux deux grandes ères du monde : celle qui a précédé l'établissement du christianisme, et celle qui l'a suivi. » A ce prix, les classiques procèdent d'Athènes et de Rome, c'est-à-dire du paganisme, alors que les romantiques ont des origines chrétiennes et trouvent au moyen-âge leur patrie intellectuelle. Entre les deux camps, Victor Hugo, dans la préface des *Odes et Ballades*, se présente en conciliateur, à l'exemple des Sabines qui se jettent dans la mêlée et veulent séparer les combattants. « En littérature, s'écrie-t-il, comme en toute chose, il n'y a que le bon et le mauvais, le beau et le difforme, le vrai et le faux. » Il ne devait pas garder longtemps cette attitude expectante. La faveur publique allait aux nouveautés romantiques. Il suivit le mouvement et bientôt le devança.

La préface de *Cromwell* fut, à coup sûr, retentissante, mais elle ne faisait que recueillir et condenser les idées qui étaient dans l'air ambiant. Victor Hugo apportait son renfort à une cause virtuellement gagnée. Si Shakespeare avait été sifflé en 1822 à la Porte Saint-Martin, ce furent des ovations enthousiastes qui, en septembre 1827, saluèrent à l'Odéon une troupe de comédiens anglais. Le mois suivant, apparaît la préface de *Cromwell*, que les romantiques considèrent comme un nouveau Décalogue. Théophile Gautier la vénère avec extase, et cet émoi subsiste dans son *Histoire du Romantisme*, après quarante ans révolus : « Les générations actuelles, écrit-il en 1872, doivent se figurer difficilement l'effervescence des esprits à cette époque ; il s'opérait un mouvement pareil à celui de la Renaissance. Une sève de vie nouvelle circulait impétueusement. Tout germait, tout bourgeonnait, tout éclatait à la fois. Des parfums vertigineux se dégageaient des fleurs ; l'air grisait, on était fou de lyrisme et d'art. Il semblait qu'on vînt de retrouver le grand secret perdu, et cela était vrai, on avait retrouvé la poésie. » D'une école à l'autre, on se traitait de *momies* et de *sauvages*; les classiques accusaient leurs rivaux de peindre avec *un balai ivre*. « La préface de *Cromwell*, proclame Théophile Gautier, rayonnait à nos yeux comme les Tables de la Loi sur le Sinaï, et ses arguments nous semblaient sans réplique. Les injures des petits journaux classiques contre le jeune maître, que nous regardions dès lors et avec raison comme le plus grand poète de France, nous mettaient en des colères féroces. Aussi brûlions-nous d'aller combattre l'hydre du *perruquinisme.* » Peu importait aux romantiques que leur chef eût adopté les théories énoncées par Schlegel dans son *Cours de littérature dramatique* professé à Vienne en 1808, ou les doctrines reprises en 1820 par Manzoni dans une *Lettre* écrite en français, et par Stendhal en 1823 dans une des deux brochures sur *Racine et Shakespeare*. Ils ne voulaient pas savoir que, dès 1813, madame de Staël, en un chapitre de l'*Allemagne,* avait incriminé les unités de temps et de lieu qu'elle dénommait l'*unité de cadran* et l'*unité de salon,* pour ne retenir que l'unité d'action. Tout était déjà dit; mais, au gré des romantiques, les emprunts, voire même les lieux communs de Victor Hugo devenaient de glorieuses trouvailles.

Est-ce la préface de *Cromwell* qui a inventé ou même remis à jour la « mélancolie » dont est imprégnée la littérature antique, cette mystérieuse langueur des êtres et des choses éparse notamment dans l'*Odyssée* et l'*Énéide?* Est-ce le romantisme qui a révélé « que tout dans la création n'est pas humainement *beau,* que le laid y existe à côté du beau, le difforme près du gracieux, le grotesque au revers du sublime, le mal avec le bien, l'ombre avec la lumière? » La lointaine *Iliade* avait placé Thersite en face d'Achille, et le contraste préconisé par Victor Hugo anime l'œuvre entière d'Aristophane, de l'Arioste, de Rabelais, de Cervantès. Que s'il s'agit d'alléger la rigueur des procédés strictement classiques et un peu conventionnels, Stendhal, bien avant *Cromwell*, avait donné la bonne mesure et fait une prisée équitable, dans sa cinquième *Lettre d'un romantique à un classique* : « Eh! qui a jamais parlé, s'écrie-t-il, de siffler Voltaire, Racine, Molière, génies immortels dont notre pauvre France ne verra peut-être pas les égaux d'ici huit ou dix siècles? Qui même a jamais osé concevoir la folle espérance d'égaler ces grands hommes? Ils s'élançaient dans la carrière chargés de fers, et ils les portaient avec tant de grâce que des pédants sont parvenus à persuader aux Français que de pesantes chaînes sont un ornement indispensable dès qu'il s'agit de courir... Nous demandons à un public qui aime à voir courir dans l'arène, de souffrir qu'on y paraisse sans chaînes pesantes. » En admettant la métaphore de Stendhal, il resterait à préciser si le romantisme a diminué ou accru les entraves de la littérature, et si au fardeau qu'il enlevait il n'en a pas substitué d'autres, encore plus accablants.

Quand Victor Hugo divise la poésie en trois âges : ode, épopée et drame, et qu'il la montre s'abreuvant à une triple source : la Bible, Homère, Shakespeare, on peut trouver la classification systématique, on ne la juge pas invraisemblable. Mais il est dans la préface une formule qui ne saurait être accueillie, car elle constitue l'erreur organique du romantisme : « Tout ce qui est dans la nature est dans l'art.. » Aussi bien Victor Hugo se réfute-t-il implicitement, lorsqu'il écrit dans la même préface : « Le domaine de l'art et celui de la nature sont parfaitement distincts. » Donc une sélection s'impose, partant certaines éliminations. Il ne faut point confondre, et tout au rebours il importe de séparer catégoriquement la réalité selon l'art et la réalité selon la nature. L'artiste fait un tri, et Victor Hugo s'écarte de son paradoxe initial, lorsqu'il conclut : « La vérité de l'art ne saurait jamais être, ainsi que l'ont dit plusieurs, la réalité *absolue*. L'art ne peut donner la chose même. » Par ainsi, le romantisme concède théoriquement une part à la convention. Pratiquement, elle sera très large et ne demandera qu'à s'accroître. Elle comporte, en dépit de Victor Hugo, la division des genres, qui est à la littérature ce qu'est la division du travail à l'économie politique et la division des pouvoirs à la bonne administration des intérêts sociaux.

Sur les trois unités que les classiques déclarent consubstantielles à l'essence même du drame, la préface en admet une, l'unité d'action ou d'ensemble, et la proclame « la seule vraie et fondée, depuis longtemps hors de cause. » L'unité de lieu et l'unité de temps sont condamnées au nom de Shakespeare, et Victor Hugo estime virtuellement et irrévocablement abolie « cette loi fondamentale du code pseudo-aristotélique. Au reste, ajoute-t-il, le combat ne devait pas être long. A la première secousse elle a craqué, tant était vermoulue cette solive de la vieille masure scolastique ! » Il n'examine pas, mais nous pouvons chercher à savoir si ses arguments sont d'égale valeur contre les deux unités. Tant s'en faut ! La critique est aisée, quand il signale l'invraisemblance et l'absurdité — tels sont ses termes mêmes — de « ce vestibule, ce péristyle, cette antichambre, lieu banal où nos tragédies ont la complaisance de venir se dérouler, où arrivent, on ne sait comment, les conspirateurs pour déclamer contre le tyran, le tyran pour déclamer contre les conspirateurs. » Et il ne craint pas de rééditer la sempiternelle objection : « Où a-t-on vu vestibule ou péristyle de cette sorte ? » Il néglige d'observer que, si cette convention scénique répugne au drame romantique qui mêle à la fiction le soin du détail, le goût de l'histoire et de la couleur locale, elle n'avait rien de contraire à la formule psychologique de la tragédie et de la comédie, telle que les classiques la concevaient. Quand l'attention du spectateur est sollicitée par le tableau de passions véritablement émouvantes, il ne se soucie guère du lieu où on les lui présente ; il se désintéresse du cadre. Un problème d'humanité le préoccupe plus qu'un décor.

En revanche, contre l'autre unité, les arguments de Victor Hugo ne sont que métaphores et antithèses. « L'unité de temps, écrit-il, n'est pas plus solide que l'unité de lieu. L'action, encadrée de force dans les vingt-quatre heures, est aussi ridicule qu'encadrée dans le vestibule. » Suit le développement de rhétorique : « On rirait d'un cordonnier qui voudrait mettre le même soulier à tous les pieds... C'est mutiler hommes et choses, c'est faire grimacer l'histoire... Ce qui était vivant dans la chronique, est mort dans la tragédie. Voilà pourquoi, bien souvent, la cage des unités ne renferme qu'un squelette. ». Comment se peut-il faire, si cette limite de temps est une gêne et une torture, que Victor Hugo s'y soit asservi en écrivant le drame de *Cromwell*, lequel, enclos dans l'espace de trente-trois heures, apporte un démenti aux doléances de la préface ? Et qui donc niera que les classiques, ramassant leur sujet au lieu de l'éparpiller, ne lui communiquent cette force harmonieuse qui est une des conditions de la beauté ? Les pièces, romantiques et modernes, où des mois, des années s'écoulent durant un entr'acte, manquent de cohésion et d'équilibre. Quel exemple plus topique pourrait-on citer que le prologue du *Fils naturel*, d'Alexandre Dumas fils ? L'enfant de Clara Vignot, que nous quittons au berceau, a presque vingt-cinq ans et est secrétaire de ministre quand le rideau se relève sur le premier acte. Le mérite de l'œuvre en pâtit. C'est une difformité.

Sans doute, au gré de Victor Hugo, le génie fait les règles et ne les subit pas. Quiconque les accepte docilement, s'amoindrit. Les respecter implique un aveu d'infériorité. Et la préface, pour soutenir cette thèse, se complaît à de brillants paradoxes : « Le reflet vaut-il la lumière ? Le satellite qui se traîne sans cesse dans le même cercle vaut-il l'astre central et générateur ? Avec toute sa poésie, Virgile n'est que la lune d'Homère. » On a la partie belle contre les classiques, quand, pour les discréditer et les mettre à mal, on s'attaque — ainsi que le fait Victor Hugo — au moindre d'entre eux, infime rejeton d'un arbre gigantesque. Est-ce anéantir la majesté du grand siècle littéraire que d'abattre sous le ridicule, comme d'un coup de cognée, « l'homme de la description et de la périphrase, ce Delille qui, dit-on, vers sa fin, se vantait, à la manière des dénombrements d'Homère, d'avoir *fait* douze chameaux, quatre chiens, trois chevaux, y compris celui de Job, six tigres, deux chats, un jeu d'échecs, un trictrac, un damier, un billard, plusieurs hivers, beaucoup d'étés, force printemps, cinquante couchers de soleil et tant d'aurores qu'il se perdait à les compter ? »

Où Victor Hugo triomphe sans conteste, c'est

dans la réforme d'une versification devenue surannée. A juste titre, il demande que l'outil, manié par des artisans débiles, soit confié à des mains plus jeunes et plus alertes. Le poëte, en effet, ne doit pas être un manœuvre, mais un artiste qui ait l'instinct de l'élégance et le culte de l'idéal. Entre le vers et la conception dramatique, la préface de *Cromwell* indique excellemment des rapports de connexité, une alliance intime qu'il importe de mettre en évidence et en honneur. « Le vers est la forme optique de la pensée. Voilà pourquoi il convient surtout à la perspective scénique. Fait d'une certaine façon, il communique son relief à des choses qui, sans lui, passeraient insignifiantes et vulgaires. Il rend plus solide et plus fin le tissu du style. C'est le nœud qui arrête le fil. C'est la ceinture qui soutient le vêtement et lui donne tous ses plis. Que pourraient donc perdre à entrer dans le vers la nature et le vrai? Nous le demandons à nos prosaïstes eux-mêmes, que perdent-ils à la poésie de Molière? Le vin, qu'on nous permette une trivialité de plus, cesse-t-il d'être du vin pour être en bouteille? » Le vers romantique, à tout le moins celui de Lamartine, de Musset, de Vigny et de Victor Hugo, dans les œuvres maîtresses qui les ont illustrés, est bien l'instrument de trempe solide que réclame et promet l'auteur de *Cromwell*. Tel il a été défini, tel il a paru en sa souple nouveauté, pour remplacer le rythme fatigué et perclus des néo-classiques : « Nous voudrions — écrit le réformateur qui prêche merveilleusement d'exemple — un vers libre, franc, loyal, osant tout dire sans pruderie, tout exprimer sans recherche ; passant d'une naturelle allure de la comédie à la tragédie, du sublime au grotesque ; tour à tour positif et poétique, tout ensemble artiste et inspiré, profond et soudain, large et vrai ; sachant briser à propos et déplacer la césure pour déguiser sa monotonie d'alexandrin ; plus ami de l'enjambement qui l'allonge que de l'inversion qui l'embrouille ; fidèle à la rime, cette esclave reine, cette suprême grâce de notre poésie, ce générateur de notre mètre ; inépuisable dans la variété de ses tours, insaisissable dans ses secrets d'élégance et de facture ; prenant, comme Protée, mille formes sans changer de type et de caractère ; fuyant la *tirade* ; se jouant dans le dialogue ; se cachant toujours derrière le personnage ; s'occupant avant tout d'être à sa place, et lorsqu'il lui adviendrait d'être *beau*, n'étant beau en quelque sorte que par hasard, malgré lui et sans le savoir ; lyrique, épique, dramatique, selon le besoin ; pouvant parcourir toute la gamme poétique, aller de haut en bas, des idées les plus élevées aux plus vulgaires, des plus bouffonnes aux plus graves, des plus extérieures aux plus abstraites, sans jamais sortir des limites d'une scène parlée ; en un mot, tel que le ferait l'homme qu'une fée aurait doué de l'âme de Corneille et de la tête de Molière. Il nous semble que ce vers-là serait bien *aussi beau que de la prose.* »

Une telle forme poétique s'adapte exactement au genre de théâtre que madame de Staël définissait dans le chapitre xv de la seconde partie de l'*Allemagne*. Après avoir rendu hommage aux chefs-d'œuvre dramatiques de la Grèce, elle note judicieusement, avec Benjamin Constant dans la préface de sa tragédie de *Wallenstein*, la différence capitale du génie allemand et du génie français, en remarquant qu'à la scène celui-ci s'est appliqué à peindre les passions, celui-là les caractères. D'où un saisissant contraste entre Corneille, Racine, Voltaire d'une part, Gœthe et Schiller de l'autre. Elle prévoit, elle annonce le théâtre romantique, sans que d'ailleurs il ait rempli toute l'ampleur du destin qu'elle lui souhaitait : « Pour peindre les caractères, il faut nécessairement s'écarter du ton majestueux exclusivement admis dans la tragédie française ; car il est impossible de faire connaître les défauts et les qualités d'un homme, si ce n'est en le présentant sous divers rapports ; le vulgaire, dans la nature, se mêle souvent au sublime, et quelquefois en relève l'effet... Si l'on voulait risquer en France, dans une tragédie, une innovation quelconque, aussitôt on s'écrierait que c'est un mélodrame... La question est de savoir si en se bornant, comme on le fait maintenant, à l'imitation de nos chefs-d'œuvre, il y en aura jamais de nouveaux. Rien dans la vie ne doit être stationnaire, et l'art est pétrifié quand il ne change plus... Il serait donc à désirer qu'on pût sortir de l'enceinte que les hémistiches et les rimes ont tracée autour de l'art ; il faut permettre plus de hardiesse, il faut exiger plus de connaissance de l'histoire ; car si l'on s'en tient à ces copies toujours plus pâles des mêmes chefs-d'œuvre, on finira par ne plus voir au théâtre que des marionnettes héroïques, sacrifiant l'amour au devoir, préférant la mort à l'esclavage, inspirées par l'antithèse dans leurs actions comme dans leurs paroles, mais sans aucun rapport avec cette étonnante créature qu'on appelle l'homme, avec la destinée redoutable qui tour à tour l'entraîne et le poursuit. » De qui madame de Staël pense-t-elle faire, et de qui fait-elle effectivement le procès? Atteint-elle bien ceux qu'elle vise? Elle recherche, elle recommande la peinture des caractères, et ce sont proprement les classiques qui ont su y exceller ; les romantiques se bornent à produire les passions fougueuses, avec les situations tendues et soudaines qui en découlent. Et, s'il s'agit de « marionnettes héroïques », ne sont-elles pas plutôt dans le répertoire de *Lucrèce Borgia* et de la *Tour de Nesle* que dans celui du *Cid* et de *Britannicus* ? Les romantiques, qui aspiraient à la vérité, ont forfait à leur dessein. Ils n'ont pas été véridiques, mais ils ont été vivants.

Du moins ils secouèrent la léthargie des arrière-neveux abâtardis du classicisme. Pour réveiller une génération sommeillante et la convier aux rites et aux pompes d'une nouvelle religion de beauté, Victor Hugo fut — il l'atteste — « la cloche de cuivre qui appelle les populations au vrai temple et au vrai Dieu. » Ce temple avait figure de théâtre, un poète comme grand prêtre, des acteurs comme officiants. Le Dieu qu'on y adorait venait de l'Olympe plutôt que de Nazareth. Ceux qui le servaient n'avaient guère pour théologie et pour dogme que d'opposer « une digue puissante à l'irruption du *commun* qui, ainsi que la démocratie, coule toujours à pleins bords dans les esprits. » Quand la préface de *Cromwell* donnait cette consigne, Victor Hugo n'était pas encore républicain, mais déjà il était révolutionnaire. Il entendait, avec le romantisme, pour l'émerveillement des contemporains, et surtout pour sa gloire éperdument ambitieuse, consommer le 89 de la littérature. Il eut des complices à foison.

CHAPITRE III

CROMWELL

Dans la préface de *Cromwell*, Victor Hugo avait voulu « être le premier à montrer la ténuité du nœud qui lie cet avant-propos à ce drame. » De vrai, l'œuvre qu'il a exécutée ne correspond pas à la poétique qu'il a conçue. Si nous ajoutons foi à ses allégations, il ne pensait composer qu'une étude dialoguée et versifiée sur un des épisodes les plus tragiques de la Révolution d'Angleterre. « C'est, ajoute-t-il, après l'avoir dûment close et terminée, qu'à la sollicitation de quelques amis probablement bien aveuglés, l'auteur s'est déterminé à compter avec lui-même dans une préface, à tracer, pour ainsi parler, la carte du voyage poétique qu'il venait de faire, à se rendre raison des acquisitions bonnes ou mauvaises qu'il en rapportait, et des nouveaux aspects sous lesquels le domaine de l'art s'était offert à son esprit. » Mais faut-il toujours croire les poètes sur parole, nommément Victor Hugo ? Il affirme, encore dans cette préface, son intention de « se tenir éloigné du théâtre », et il se vante de préférer « aux agitations de ce monde nouveau sa chère et chaste retraite. » Écoutez la solennité d'un serment qu'il est tout prêt à violer : « Fasse Dieu qu'il ne se repente jamais d'avoir exposé la vierge obscurité de son nom et de sa personne aux écueils, aux bourrasques, aux tempêtes du parterre, et surtout (car qu'importe une chute?) aux tracasseries misérables de la coulisse; d'être entré dans cette atmosphère variable, brumeuse, orageuse, où dogmatise l'ignorance, où siffle l'envie, où rampent les cabales, où la probité du talent a si souvent été méconnue, où la noble candeur du génie est quelquefois si déplacée, où la médiocrité triomphe de rabaisser à son niveau les supériorités qui l'offusquent, où l'on trouve tant de petits hommes pour un grand, tant de nullités pour un Talma, tant de myrmidons pour un Achille! » Quelque dédain que Victor Hugo affectât à l'endroit du théâtre, il acceptait, si la censure donnait son assentiment, de ramener ce *Cromwell* démesuré à des proportions normales et d'affronter les hasards d'une représentation. Il prétend même s'en être entretenu avec Talma. La rencontre, au dire du poète, aurait eu lieu vers l'époque où fut publiée l'*Ode à la Colonne*; mais sa mémoire le sert mal. Cette pièce parut en février 1827, et Talma était mort le 19 octobre de l'année précédente. Tout, d'ailleurs, heurte la vraisemblance dans le récit de Victor Hugo. Il nous montre l'illustre tragédien converti au romantisme, émule anticipé du Kean d'Alexandre Dumas père, et notez le langage qu'il lui prête : « L'acteur n'est rien sans le rôle ; or, je n'ai jamais eu un vrai rôle. La vérité, voilà ce que j'ai cherché toute ma vie. Mais que voulez-vous ? Je demande Shakespeare, on me donne Ducis. » Est-il admissible que Talma ait parlé en ces termes, et de son ami Ducis et des rôles classiques qui lui avaient valu de si éclatants succès ? Victor Hugo pouvait conter à sa guise cette entrevue : son interlocuteur n'était plus là pour protester. Du moins la postérité aura peine à admettre qu'ayant entendu deux scènes de *Cromwell*, il ait dit à l'auteur : « Dépêchez-vous de finir votre drame, j'ai hâte de le jouer. »

Cromwell n'était pas jouable, et ne saurait l'être, quelques remaniements qu'on lui fît subir. C'est, en cinq actes, avec des développements parasites et une lourde surcharge de couleur locale, un sujet qui peut tenir en ces simples mots : « Le Protecteur sera-t-il Roi ? » Et, d'abord, quel est le Cromwell que Victor Hugo nous propose ? L'a-t-il scrupuleusement emprunté aux annales, ou l'a-t-il imaginé et transformé à sa fantaisie ? Sans doute le génie a des immunités, et Gœthe était fondé à dire avec un légitime orgueil : « Mon Egmont n'est pas l'Egmont de l'histoire ; c'est mon Egmont à moi. » Encore convient-il qu'un personnage historique, transporté dans la fiction, demeure fidèle à lui-même et ne déconcerte pas l'opinion traditionnelle que nous avons reçue et adoptée. Or, beaucoup ne connaissent ou n'entrevoient Cromwell qu'à travers le portrait fameux, tracé par Bossuet dans l'oraison funèbre d'Henriette de France, reine de la Grande-Bretagne : « Un homme s'est rencontré d'une profondeur d'esprit incroyable, hypocrite raffiné autant qu'habile politique, capable de tout entreprendre et de tout cacher, également actif et infatigable dans la paix et dans la guerre, qui ne laissait rien à la fortune de ce qu'il pouvait lui ôter par conseil et par prévoyance ; mais au reste si vigilant et si prêt à tout, qu'il n'a jamais manqué les occasions qu'elle lui a présentées ; enfin, un de ces esprits remuants et audacieux, qui semblent être nés pour changer le monde. » Ce serait ignorer Olivier Cromwell que de se fier à ce jugement sommaire porté par un adversaire déclaré, dans un discours apologétique consacré à la veuve de Charles Ier. Bossuet a parlé, ou plutôt a jeté l'anathème, « de son point de vue monarchique et catholique, de sa chaire d'évêque appuyée au trône de Louis XIV. » Victor Hugo, sortant de la route frayée pour aller interroger les mémoires du temps, se flatte d'avoir découvert et de nous offrir un Cromwell nouveau. Avant d'examiner s'il a rempli son dessein, voyons comment il le définit dans la préface du drame : « Ce n'était plus, dit-il, seulement le Cromwell militaire, le Cromwell politique de Bossuet ; c'était un être complexe, hétérogène, multiple, composé de tous les contraires, mêlé de beaucoup de mal et de beaucoup de bien, plein de génie et de petitesses ; une sorte de Tibère-Dandin, tyran de l'Europe et jouet de sa famille ; vieux régicide, humiliant les ambassadeurs de tous les rois, torturé par sa jeune fille royaliste ; austère et sombre dans ses mœurs et entretenant quatre fous de cour autour de lui ; faisant de méchants vers ; sobre, simple, frugal et guindé sur l'étiquette ; soldat grossier et politique délié ; rompu aux arguties théologiques et s'y plaisant ; orateur lourd, diffus, obscur, mais habile à parler le langage de tous ceux qu'il voulait séduire ; hypocrite et fanatique ; visionnaire dominé par des fantômes de son enfance, croyant aux astrologues et les proscrivant; défiant à l'excès, toujours menaçant, rarement sanguinaire; rigide observateur des prescriptions puritaines, perdant gravement plusieurs heures par jour à des bouffonneries; brusque et dédaigneux avec ses familiers, caressant avec les sectaires qu'il redoutait; trompant ses remords avec des subtilités, rusant avec sa conscience; intarissable en adresse, en pièges, en ressources; maîtrisant son imagination par son intelligence; grotesque et sublime, enfin un de ces hommes *carrés par la base*, comme les appelait Napoléon. »

Victor Hugo s'est promis et nous promet, en étudiant le géant, de le peindre sous toutes ses faces, de dessiner, non seulement l'homme de guerre et l'homme d'Etat, mais encore « le théologien, le pédant, le mauvais poète, le visionnaire, le bouffon, le père, le mari, l'homme-Protée, en un mot le Cromwell double, *homo et vir*. » A-t-il tenu parole? Il avait sous la main les deux volumes de l'*Histoire de Charles I*er, publiés en avril 1826 par Guizot, et que précède le remarquable *Discours sur l'Histoire de la Révolution d'Angleterre*. Là, le poète pouvait trouver des détails précis, des traits distinctifs qui eussent donné à son personnage bien plus qu'un air, un fonds de vérité. Guizot le montre, en raccourci, « également prêt et ardent à parler, à prier, à conspirer, à combattre; expansif avec un abandon plein de puissance, et menteur, au besoin, avec une hardiesse intarissable, qui frappait ses ennemis même de surprise et d'embarras; passionné et grossier, hasardeux et sensé, mystique et pratique; sans limites dans les perspectives de l'imagination, sans scrupule dans les nécessités de l'action; voufant à tout prix le succès. » En un autre passage de ce même *Discours*, d'une si belle allure littéraire, Guizot compare Cromwell à Guillaume III et à Washington et lui accorde la primauté. « Par l'étendue, dit-il, et l'énergie des talents naturels, Cromwell est peut-être, entre les trois, le plus éminent ; il avait l'esprit merveilleusement prompt, ferme, juste, souple, inventif, et une vigueur de caractère qu'aucun obstacle ne rebutait, qu'aucune lutte ne lassait, qui poursuivait ses desseins avec une ardeur et une patience également inépuisables, tour à tour par les voies les plus détournées et les plus lentes, ou par les plus brusques et les plus hardies. » On peut douter que Victor Hugo ait pénétré les replis sinueux de ce cerveau si divers et si fécond, et qu'il ait vu dans le sujet qu'il traitait autre chose qu'une

Admirable matière à mettre en vers français.

Si l'œuvre en contient environ sept mille, presque chacun d'eux offre au lecteur la surprise d'une antithèse ou d'une métaphore audacieuse. Il y a là toutes les ressources d'un verbe débordant et d'une poésie truculente ; mais la langue de l'écrivain est plus riche que sa psychologie, et l'image occupe trop fréquemment la place de l'idée. Alexandre Dumas père, dans un de ses élans de sincérité orgueilleuse, disait à juste titre : « Ah ! si je faisais les vers comme Victor, ou si Victor faisait le drame comme moi ! » C'est, en effet, par la contexture scénique que pèche l'auteur de *Lucrèce Borgia*. Médiocre dans ses principaux ouvrages, elle est absolument défectueuse dans *Cromwell*. Les épisodes pullulent et étouffent l'intrigue. L'unité d'action, qui virtuellement existe, disparaît sous les digressions ou les faux ornements. On a moins une impression de vie bien ordonnée que d'un grouillement confus et souvent fâcheux de personnages. Pour les reconnaître, il faut les numéroter, et l'on ne parvient pas à éviter les erreurs, non plus que les éblouissements. Ce n'est pas tant une pièce qu'un kaléidoscope.

Le premier acte, au lieu d'exposer clairement le sujet, embrouille devant nos yeux les fils d'une conjuration, où l'extrême droite et l'extrême gauche d'alors, royalistes intransigeants et puritains niveleurs, pensent faire cause commune. Certes, il y a quelque élément pittoresque dans le contraste des costumes aussi bien que des sentiments de ces deux partis que rapproche la seule haine d'Olivier Cromwell. Ils se coalisent pour le renverser et l'assassiner. S'ils réussissent dans leur dessein, ils auront tôt fait de se dissocier et de s'exterminer. Leur révolution, prétendue libératrice, porte en soi les germes d'une nouvelle guerre civile. Les conspirateurs — cavaliers et têtes rondes — qui s'assemblent dans la Taverne des Trois Grues, sont et demeureront, au fond de l'âme, des adversaires irréconciliables. Voilà ce que nous apprennent lentement, pesamment, onze scènes mal reliées, jusqu'à ce qu'on entende, au baisser du rideau, le crieur public à cheval, entouré de quatre valets de ville et d'une escorte d'archers et de hallebardiers, sonner de la trompe et lire une proclamation de jeûne extraordinaire,

Afin que du Seigneur le vœu soit bien connu,
Touchant la motion qu'un honorable membre,
L'aldermann chevalier Pack, a faite à la Chambre,
Savoir : de nommer roi mondit lord Protecteur.

Tout le surplus de l'acte se passe en conversations, qui n'ont le mérite, ni d'être étincelantes, ni d'éclairer la physionomie de Cromwell. Les royalistes se montrent légers et gouailleurs, les puritains rigides dans leur ascétisme. On le savait de reste, point n'était besoin d'un millier de vers pour nous en instruire. Devant nos yeux, se succède une série de portraits: Ormond, le fidèle serviteur des Stuarts; Rochester, jeune fou, chargé de bijoux et de rubans, qui cache mal ses boucles dorées sous une calotte noire de tête ronde, et qui rimaille plutôt qu'il ne conspire, prédécesseur d'Ange Pitou de la *Fille de Madame Angot*, et platonique adorateur de lady Francis Cromwell; Davenant, autre poète transformé en porteur de dépêches; Richard Cromwell, qui, pour jouer et boire, fraie inconsidérément avec les pires ennemis de son père; enfin, toute la procession des puritains, les colonels Joyce, Overton et Fride, le major général Harrison, le lieutenant général Ludlow, le major Wildman, le corroyeur Barebone, et plusieurs députés. Parce que Victor Hugo a nommé tels d'entre eux Vis-pour-ressusciter-Jéroboam-d'Émer, Louez-Dieu-Pimpleton, Mort-au-péché-Palmer, et parce qu'il note certaines singularités de leur accoutrement, « chapeaux rabattus, grandes bottes, longues épées qui soulèvent le bord postérieur de leurs manteaux », croit-il nous avoir révélé les arcanes de leur âme? Quelques lignes de Guizot seront plus explicites et plus saisissantes que tous ces vers accumulés. « Vêtus de noir — dit l'historien — les cheveux presque rasés, la tête couverte d'un chapeau à haute forme et à larges bords, ils étaient partout l'objet des respects de la multitude, qui leur donnait le nom de *saints*. Leur crédit s'accrut à tel point que, malgré l'oppression qui les poursuivait, l'hypocrisie même se déclara en leur faveur. Des marchands ruinés, des ouvriers sans travail, des hommes perdus de débauches et de dettes, quiconque avait besoin de se relever dans l'estime du public, prenaient le costume, l'air, le langage des saints, et obtenaient aussitôt d'une crédulité passionnée accueil et protection. » Parmi tous ces puritains qui défilent dans le drame de Victor Hugo, il n'en est qu'un dont la silhouette se dessine nettement et s'impose à la mémoire : c'est Carr, l'honnête fanatique, le loyal illuminé, s'avançant les mains jointes sur la poitrine, les yeux au ciel. Il raconte ses sept années d'internement à la Tour, républicain incarcéré depuis le triomphe de la République :

> Frères, j'ai bien souffert ! On m'oubliait dans l'ombre,
> Comme des morts d'un siècle en leur sépulcre sombre.
> Le Parlement, qu'hélas ! j'ai moi-même offensé,
> Par Olivier Cromwell avait été chassé ;
> Et captif, je pleurais sur la vieille Angleterre,
> Semblable au pélican, près du lac solitaire ;
> Et je pleurais sur moi ! par le feu du péché
> Mon front était flétri, mon bras était séché ;
> Je ressemblais, maudit du Dieu que je proclame,
> A du bois à demi consumé par la flamme.
> Hélas ! j'ai tant pleuré, membres du saint troupeau,
> Que mes os sont brûlés et tiennent à ma peau.
> Mais enfin le Seigneur me plaint et me relève.
> Sur la pierre du temple il aiguise mon glaive.
> Il va frapper Cromwell, et chasser de Sion
> La désolation de la perdition.

C'est encore lui qui, entendant Rochester réciter un quatrain, se récrie et s'indigne sur le mode apocalyptique :

Moi, dont l'âme s'ouvrait à sa bouche rusée
Comme un lis de Saron aux gouttes de rosée !
Au lieu des purs trésors d'un cœur chaste et serein,
Il me montre une plaie !

LORD ROCHESTER.
            Une plaie ? un quatrain !

CARR.
Une plaie effroyable où l'on voit le papisme,
L'amour, l'épiscopat, la volupté, le schisme !
Un incurable ulcère où Moloch-Cupidon
Verse avec Astarté ses souillures...

Quand il aperçoit la foule, la tourbe des courtisans groupés autour de Cromwell, il jette l'anathème à la nouvelle Sodome. Il se campe devant eux, les brave, et à quelque flatteur qui demande : « Quel est cet étrange animal ? » il répond avec sa gravité puritaine :

                            C'est un homme.
Je conçois qu'il apporte un visage inconnu
Dans cet antre, où Baal montre sa face à nu,
Où l'on ne voit que loups, histrions, faux prophètes,
Ivrognes, éperviers, dragons à mille têtes,
Serpents ailés, vautours, jureurs du nom de Dieu,
Et basilics portant pour queue un dard de feu !...
Convives de Satan ! la cendre est dans la pomme.

Au second acte, dans « la Salle des Banquets, à White-Hall, » la grande scène où l'intégrité républicaine de Carr dénonce à Cromwell la conspiration royaliste, met en présence deux personnages véritablement symboliques : l'orgueilleux régicide qui aspire au trône, et le démocrate incorruptible qui demande à la terre la réalisation d'un idéal divin. Combien l'ascétisme utopique de Carr est plus noble que la politique astucieuse et calculatrice du **Protecteur**! Sans hésitation ni détour, le républicain stoïque crie au fauteur de dictature :

Le plus grand des bonheurs, Cromwell, serait ta mort.

Alors le tout-puissant simule l'humilité chrétienne et dit à son farouche interlocuteur :

Que suis-je? un ver de terre.

Et Carr de répliquer :

Oui, d'accord sur cela!
Tu n'es pour l'Éternel qu'un ver, comme Attila;
Mais pour nous, un serpent! Veux-tu pas la couronne?

Cromwell s'en défend, atteste la pureté de son zèle patriotique et religieux, tandis que Carr retourne le fer dans la plaie et lui révèle que Richard est mêlé au complot. A cette nouvelle qui l'accable, le Protecteur courbe la tête et murmure :

J'assassinai mon roi; mon fils tuera son père!

Cependant que la voix de Carr répond comme un écho :

Que veux-tu? la vipère engendre la vipère.

Dans ce second acte, que Victor Hugo a dénommé « les Espions », pour faire contraste au premier intitulé « les Conjurés », une antithèse domine. Tour à tour, nous avons devant les yeux la vie politique et l'existence domestique de Cromwell. Le maître de l'Angleterre n'est pas maître chez soi. Celui qui vient de recevoir avec hauteur les ambassadeurs de la France et de l'Espagne, les envoyés de Christine de Suède, des Vaudois et des Provinces-Unies, est un mari mal écouté, un père mal obéi. Quand l'huissier annonce Milady

Protectrice, Cromwell a tôt fait de lever son audience solennelle et de proférer cet aparté bien conjugal :

Ah ! mon Dieu ! c'est ma femme.

La scène qui suit offre quelque analogie avec celle de *Madame Sans-Gêne* où M. Victorien Sardou nous a spirituellement montré Napoléon Ier essuyant les doléances et les criailleries de ses sœurs. Ici, c'est d'abord Elisabeth Bourchier, qui, ayant épousé le brasseur Cromwell, n'a pu s'accoutumer à sa nouvelle fortune et reste bourgeoise dans l'âme, dans les goûts, dans les propos. Elle a des nuits agitées, des journées oiseuses, elle s'ennuie et le déclare tout net :

Décidément, Monsieur, je n'aime pas le faste !
La chambre de la Reine, où je couche, est trop vaste.
Ce lit armorié des Stuarts, des Tudor,
Ce dais de drap d'argent, ces quatre piliers d'or,
Ces panaches altiers, la haute balustrade
Qui m'enferme captive en ma royale estrade,
Ces meubles de velours, ces vases de vermeil,
C'est comme un rêve enfin qui m'ôte le sommeil !

Elle regrette les années écoulées dans l'obscurité, la modeste habitation d'autrefois,

Le manoir d'Huntingdon, la maison de famille !
Heureux temps ! Quel plaisir, dès le lever du jour,
D'aller voir le verger, le parc, la basse-cour,
De laisser les enfants jouer dans la prairie,
Et puis de visiter, tous deux, la brasserie !...
... Jours heureux, où Cromwell n'était rien,
Où j'étais si tranquille, où je dormais si bien !

Les quatre filles sont-elles à l'unisson de la mère ? Non pas ; chacune d'elles a son humeur indépendante et fantasque. Mistress Fletwood est puritaine, lady Falconbridge très élégante, lady Cleypole maladive, lady Francis romanesque et royaliste. Autour de Cromwell, c'est un aigre concert de récriminations qui, dès qu'il se trouve seul avec son secrétaire, lui arrache ce cri :

> Ah ! cinq femmes ! cinq femmes !
> J'aimerais mieux régir, par décrets absolus,
> Cinq villes, cinq comtés, cinq royaumes de plus !
> L'Europe est d'un côté, mais ma femme est de l'autre !

Au second acte, l'action n'a pas avancé : nous avons aperçu Rochester, déguisé en chapelain, qui s'introduit chez le Protecteur ; le surplus est étranger au sujet. Le troisième acte, intitulé « les Fous, » ne contient qu'une scène utile, celle où Rochester se voit forcé de boire le narcotique qu'il a préparé pour Cromwell : encore est-ce renouvelé du dénouement de *Rodogune*. On pourrait élaguer presque tout le reste, les lourdes plaisanteries des quatre compères, Trick, Giraff, Gramadoch et Elespuru, leurs ballades, si alertement tournées soient-elles, et la sentencieuse harangue de Milton, et les bavardages du juif Manassé, et les grotesques fiançailles de Rochester avec la duègne Guggligoy, substituée à la charmante Francis Cromwell. C'est systématiquement, et copieusement surtout, l'alternance du dramatique et du bouffon. Victor Hugo en goûte l'attrait ; nous en subissons l'incohérence, cahotés d'image en image, de rime en rime, pleins de bonnes intentions et incapables d'y donner suite, comme les épouseurs dont parle dame Guggligoy :

> Tendres pour leur amante, et durs avec leurs femmes.
> Des chats avant la noce, et des tigres après !

A travers toutes ces digressions, il importerait de savoir si Cromwell voudra délibérément être roi. Milton l'en dissuade, sa fille Francis invoque devant lui le droit divin des Stuarts. Sans doute le quatrième acte va éclaircir l'énigme. S'il est intitulé « la Sentinelle, » c'est que Cromwell, déguisé en soldat, monte la garde à la poterne du parc de White-Hall, par où doivent passer les conjurés afin de le surprendre dans son sommeil. Il les laisse pénétrer, il reçoit leur argent, le prix de sa complicité et de sa connivence à son propre assassinat. Quand ils reviennent dans l'ombre avec leur prisonnier et que Richard se précipite pour sauver celui qu'il croit être son père et qui n'est autre que Rochester, enfin le drame apparaît, mais au terme du quatrième acte ! « Où donc est Cromwell ? » murmurent les cavaliers, et la sentinelle répond d'une voix de tonnerre : « Le voici ! » tandis que des soldats surgissent de tous côtés et s'emparent des conspirateurs.

Le cinquième acte s'appelle « les Ouvriers, » parce que, dans la grande salle de Westminster, on voit travailler à l'estrade d'un trône ceux-là mêmes qui ont dressé l'échafaud de Charles Ier. Prétexte facile à dissertation pour des gens du peuple. En réalité, ce dernier tableau est un décor d'opéra, une parade de féerie, comme M. Victorien Sardou aimera à en intercaler dans ses mélodrames : *Patrie*, la *Haine*, *Théodora*. Nous n'avons même pas la curiosité, la petite inquiétude scénique de ce qui va advenir. Toutes choses sont réglées, imposées à l'avance, et c'est bien la fatale infériorité des sujets empruntés à l'histoire. Le poignard des assassins n'aura point à se lever sur Cromwell, qui écarte la couronne en larmoyant, avec des réminiscences bibliques et des visions d'idylle :

> Que n'ai-je vu tomber les tyrans aux abois,
> À l'ombre de mon chaume et de mon petit bois!
> Hélas! j'eusse aimé mieux ces champs où l'on respire,
> Le Ciel m'en est témoin, que les soins de l'empire;
> Et Cromwell eût trouvé plus de charme cent fois
> À garder ses moutons qu'à détrôner des rois!

Dans ces cinq actes, alors même que l'on passe condamnation sur la longueur inutile de l'œuvre et les vices de construction dramatique, il y a certain manque de goût littéraire qui déconcerte en maint endroit. Tantôt ce sont des tirades fâcheusement déclamatoires, tantôt des métaphores burlesques, qui provoquent, non le rire, mais la stupéfaction et l'ahurissement. Voici, par exemple, l'anatomie morale de Cromwell :

> Quelle pompe au dehors! au dedans quelle plaie!

Et ailleurs, ce débordement de fausse truculence qui n'est qu'un pathos de mauvais aloi ou, comme on disait au temps de Boileau, du galimatias triple :

> Je préférerais, moi,
> Enseigner la justice à quelque homme de loi,
> Peigner un ours du pôle ou traire une panthère,
> Ou du Vésuve ardent ramoner le cratère.

Faut-il, devant toutes ces singularités de fond et de forme, s'incliner avec un dévotieux respect et, sous prétexte d'hommage rendu au génie, admirer un drame mal fait et des tirades mal venues? Cette *hugolâtrie*, qui a des adeptes, constitue, non pas une religion libre et clairvoyante, mais un déplorable fétichisme. Il est impossible d'y ouscrire, et déjà Henri Heine, dans *Lutèce*, en dénonçait sans la moindre superstition les erreurs et les excès :

« George Sand, dit-il, pour la prose et Alfred de Musset pour les vers, surpassent en effet leurs contemporains français et, dans tous les cas, ils sont supérieurs à M. Victor Hugo, cet auteur si vanté, qui, avec une persévérance opiniâtre et presque insensée, a fait accroire à ses compatriotes, et à la fin à lui-même, qu'il était le plus grand poète de la France. Est-ce réellement son idée fixe? En tout cas, ce n'est pas la nôtre. Chose bizarre! la qualité qui lui manque surtout est justement celle que les Français estiment le plus, et dont ils sont particulièrement doués eux-mêmes : je veux dire le goût. Comme ils avaient rencontré cette qualité chez tous les écrivains de leur pays, l'absence de goût, complète chez Victor Hugo, leur parut peut-être justement de l'originalité. Ce que nous regrettons surtout de ne pas trouver en lui, c'est ce que nous, Allemands, appelons le naturel. Victor Hugo est forcé et faux, et souvent dans le même vers l'un des hémistiches est en contradiction avec l'autre. Il est essentiellement froid, comme l'est le diable, d'après les assertions des sorcières; froid et glacial, même dans ses effusions les plus passionnées. Son enthousiasme n'est qu'une fantasmagorie, un calcul sans amour, ou plutôt il n'aime que lui-même; il est égoïste, et, pour dire quelque chose de pire, il est *Hugoïste*. Il y a en lui plus de dureté que de force, et son front est de l'airain le plus effronté... »

Mais Henri Heine, emporté par son humeur d'ironie, passe la mesure lorsqu'il ajoute, d'un ton presque injurieux :

« Malgré tous ses moyens d'imagination et d'esprit, nous voyons chez lui la gaucherie d'un parvenu ou d'un sauvage, qui se rend ridicule en se couvrant d'oripeaux bigarrés, en se surchargeant d'or et de pierreries, ou en les employant mal à propos ; en un mot, tout chez lui est barbarie, baroque, dissonance criante et horrible difformité. Quelqu'un a dit du génie de Victor Hugo : « C'est un beau bossu. » Ce mot est plus profond que ne le suppose peut-être celui qui l'a inventé. En répétant ce mot, je n'ai pas seulement en vue la manie de M. Victor Hugo de charger, dans ses romans et ses drames, le dos de ses héros principaux d'une bosse matérielle ; mais je veux surtout insinuer ici qu'il est lui-même affligé d'une bosse morale qu'il porte dans l'esprit. »

Ces critiques, qui seraient outrées au regard des œuvres maîtresses du poëte, trouvent dans les défauts manifestes de *Cromwell* leur explication. Que si nous souhaitons connaître la vraie physionomie du Protecteur, il faut interroger, non point le drame touffu et broussailleux de Victor Hugo, mais la scrupuleuse et impartiale *Histoire* de Guizot. Là nous voyons le double aspect du personnage, les éclairs lumineux et les extravagances le plus souvent calculées. En séance du Parlement, il lui advient de tomber à genoux, de fondre en larmes, de sangloter, puis de faire une harangue de deux heures. Un jour où on le presse de se prononcer en faveur de l'établissement de la République, il se dérobe par une bouffonnerie et jette un coussin à la tête de son ami Ludlow qui le lui renvoie. Quand on a la preuve décisive des perfidies et de la trahison de Charles Ier qui conspire avec les ennemis de l'Angleterre, Cromwell s'écrie devant la Haute Cour de Justice : « Je vous dis que nous lui couperons la tête, avec la couronne dessus. » Et, au moment de signer l'ordre d'exécution du roi, il éclate de rire et barbouille d'encre le visage de son voisin qui lui rend la pareille. Plus tard, en avril 1657, lorsque le Parlement lui offre la couronne, il répond par une lourde plaisanterie : « Je serais bien abruti si je ne reconnaissais pas le grand honneur que vous m'avez fait dans ce papier. » Il dit, en badinant, que la monarchie, « c'est une plume à un chapeau, » et il s'étonne qu'on ne permette pas à des enfants de jouer avec leur hochet. A l'occasion, et dans la famille, il manifeste une humeur de pince-sans-rire. Ayant trouvé une fois son chapelain Jérémie White aux genoux de sa fille Francis, il feint d'accepter l'explication qu'on lui donne, il veut bien croire qu'il s'agissait pour le révérend trop sensible d'obtenir la main d'une des femmes de milady Cromwell qui résistait à sa flamme. Toute affaire cessante, dans la chambre même, le chapelain dut épouser la camériste. Telle la mésaventure de Rochester et de dame Guggligoy.

Des détails, des anecdotes de ce genre pullulent dans l'histoire. Victor Hugo les a-t-il ignorés ou négligés ? En les accueillant, il eût donné un tour de véracité à une œuvre trop guindée, qui n'est qu'un exercice de rhétorique et n'annonce ni un renouveau théâtral ni la floraison du romantisme. *Cromwell* ne promet pas *Hernani*.

CHAPITRE IV

LA JEUNESSE D'ALEXANDRE DUMAS

Ceux qui cherchent et qui croient discerner les signes précurseurs du romantisme, citent volontiers une tragédie en cinq actes de Pierre Lebrun, *Marie Stuart*, représentée avec succès à la Comédie-Française le 6 mars 1820. La préface atteste, en effet, quelques velléités d'innovation : « Je dois, dit l'auteur, cette tragédie à Schiller... Les critiques français m'ont reproché une imitation trop suivie de la pièce allemande ; les critiques étrangers trouveront peut-être que je ne l'ai point assez imitée... Quel que soit le jugement que l'on porte de cette pièce, peut-être me saura-t-on gré d'avoir essayé un rapprochement entre la Melpomène étrangère et la nôtre ; d'avoir opéré l'alliance de deux muses qui semblaient ennemies irréconciliables, et enfin d'avoir introduit sur le théâtre français, sans blesser la sévérité de notre goût et de nos règles, des formes et des couleurs qui manquaient à notre littérature dramatique, et que je crois indispensables à la tragédie moderne. Je n'étais pas sans quelque crainte en entrant le premier dans une route nouvelle ; j'avais besoin de m'appuyer sur la force d'un autre; je ne me suis pas senti, je l'avoue, le courage de courir seul les risques d'un essai qui ne paraissait pas sans danger. » Pierre Lebrun s'abuse. Il fut moins audacieux qu'il ne l'imagine ou ne l'annonce. Sa « tragédie moderne » est un peu vieillotte, et nous n'y pouvons voir qu'une bien pâle imitation de Schiller. Si elle souleva des applaudissements et fit couler des larmes, c'est que les spectateurs de 1820 avaient l'émotion complaisante. La grande scène d'Elisabeth et de Marie Stuart, qui devait prêter au pathétique, se résume en quelques tirades filandreuses. Le style manque de vigueur et de propriété. Leicester, abusant du monologue classique, dépeint ainsi l'infortune d'un homme partagé entre deux reines, à l'image de l'âne de Buridan sollicité par deux picotins :

Partout autour de moi je trouve un précipice.

Et Burleigh, le conseiller farouche qui incite Elisabeth à la vengeance, lui adresse cette adjuration :

Soyez un roi, non pas une femme timide.

Il y avait dans *Marie Stuart* une hardiesse. Pierre Lebrun n'a pas osé la maintenir. La scène III du cinquième acte montre la reine d'Ecosse parée pour aller à la mort. Elle a un vêtement blanc et porte sa couronne. Des deux côtés de la scène, se rangent ses femmes et ses serviteurs, qui manifestent une douleur profonde. S'approchant d'Anna Kennedy, sa fidèle nourrice, elle veut lui laisser un témoignage d'affection. Lequel?

> Pour toi, ton amitié met peu de prix à l'or,
> Anna, mon souvenir est ton plus cher trésor ;
> Prends-le donc ce mouchoir, ce gage de tendresse
> Que pour toi de ses mains a brodé ta maîtresse.

Il fallut supprimer le mouchoir, comme dans l'*Othello* de Ducis. Pierre Lebrun écrivit en une seconde version :

> Prends ce don, ce tissu, ce gage de tendresse
> Qu'a pour toi de ses mains embelli ta maîtresse.

L'heure du mouchoir, qui n'était pas encore venue en 1820, va sonner en 1829 avec *Henri III et sa Cour*, d'Alexandre Dumas père. Ce fut une date, et surtout une résultante littéraire, l'apparition sur les planches, non pas même du drame, mais du mélodrame historique, genre hybride que Napoléon a dédaigneusement appelé « la tragédie des femmes de chambre. » A dire vrai, Alexandre Dumas père n'eut point à déterminer, il suivit un courant. Le goût public, las des Grecs et des Romains de pacotille, demandait au roman et au théâtre d'aller puiser dans le riche réservoir de notre histoire nationale. Casimir Delavigne lui-même, en sa timidité, s'aventura sur ce domaine avec sa pièce de début, les *Vêpres siciliennes* (1818). Alfred de Vigny publiait en 1826 son *Cinq-Mars*, émouvante restitution d'un tragique épisode. Le *Précis d'Histoire moderne*, de Michelet, paraissait en 1827. Dès 1822, Defauconpret traduisait et vulgarisait Walter Scott, tandis que la librairie Ladvocat, avec des collaborateurs tels que Barante, Benjamin Constant, Charles de Rémusat, éditait une collection de *Chefs-d'œuvre des théâtres étran-*

gers. Un écrivain de second plan, mais d'humeur assez batailleuse, Mély Janin faisait représenter, le 15 février 1827, à la Comédie-Française, un *Louis XI à Péronne*, en cinq actes et en prose, qui était découpé dans *Quentin Durward* et qui bénéficia d'un soin de mise en scène inaccoutumé. Enfin, le consciencieux et élégant Vitet, explorateur attentif du seizième siècle, brossait de larges fresques historiques, les *Barricades* (1826), les *États de Blois* (1827), cependant que Prosper Mérimée préparait la *Chronique de Charles IX*. Alexandre Dumas, qui vivait dans cette atmosphère de curiosité intellectuelle, s'associa au mouvement général des esprits, en composant *Henri III et sa Cour*. Non que ce fût son œuvre de début. Il avait déjà produit deux médiocres vaudevilles : la *Chasse et l'Amour*, un acte en société avec MM. Rousseau et de Leuven, joué à l'Ambigu-Comique le 22 septembre 1825, et la *Noce et l'Enterrement*, trois tableaux en collaboration avec MM. Lassagne et Vulpian, que la Porte-Saint-Martin représenta le 21 novembre 1826.

Sur toute cette période, il faut consulter, mais avec précaution, voire même avec quelque méfiance, les récits autobiographiques d'Alexandre Dumas père : ses *Mémoires*, où il s'est copieusement raconté et louangé en dix volumes, ainsi que la préface de son *Théâtre complet*, intitulée : « Comment je devins auteur dramatique. » Fils du général républicain Thomas-Alexandre Dumas-Davy de la Pailleterie, le futur auteur des *Trois Mousquetaires* était né à Villers-Cotterets, le 24 juin 1802. Il perdit, le 26 février 1806, son père qui lui laissait pour tout héritage un nom illustré dans les guerres de la Révolution. L'animosité de l'Empereur n'accorda ni pension ni secours à la veuve d'un ancien compagnon d'armes, et lui refusa même l'audience qu'elle sollicitait. « Je vous défends, dit-il à Brune qui intercédait en sa faveur, de jamais me parler de cet homme-là. » Et Alexandre Dumas s'écrie avec indignation, dans ses *Mémoires* (I, 233) : « On ne croirait pas, quand Napoléon, installé dans le palais des rois de France, remuait plus de millions que n'en avait jamais remué Louis XIV, on ne croirait pas que ce conquérant, ce vainqueur, ce César, cet Auguste, qui posait son pied sur l'Europe et étendait sa main sur le monde, laissât sciemment mourir de faim la femme et les enfants de celui qui avait pris le mont Cenis, fait capituler Mantoue, forcé les gorges du Tyrol et apaisé la révolte du Caire... Sire, vous êtes peut-être Annibal, vous êtes peut-être César, vous êtes peut-être Octave ; la postérité, qui n'est pas encore venue pour vous, ou qui peut-être est venue trop tôt, en décidera ; mais, à coup sûr, vous n'êtes pas Auguste ! Auguste plaidait lui-même pour le vieux soldat qui avait servi sous lui à Actium, et vous, vous condamniez à la misère la veuve de celui qui avait servi non seulement sous vous, mais encore avec vous ! J'ai dit qu'à votre défaut restait Dieu, sire. Voyons ce que Dieu fit de la pauvre famille abandonnée. »

Un tel récit, déduit avec prolixité, emplit deux volumes entiers des *Mémoires*. Alexandre Dumas y conte sa jeunesse nonchalante et oisive, ses parties de chasse et de pêche aux environs de Villers-Cotterets, ses précoces amours, et les ambitions qui bouillonnaient dans sa cervelle de clerc de notaire, féru de littérature. Mais surtout il aime à se camper en une posture avantageuse devant les contemporains et devant la postérité. Le voici peint par lui-même, à l'époque où il fréquentait, médiocre élève d'ailleurs, la classe de l'abbé Grégoire : « Je faisais un assez joli enfant; j'avais de longs cheveux blonds bouclés, qui tombaient sur mes épaules, et qui ne crépèrent que lorsque j'eus atteint ma quinzième année; de grands yeux bleus, qui sont restés à peu près ce que j'ai encore aujourd'hui de mieux dans le visage; un nez droit, petit et assez bien fait; de grosses lèvres roses et sympathiques; des dents blanches et assez mal rangées. Là-dessous, enfin, un teint d'une blancheur éclatante, lequel était dû, à ce que prétendait ma mère, à l'eau-de-vie que mon père l'avait forcée de boire pendant sa grossesse, et qui tourna au brun à l'époque où mes cheveux tournèrent au crépu. Pour le reste du corps, j'étais long et maigre comme un échalas. » (*Mémoires*, I, 288).

Quinze ans plus tard, en 1829, nous avons la silhouette du jeune auteur d'*Henri III et sa Cour* dessinée par Charles Séchan, le décorateur de l'Opéra, dans ses *Souvenirs d'un homme de théâtre* qu'a recueillis M. Adolphe Badin : « C'était alors, je m'en souviens encore aujourd'hui, un grand jeune homme d'une tournure élancée et bien prise, d'une physionomie intelligente et gaie, malgré le teint foncé de sa peau. » Enfin, le *Journal des Goncourt*, toujours prompt à la malveillance et au dénigrement, nous présente en 1866 le Dumas des dernières années, harassé et vaincu par le double surmenage du labeur et du plaisir : « Une sorte de géant, aux cheveux d'un nègre devenu poivre et sel, au petit œil d'hippopotame, clair, finaud, et qui veille, même voilé; et, dans une face énorme, des traits ressemblant aux traits vaguement hémisphériques que les caricaturistes prêtent à leurs figurations humaines de la Lune. Il y a je ne sais quoi, chez lui, d'un montreur de prodiges et d'un commis-voyageur des *Mille et une Nuits*. La parole est abondante, toutefois sans grand brillant et sans le mordant de l'esprit et sans la couleur du verbe ; ce ne sont que des faits, des faits curieux, des faits paradoxaux, des faits *épatants*, qu'il tire d'une voix enrouée du fond d'une immense mémoire. Et toujours, toujours, toujours il parle de lui, mais avec une vanité de gros enfant qui n'a rien d'agaçant. Il conte, par exemple, qu'un article de lui sur le Mont-Carmel a rapporté aux religieux 700.000 francs... Il ne boit pas de vin, ne prend pas de café, ne fume point ; c'est le sobre athlète du feuilleton et de la copie. »

Quel chemin n'a-t-il pas parcouru pour arriver à cette situation prééminente dans la littérature, le jeune homme de vingt ans qui quittait Villers-Cotterets avec cinquante-trois francs dans sa poche et se rendait à Paris, bien résolu à conquérir la gloire ? Il est vrai qu'avant de partir, jouant au billard avec le voiturier, il avait gagné six cents petits verres d'absinthe, ce qui, à trois sous l'un, produisait dix-huit cents sous ou quatre vingt-dix francs, somme suffisante pour prendre douze fois la voiture. Il rêvait de théâtre. Qu'en connaissait-il à travers des lectures rudimentaires ? Les tragédies de Corneille et de Racine, que sa mère lui avait mises entre les mains, l'avaient prodigieusement ennuyé ; mais, lors d'un séjour à Soissons, ayant assisté à une représentation de l'*Hamlet* de Ducis donnée par des élèves du Conservatoire, il ressentit une émotion profonde. Sa curiosité dramatique soudain s'éveillait. « Pour moi, dit-il, la question littéraire était complètement absente. J'ignorais même qu'il existât, de par le monde, un auteur nommé Shakespeare, et, lorsque à mon retour, instruit qu'*Hamlet* n'était qu'une imitation, je prononçai devant ma sœur, qui connaissait l'anglais, le nom de l'auteur de *Roméo* et de *Macbeth*, je le prononçai comme je l'avais vu écrit. » Peu de jours après, s'étant procuré la brochure, il apprit par cœur le rôle du prince de Danemark, et, de même que le bon La Fontaine pour le prophète Baruch, il demandait à un chacun : « Connaissez-vous *Hamlet*? Connaissez-vous Ducis? » C'est muni de ce mince bagage, auquel venaient se joindre les *Vêpres siciliennes* de Casimir Delavigne et le *Louis IX* d'Ancelot, qu'il pensait s'ouvrir les voies du théâtre. Notons toutefois qu'avec son camarade Adolphe de Leuven, il avait commis le plan d'un vaudeville en un acte, intitulé le *Major de Strasbourg*, puis le *Dîner d'amis*, emprunté aux *Contes à ma fille* de Bouilly, enfin un drame, les *Abencérages*, extrait du *Gonzalve de Cordoue*, de Florian. Tous ces manuscrits devaient être portés à Paris par Adolphe de Leuven qui avait approché Talma, Scribe, mademoiselle Duchesnois, et qui même pouvait se flatter d'avoir eu une pièce refusée au Gymnase.

La fortune littéraire fut moins rapide qu'Alexandre Dumas ne l'espérait. Il a spirituellement raconté comment, arrivé à Paris au printemps de 1823 avec toutes les illusions de la vingtième année, il trouva porte close chez plusieurs des anciens amis de son père : le maréchal Jourdan, le général Sébastiani, le ministre de la guerre, Victor, duc de Bellune. Sa visite au général Foy, député libéral de l'Aisne, eut un résultat plus heureux, grâce à la recommandation d'un électeur influent. Encore lui fallut-il confesser sa profonde ignorance : il ne savait ni l'algèbre, ni la géométrie, ni la physique, ni le droit, ni la comptabilité. A quoi pouvait-il être bon ? En désespoir de cause, le général lui demanda son adresse.

« Il me présenta de l'encre et du papier ; je pris la plume avec laquelle cet homme venait d'écrire. Je la regardai, toute mouillée qu'elle était encore, et je la posai sur le bureau.

— Eh bien ?...

— Je n'écrirai pas avec votre plume, général ; ce serait une profanation.

— Que vous êtes enfant ! Tenez, en voilà une neuve.

— Merci.

J'écrivis ; le général me regardait faire. A peine eus-je écrit quelques mots, qu'il frappa dans ses deux mains.

— Nous sommes sauvés ! s'écria-t-il.

— Pourquoi cela ?

— Vous avez une belle écriture.

Je laissai tomber ma tête sur ma poitrine, je n'avais plus la force de la porter. Une belle écriture, voilà tout ce que j'avais ! Ce brevet d'incapacité, oh ! il était bien à moi. Une belle écriture ! Je pouvais donc arriver un jour à être expéditionnaire ; c'était un avenir... Je me serais volontiers fait couper le bras droit ».

Le surlendemain, il entrait au secrétariat du duc d'Orléans comme surnuméraire, aux appointements de douze cents francs. Dès lors, avec une persévérance méritoire, il fit deux parts de son temps. Occupé huit heures par jour à son bureau, obligé, une semaine sur deux, d'y revenir le soir de sept à dix heures, ses nuits seules lui appartenaient. Il consacra de longues veilles à lire, à étudier, à acquérir par un effort personnel l'instruction dont il n'avait que des bribes. Le théâtre particulièrement l'attirait. Après Corneille et Molière, il dévora Calderon, Gœthe, mais sa prédilection spéciale se tourna vers Shakespeare et Schiller : il s'apprêtait à leur faire sans scrupule de larges emprunts. Pour se justifier, il invoquera le mot de Molière : « Je prends mon bien où je le trouve », et aussi celui de Shakespeare, à qui l'on reprochait, ancêtre de M. Sardou, d'avoir cueilli une scène entière chez quelque confrère : « C'est une fille que j'ai tirée de la mauvaise société pour la faire entrer dans la bonne. » Alexandre Dumas pratiquera volontiers ce genre de détournement.

En attendant, il copiait des lettres d'une plume si experte qu'après neuf mois de surnumérariat, le 1er janvier 1824, il était promu employé titulaire. Ses appointements passaient de douze cents francs à quinze cents, en suite d'un rapport de M. le directeur général qui contenait cette appréciation très flatteuse : « Je supplie Monseigneur d'accorder le titre de commis à ce jeune homme, qui possède une fort belle écriture, et qui même ne manque pas d'intelligence. » Monseigneur daigna ratifier la proposition. Peu de temps après, Alexandre Dumas fut dispensé de son travail du soir. C'était trois heures de plus, chaque jour, qu'il pouvait consacrer à son éducation littéraire et à son apprentissage dramatique.

Les représentations données par la troupe anglaise au théâtre de l'Odéon, en septembre 1827, ouvrirent devant lui des horizons inconnus et merveilleux. Il alla entendre toutes les pièces de Shakespeare qui parurent sur l'affiche. « Je savais si bien mon *Hamlet*, écrit-il dans ses *Mémoires* (IV, 280), que je n'avais pas eu besoin d'acheter le libretto ; je pouvais suivre l'acteur, traduisant les mots au fur et à mesure qu'il les disait. J'avoue que l'impression dépassa de beaucoup mon attente. La scène de la plate-forme, la scène de l'éventail, la scène des deux portraits, la scène de folie, la scène du cimetière me bouleversèrent. A partir de cette heure, seulement, j'avais une idée du théâtre, et, de tous ces débris des choses passées, que la secousse reçue venait de faire dans mon esprit, je comprenais la possibilité de construire un monde. C'était la première fois que je voyais au théâtre des passions réelles, animant des hommes et des femmes en chair et en os. » Dès lors, Alexandre Dumas, à ses heures de loisir et même à ses heures de bureau — quoiqu'on eût porté son traitement à dix-huit cents francs — ne cessa de chercher des sujets de drame. D'abord dans Walter Scott, l'auteur à la mode. En cette année 1827, il touchait à son apogée. Il inspirait les tailleurs, les couturières, les modistes, les tapissiers, les boutiquiers, voire même les gens de lettres, *servum pecus*, disait Horace. Le programme des théâtres offrait simultanément : à la Comédie-Française, *Louis XI à Péronne*, extrait de *Quentin Durward* ; à la Porte-Saint-Martin, le *Château de Kenilworth* ; à l'Odéon, le *Labyrinthe de Woodstock* ; à l'Opéra-Comique, *Leicester*, de Scribe et Auber, ou la *Dame blanche*, qui procède tout à la fois du *Monastère* et de *Guy Mannering*. Alexandre Dumas avait imaginé d'écrire un drame d'après les *Puritains d'Ecosse*, en collaboration avec Frédéric Soulié, le futur auteur de la *Closerie des Genêts*. « C'était, déclare-t-il dans les *Mémoires*, une des plus vigoureuses organisations que j'aie connues, et je dirai de lui ce que Michelet disait un jour de moi : c'était une des forces de la nature ». Frédéric Soulié venait d'achever seul une adaptation de *Roméo et Juliette*, mais son tour d'esprit ne s'harmonisait pas avec celui de Dumas. Les *Puritains d'Ecosse* restèrent à l'état de projet.

Au cours d'une visite au salon, deux bas-reliefs de mademoiselle de Fauveau frappèrent et retinrent l'attention d'Alexandre Dumas. L'un représentait une scène de l'*Abbé* qu'il connaissait, car aucun récit de Walter Scott ne lui était étranger ; l'autre, l'assassinat de Monaldeschi. Ce nom n'évoquait rien en sa mémoire. Il alla consulter la *Biographie universelle* chez Frédéric Soulié. Un beau sujet tragique se dressant devant ses yeux — une reine qui tue l'homme qu'elle a cessé d'aimer ou qui a cessé de l'aimer — il proposa à son ami une collaboration. Soulié refusa encore. Il fut convenu que chacun d'eux garderait ses droits sur *Christine de Suède*. Ils se mirent séparément à la besogne. Alexandre Dumas s'était fait la main, au préalable, par une traduction en vers du *Fiesque* de Schiller, qui n'a jamais vu le jour et dont le manuscrit, mis au rebut, appartient à MM. Calmann Lévy. Quelques extraits en ont été publiés par les soins de M. Hippolyte Parigot, diligent historiographe.

Prendre Christine pour thème de tragédie était un acte d'audace. Ainsi en jugea une manière de vieil arbitre de l'école classique, Parseval de Grandmaison, qui avait consacré vingt ans à produire *Philippe-Auguste*, poème héroïque en douze chants, et de ce labeur était sorti tellement fatigué qu'il avait oublié son propre nom. Appelé un jour comme témoin à un contrat de mariage, au moment de signer, il se précipita dans le jardin, en se frappant le front et en s'interpellant : « Malheureux ! malheureux ! comment t'appelles-tu ? » Il ne pouvait pourtant pas le demander à son voisin. Par bonheur, l'heureux hasard d'un ami qui l'apostropha dans sa fuite, lui rappela qu'il était le poète Parseval de Grandmaison, et lui permit d'apposer sa signature.

En dépit de cette désapprobation, Alexandre Dumas termina sa *Christine* et résolut de la présenter à la Comédie-Française. Mais comment obtenir d'être lu ? Talma, qui l'avait pris sous sa protection, était mort. « Je me trouvai, dit-il, aussi embarrassé qu'une pauvre fille qui vient d'accoucher. Que faire de l'enfant bâtard, qui était né hors du légitime mariage de l'Institut et de l'Académie ? » Grâce à l'obligeante intervention de Charles Nodier, il eut une audition immédiate. Le baron Taylor, commissaire royal près le Théâtre-Français, le convoqua pour lire sa pièce, à sept heures du matin. « Quoique je sois, dit Dumas, l'homme le moins matineux de Paris peut-être, je fus prêt à l'heure dite. Il est vrai que je n'avais pas dormi de la nuit. » Quand il sonna chez le baron Taylor, un bruit étrange frappa son oreille et lui révéla qu'il se passait derrière cette porte quelque événement extraordinaire. « C'étaient des sons confus et glapissants qui, tantôt avaient l'air d'accents de colère, et tantôt retombaient dans le mat et formaient la basse d'une musique monotone et continue. » Enfin une vieille bonne vint ouvrir.

« — Ah ! monsieur, dit-elle d'un air consterné, vous rendez un fier service à monsieur en arrivant, et il vous désire bien.

— Comment cela ?

— Oh ! entrez, entrez, et ne perdez pas une minute.

« Je me précipitai dans la chambre, ajoute Dumas, et trouvai Taylor pris dans sa baignoire comme un tigre dans une fosse, et ayant près de lui un monsieur qui lui lisait une tragédie d'*Hécube*. Ce monsieur avait forcé la porte, quelque chose qu'on eût pu lui dire. Il avait surpris Taylor, comme Charlotte Corday Marat, et il le poignardait dans le bain ; seulement, l'agonie du commissaire du roi était plus longue que ne l'avait été celle du tribun du peuple. La tragédie avait deux mille quatre cents vers. »

Alexandre Dumas dut attendre dans une pièce voisine, tandis que continuait le ronron des rimes. Quand la lecture fut terminée, le bain était froid et l'attention du baron Taylor bien refroidie. Il consentit cependant à regagner son lit et à écouter *Christine*. Au sortir d'*Hécube*, c'était un soulagement. Au bout du premier acte, il demanda le second, puis le troisième, le quatrième, le cinquième, avec un contentement qui grandissait. Trois jours après, Alexandre Dumas lisait *Christine* devant le comité de la Comédie-Française. Le succès fut prodigieux. Il fallut répéter trois fois le monologue de Sentinelli et la scène d'arrestation de Monaldeschi. On reçut la pièce par acclamation, mais avec cette réserve mentionnée sur trois ou quatre des bulletins : « Une seconde lecture ou la communication du manuscrit à un auteur qui ait la confiance de la Comédie. » Cet auteur fut Picard, un bossu malicieux et malveillant, « avec de longues mains, de petits yeux brillants et un nez pointu comme celui d'une fouine. » Ayant écrit la *Petite Ville*, qui n'était ni un vaudeville ni une comédie, mais une caricature dramatique, pouvait-il rien comprendre à ce qu'il appelait les *grandes machines du romantisme*? Il garda le manuscrit de *Christine*, le lut ou ne le lut pas, mais huit jours plus tard il le rendit à Alexandre Dumas, en lui demandant avec un sourire bénin : « Mon cher monsieur, avez-vous quelques moyens d'existence? — Monsieur, je suis commis chez M. le duc d'Orléans. — Eh bien, si j'ai un conseil à vous donner, allez à votre bureau, mon cher enfant, allez à votre bureau. » Par bonheur, au verdict de Picard le baron Taylor en opposa un autre tout contraire, celui de Charles Nodier, qui était ainsi libellé : « Je déclare sur mon âme et conscience que *Christine* est une des œuvres les plus remarquables que j'aie lues depuis vingt ans. »

Il y eut une seconde lecture au Comité. Cette fois encore, l'accueil fut enthousiaste, mais l'auteur était prié de s'entendre avec Samson pour quelques corrections. Ils ne s'entendirent pas, et le poète reprit sa pièce pour la transformer, tandis qu'une autre *Christine*, de M. Brault, ancien préfet, était reçue à la Comédie-Française, et que Frédéric Soulié offrait la sienne à l'Odéon. Qu'importe? Déjà Alexandre Dumas avait découvert un plus riche filon. Sa fortune littéraire était placée sous une heureuse étoile. Comme il allait conter les vicissitudes de *Christine* à un camarade, nommé de la Ponce, qui tenait dans sa vie l'office de confident de tragédie et dont le bureau était à l'étage

4.

supérieur, il ne trouva pas celui qu'il cherchait. Telle est la version de Dumas, dans ses *Souvenirs dramatiques*. Dans les *Mémoires*, ce n'est pas pour voir de la Ponce, mais pour prendre du papier, qu'il monta à la comptabilité. Quoi qu'il en soit de cette contradiction, il aperçut un volume d'Anquetil ouvert sur une table, y jeta les yeux et lut, à la page 95, le récit suivant qui frappa son esprit et lui parut scénique :

« Bien qu'attaché au roi, et, par état, ennemi du duc de Guise, Saint-Mégrin n'en aimait pas moins la duchesse, Catherine de Clèves, et l'on dit qu'il en était aimé. L'auteur de cette anecdote nous représente l'époux indifférent sur l'infidélité réelle ou prétendue de sa femme. Il résista aux instances que les parents lui faisaient de se venger, et ne punit l'indiscrétion ou le crime de la duchesse que par une plaisanterie. Il entra, un jour, de grand matin, dans sa chambre, tenant une potion d'une main et un poignard de l'autre. Après un réveil brusque, suivi de quelques reproches : « Déterminez-vous, madame, lui dit-il d'un ton de fureur, à mourir par le poignard ou par le poison. » En vain demande-t-elle grâce, il la force de choisir. Elle avale le breuvage et se met à genoux, se recommandant à Dieu et n'attendant plus que la mort. Une heure se passe dans ces alarmes. Le duc alors rentre avec un visage serein, et lui apprend que ce qu'elle a pris pour du poison est un excellent consommé. Sans doute cette leçon la rendit plus circonspecte par la suite. »

Tout aussitôt, l'imagination d'Alexandre Dumas vira la situation au tragique. Il chercha des détails complémentaires dans la *Biographie universelle*, dans les *Mémoires de l'Estoile*, amalgama l'aventure de Saint-Mégrin et du duc de Guise avec celle de Bussy d'Amboise et du seigneur de Monsoreau, y ajouta une réminiscence de l'*Abbé* de Walter Scott, la scène où Murrey veut arracher à Marie Stuart son abdication. Un drame s'échafaudait, qui peut ainsi se résumer : « Un mari force sa femme à donner un rendez-vous à celui qu'elle aime, et il le fait assassiner. » En deux mois, l'ouvrage fut conçu, charpenté, écrit. Et Dumas le juge ainsi : « Il est facile de voir que la faculté dramatique est innée chez certains hommes. J'avais vingt-cinq ans ; *Henri III* était ma seconde œuvre sérieuse. Qu'un critique consciencieux la prenne et la soumette au plus sévère examen, il y trouvera tout à reprendre comme style, rien comme plan. J'ai fait cinquante drames depuis *Henri III*, aucun n'est plus savamment fait. » La lecture, d'abord chez madame Waldor en petit comité, puis chez Nestor Roqueplan devant le cénacle romantique, passa le succès de *Christine*. La représentation à la Comédie-Française allait être triomphale.

CHAPITRE V

HENRI III ET SA COUR

Avant d'être officiellement soumis à la Comédie-Française, *Henri III et sa Cour* fut lu chez l'acteur Firmin, devant Béranger, le baron Taylor et quatre artistes auxquels étaient destinés des rôles importants : Michelot, Samson, mademoiselle Mars et mademoiselle Leverd. « L'effet, dit Dumas, fut immense sur tout le monde. » On décida de demander au comité une lecture extraordinaire. Quel jour eut-elle lieu? Le 17 septembre 1828, suivant les *Mémoires*; le 1er de ce même mois, d'après les *Souvenirs dramatiques*. Au demeurant, les répétitions commencèrent sans délai. La distribution souleva quelques difficultés et même une explication orageuse entre l'auteur et mademoiselle Mars. Elle avait accepté le rôle de la duchesse de Guise, et celui de Saint-Mégrin était destiné à Firmin. Mais elle voulait Armand pour Henri III et madame Menjaud pour le page. C'était calcul et coquetterie de sa part, la maturité de ses cinquante ans ne risquant pas d'être offusquée par Armand qui approchait de la soixantaine, non plus que par madame Menjaud qui ferait un page assez fané. Or, Dumas tenait pour Michelot et mademoiselle Louise Despréaux. La discussion dura huit jours, et mademoiselle Mars ne recula devant aucun argument : « Choisir cette petite fille, s'écriait-elle en parlant de mademoiselle Despréaux, vous la verrez en pantalon collant ; elle est horriblement cagneuse. » L'auteur voulut voir, il vit : les genoux du page n'étaient nullement cagneux. Mademoiselle Mars dut céder. Elle n'en avait pas l'habitude. Jamais son omnipotence ne s'était heurtée à pareil « entêtement ».

De plus graves soucis attendaient Alexandre Dumas. Son directeur général, M. de Broval, ne pouvait admettre qu'un employé de Mgr le duc d'Orléans s'adonnât au théâtre, et il le somma de choisir entre sa place de commis expéditionnaire et sa vocation d'homme de lettres. A défaut d'une démission qu'il refusa, on suspendit ses appointements et l'on supprima même les gratifications de l'année écoulée. A ses camarades de bureau il était permis d'améliorer une situation précaire, soit en épousant une femme qui tenait boutique, soit en s'intéressant à une entreprise de cabriolets, soit en dirigeant au quartier latin une gargote à trente-deux sous. Ceux-là ne compromettaient pas la majesté du secrétariat ducal. Mais elle risquait d'être ravalée au contact de la littérature dramatique.

Alexandre Dumas se jura de surmonter les obstacles. Il obtint, grâce à Béranger, que Laffitte lui consentît un prêt de trois mille francs, remboursable sur la vente du manuscrit d'*Henri III*. Cette somme, équivalente à deux années d'émoluments, venait à point nommé et le tirait d'un gros embarras. La semaine qui précédait la première représentation, sa mère fut frappée d'une attaque d'hémiplégie. C'est au milieu des pires inquiétudes qu'il assista aux dernières répétitions, ne quittant le lit de la malade que pour courir au théâtre. Toutefois il eut le courage de se rendre au Palais-Royal et de demander à être reçu par M. le duc d'Orléans. Quoiqu'il n'eût pas de lettre d'audience, il fut immédiatement introduit. Voici en quels termes il a raconté ou arrangé l'entretien :

« Monseigneur, c'est demain qu'on joue *Henri III*, et je viens solliciter de vous une grâce ou plutôt une justice.

— Laquelle ?

— C'est d'assister à ma première représentation. Il y a un an qu'on dit à Votre Altesse que je suis un fou entêté et vaniteux ; il y a un an que je suis un poète humble et travailleur ; vous avez, sans m'entendre, monseigneur, donné raison à ceux qui m'accusaient auprès de vous. Peut-être Votre Altesse eût-elle dû attendre : Votre Altesse en a jugé autrement, et n'a pas attendu. Demain, le procès se juge devant le public ; assistez au jugement, monseigneur, voilà la prière que je viens vous faire.

— Ce serait avec grand plaisir, monsieur Dumas, car quelques personnes m'ont dit, en effet, que, si vous n'étiez pas un modèle d'assiduité, vous étiez un exemple de persévérance ; mais, malheureusement, cela m'est impossible : j'ai demain vingt ou trente princes et princesses à dîner.

— Monseigneur croit-il que ce ne serait pas un spectacle curieux à donner à ces princes et à ces princesses, que celui d'*Henri III*?

— Comment voulez-vous que je leur donne ce spectacle? On se met à table à six heures, et *Henri III* commence à sept.

— Que monseigneur avance son dîner d'une heure, je ferai retarder d'une heure *Henri III*; monseigneur aura trois heures pour désaffamer ses augustes convives. »

Il fut ainsi fait. Le duc d'Orléans fixa son dîner à cinq heures, et Alexandre Dumas retint la galerie pour les hôtes du Palais-Royal. C'est devant une salle particulièrement brillante que se joua la première d'*Henri III*. Vingt ans après, l'auteur écrit, dans ses *Mémoires* : « Ceux qui ont assisté à cette représentation se rappellent quel magnifique coup d'œil elle offrait : la première galerie était encombrée de princes chamarrés d'ordres de cinq ou six nations; l'aristocratie tout entière était entassée dans les premières et secondes loges; les femmes ruisselaient de diamants. » Les places avaient été si recherchées, si disputées, que Victor Hugo et Alfred de Vigny, n'ayant pu s'en procurer à aucun prix, s'adressèrent à Alexandre Dumas qu'ils ne connaissaient point. Il leur donna l'hospitalité dans la loge de sa sœur. Lui-même, à chaque entr'acte, allait embrasser sa mère, qui n'avait pas notion de la bataille engagée. Les billets de parterre et de balcon, dont il pouvait disposer, avaient été attribués à des camarades, chargés de soutenir la fortune de l'ouvrage. Il réserva un bon fauteuil d'orchestre à son chef de bureau et parent éloigné, M. Deviolaine, qu'une émotion d'un genre tout spécial obligea de sortir vingt-cinq fois, dit Dumas, au cours de la représentation. Quant à la Malibran, alors dans tout l'éclat de sa renommée, les *Mémoires* sont d'accord avec les *Souvenirs* de Charles Séchan pour raconter que, réléguée aux troisièmes, elle se penchait hors de sa loge, en se cramponnant à une colonne. Avant même le lever du rideau, on parlait des audaces de la pièce et de certaines tirades qui devaient épouvanter les tenants du classicisme. Chacun des spectateurs avait conscience d'assister à une insurrection dramatique. Beaucoup disaient : à une révolution victorieuse.

Depuis trois quarts de siècle, on a prodigué à *Henri III et sa Cour* les mêmes éloges et les mêmes critiques. Francisque Sarcey et J.-J. Weiss, plus sympathiques, et M. Jules Lemaître, plus sévère, ne font que paraphraser et développer le jugement sommaire de Sainte-Beuve, dans une lettre à M. Loudierre du 23 avril 1829 : « L'*Henri III* de Dumas, écrivait-il, a eu un grand succès, comme tu l'as su; mais cela, quoique amusant, ne tranche pas la question. C'est en prose assez lâche, et non du temps; la partie historique est plaquée et superficielle; la partie dramatique, qui se réduit à deux actes ou plutôt à deux scènes, est belle et touchante. » Faut-il faire grief à l'auteur d'avoir juxtaposé un tableau d'histoire et un drame de passion, si le tableau, à défaut d'une exactitude scrupuleuse, a le mérite de nous intéresser, et si le drame nous émeut? *Henri III* n'est pas l'œuvre d'un esprit méthodique et sagace comme Vitet ou d'un évocateur prestigieux comme Prosper Mérimée, mais bien d'un homme qui a le don, l'intuition, le génie du théâtre, et qui, tirant de l'ombre les personnages du passé, les amène à la clarté des lustres.

Certes, il y a, tout au long de la pièce, trop de réminiscences et d'emprunts, passablement effrontés. Le répertoire de Schiller a été mis en coupe réglée. Ce mouchoir oublié par la duchesse de Guise et trouvé par son mari, nous le connaissons déjà. Il a servi à Shakespeare dans *Othello*, à Schiller dans la *Conjuration de Fiesque*. L'analogie est frappante. Fiesque entre et demande au More : « Qui vient de sortir d'ici ? — Le marquis Calcagno. — Ce mouchoir était sur le sofa. Ma femme était ici. — Je viens de la rencontrer dans une grande agitation. — Ce mouchoir est humide. Calcagno ici. » De même, la scène entre Saint-Mégrin et son page, qui lui apporte une lettre de la duchesse, est presque textuellement transcrite de l'acte IV, scène 9, de *Don Carlos*. Et Walter Scott a aussi sa bonne part. Il pourrait revendiquer, pour en avoir fait usage dans l'*Abbé*, le gantelet de fer du duc de Guise, mari soupçonneux et brutal, ainsi que le geste de Catherine de Lorraine passant, en guise de verrou, son bras meurtri dans les anneaux de la porte. Du moins, tous ces ressouvenirs, et, si l'on veut, tous ces larcins, Alexandre Dumas les a utilisés avec une suprême habileté.

Admettons qu'au premier acte l'astrologue Côme Ruggieri — chez qui défilent successivement Catherine de Médicis, Saint-Mégrin et les mignons, le duc de Guise et les ligueurs — soit un personnage de convention. Allons jusqu'à dire avec M. Pierre Nebout dans sa thèse sur le *Drame romantique* : « Ruggieri est-il un vrai sorcier ? Cette supposition est trop enfantine pour le spectateur actuel. S'il n'est pas sorcier, comment lit-il l'avenir ? Simple prestidigitateur, il n'est pas digne du drame. Cette histoire de narcotique, de lit de repos qu'un ressort amène, d'alcôve ouverte aux yeux de Saint-Mégrin, c'est de la magie. Pur mélodrame ! » Soit, mais nous savons, d'ores et déjà, la politique de Catherine de Médicis, l'amour de Saint-Mégrin, la farouche jalousie du duc de Guise. Au second acte, nous avons devant les yeux, dans une salle du Louvre, le spectacle des partis en présence, celui du roi, celui de la Ligue, celui du duc d'Anjou, et le solennel, l'émouvant défi que Saint-Mégrin jette à Guise, moins par dévouement à la couronne que pour l'amour de sa dame. Dans l'oratoire de Catherine de Lorraine, au troisième acte, l'histoire cède la place au drame de passion. Le duc use de ses droits d'époux et de la plus impitoyable contrainte, en obligeant celle qu'il suspecte à donner par écrit un rendez-vous à Saint-Mégrin. Qu'adviendra-t-il de cette lettre? Nous sommes sous une impression d'angoisse, durant tout le cours du quatrième acte, tandis que la politique reparaît au premier plan et qu'Henri III dérobe au duc de Guise la direction de la Sainte Ligue. Le dernier acte n'est, à dire vrai, qu'une seule scène, mais si puissamment pathétique : Saint-Mégrin, en venant à un appel d'amour, tombe dans un piège infernal. On l'assassine traîtreusement à la cantonade.

Si la lecture permet d'apercevoir les taches et les faiblesses d'*Henri III*, à la représentation le spectateur est emporté dans le tourbillon du drame. Aujourd'hui encore nous sommes subjugués. Quel fut, à plus forte raison, l'émoi de cette salle du 11 février 1829, toute frémissante de la révélation d'un art nouveau! D'acte en acte, l'enthousiasme croissait. Enfin, lorsque Firmin apparut pour nommer l'auteur au milieu des applaudissements et des acclamations, M. le duc d'Orléans, debout et découvert, s'associa à l'hommage qui consacrait la gloire d'Alexandre Dumas, le petit employé de son secrétariat. Se souvint-il, en ce moment-là, de lui avoir retiré appointements et gratification ?

Tandis que la foule s'écoulait, on prétend — mais le fait est controversé — qu'une bande de romantiques effervescents mena une ronde ou une farandole à travers le foyer, en criant : « Enfoncé, Racine ! » L'un d'eux, nommé Gentil, journaliste de médiocre acabit, aurait même formulé cette sommaire profession de foi : « Décidément, Racine n'est qu'un polisson ! » Madame Chassériau, nièce de l'académicien ultra-classique, Alexandre Duval, écrivit à son frère : « *Henri III* a été représenté avec un succès fou. Mon oncle était furieux, parce que, se promenant dans les couloirs avec Lemercier, des jeunes gens qui passaient près d'eux dirent en les montrant : « Melpomène et Thalie enfoncées ! »

L'auteur avait été admirablement secondé par ses interprètes. Il les a félicités dans une préface dont la dernière phrase est un peu grandiloquente : « Ils ont ressuscité des hommes et rebâti un siècle. » Le début est de meilleur aloi : « Je n'établirai pas de système, parce que j'ai écrit, non suivant un système, mais suivant ma conscience. Je ne me déclarerai pas fondateur d'un genre, parce que, effectivement, je n'ai rien fondé. MM. Victor Hugo, Mérimée, Vitet, Loève-Veimars, Cavé et Dittmer ont fondé avant moi, et mieux que moi ; je les en remercie ; ils m'ont fait ce que je suis. » Soulignons cet accès de modestie ; il ne se renouvellera point. Alexandre Dumas fut toujours affligé d'une vanité enfantine, qui avait pour excuse beaucoup de naïveté et de bonne grâce. Dans une page de ses *Causeries* (I, 5), ce défaut s'étale avec une particulière complaisance : « Lamartine est un rêveur,

Hugo est un penseur ; moi, je suis un vulgarisateur. Ce qu'il y a de trop subtil dans le rêve de l'un, de trop profond dans la pensée de l'autre, je m'en empare, moi, vulgarisateur, et je sers au public ce double mets, qui, de la main du premier, l'eût mal nourri, comme trop léger ; de la main du second, lui eût causé une indigestion, comme trop lourd ; et qui, assaisonné et présenté de la mienne, va à peu près à tous les estomacs, aux plus faibles comme aux plus robustes. »

La presse et l'opinion, en dehors des classiques irréductibles, s'accordèrent à saluer le succès d'*Henri III* et à s'en réjouir, comme de l'avénement d'un renouveau dramatique. Sainte-Beuve, toutefois, formula d'expresses réserves. Sans doute il reconnaissait à l'auteur « un talent réel, mais presque physique, cet esprit qui semble résider dans les *esprits animaux*, comme on disait autrefois. Tout ce qu'il fait, ajoutait-il, est assez vif, entraînant, amusant à moitié, mais gâté par l'incomplet, par le négligé, par le commun. » Plus âpre encore et plus intraitable, Gustave Planche, avec ses airs de pontife, excommuniait Dumas : « C'est un révolutionnaire qui se rue sur la tradition sans rien comprendre à la grandeur de ce qu'il attaque ; brutal et bestial, trop physiologique et sans finesse. » En dépit des aristarques, la cause était gagnée auprès du public.

Consultons les témoins, interrogeons les journaux de l'époque. Alphonse Royer, qui fut directeur de l'Odéon et de l'Opéra, écrit, dans son *Histoire universelle du Théâtre* (V, 49) : « Je n'ai jamais assisté à une soirée pareille à celle de la première représentation d'*Henri III*. A partir du troisième acte, c'était dans la salle un délire, une frénésie.... Les purs avaient évidemment compté sur la chute du petit expéditionnaire, et ils n'avaient pris aucune précaution contre une réussite impossible. Le 11 février 1829 vit ainsi planter sur la brèche de la ville sainte, par un jeune mulâtre en rupture de bureaucratie, le drapeau révolutionnaire du romantisme. » Le *Constitutionnel*, du 12 février, reproche quelque prolixité au premier et au second acte, puis regrette qu'Alexandre Dumas, ou plutôt l'acteur Michelot, « ait oublié un des caractères distinctifs d'Henri III, qui, après avoir jeté quelque éclat dans sa jeunesse et régné sur la Pologne, fut la honte de la royauté. Il était essentiellement hypocrite, et l'hypocrisie, très compatible avec la faiblesse et les minutieuses pratiques de la dévotion, ne l'est guère avec l'idiotisme ou la niaiserie. » Aussi bien, le rédacteur du *Constitutionnel* aboutit à cette conclusion flatteuse : « Les hommes de goût, qui sont sans passion, diront que, romantique ou classique, l'œuvre de M. Dumas annonce un véritable talent. »

Le feuilleton du *Journal des Débats* prend la défense du duc de Guise, « étrangement défiguré par une lâcheté que dément sa réputation, demeurée intacte, de franchise et de loyauté chevaleresque. » C'est l'opinion d'un fervent royaliste, d'un critique pieux, qui voudrait qu'on supprimât cette phrase d'Henri III à Catherine de Médicis : « Croyez-vous, ma mère, qu'un roi puisse être heureux et tranquille dans un monastère ? » Il eut satisfaction ; la question irrévérencieuse disparut. En revanche, il n'obtint pas que la pièce fût intitulée : *les Amours de la duchesse de Guise et de Saint-Mégrin*. C'eût été clair, mais long, sur l'affiche.

Et le collaborateur des *Débats*, tout en louant Dumas de « s'élever facilement à la beauté de l'expression dramatique, » lui fait grief d'avoir travesti le duc de Guise et Henri III « de manière à ce qu'il soit impossible de les reconnaître dans ce miroir de réflexion dont la Muse des Beaux-Arts a armé les mains de la Muse de l'Histoire. » D'ailleurs, les principes sont saufs, et les *Débats* se plaisent à le constater, avec une ferveur toute classique : « Le romantisme n'est pour rien dans l'ouvrage de M. Dumas. La pièce est régulière : il y a unité de temps. En partant des concessions déjà faites à une infinité d'ouvrages antérieurs, l'unité de lieu est également respectée ; et, quant à l'unité d'action et d'intérêt, si le drame a, sous ce rapport, quelques reproches à essuyer, c'est un malheur qui lui est commun avec beaucoup d'autres, que le romantisme n'a jamais réclamés. Jusqu'ici M. Dumas n'a rien fait qui permette de l'enrôler sous les drapeaux de la secte novatrice. »

Par contre, la *Quotidienne*, organe ultra-royaliste, a, comme tous ses coreligionnaires, de secrètes et illogiques affinités avec la littérature romantique. Elle comble d'éloges *Henri III et sa Cour*, qui pourtant aurait dû inquiéter son loyalisme monarchique : « Depuis longtemps, il n'y avait eu à la Comédie-Française un triomphe si complet et de si bon aloi ; depuis longtemps aussi, la beauté, la richesse, la variété et la vérité des costumes n'avaient si puissamment concouru à compléter l'illusion théâtrale. »

Enfin, le *Figaro*, journal littéraire et humoristique, tout acquis aux idées nouvelles, qui, dit-il, « ont trouvé une tête pleine de verve et de jeunesse pour les exprimer et les traduire, » loue hautement l'auteur d'*Henri III* « d'avoir triomphé des préventions les plus intraitables, en prouvant qu'on pouvait allier à l'intérêt naïf de la chronique l'intérêt du drame avec toutes ses grandes émotions. » Il refuse de souscrire aux critiques dirigées contre la dualité de la pièce, tantôt historique, tantôt dramatique, et déclare formellement que « les amours de Saint-Mégrin lient entre elles toutes les parties de l'ouvrage avec une habileté qu'on n'a sans doute point assez remarquée. » Néanmoins, le rédacteur du *Figaro*, plus avisé que ses confrères, attend beaucoup mieux encore du jeune talent que ce début annonce. Il l'invite à ne pas se restreindre au cadre du « tableau de genre spirituellement coloré et vrai. » Cela est du domaine de l'anecdote ingénieuse et pittoresque. « Mais, ajoute-t-il avec sagacité, la haute pensée philosophique qui doit dominer le drame historique, comme on le demande et comme l'a compris Schiller; cette hardie reproduction de l'esprit d'un siècle, d'un peuple à une époque donnée, avec ses grands caractères et les fermentations qui le travaillent, toute cette haute vocation du drame ne domine point assez l'ouvrage de M. Dumas; c'est une œuvre qui plaît, qui amuse, qui intéresse beaucoup, et qui déjà est un grand pas dans les routes historiques; mais, quand le charme cesse, quand l'émotion du moment a passé, on voudrait trouver quelques-unes de ces intimes instructions que donne le *Don Carlos* par exemple; on sent qu'à côté de cette vérité de traits et d'esquisse, il y a une vérité grande, immense, et que derrière l'*hilarité* de Joyeuse et de d'Épernon, il manque la terrible physionomie de la Sainte Ligue et de la lutte calviniste et catholique avec ses sanglantes et instructives leçons.

Henri III avait la meilleure des consécrations, celle que donne l'affluence du public. On faisait une recette moyenne de 6.000 francs, chiffre considérable pour l'époque, et trente-cinq représentations se succédèrent jusqu'au congé habituel de mademoiselle Mars. Inconnu le 10 février, le surlendemain Alexandre Dumas était célèbre. Dès le 11, à minuit, il put en avoir la certitude, en ouvrant une lettre de son directeur, M. de Broval, le même qui, cinq mois auparavant, l'avait contraint à résigner ses appointements. Cette épître est un beau spécimen de la platitude administrative :

« Je ne veux pas me coucher, mon bon jeune ami, sans vous avoir dit combien je me sens heureux de votre beau succès, sans vous avoir félicité de tout mon cœur, et votre excellente mère surtout, pour qui je sais que vous éprouviez plus d'angoisses encore que pour vous-même. Nous les partagions vivement, nos camarades, ma sœur et moi ; et, maintenant, nous jouissons de ce triomphe si justement acquis à la double énergie du talent le plus noble et de la piété filiale. Je me crois bien sûr que vos couronnes et cet avenir de gloire que vous ouvre l'inspiration, vous laissent sensible à l'amitié, et la mienne pour vous est bien heureuse.

» Baron DE BROVAL. »

Le lendemain, témoignage d'un autre ordre, mais non moins concluant : un libraire achetait le manuscrit six mille francs, dont la moitié servait à rembourser Laffitte. Cependant un péril inattendu menaçait *Henri III*. Le baron Taylor reçut, le 12, une lettre du ministère de l'intérieur qui suspendait les représentations. Toute affaire cessante, Alexandre Dumas sollicita une audience du ministre, qui le convoqua à sept heures du matin. M. de Martignac était un homme d'esprit, ayant le goût des lettres. Il accueillit gracieusement l'auteur et leva l'interdit.

Charles X eut d'abord, si nous en croyons le *Journal de Cuvillier-Fleury*, un mouvement d'humeur, lorsqu'il apprit le sujet d'*Henri III* : « Eh bien! dit-il, on vient de donner une diable de pièce aux Français. — Sire, observa son interlocuteur, c'est une pièce historique d'un assez grand effet dramatique. — Mais, bon Dieu! ne pouvaient-ils trouver des effets dramatiques sans mettre sur la scène des temps qui ont mérité le plus de reproches? » A la réflexion, il découvrit là et n'eut garde de négliger l'occasion d'une saillie contre le Palais-Royal. Il manda son cousin, le duc d'Orléans, et lui représenta qu'on leur faisait jouer un rôle à tous les deux, à l'un celui d'Henri III, à l'autre celui du duc de Guise. Le chef de la branche cadette eut une riposte charmante : « Sire, on vous a trompé, pour trois raisons : la première, c'est que je ne bats pas ma femme; la seconde, c'est que madame la duchesse d'Orléans ne me fait pas cocu; la troisième, c'est que Votre Majesté n'a pas de plus fidèle sujet que moi. » Des trois raisons, la dernière peut paraître douteuse. Espérons que les deux autres étaient plus probantes.

Selon l'usage, le succès d'*Henri III* provoqua des parodies. Le 28 février, on joua au Vaudeville la *Cour du roi Pétaud*, attribuée à Alexandre Dumas, Cavé, Laviglé et de Ribbing, qui ne tint pas longtemps l'affiche. La culotte du roi, lointain héritier de Dagobert, faisait le sujet et le fond de cette pantalonnade. Sa Majesté la mettait à l'envers ; le comte Childebrand était à la tête du parti qui voulait porter le haut-de-chausse à l'endroit. — A la Gaîté, le 26 mars, fut représenté le *Brutal*, drame bouffon en deux tableaux, par Prosper. C'était une kyrielle de calembours et de lazzis de toute espèce, plutôt vieux que neufs, débités par un maître cordonnier, qui est le Guise de cette pitrerie, un compagnon serrurier, qui en est le Saint-Mégrin, et une dame chamarreuse, qui en est la Catherine de Lorraine. Le dialogue, très épicé, souleva quelques murmures et de gros rires. Pour la seconde représentation, on eut soin d'enlever les mots trop graveleux, et le *Brutal* suivit joyeusement son cours. — Il y a autrement d'esprit et de belle humeur dans *Cricri et ses Mitrons*, « petite parodie, en vers et en cinq tableaux, d'une grande pièce en cinq actes et en prose, composée par MM. Carmouche, Jouslin de La Salle et Dupeuty, et jouée pour la première fois à Paris sur le théâtre des Variétés, le 7 mars 1829. » Cricri, maître boulanger, a comme premier mitron Chaudchaud Saint-Pétrin, qui est en délicatesse avec Gueusard, dit le Balafré, et en marivaudage fort avancé avec la Lorraine, épouse d'icelui. Madame Jordonne, mère de Cricri, se charge de l'exposition et raconte à Ruggieri les démêlés de la boulangerie. Elle veut rapprocher la Lorraine et Chaudchaud :

> Ils s'aimeront bientôt, si ce n'est déjà fait ;
> Car je crois qu'elle en tient pour notre gringalet.
> Elle est là près de nous. J'ai pris, pour l'endormir,
> Un moyen infaillible..

RUGGIERI.
Est-ce mon élixir?
MADAME JORDONNE.
Non, un auteur classique.

Survient Chaudchaud, avec les mitrons qu'il congédie :

Pleureuse, Pair-ou-non, inutiles amis,
Allez, allez au four, allez voir si j'y suis.

Le lit s'avance sur la scène, comme le sofa dans *Henri III*, et Chaudchaud s'écrie :

O surprise! ô bonheur! ô transport! ô amour!
Est-ce elle? suis-je moi? deviens-je aveugle ou sourd?
Oui, c'est bien un vrai lit, voilà bien la couronne,
Traversin et rideaux à trente-deux sous l'aune.
Il s'éloigne comme frappé de vertige.
Voilà bien son béguin, sa jupe en calicot,
Ses pieds, ses mains, ses bras, ses manches à gigot;
Je pourrais profiter de ce doux tête-à-tête,
Mais, quand on aime bien, hélas! on est si bête.
Il se met à genoux.
Comment, pas de fichu?
Il prend le mouchoir qui est à côté d'elle.
Décemment, couvrons-la.
Son collier ne tient pas, chaque perle s'en va.
Il prend le collier, et s'occupe à le rattacher, toujours à genoux.
Des amants mieux appris agiraient en fins merles,
Mais moi, je suis ici pour... arranger des perles.

Puis voici le serment, sur le mode classique :

J'en jure par le ciel, par le ciel de ce lit,
Avant que de tes nœuds Chaudchaud se désenchaîne,
On verra les merlans remonter dans la Seine.
LA LORRAINE, s'éveillant.
Où suis-je? Est-ce la voix de mon mari Gueusard?
CHAUDCHAUD.
Non, vous rêvez à moi.

LA LORRAINE.
                Grand Dieu! quel cauchemar!
Effronté! vous ici!... près d'une femme seule!
                CHAUDCHAUD.
Mais vous étiez, princesse, en dormant, moins bégueule.
                LA LORRAINE.
C'est possible; en dormant, on ne sait ce qu'on dit,
On ne sait ce qu'on fait, on ne sait...
                CHAUDCHAUD.
                    Sufficit.

On entend la voix de Gueusard. La Lorraine est escamotée par Ruggieri, qui la place sous un énorme gobelet d'osier argenté. Auparavant, elle a jeté ce dernier trait :

Entrons... mais attendez, nous devons tout prévoir,
Et j'allais oublier d'oublier mon mouchoir.

Suit la scène de rigueur entre les deux hommes :

       CHAUDCHAUD, d'un air riant.
Bonjour, brave Gueusard!
       GUEUSARD, qui est entré avec un gros bâton noueux.
                C'est toi, joli mitron?
       CHAUDCHAUD, d'un ton de bonhomie.
Comment va, s'il vous plaît, madame votre épouse?
       GUEUSARD.
Qu'elle aille ou qu'elle vienne, ourle, tricote ou couse,
Je te demande un peu ce que cela te fait?
       CHAUDCHAUD.
Là... vous vous emportez comme une soupe au lait.
       GUEUSARD.
Gare, si j'aperçois quelque chose de louche!
       CHAUDCHAUD.
Mais... crois-tu donc, aussi, que du pied je me mouche?
Sans adieu, je t'attends près d'un patron chéri,
Car je n'ai qu'un mot d'ordre et qu'un seul cri : Cricri!

Gueusard, resté seul, entame un monologue. Il entend régner en maître à la Halle aux farines, mais ses regards se tournent vers le sofa :

Le foulard de ma femme... oui, c'est bien son sautoir.
Elle n'a pas ici perdu que son mouchoir.

Au deuxième tableau, le théâtre représente l'intérieur de la boutique du boulanger Cricri. Les mitrons sont occupés à différents jeux, tels que volant, dames, grâces.

PAIR-OU-NON, à Pleureuse, qui joue au bilboquet.
Laisse là ce hochet sur lequel tu te pâmes,
Viens jouer avec moi.

PLEUREUSE.
Je n'aime pas les dames.

Cependant Chaudchaud admoneste le patron, qui néglige sa boutique et la cuisson :

Soyez homme, Cricri, reprenez le jupon...
La bamboche eut son temps, que la pâte ait son tour;
Rallumez tous les feux, et mettez-vous au four.

Gueusard entre, accompagné des garçons de la boulangerie mécanique. Ils sont armés de longs manches à balai. On lit sur leurs casquettes : *Pain romantique.*

GUEUSARD, en apercevant Chaudchaud.
Tudieu! corbleu! morbleu!

CRICRI.
Il me semble, cousin, que vous jurez un peu.

GUEUSARD.
Le juron, c'est le nerf du style romantique,
Ça remplace avec goût les fleurs de rhétorique.

Chaudchaud souffle sur le nez de Gueusard des boulettes de pain avec un mirliton en guise de sarbacane. Le Balafré riposte dédaigneusement :

Je pourrais bien ici te battre comme plâtre,
Mais tu n'es qu'un mitron...
                    CRICRI.
                        La thèse va changer.
Pour qu'il soit ton égal, je le fais boulanger.
                    GUEUSARD.
Eh bien! soit... au canon.
                    CHAUDCHAUD.
                        A l'épingle.
                    GUEUSARD.
                        A l'aiguille.
                    CHAUDCHAUD.
A pied.
                    GUEUSARD.
    Comme à cheval.
                TOUS DEUX, ensemble.
            Il faut que je l'étrille.

Au troisième tableau, la Lorraine échange des confidences avec Turlure, qui lui dit au sujet de Saint-Pétrin :

Il aime une tigresse à nulle autre pareille.
                    LA LORRAINE.
Cela n'est pas, cousin, si sûr que de l'oseille.
                    TURLURE.
Vous souvient-il qu'un soir, non, c'était à midi,
Nous fûmes au Jardin des Plantes, un jeudi,
Que Chaudchaud, près de vous, blanc comme une carafe,
Tout en vous admirant, oubliait la girafe,
Pendant que votre époux étudiait les cerfs.
Vous pensâtes avoir une crise de nerfs.

Nous touchons à la scène tragique. Gueusard dicte la lettre :

                « Tous les gens de la clique
Doivent se réunir, ce soir, dans la boutique,

Quand minuit sonneront. Venez donc, à ce soir !
De bonne heure surtout... Le mien est de vous voir. »

La Lorraine se révolte, scandalisée :

Plus souvent que jamais je consente
A risquer comme ça des mots à double entente.

Gueusard lui montre un encrier. Que contient-il ?
De l'encre apparemment.

GUEUSARD.

Non, de la mort aux rats.
Il faut, sans hésiter, choisir de ces deux choses :
Écrire, si tu veux, ou boire, si tu l'oses.

Elle résiste encore. Il la pince et la repince avec violence :

Aïe ! aïe ! aie ! il me pince.
Vous n'avez pas, Gueusard, des manières de prince.

GUEUSARD, la pinçant de nouveau.

Écris...

LA LORRAINE.

Ah ! finissez, je cède à mes devoirs.
Je ne crains pas la mort, mais je crains les bras noirs.

GUEUSARD, dictant.

Mettez huit fois : « Je t'aime. »
Ajoutez : « Je t'attends, ma chambre est au sixième. »

Puis l'adresse, ainsi libellée : « A Chaudchaud Saint-Pétrin, boulanger aspirant. »

Au quatrième tableau. Chaudchaud s'apprête à rejoindre la dame de ses pensées, mais il songe à sa mère, qui est portière et qui va s'alarmer. Turlure a évoqué cette attendrissante image :

Ses yeux se cloront-ils sur le mol édredon
Quand elle attend son fils pour tirer le cordon ?

CHAUDCHAUD.

Si je ne reviens pas, en signe de tendresse,
Porte-lui ce cheveu, pour s'en faire une tresse.

Il s'arrache un cheveu.

Enfin, voici la dernière scène, chez la Lorraine. C'est la grande extase, avant le suprême émoi. Écoutez leurs aveux alternés :

CHAUDCHAUD.

De ta bouche un seul mot, de tes yeux une œillade,
Et je me laisse après mettre en capilotade.

LA LORRAINE.

Je brave les cancans, je brave les potins,
Je jette mon bonnet par dessus les moulins.
Oui, je t'aime! je t'aime, et je t'aime, et je t'aime.

On entend un terrible fracas. C'est l'arrivée de Gueusard, et Chaudchaud s'écrie avec angoisse :

Auriez-vous une armoire?

Un tiroir de commode, une pièce bien noire?
D'un petit cabinet, ah! j'aurais grand besoin.

Et, en aparté, ce mot d'adieu malcontent :

Recevoir un amant, quand on loge au sixième!

Il disparaît. Tout à coup, le trou du souffleur se lève, et Chaudchaud, nouveau Lazare, lance au public cet appel final :

De faire en bas le mort je me suis fatigué,
Et je reviens vivant pour que ce soit plus gai.
Mesdames et Messieurs, cette pièce est morale.
Elle prouve aujourd'hui, sans faire de scandale,
Que chez un jeune amant, lorsque l'on va le soir,
On peut oublier tout, excepté son mouchoir.

Avec une forte dose de gauloiserie, mais qui n'est pas exempte d'ironie malicieuse, *Cricri et ses Mitrons* marque les invraisemblances, les singularités, les enfantillages et les solennités tonitruantes d'*Henri III*. En quelques vers, Chaudchaud et Cricri ont tout dit contre l'œuvre et le genre :

La pièce est historique?
— Ah! c'est une autre histoire.

— Et comment sont les vers?
— On les a faits en prose.
— C'est donc un mélodrame alors?
— Pas autre chose.

Sous couleur de parodie, voilà de très judicieuse critique littéraire. C'est la vérité mise en boutades.

CHAPITRE VI

LA PÉTITION DES CLASSIQUES

Loin de désarmer devant le succès d'*Henri III et sa Cour*, les classiques impénitents redoublèrent la violence de leurs attaques. Ils avaient dans la presse, plus encore que dans l'opinion, un parti puissant et surtout bruyant. Leur orateur de prédilection était Andrieux, l'ancien membre du Conseil des Cinq-Cents et du Tribunat, l'auteur de la comédie des *Étourdis*, devenu professeur de littérature au Collège de France. Cet homme aimable et bénin en apparence, qui a composé le *Meunier Sans-Souci*, avait pris charge de pourfendre le romantisme. Sans doute il n'était doué que d'un mince filet de voix ; mais Villemain a dit de lui qu'il se faisait entendre à force de se faire écouter. Voici le portrait que nous trace de ce conférencier disert et batailleur Adolphe Thiers, son successeur à l'Académie française : « Sans leçon écrite, avec sa simple mémoire, avec son immense instruction toujours présente, avec les souvenirs d'une longue vie, il montait dans sa chaire, toujours entourée d'un auditoire nombreux. Sa voix faible et cassée, mais claire dans le silence, s'animait par degrés, prenait un accent naturel et pénétrant. Tour à tour mêlant ensemble la plus saine critique, la morale la plus pure, quelquefois même des récits piquants, il attachait, entraînait son auditoire par un enseignement qui était moins une leçon qu'une conversation pleine d'esprit et de grâce. »

Théodore Muret n'est pas moins élogieux dans son curieux volume, l'*Histoire par le Théâtre* : « Andrieux, dit-il, jouissait parmi la jeunesse d'une popularité qui avait un caractère en quelque sorte filial. La salle était trop petite pour l'empressement des auditeurs, parmi lesquels un certain nombre d'auditrices, à qui l'on réservait galamment les premières places. Toujours salué à son entrée par de vifs applaudissements, le vieux professeur avait peine à parvenir jusqu'à sa chaire à travers la foule qui encombrait le passage et qui volontiers l'aurait fait passer de main en main. Il est vrai que le fardeau n'aurait pas été bien lourd. Figurez-vous un petit homme de soixante-dix ans environ, frêle, maigrelet, portant presque en tout temps une redingote par dessus son habit, en sorte qu'on se demandait ce qui devait rester quand il était privé de cette double enveloppe et réduit à sa plus simple expression. Appartenant en philosophie à l'école voltairienne, il était, en littérature, de la religion classique. Dans la guerre alors allumée sur ce terrain, il défendait le temple de ses dieux littéraires comme ses propres foyers. En ceci, la modération philosophique du vieil académicien lui faisait quelquefois défaut, et c'était chose plaisante de voir les petites colères où il se mettait. »

Sous un tout autre jour Andrieux est apparu à Mary Lafon, qui dessine ainsi sa silhouette dans *Cinquante Ans de Vie littéraire* : « Figurez-vous un singe petit, vieux, au visage plissé de rides, et déclamant d'une voix aigrelette et cassée des lieux communs contre le romantisme. » Il avait pour complices-nés de ses haines tous les auteurs dramatiques de la vieille école, qui pouvaient craindre d'être troublés dans la jouissance exclusive de la Comédie-Française. Ces tenants du passé se coalisèrent — on dirait aujourd'hui : formèrent un syndicat — en adressant au roi une pétition respectueusement indignée. Ils suppliaient Sa Majesté de prendre en main la cause menacée de Corneille, de Racine et de Molière, et de rétablir l'ordre dans la république des lettres. Après avoir invoqué la mémoire et les intentions de Louis XIV, ils poursuivaient, en demandant qu'on protégeât l'autel sacré de la tragédie :

« La mort de l'acteur qui rivalisait de talent avec les acteurs les plus parfaits de quelque époque que ce soit, a porté plus d'un dommage au noble genre dont il était le soutien. Soit par dépravation de goût, soit par conscience de leur impuissance à le remplacer, quelques sociétaires du Théâtre-Français, prétendant que le genre où Talma excellait ne pouvait plus être utilement exploité, se sont efforcés d'exclure la tragédie de la scène, et de lui substituer des pièces composées à l'imitation des drames les plus bizarres que puissent offrir les littératures étrangères : drames qu'avant cette époque on n'avait osé reproduire que sur nos théâtres intimes... Non seulement ils violent les droits fondés sur les règlements pour favoriser, en toute circonstance, le genre objet de leur prédilection, mais, pour satisfaire aux exigences de ce genre, qui a moins pour but d'élever l'âme, d'intéresser le cœur, d'occuper l'esprit, que d'éblouir les yeux par des moyens matériels, par le fracas des décorations et par l'éclat du spectacle, ils épuisent la caisse du théâtre ; ils accroissent sa dette ; ils opèrent sa ruine. Et, cependant, comme la tragédie, malgré tout ce qu'on fait contre elle, lutte encore avec quelque avantage contre son ignoble rival, non contents de se refuser aux frais nécessaires, à l'appareil qu'elle réclame, les protecteurs de celui-ci s'étudient à déconcerter l'ensemble des représentations tragiques, à ne donner pour aide aux principaux acteurs que des sujets réprouvés par le public ; bien plus encore, pour rendre toute représentation tragique désormais impossible, anticipant sur l'époque où les deux premiers sujets tragiques, mademoiselle Duchesnois et M. Lafond, doivent prendre leur retraite, ils prétendent les contraindre à subir, sous le nom de congé, un exil d'un an, pendant la durée duquel on se flatte de consommer l'absolue destruction du théâtre de Racine, Corneille et Voltaire.

« Sire, les agents sur lesquels votre confiance se repose des soins de surveiller et de diriger le théâtre répondent-ils bien à vos intentions protectrices? Est-ce pour favoriser l'usurpation du mélodrame, est-ce pour lui livrer la scène tragique que les clefs leur en ont été remises ? Les fonds que votre libéralité met à leur disposition, pour être employés dans l'intérêt du bon goût, doivent-ils être prodigués dans l'intérêt de leur goût particulier, qui tend à asservir le domaine de ces grands hommes à la Melpomène des boulevards, et à réduire leur art sublime à la condition d'un vil métier?

« Persuadés, Sire, que la gloire de votre règne est intéressée à ce qu'aucune des sources de la gloire française ne s'altère, nous croyons devoir appeler votre attention sur la dégradation dont le premier de nos théâtres est menacé.

« Sire, le mal est grand déjà ! encore quelques mois, et il sera sans remède ; encore quelques mois, et, fermé tout à fait aux ouvrages qui faisaient les délices de la plus polie des cours, de la nation la plus éclairée, le théâtre fondé par Louis le Grand sera tombé au-dessous des tréteaux les plus abjects, ou plutôt le Théâtre-Français aura cessé d'exister. »

Ce factum, fougueux réquisitoire contre l'administration du baron Taylor, était revêtu de sept signatures. Fut-il, comme l'a prétendu Antoine-Vincent Arnault, l'un des protestataires, remis au roi avant la représentation d'*Henri III* ? Le point est sujet à controverse. En tous cas, cette étrange pétition était accompagnée d'une lettre non moins étrange de mademoiselle Duchesnois, qui se plaignait, non pas au roi, mais au public, que la part de sociétaire eût baissé, depuis trois ans, de seize mille francs à sept mille, et qu'on eût contracté une centaine de mille francs de dette. Elle concluait en annonçant sa résolution d'assigner M. Taylor devant les tribunaux pour violation du pacte social.

Cette réclamation d'une actrice vieillissante, célébrant la gloire de la tragédie et signalant les méfaits du drame romantique, fit généralement sourire. Quant à la pétition, elle inspira à Charles X, qui avait alors un ministre libéral et spirituel M. de Martignac, cette réponse où l'on ne pressent pas le roi des ordonnances : « Messieurs, je ne puis rien pour ce que vous désirez ; je n'ai, comme tous les Français, qu'une place au parterre. »

Les sept, devant une telle abdication, durent croire la littérature, la monarchie et la patrie irrévocablement perdues. En refusant d'écouter Antoine-Vincent Arnault, Lemercier, Viennet, Jouy, Andrieux, Jay et Onésime Leroy, Charles X ne s'était-il pas souvenu qu'ils appartenaient au parti libéral, alors que les romantiques avaient plutôt des affinités conservatrices ? La *Quotidienne*, journal ultra, dans son numéro du 4 mars 1829, dit vertement leur fait aux pétitionnaires, en les énumérant avec dédain : « Antoine-Vincent Arnault, auteur de beaucoup de tragédies dont on ne joue plus que *Marius à Minturnes*; — Jouy, la renommée la plus tombée de notre époque, du reste moins joué encore que M. Arnault, et romantique sans s'en douter, témoin *Sylla* avec son cauchemar, son peuple qui parle, sa tribune aux harangues et sa perruque historique ; — Etienne, auteur de la jolie comédie des *Deux Gendres*, empruntée scène par scène, et même avec quelques vers, à un scélérat de jésuite qui s'était permis d'avoir beaucoup d'esprit dans son temps ; — Onésime Leroy, un grand auteur, fort connu pour avoir raccourci, arrangé et gâté la charmante comédie de Montfleury, la *Femme juge et partie*; il aurait dû signer : Pour feu Montfleury, Onésime Leroy ; — Népomucène Lemercier : l'instant d'après, le redoutable auteur de *Pinto* s'est avisé qu'il n'avait pas le droit d'être classique ; il a couru après la pétition, comme s'il se fût agi de reporter un diplôme de censeur maladroitement accepté, mais il n'était plus temps ; la pétition était arrivée aux mains de Sa Majesté qui, dit-on, n'a pas été satisfaite. — Reste M. Viennet. Les amateurs de premières représentations, et qui ne vont qu'à celles-là, savent peut-être à quels titres M. Viennet a été appelé à signer cette pétition. »

Le sévère jugement de la *Quotidienne* n'était pas désavoué par l'opinion publique, qui fit des gorges chaudes de la protestation des sept. On se divertit aux dépens de ces libéraux, furieusement rétrogrades en littérature. C'était le temps où Victor Hugo, encore royaliste, donnait de la vieille école l'amusante définition : « Un classique jacobin : un bonnet rouge sur une perruque. » Mais, entre toutes les railleries qui pullulèrent, la plus malicieuse est peut-être celle qu'inséra le *Figaro* du 28 février 1829, sous le titre *les Ours classiques* :

« Une pétition fut faite en Angleterre, durant le règne d'Élisabeth, par Orson Pinnit, directeur des ours royaux. Il se plaignait en leur nom que les pièces d'un nommé William Shakespeare attiraient la foule et éloignaient le public du noble spectacle national de la danse et combat des ours, spectacle protégé de temps immémorial par Sa Majesté et ses prédécesseurs. Nous nous faisons un plaisir de communiquer cette pétition à nos lecteurs. Ils verront que Shakespeare était alors l'intrus, le romantique, et que M. Orson Pinnit était le représentant du goût national et des pures doctrines. Orson laisse parler ses administrés :

« Les traditions antiques d'un délassement qui a fait la gloire de vos ancêtres sont au moment de se perdre par l'envahissement du mauvais goût et de la barbarie ; et bientôt, si Votre Majesté ne nous accorde sa puissante protection, le public cessera de se porter au seul et véritable théâtre national, pour aller entendre de misérables farces qui avilissent la scène anglaise.

« Un nommé William Shakespeare a osé composer des pièces d'un genre tout à fait neuf, et déjà on se porte avec fureur à son spectacle, tandis que nous, nous les ours du gouvernement, nous restons abandonnés, forcés de nous croiser les bras ou de danser dans la solitude.

« Dans notre affliction, nous venons nous jeter aux pieds de Votre Majesté et lui offrir les moyens de réparer un aussi grand scandale, en la suppliant d'ordonner que les pièces de Will Shakespeare et des jeunes auteurs de son école soient soumises à une censure exercée par l'un de nous, et qu'aucun de leurs ouvrages ne puisse être représenté sans avoir été marqué préalablement de notre griffe.

« Notre modération connue, nos mœurs douces et simples sont un garant que cette censure sera exercée avec bonhomie et bienveillance. Nous nous bornerons à retrancher de ces ouvrages toutes les extravagances, toutes les choses absurdes qui plaisent tant au public, et qu'on ne trouve jamais chez nous.

« Votre Majesté sentira quel danger il y aurait à laisser occuper l'esprit du peuple par des pièces fortes et spirituelles ; elle sentira la nécessité de ramener la foule, de gré ou de force, au spectacle des ours, et bientôt nous aurons à lui rendre des actions de grâces d'avoir arrêté les innovations qui menacent d'envahir le seul théâtre national.

« Nous sommes avec un profond respect
de Votre Majesté
les ours très humbles et très obéissants

(*Suivent les signatures*)

Les *ours* de la Restauration n'étaient pas moins tenaces que leurs ancêtres, contemporains d'Elisabeth. Ils avaient une manière de privilège dramatique dont ils usaient mal, mais qu'ils entendaient garder. Chacun d'eux reçut et tint son rôle dans la conjuration ourdie contre le péril romantique. Le plus fin de la troupe était Antoine-Vincent Arnault, dont Sainte-Beuve a retracé la figure au tome septième des *Causeries du lundi*. Ce fut le modèle achevé du littérateur de l'Empire. Né en 1766, mort en 1834, il connut les mœurs de l'ancien régime et pratiqua les idées du monde nouveau. Tout en composant des tragédies, il suivit une carrière administrative et, après avoir été distingué par le général Bonaparte, il demeura fidèle à l'exilé de Sainte-Hélène qui l'inscrivit sur son testament. Singulière époque où un poète était chargé, en 1797, d'organiser le gouvernement des îles Ioniennes ! Arnault s'acquitta très congrûment de sa mission de législateur, et il mandait au vainqueur de Rivoli : « La Constitution que je leur ai donnée n'est pas plus mauvaise qu'une autre, si elle n'est pas meilleure. » Encore qu'il eût de l'admiration pour le premier consul, du respect pour l'Empereur, il gardait son franc-parler et sa dignité d'écrivain. Un jour que Bonaparte lui disait : « Faisons une tragédie ensemble », il répondit tout net : « Volontiers, général, quand nous aurons fait ensemble un plan de campagne. » Chez lui, le fonctionnaire, qu'il fût directeur des Beaux-Arts, secrétaire général de l'Université ou même ministre intérimaire de l'Instruction publique durant les Cent-Jours, pouvait avoir l'échine souple, mais le poète se tenait droit. Il lisait ses pièces à la Malmaison ou à Saint-Cloud : on ne lui eût pas fait modifier un vers, contre le gré de sa conscience littéraire.

En mai 1791, il avait débuté à la Comédie-Française avec une tragédie, *Marius à Minturnes*, trop austère peut-être — il ne s'y trouvait pas un seul rôle de femme — mais où résonnaient les mâles accents de la vieille liberté romaine. L'année suivante, ce fut *Lucrèce*, dont il altéra malencontreusement la physionomie traditionnelle, en prêtant à l'héroïne un invraisemblable amour pour Sextus. Sa troisième tragédie, et la plus réputée, *Blanche et Montcassin ou les Vénitiens*, se joua le 16 octobre 1798 au Théâtre de la République — nom donné par la Révolution à la Maison de Molière. On y voit un généreux Français, Montcassin, qui a bien mérité de la république de Venise, s'exposer au châtiment le plus rigoureux en se réfugiant à l'ambassade d'Espagne. Une loi impitoyable livre aux Inquisiteurs d'État, ou Conseil des Trois, quiconque a correspondu clandestinement avec les ministres étrangers. Montcassin est innocent, mais il aime Blanche, fille du sénateur Contarini, promise à un certain Capello ; il la rejoint à la faveur de la nuit, et lui déclare avec solennité :

J'ai vaincu pour Venise, et je vaincrai pour toi.

Afin de sauver la réputation de Blanche, qu'il voudrait tout ensemble enlever et ne pas compromettre — ô logique des amoureux ! — il s'évade par le palais de M. de Bedmar. Surpris, il est inculpé du crime de haute trahison et déféré au Conseil des Trois, où figurent, hélas ! et Contarini, le père outragé, et Capello, le rival malchanceux. En vain Blanche arrive pour justifier Montcassin, pour prouver qu'il méditait, non pas avec l'Espagne un complot, mais avec elle de justes noces. Trop tard ! Il a été jugé, condamné à mort et étranglé.

A distance, on a peine à s'expliquer l'engouement des spectateurs de 1798 pour cette pièce, banale de fond, médiocre de forme. Plusieurs veulent y admirer une couleur historique qu'il est malaisé de découvrir. Quant à la simplicité trop vantée du dialogue, elle devient souvent de la puérilité ou de l'anachronisme. Ainsi Constance, la nourrice de Blanche, voyant qu'elle est prête à courir au secours de son amant, lui suggère ce prudent conseil :

Crains la publicité.

Et la jeune fille de répliquer avec ostentation :

C'est mon unique espoir.
L'opinion publique est mon dernier refuge.

Arnault, exilé par la seconde Restauration, avait en portefeuille une tragédie élaborée dans ses loisirs de fonctionnaire, *Germanicus*, qui fut représentée le 22 mars 1817 à la Comédie-Française, aussitôt interdite, puis reprise le 20 décembre 1824. Les libéraux firent un accueil enthousiaste à l'œuvre du proscrit. Les royalistes voulurent y voir des allusions napoléoniennes. Il y eut tapage et même émeute — une *bataille de Cannes*, dit un plaisantin — autour de la pièce, qui ne valait guère que par l'interprétation. Talma, coiffé à la manière de l'Empereur, tenait le rôle de Germanicus, fils adoptif de Tibère et gouverneur général des provinces d'Orient ; mademoiselle Duchesnois, celui d'Agrippine, épouse de Germanicus. On saluait sa fidélité conjugale par des applaudissements qui visaient le lâche abandon de Marie-Louise, notamment à ce passage tout frémissant d'actualité :

Je ne te quitte pas, dussé-je être importune,
Je ne te quitte pas ; partout où la fortune,
Partout où le pouvoir enchaînera tes pas,
En exil, à la mort, je ne te quitte pas.

Au dernier acte, apparaît sur un lit Germanicus, empoisonné par Pison, gouverneur de Syrie, qui a rempli le vœu secret de Tibère :

La mort du prince importe au repos de la terre.

Les convulsions de l'agonie n'empêchent pas le héros de lancer une suprême et copieuse tirade :

O malheureuse épouse ! ô malheureux enfants !
Je n'en péris pas moins à la fleur de mes ans,
Je tombe enveloppé dans une embûche infâme,
Dans un piège tendu par la main d'une femme...
Adieu, patrie, adieu !

Agrippine se jette sur le corps de son époux, et les amis de Germanicus, unis par un serment solennel, jurent d'être ses vengeurs.

Arnault avait également conduit la tragédie dans les brumes septentrionales, avec *Oscar, fils d'Ossian*, qui fut joué au Théâtre de la République le 2 juin 1796. La scène se passe à Selma, dans le palais bâti par Fingal. Oscar aime Malvina, épouse de Dermide que l'on croit mort en une expédition lointaine. Prenant ses précautions, il avait laissé pour sa veuve des instructions qui ont été trop ponctuellement et surtout trop vite exécutées. En voici la substance :

Ce que perd ma famille, Oscar peut le lui rendre.
S'il n'a pas oublié notre amitié si tendre,
S'il n'est pas enchaîné par des liens plus doux,
A Malvina qu'il rende un plus heureux époux.

On a obéi à Dermide. Or, il revient au quatrième acte et se fâche, quand Oscar, lui avouant sa flamme pour Malvina, s'écrie avec un geste pathétique :

Sur ce cœur qui cherche à respirer
Mets un moment la main qui doit le déchirer ;
Mets, te dis-je, et frémis. Sens-tu comme il palpite ?

Dermide n'en a cure et provoque son rival. Toutefois, au moment de croiser l'épée, il se livre à une effusion presque larmoyante, dans le goût de La Chaussée et de Diderot :

Je sens que je suis père et que je suis époux ;
Mais, avant de combattre un rival qu'il abhorre,
Que l'un et l'autre ami se reconnaisse encore.
Embrassons-nous, Oscar.

Ils s'embrassent, puis le combat commence. Ainsi qu'il convient, c'est le mari qui est tué. L'amant, en retrouvant Malvina désormais libre, devient fou de joie ou de désespoir, et adresse à la veuve cet adieu déconcertant :

Déjà je vois Dermide à mon retour sourire.
Je vais le joindre... Adieu !... Songe à ton fils. J'expire.

De telles élucubrations ne pouvaient illustrer le nom d'Antoine-Vincent Arnault. Il fut plus heureux avec ses *Fables*, qui sont souvent aiguisées en épigrammes, et dont l'une, intitulée le *Colimaçon*, atteste une philosophie particulièrement délicate et malicieuse :

> Sans amis, comme sans famille,
> Ici-bas vivre en étranger ;
> Se retirer dans sa coquille
> Au signal du moindre danger ;
> S'aimer d'une amitié sans bornes,
> De soi seul emplir sa maison ;
> En sortir, suivant la saison,
> Pour faire à son prochain les cornes ;
> Signaler ses pas destructeurs
> Par les traces les plus impures ;
> Outrager les plus tendres fleurs
> Par ses baisers ou ses morsures ;
> Enfin, chez soi, comme en prison,
> Vieillir de jour en jour plus triste,
> C'est l'histoire de l'égoïste
> Et celle du Colimaçon.

Il est trois vers d'Arnault qui conduiront son nom à la postérité. Ce sont ceux par lesquels se termine la poésie courte et charmante qu'il improvisa, en janvier 1816, dans le parc de Regnault de Saint-Jean-d'Angély, la veille du départ pour l'exil :

LA FEUILLE

> — « De ta tige détachée,
> Pauvre Feuille desséchée,
> Où vas-tu ? — Je n'en sais rien.
> L'orage a frappé le chêne
> Qui seul était mon soutien.
> De son inconstante haleine

> Le Zéphyre ou l'Aquilon
> Depuis ce jour me promène
> De la forêt à la plaine,
> De la montagne au vallon.
> Je vais où le vent me mène
> Sans me plaindre ou m'effrayer;
> Je vais où va toute chose,
> Où va la Feuille de rose
> Et la Feuille de laurier.

A ces bluettes exquises Antoine-Vincent Arnault préférait de lourdes tragédies en cinq actes. Il en légua le goût, comme un mal héréditaire, à son fils Lucien, qui, avant de devenir préfet de la Meurthe sous la monarchie de Juillet, fit représenter à la Comédie-Française *Régulus* (1822), *Pierre de Portugal* (1823), le *Dernier Jour de Tibère* (1828), *Gustave-Adolphe ou la Bataille de Lutzen* (1830). Ajoutez, sous le nom de son père, un *Pertinax* que les romantiques appelèrent « Père Tignasse [1] », une *Catherine de Médicis aux États de Blois*, pour la réouverture de l'Odéon le 2 septembre 1829, et un fort lot de pièces imprimées dans l'édition complète de ses *Œuvres* en 1864, sans avoir été jouées : *Laurent de Médicis*, *Werther*, *Mar-*

---

1. *Pertinax*, reçu à la Comédie-Française le 4 décembre 1818 pour n'être joué que le 27 mai 1829 par suite des entraves de la censure, eut deux représentations, au demeurant fort orageuses. Le surlendemain de la première, le *Courrier des Théâtres*, rédigé par Charles Maurice, publia un article judicieusement ironique, que terminait cette anecdote : « Il fallait voir mademoiselle Duchesnois dans le rôle d'Helvidie, au moment où, campée sur ses reins, raidissant les bras, jetant à grands coups sa tête en arrière, elle a dit : « *Je suis romaine!* » Un rire inextinguible s'est emparé de toute la salle, et le destin de l'ouvrage a été décidé. Tué. »

guerite d'Anjou, *Roméo et Juliette*, *Grégoire VII*, tout le bagage de l'arrière-garde classique.

Viennet, autre signataire de la pétition, faisait également des *Fables*, mais moins spirituelles que celles d'Arnault le père, des *Epîtres* et des *Satires*, dirigées tour à tour contre les jésuites et les romantiques, des poèmes épiques : l'*Austerlide* (1808); le *Siège de Damas* (1825); *la Philippide* (1828), vingt-quatre chants consacrés à Philippe-Auguste; la *Franciade*, épopée nationale, destinée à ne voir le jour que trente-cinq ans plus tard, en 1863. C'est le même Viennet qui, retirant son ruban rouge le jour où Charles X donna la rosette à Victor Hugo, ne craignit pas de demander qu'on nommât chevalier quiconque aurait lu jusqu'au bout les vers ou la prose de ces messieurs, et officier quiconque les aurait compris. Ce classique intraitable et rageur, le chef des *purs*, avait commis nombre de tragédies, vouées à un égal insuccès : *Alexandre*, *Achille*, *Sigismond de Bourgogne*, *Arbogaste*; les *Péruviens*. La moins mauvaise est *Clovis*, représenté à la Comédie-Française le 19 octobre 1820. La pièce avait été lue et reçue à correction deux semaines avant la journée de Lutzen ; mais Viennet dut rejoindre son régiment, et il se vante d'avoir remanié son manuscrit sur les champs de bataille. Dans la préface, il arbore de glorieux desseins; il veut créer, comme les Grecs, un théâtre national. Féru de libéralisme, il se défend d'en avoir « saupoudré une tragédie du cinquième siècle » et d'avoir « bardé son œuvre de déclamations contre les cours. » Aussi bien, ajoute-t-il, « on n'insulte pas à la majesté des trônes ni à la sainteté des autels en exposant sur la scène les abus du sacerdoce et de la royauté, et les grands crimes politiques sont tous justiciables du tribunal de Melpomène. » Ici, quels sont les criminels ? Syagrius aime Eudomire, sœur de Clovis, laquelle est convoitée par le farouche Childéric. Les ennemis littéraires et politiques de Viennet prétendirent que, parmi les personnages, Syagrius était un ventru, Clodéric un ultra, Césaire un libéral, et Clovis, qui frappe à droite et à gauche, le prototype du système de bascule. Il faudrait plutôt incriminer les entrées et les sorties, qui s'annoncent sous cette forme rudimentaire : « Eudomire s'avance, » ou : « Il s'approche lui-même, » et blâmer une fluidité de style incolore et insipide. Quant aux allusions dont le public d'alors était friand, c'est à peine si l'on en peut découvrir dans ce passage sur l'art de gouverner les peuples :

CLODÉRIC.
Il faut s'en faire craindre.

CLOVIS.
Il faut s'en faire aimer ;

et encore dans cette tirade de Syagrius, qui tient le langage d'un doctrinaire ou d'un juste-milieu sous la Restauration :

Sort affreux des états en proie aux factions !
Chacun a ses projets et ses opinions ;
Et, soit que le destin les élève ou les brise,
De l'intérêt public chacune s'autorise,
Égorge, au nom du peuple, un parti détrôné,
Ou poursuit dans sa gloire un parti couronné ;
Et de tous ces débats, dont le peuple est victime,
L'étranger seul profite et nous en fait un crime.

Libéral pareillement, à la mode bonapartiste,

était M. Jouy ou de Jouy, et qui tout simplement s'appelait Étienne, né à Jouy-en-Josas en 1764. Après avoir guerroyé à la Guyane, aux Indes, dans les armées de la République, il avait exalté l'Empire, accueilli la première Restauration, accepté les Cent-Jours, puis protesté contre le second retour des Bourbons. C'était un polygraphe, qui se plaisait à s'entendre surnommer « le successeur de Voltaire. » Bon à tout faire, il fournissait intarissablement articles de journaux et de dictionnaires, mémoires, comédies, livrets d'opéra et d'opéra-comique, voire même des tragédies. En 1813, c'était *Tippo-Saëb*, dont il avait rapporté le sujet de ses voyages en Hindoustan, et où il développe en cinq actes une virulente diatribe contre l'Angleterre et son « fatal génie. » En 1818, *Bélisaire*, reçu, étudié et non représenté au Théâtre-Français. Dans un « Discours préliminaire », l'auteur traite des abus de la censure et relate les causes de l'interdiction. Il prétend que l'autorisation, donnée à la veille des élections, fut retirée cinq jours plus tard : dans l'intervalle, on avait espéré influer sur son vote. La pièce parut en brochure chez Corréard, libraire, « l'un des naufragés du radeau de la Méduse, » 258, galerie de Bois, au Palais-Royal. On y trouve les vers supprimés par les censeurs, qui voulaient voir dans Bélisaire et Justinien les doubles de Moreau et de Napoléon. Au premier acte, ce passage avait été biffé, comme contenant une allusion à l'homme de Sainte-Hélène :

> Du plus grand des humains voilà donc le partage !
> Une prison, des fers à celui dont le bras
> A sauvé son pays, a conquis tant d'États.

Plus loin, le monologue de Bélisaire :

> Banni de la nature, à jamais seul au monde,
> Vivant, j'ai vu du jour s'éteindre le flambeau ;
> Je ne suis plus qu'un spectre errant sur un tombeau.

Et enfin ces quatre vers, manifeste allusion à un épisode de Waterloo :

> Seuls alors les Gaulois redoublent de furie,
> Le vainqueur vainement leur offre encor la vie ;
> Un dernier cri de gloire annonce leur trépas :
> Ils meurent les Gaulois, ils ne se rendent pas.

Le même esprit anime *Sylla*, joué le 27 décembre 1821 à la Comédie-Française, et qui obtint le prodigieux succès de quatre-vingts représentations consécutives. Jouy, dans le préambule, institue et délaye un parallèle entre le vainqueur d'Orchomène et celui d'Austerlitz : « Le besoin de renommée qui les dévorait tous deux avait entièrement desséché l'âme de Sylla ; celle de Napoléon était restée accessible aux plaisirs purs et aux douces affections de la vie domestique. Il ramena la sévérité dans les mœurs. » Sur ce ton apologétique, Jouy se donne carrière. De vrai, la faveur publique conspirait avec lui. Selon le mot de Séchan, l'abdication de Sylla rappelait celle de Fontainebleau, et la censure ne pouvait voir sans effroi cette évocation des gloires et des angoisses récentes :

> Rome, en proie aux fureurs des partis triomphants,
> Mourante sous les coups de ses propres enfants,
> Invoquait à la fois mon bras et mon génie.
> Je me fis dictateur, je sauvai la patrie...
> J'ai gouverné le monde à mes ordres soumis,
> Et j'impose silence à tous mes ennemis ;
> Leur haine ne saurait atteindre ma mémoire,
> J'ai mis entre eux et moi l'abîme de la gloire.

Sylla fut l'occasion d'un triomphe incomparable pour Talma, qui s'était fait exactement la tête de Napoléon. « Il y eut, dit un contemporain [1], un cri de surprise et de saisissement dans toute la salle, lorsque l'on vit le dictateur au masque sombre, aux cheveux aplatis, au front creusé par l'inquiétude, s'avancer lentement, la tête inclinée sur la poitrine, ouvrir du geste la haie des sénateurs, ses clients... » C'était Napoléon, retour de Moscou ou de Leipzig ; c'était le masque, avec la mèche légendaire. Le coiffeur de la Comédie attestait à qui voulait l'entendre : « Mon titre de gloire dans la postérité, ce sera la perruque de M. Talma dans *Sylla*. » Hélas! quand on vendit la garde-robe théâtrale du grand tragique, six mois après sa mort, le 27 avril 1827, cette perruque napoléonienne et tout le costume qui l'accompagnait furent adjugés 160 francs. Ainsi passe la gloire du monde ! Et les romantiques de s'écrier par la voix d'Alexandre Dumas : « *Sylla*, un succès de perruque! Otez la mèche, et la pièce n'allait pas jusqu'à la fin. »

Andrieux, le vénérable professeur du Collège de France, avait, lui aussi, perpétré une tragédie, *Lucius-Junius Brutus*, d'un genre nouveau, disait-il : « Elle n'est ni à danser ni à chanter, mais à parler et à marcher. » Reçue au Théâtre de la République le 18 pluviôse an III, reprise par l'auteur, lue derechef et acceptée à la Comédie-Française le 26 mai 1828, elle se heurta au refus de la censure et même au veto de M. de Martignac, qui déclarait « le sujet inadmissible à l'é-

---

1. *Souvenirs d'un homme de théâtre*, 59.

poque actuelle. » N'y trouvait-on pas ces vers, trop véridiques à la veille de 1830?

> La leçon du malheur aux rois est inutile;
> Rien n'abat, rien n'instruit leur orgueil indocile;
> Et ces esprits hautains croiraient s'humilier,
> S'ils avaient le bonheur d'apprendre et d'oublier.

A la faveur des Trois Glorieuses, après trente-cinq ans révolus, *Lucius-Junius Brutus* sera représenté à la Comédie-Française et dédié « au Peuple français *devenu libre,* » de même qu'Alfieri avait dédié son *Brutus* « Al Popolo italiano libero futuro. » La France venait de consommer la révolution qu'attendra encore l'Italie.

Des trois autres signataires de la pétition des classiques, deux sont à négliger : Onésime Leroy n'est qu'un plagiaire, et Antoine Jay, professeur à l'Athénée, plus rétrograde qu'Andrieux, ne se signale que par un pamphlet contre les débuts de Sainte-Beuve, la *Conversion d'un romantique, manuscrit de Joseph Delorme.* Reste Népomucène Lemercier, esprit original, effervescent et fameux. Avec Alexandre Soumet et quelques auteurs de second plan, il a droit, dans le voisinage de Casimir Delavigne, à une place intermédiaire entre le classicisme suranné et le romantisme fougueusement juvénile.

CHAPITRE VII

UN DEMI-CLASSIQUE : ALEXANDRE SOUMET

Les classiques invétérés n'admettaient aucune compromission avec des novateurs qu'ils traitaient de malfaiteurs publics. Dans le *Constitutionnel*, organe libéral en politique, conservateur en littérature, le critique théâtral écrivait le 2 mars 1829, à la suite du succès d'*Henri III et sa Cour* : « Si tous les hommes d'un talent pur veulent entrer dans la lice pour le salut commun, le romantisme sera bientôt contraint de retourner en Allemagne où il est né, avec l'accompagnement des sifflets de toute la France. » Baour-Lormian, auteur de cette froide et correcte tragédie, *Omasis ou Joseph en Égypte*, qui fut représentée non sans succès au Théâtre-Français le 14 septembre 1806, se complaisait à vitupérer les révolutionnaires de l'art dramatique. Voici quelques anathèmes, extraits d'une poésie dans laquelle il se vantait de tirer le *Canon d'alarme* :

Ah ! si le ridicule, armé de traits aigus,
Ne frappe sans pitié ces penseurs ambigus,

> Le désordre s'accroît et n'a plus de limites ;
> Nous verrons les héros transformés en ermites,
> Ces vils coupe-jarrets, ces vampires affreux,
> Échappés tout sanglants des manoirs ténébreux,
> Sur la scène française à jamais avilie,
> Hurler leur désespoir et leur mélancolie.
> Dans un genre bâtard nous verrons tour à tour
> Les genres consacrés se perdre sans retour,
> Les immortelles sœurs, ainsi que des bacchantes,
> L'œil ardent, le front ceint de lierre et d'acanthe,
> Sous le poids de l'ivresse, exhaler en hoquets
> Des vers sans nom, sans forme, et dignes des laquais.

Non moins forcené cet Alexandre Duval qui, après avoir été marin, architecte, acteur, eut le plein de sa vogue sous l'Empire, en fabriquant des comédies, des opéras, des parodies, des drames, dans le goût suprêmement bourgeois. Exaspéré par le succès de la jeune école, il adressera en 1833, sous ce titre : *De la littérature romantique*, une lettre violente à Victor Hugo qu'il accuse d'avoir ruiné l'art dramatique. La préface de ses *Œuvres complètes* contient une furieuse sortie contre la presse : « Au nombre des misères, s'écrie-t-il, il en existe encore une que je dois signaler; je veux parler des journaux. Pendant plus de vingt ans, ils ont empoisonné ma vie et détruit ma santé. Ce n'est que depuis quelques années que je suis devenu insensible aux petites méchancetés des coteries et à l'injustice des haines de parti... L'expérience de mes trente ans de théâtre m'a convaincu d'une grande vérité, c'est que toute la malice humaine ne peut rien contre une pièce forte de raison et de choses. »

A la lisière du classicisme, il faut placer certains écrivains de demi-teinte et de tempérament plus moderne, encore qu'enfermés dans les us de la tragédie. C'est, d'abord, Michel Pichat (de l'Isère), auteur d'un *Léonidas*, qui parut sur le Théâtre-Français le 26 novembre 1825. Il disait au cours d'une préface assez fastueuse : « En parlant des Grecs, je parle à tous les Français. La Grèce est véritablement pour nous comme une autre patrie. Sans doute ma tragédie a dû à ce sentiment presque unanime une grande partie de la faveur du public. On applaudissait, dans l'antique Léonidas, le Léonidas nouveau, ce Marcos Botzaris, dont la mort si héroïquement méditée a ressuscité l'héroïsme des Thermopyles. Quant à M. Talma, c'est plus que mon Léonidas, c'est le Léonidas de l'histoire, c'est le Léonidas de David, qui parle, qui marche, qui agit devant les spectateurs étonnés. » A côté, ou plutôt un peu au-dessus de Pichat, plaçons Léon Halévy. Dans son ample bagage, il y a lieu de retenir le *Czar Démétrius*, tragédie jouée au Théâtre-Français le 1er août 1829. C'est l'aventure du fils d'un vieux soldat, qu'on a substitué à l'héritier de la dynastie. Parvenu au souverain pouvoir, il apprend la supercherie dont il a bénéficié, et un monologue nous révèle ses intimes perplexités :

> Ce trône m'appartient, je n'en descendrai pas ;
> Je suis digne, après tout, de la grandeur suprême.

A la reine Marpha désabusée, qui lui crie :

> Vous n'êtes pas mon fils,

il répond dans une scène presque cornélienne :

> Je suis votre vengeur.

A peu près au même niveau se maintient Ancelot, avec des tragédies vaguement modernisées. Son

Louis IX, en 1819, lui valut une pension de 2000 francs sur la cassette royale et la protection des ultras, qui voulaient protester contre les *Vêpres siciliennes*, l'œuvre libérale de Casimir Delavigne. Après l'échec du *Maire du Palais*, lequel n'eut que sept représentations en 1823, Ancelot prit sa revanche avec une tragédie de *Fiesque*, imitée de Schiller et jouée à l'Odéon le 5 novembre 1824. On y trouve ce vers étrange, pour annoncer poétiquement un coup de canon :

> Le bronze va bientôt marquer la dixième heure.

Par contre, il convient de signaler, au quatrième acte, une situation pathétique qui hausse le ton du dialogue, en un cliquetis d'hémistiches :

> LÉONOR.
> Et quel sera, dis-moi, le fruit de la victoire ?
> L'anarchie et la mort.
> FIESQUE.
> Le repos et la gloire.

En tête de l'ouvrage figure une épître dédicatoire au bon Saintine, qui semble avoir tenu auprès d'Ancelot le rôle d'une sage Égérie :

> Plus d'une fois, ami, mes enfants nouveau-nés
> Furent par ta prudence à périr condamnés;
> J'exécutai l'arrêt, et, domptant la nature,
> Je devins le Brutus de la littérature.

L'auteur de *Fiesque* tient à nous faire savoir son dévouement aux fleurs de lis, son aversion pour les trois couleurs :

> J'avais couru naguère, au moment du danger,
> Sous le drapeau sans tache heureux de me ranger,
> Offrir aux défenseurs du trône héréditaire
> De mon bras inconnu le secours volontaire,

Au reste, la nécessité d'un renouveau dramatique ne lui échappe point. En 1829, dans *Élisabeth d'Angleterre*, que Cuvillier-Fleury appelle « une vraie parade sans vérité ni poésie, » il se range parmi les admirateurs de Shakespeare. Il met cette profession de foi dans la bouche d'un des personnages, la comtesse de Suffolk :

Avec nous, dans Southwark pourquoi ne pas venir
Du bon William Shakspeare admirer les merveilles ?
Comme il charme à la fois le cœur et les oreilles !
Quel génie enfanta ces chefs-d'œuvre divers,
Et que n'oublierait-on en écoutant ses vers !

Plus heureusement doué fut Alexandre Soumet, qui essaya de rompre avec les errements anciens. Il manqua d'audace, mais le sens du théâtre, un instinct scénique, lui avait été abondamment imparti. On peut regretter que son caractère, aussi souple que celui de Népomucène Lemercier était rigide, l'ait toujours incité à flagorner le pouvoir et à déserter les causes vaincues. Il chanta, tour à tour, Napoléon qui le nomma auditeur au Conseil d'État, la Restauration qui lui conféra le titre de bibliothécaire du roi à Saint-Cloud, Louis-Philippe qui l'appela à la bibliothèque de Compiègne. Au demeurant, il était poète, avec des élans ou des aspirations qui se trouvaient à l'étroit dans la vieille formule classique, sans qu'il parvînt à la briser.

Né en 1786 à Castelnaudary, Alexandre Soumet avait été un enfant prodige, doué d'une inconcevable précocité. A sept ans, il faisait des vers, et peu après il s'avisa d'ajouter un livre entier à *Télémaque*. Les Jeux Floraux le comptèrent parmi leurs plus brillants lauréats, et son biographe Le

Fèvre-Deumier dit en style pompeux : « Quand les carrousels de Clémence Isaure se rouvrirent sous le ciel pacifié du Midi, il y jeta ses rimes, pour en récolter les fleurs, et sa moisson fut complète. » En 1814, il composait l'élégie de la *Pauvre Fille*, qui tira des larmes, de si douces larmes, à nos sensibles aïeules. L'année suivante, deux prix de poésie étant proposés au concours, l'Académie française décerna l'un et l'autre à Alexandre Soumet : il avait traité des sujets bien différents, la *Découverte de la vaccine* et la *Mort de Bayard*. Déjà il était l'auteur d'un couple de poèmes à tendances morales et d'une religiosité édulcorée, l'*Incrédulité* et le *Fanatisme*. En portefeuille il avait une tragédie de *Cléopâtre*. Telle est la besogne qu'accomplissait, à la suite de la Grande-Armée, cet auditeur au Conseil d'État, chargé d'administrer les provinces conquises! Des vers devaient traîner dans les dossiers du fonctionnaire.

La Restauration rendit aux Muses ce nourrisson de vingt-neuf ans, et voici en quels termes son panégyriste le félicite de n'avoir pas *échangé son brevet de poète contre un diplôme de préfet* : « Notre philosophe, qui n'avait accepté de fonctions que par obéissance, et se fût laissé par devoir enfermer dans des horizons de bureau, commença enfin à respirer plus à l'aise, à ne plus sentir sur son front la calotte de plomb des affaires, à s'apercevoir qu'il n'y a pas de places, surtout quand elles sont hautes, qui vaillent les pas qu'on fait pour y monter. Sa carrière administrative était, Dieu merci, terminée : et, malgré sa chétive fortune, malgré son peu d'espoir d'en fonder une par son travail, il eut le courage de se consacrer exclusivement aux lettres. » On conviendra qu'elles lui furent assez propices, mais le biographe passe la mesure de l'éloge et pousse jusqu'à l'hyperbole. Il place Soumet au-dessus même de Lamartine et de Victor Hugo. « De nouveaux points de vue, dit-il, s'ouvraient à travers les broussailles de l'Empire : une langue nouvelle se révélait. On ne s'était point habitué à cette opulence d'images, à ces alliances inusitées d'expressions, à la richesse mélodieuse des rimes, au balancement nombreux des périodes, à cette musique de la parole, si expressive qu'on dirait que le son a de la couleur. C'est que nous avions eu beaucoup de versificateurs, et qu'il se montrait enfin un poète. »

Après plusieurs années de recueillement et de labeur sous le ciel natal du Languedoc, Alexandre Soumet revint à Paris et aborda le théâtre. A quarante-huit heures d'intervalle, le 7 et le 9 novembre 1822, il fit représenter *Clytemnestre* à la Comédie-Française et *Saül* à l'Odéon. Le succès, ici et là, fut éclatant. Quoique les deux pièces procèdent d'inspirations manifestement distinctes, l'une païenne, l'autre biblique, elles ont ce caractère commun d'être fondées sur la fatalité, avec les modifications que comportent les religions opposées de l'Hellade et de la Judée.

Le rôle d'Oreste et celui de Saül sollicitaient également le génie de Talma. Il hésita longtemps, puis répondit à l'auteur avec sa bonne grâce coutumière : « Je me décide pour Oreste, j'aime mieux avoir à lutter contre les furies que contre Satan, et je crains que vous n'ayez dépassé dans *Saül* les forces humaines. » Pour interpréter *Clytemnestre*, dont Victor Hugo a dit qu'il « préférait cette tragédie à tout ce qui a paru sur notre scène depuis un demi-siècle, » Talma avait à ses côtés Ligier dans Pylade, Desmousseaux dans Égisthe, mademoiselle Bourgoin dans Électre; le rôle capital de la reine était échu à la robuste mademoiselle Duchesnois. Le sujet traité par Soumet ne correspond nullement aux *Erinnyes* de Leconte de Lisle, mais nous montre Clytemnestre devenue l'épouse de son complice Égisthe et torturée par le remords. Devant le tombeau d'Agamemnon, elle rencontre Électre qui vient chaque jour et prier et pleurer, immuablement fidèle au souvenir paternel. Entre cette mère et cette fille, combien tragiques les paroles échangées!

CLYTEMNESTRE.
Arrête, écoute-moi.
ÉLECTRE.
Mon père nous entend.
CLYTEMNESTRE.
Vois mes pleurs.
ÉLECTRE.
Je rejoins son ombre délaissée.
CLYTEMNESTRE.
Par delà tes souhaits tremble d'être exaucée.
Si tu savais!...
ÉLECTRE.
D'où naît un si tardif remord?
Qui vous poursuit?
CLYTEMNESTRE.
Les dieux.
ÉLECTRE.
Que veulent-ils?
CLYTEMNESTRE.
Ma mort.

Oreste est revenu, accompagné par Pylade. Il se trouve en face de sa sœur Électre qui, près de la tombe d'Agamemnon, l'excite à la vengeance. Et Clytemnestre, en revoyant Oreste, sent renaître l'amour maternel. Mais le fils vengeur ne fléchit pas. Il veut tuer, il tuera Égisthe, et supplie sa mère de s'associer à son dessein. Elle refuse. Alors il suit la destinée fatale, il les assassine, elle et lui, l'épouse adultère et l'ambitieux meurtrier ; puis, quand il a consommé son pieux forfait à la cantonade, il reparait, en proie à des fureurs qui n'égalent pas celles d'*Andromaque*. Elles n'en sont que la paraphrase, œuvre d'un bon rhétoricien :

> Cachez, fleuve d'enfer, ma tête criminelle !
> Sisyphe, écrase-moi sous ta roche éternelle !
> Filles de Danaüs, cédez-moi vos tourments ;
> Oreste peut suffire à tous les châtiments.
> Vous m'avez vu tenir ma promesse terrible ;
> J'ai de tant de forfaits fermé le cercle horrible ;
> J'ai frappé, j'ai rempli mes destins odieux.
> Quel crime faut-il donc pour désarmer les dieux ?

Sur *Saül*, Victor Hugo ne porte pas un jugement moins favorable que sur *Clytemnestre*. On lit, dans sa *Correspondance*, à la date du 17 janvier 1823 : « Cet ouvrage, entièrement original, sévère comme une pièce grecque et intéressant comme un drame germanique, révélera du premier coup toute la hauteur de Soumet. » Au vrai, la versification de cette tragédie, « tirée de l'Écriture Sainte, » est harmonieuse, encore qu'un peu redondante. Le personnage de Saül, où Joanny emporta un triomphe, a une majesté saisissante et lugubre ; celui de David, qui doit toujours être joué par une femme, évoque l'image charmante d'un Éliacin grandi :

> Seize printemps à peine ont passé sur son front.

Jonathas, fils de Saül, lui demande comment il se nomme. Il répond avec simplicité :

> David. Bethléem m'a vu naître,
> L'heureuse Bethléem, d'un enfant glorieux
> Dans l'avenir lointain berceau mystérieux.
> Longtemps je fus pasteur...

Il raconte sa vie paisiblement écoulée :

> Je tiens la harpe sainte, et l'esprit du Seigneur
> Dicte à ma faible voix des hymnes de bonheur;
> A l'ombre des palmiers, sous nos sacrés portiques,
> Il entend ma prière, écoute mes cantiques,
> Me parle de son peuple, et souvent dans les cieux,
> Colombe lumineuse, il se montre à mes yeux.

Chez ce David adolescent qui abat Goliath, supplante la Pythonisse d'Endor, apaise les fureurs de Saül et ne laisse pas indifférente la fille du roi, les élans de mysticité se mêlent aux humaines tendresses. Par là l'œuvre de Soumet n'a pas l'incomparable sainteté d'*Athalie*, mais quelque chose de la grâce attendrissante d'*Esther* :

> Ce Dieu qui fit le jour ne défend pas d'aimer.
> Il est dans le ciel même un esprit de lumière
> Qui conserve à l'amour sa pureté première;
> Son front porte une étoile, et ses mains un flambeau;
> Des anges du Seigneur c'est l'ange le plus beau.

Presque trop joli, en son allure ambiguë, demi-féminine, semble cet éphèbe qui conquiert les cœurs sur son passage :

> David nous apparut sous des palmiers en fleurs;
> L'aloès embaumé, la myrrhe précieuse
> Entouraient de parfums sa tête gracieuse;
> Ses traits d'un feu divin s'animaient éclairés,
> L'amour divin brillait dans ses yeux inspirés.

Après que Saül a tué son fils Jonathas, qu'il prenait pour David, et s'est fait justice en se tuant soi-même, la tragédie s'achève sur ces paroles du prophète Achimélech, aveugle et septuagénaire, gardien du temple de Nobé :

> Peuple, à d'autres destins David est réservé ;
> Un Dieu vit dans sa race, et le monde est sauvé.

Vingt mois plus tard, le 2 juillet 1824, *Cléopâtre* fut représentée à l'Odéon, avec mademoiselle Georges pour protagoniste. Joanny tenait le rôle d'Antoine, et Ligier celui d'Octave César. La première soirée ne se déroula pas sans orage. MM. Porel et Monval, dans leur volume consacré à l'histoire de l'*Odéon*, relatent un incident significatif : « Quatre actes avaient tellement ennuyé le public que, lorsque le rideau s'est levé sur le cinquième, un spectateur s'est écrié : « Messieurs les acteurs et mesdames les actrices, vous avez joué les premiers actes d'une façon si insignifiante, que vous devriez bien nous faire grâce du cinquième. » Un haro s'éleva contre l'orateur. Néanmoins, de nombreux sifflets ayant salué la fin de la tragédie, on vit qu'il n'avait eu tort que dans la forme.

A la lecture, l'œuvre de Soumet ne paraît pas mériter un traitement moins sévère. La scène se passe à Alexandrie, après la bataille d'Actium. Antoine vaincu a suivi Cléopâtre, auteur de sa défaite, et lui-même est rejoint par son épouse Octavie, accompagnée de ses enfants. Entre le devoir et la passion, entre ces deux femmes, la légitime et l'autre, inégalement séduisantes, il prend l'attitude et tient le langage d'un homme infiniment embarrassé. Le flux et le reflux de ses préférences remplissent les cinq actes de la tragédie. Cléopâtre a bien préparé et mis en évidence le fer et les poisons qui doivent lui donner la mort; mais c'est l'habituelle manœuvre d'une amoureuse très expérimentée, désireuse d'attendrir la crédulité d'un amant. Antoine, qui est plutôt un soldat brave qu'un brave père de famille, tombe dans le piège avec la candeur traditionnelle des vieux militaires. Arrive Octave qui le sermonne, qui le somme de revenir « à son épouse, à Rome, à la vertu; » puis Octavie qui pleure. Antoine s'émeut soudain et dit à Cléopâtre :

> Vous avez fait ma honte, elle fait mon orgueil ;
> Je rougis de moi-même et suis fier d'Octavie.

A l'acte suivant, le troisième, nous assistons à la volte-face d'Antoine. Il veut couronner Cléopâtre, mais elle l'a trahi et livré à Octave. C'est un déboire. Alors Octavie renouvelle l'assaut, secondée par son fils Marcellus, un garçonnet fort éloquent, qui, comme le jeune Vignot d'Alexandre Dumas, ne connaît pas son père et demande à le connaître. Tout cela est étrange, en vérité; le dénouement sera plus bizarre encore. Cléopâtre assassine Octavie, après quoi elle s'empoisonne. A ses pieds vient expirer Antoine, qui s'est transpercé la poitrine et soupire néanmoins une déclaration :

> Cléopâtre jamais ne me parut si belle.
> Ah! que je goûte encor l'affreuse volupté
> De contempler ses yeux où s'éteint la clarté.

Avant de rendre l'âme, elle veut le braver, le désespérer une dernière fois, en lui apprenant qu'elle a tué Octavie. Il se retourne avec dégoût et lui jette cette suprême apostrophe, tardivement morale en son tutoiement :

> La mort nous unissait, le crime nous sépare.
> Épargne-moi ta vue à l'heure du trépas
> Et l'invincible horreur d'expirer dans tes bras.

De même que *Saül* avait pour sous-titre : *ou le Sacerdoce et la Royauté*, on pourrait écrire, au-dessous de *Cléopâtre*, en guise de commentaire : *ou les fluctuations d'un général trop sensible*. Et volontiers on y joindrait un vœu : que tous ces agités reposent en paix !

Le sujet de Jeanne d'Arc hanta l'imagination d'Alexandre Soumet. Il le fit servir à deux fins : une tragédie jouée en 1825, et une trilogie nationale, sorte d'épopée dédiée à la France, qui fut publiée posthume, en novembre 1845, par les soins de madame Gabrielle Soumet d'Altenheym. La trilogie du déclin est fastidieuse ; la tragédie de la maturité excita des transports d'enthousiasme et valut à mademoiselle Georges un de ses plus brillants triomphes. Il s'y trouve des invraisemblances capitales : ainsi l'arrivée de François de Paule dans la prison, le revirement patriotique du duc de Bourgogne, l'intervention mélodramatique du père et des deux sœurs de Jeanne d'Arc. Mais la division est adroite en cinq actes, intitulés la Captivité, la Torture, le Tribunal, le Jugement de Dieu, et le Bûcher. La versification est moins déclamatoire que celle de Casimir Delavigne traitant le même thème avec une ferveur chauvine. Il y a certains vers bien frappés, à l'adresse de l'Angleterre, — car le pieux Soumet n'a garde de mettre l'Église en cause, alors que Charles X règne et que la Congrégation gouverne. Jeanne d'Arc crie à son bourreau, l'inquisiteur Hermangard :

> Tout mon sang peut couler sous votre main cruelle ;
> Ma vie est d'un instant, la France est immortelle !

Ou bien elle envoie à sa mère ses mélancoliques adieux :

> Dites-lui que je meurs
> Avec le seul regret de lui coûter des pleurs.
> Ce fut bien orgueilleux pour une pauvre fille
> De placer son pays plus haut que sa famille,
> Au delà de ses champs d'avoir un horizon,
> De sauver sa patrie en perdant sa maison...
> Emportez cette croix pour ma mère... pour elle !
> Les feux vont consumer ma dépouille mortelle ;
> De mes restes proscrits rien ne doit demeurer ;
> Je n'aurai point de tombe où vous puissiez pleurer,
> Et dans cette humble croix je laisse à notre mère
> Tout ce qui restera de moi sur cette terre.

En 1827, Alexandre Soumet fit représenter *Émilia*, un drame imité de *Kenilworth*, et le 2 mai 1828, *Élisabeth de France*, qui n'eut à la Comédie-Française qu'un médiocre succès, en dépit de nombreux emprunts faits au *Don Carlos* de Schiller. Le titre primitif devait être le *Secret de la Confession*, mais la censure estima sans doute qu'une telle dénomination tomberait sous le coup de la loi du sacrilège. Les rôles étaient ainsi distribués : Élisabeth de France, mademoiselle Duchesnois ; Philippe II, Ligier ; don Carlos, prince royal, Firmin ; le duc d'Albe, Menjaud ; d'Egmont, ambassadeur de la Belgique, David. Certes Soumet avait là un admirable sujet : la jalousie de Philippe qui a épousé la fiancée de son fils et qui pressent la survivance de leurs silencieuses amours. Aiguillonné par la perfidie du duc d'Albe, ce roi malheureux, père sans entrailles, met à la torture, mais en vain, le moine Alvarès, qu'il soupçonne d'avoir reçu la confession de la reine. Non content d'emprisonner Carlos, il mande le chef du tribunal de l'Inquisition, nonagénaire et aveugle, qui lui conseille d'immoler le coupable ou prétendu tel à son impitoyable courroux. Philippe résiste, en un retour de scrupule paternel :

C'est mon seul fils. S'il meurt, pourquoi tant de fatigues,
De travaux commencés, de combats et de brigues ?
Pour qui ce que j'ai fait et ce que j'ai tenté ?

Et l'inquisiteur de répondre, avec une froideur de bourreau :

Pour le néant plutôt que pour la liberté.

Cependant la reine, arrivée au paroxysme de la souffrance et comme stimulée par la cruauté de Philippe, fait à Carlos l'aveu dont elle s'était toujours défendue :

Oui, quand tout séparait nos tendresses cachées,
Nos deux âmes brûlaient, l'une à l'autre attachées.

Le roi les écoute, les surprend. Quatre hommes masqués et portant des flambeaux l'accompagnent, ainsi que le chef du tribunal auquel il donne cet ordre laconique :

J'ai la preuve du crime, il ne m'en faut point d'autre.
Mon devoir est rempli ; vieillard, faites le vôtre.

L'œuvre maîtresse d'Alexandre Soumet est *Une Fête de Néron*, tragédie écrite en collaboration avec Louis Belmontet, et représentée à l'Odéon le 28 décembre 1829. Cette pièce néo-classique, où mademoiselle Georges tenait le personnage d'Agrippine et Ligier celui de l'empereur, eut plus de cent représentations consécutives. Elle continuait avec une certaine audace l'histoire de Néron, magistralement esquissée par Racine. Après le meurtre de Britannicus, celui d'Agrippine. Pour peindre le parricide, Soumet et Belmontet ont recours à une couleur locale et à des teintes sombres que le pur classicisme n'eût point avouées. Burrhus a cédé la place à Sénèque, plus verbeux en sa philosophie impuissante; l'insidieux Narcisse est suppléé par Locuste, l'empoisonneuse, spécialiste émérite. L'empereur, soumis à la volonté de la courtisane Poppée, après un infructueux essai pour qu'Agrippine soit noyée au large, la fait égorger par le prétorien Lénas. Elle vient — et c'est une hardiesse romantique — mourir au pied de la statue de Néron qu'elle embrasse désespérément :

...Je reçois, mon fils, ce don de ton amour.
Néron devait la mort à qui le mit au jour.
Mon ombre en gémissant va joindre tes victimes
Et montrer aux enfers le plus grand de tes crimes.

Parmi les éloges chaleureux de la presse, la *Quotidienne* du 31 décembre 1829 formula une réserve au sujet de ce dénouement réaliste : « Le succès n'a pas été un moment contesté jusqu'à la dernière scène, où la vue d'une large plaie saignante a excité quelques murmures... Horreur pour horreur, mieux vaut encore l'oreiller d'Othello. » Le *Figaro* eut également une note de moralité historique : « Ce qu'il y a de plus remarquable, c'est l'insouciant abandon avec lequel les auteurs se sont livrés à la peinture des mœurs de débauche et de sang qui ont épouvanté le règne des empereurs. Suétone ne va pas plus loin. » En 1862, quand *Une Fête de Néron* fut reprise à l'Odéon sans paraître trop démodée, Francisque Sarcey, arbitre impartial, porta dans le feuilleton de l'*Opi-*

nion nationale un jugement favorable : « C'est, dit-il, une œuvre curieuse, parce qu'elle marque un moment de notre histoire dramatique. Le goût de la tragédie était encore très vif dans le public. La révolution faite à grand fracas par Victor Hugo était proche ; quelques-uns s'y essayaient par avance, de façon plus timide. *Une Fête de Néron* est une de ces tentatives, un compromis entre la sévérité nue de la tragédie classique et ces aspirations secrètes au tumulte et à l'éclat du drame, qui bouillonnaient alors en certains esprits. »

On ne reprendra, selon toute apparence, aucune des autres œuvres d'Alexandre Soumet. Durant ses dernières années — de 1829 à 1845 — il ne retrouva jamais le demi-coup d'aile qui soulève par intervalles *Une Fête de Néron*. Il semble que sa veine dramatique était épuisée. La tragédie de *Norma*, écrite en collaboration avec Jules Lefèvre, l'auteur des *Martyrs d'Arezzo*, et représentée le 6 avril 1831 à l'Odéon, tâchera de rendre pathétique la trop lointaine aventure d'une druidesse, séduite par Pollion, proconsul de Rome, et abandonnée avec deux enfants, Agénor et Clodomir. Imaginez l'enlèvement et la subornation d'une manière de religieuse, au temps des farouches Gaulois. Norma avoue sa faute à son père Orovèso, qui est un homme de bronze ; elle devient folle au cinquième acte, apparaît avec des cheveux épars, une longue tunique blanche et un rire déchirant ; puis elle tue l'un de ses fils et se précipite en entraînant l'autre dans un abîme, non sans avoir lancé à l'adresse de l'ingrat Pollion un dernier couplet de tendresse rétrospective :

> Il aimait de mon front l'amoureuse pâleur ;
> Je suis plus pâle ici, mais je ne suis plus belle.

> La lune s'est éteinte, et mon âme avec elle ;
> Mon âme où comme un feu son image avait lui,
> Mon âme qui n'est plus qu'un souvenir de lui.

Soumet tentera de réfuter les critiques qui feront grief à *Norma* d'être calquée sur *Médée*. Il alléguera que la ressemblance n'est pas plus grande qu'entre Hamlet et Oreste, ou le Roi Lear et Œdipe. Mais surtout, dans cette courte préface apologétique, il rend un légitime hommage à sa principale interprète : « Mademoiselle Georges obtenait dans ce rôle un succès d'enthousiasme. Après avoir été tour à tour dans les premiers actes la Niobé des Grecs, la lady Macbeth de Shakespeare, la Velléda de M. de Chateaubriand, après avoir parcouru le cercle entier des passions que peut renfermer un cœur de femme, elle s'élevait dans l'acte de la folie à une hauteur d'inspiration qui ne sera peut-être jamais reproduite. » Par malheur pour Soumet, la pièce valait moins que l'actrice.

Il composera encore, à l'extrême déclin, deux tragédies où il aura sa fille, madame Gabrielle d'Altenheym, pour collaboratrice. Le *Gladiateur* — représenté au Théâtre-Français le 24 avril 1841 en même temps qu'une comédie des mêmes auteurs, le *Secret du Roi* — prête à Origène, insultant les faux dieux, des anathèmes qui sont loin d'égaler ceux de *Polyeucte* :

> La mort, en nous frappant, ressuscite le monde !
> Tout chrétien est jaloux d'en couronner son sort.
> Il marche à la victoire, appuyé sur la mort.

Assurément, l'infortune de ce gladiateur est lamentable et rare. Dans le cirque, au moment de frapper la victime Néodémie, il reconnaît sa fille à une marque — mettons sur l'épaule — qui lui fut faite quand on l'a

Arrachée avant l'heure aux flancs nus de sa mère.

Extraordinaire opération césarienne ! Au reste, le Gladiateur, après un court répit, est contraint de tuer sa Néodémie retrouvée, pour la dérober aux outrages de l'amphithéâtre, et il lègue à ceux qui l'écoutent une conclusion morale, digne de figurer dans la *Case de l'oncle Tom* :

Je veux que ce poignard, sur un autel chrétien,
Rappelant quel forfait épouvante notre âge,
Au monde rajeuni dise : Plus d'esclavage !

Du même aloi est *Jane Grey*, jouée le 30 mars 1844 à l'Odéon, un an avant la mort de Soumet. Guilfort, fils du duc de Northumberland, est aimé à la fois par Marie Tudor, sœur et héritière d'Edouard VI, et par Jane Grey, petite-nièce de Henri VIII, qu'il a épousée et qu'il veut faire reine d'Angleterre. Elle s'en défend. Il la presse :

Le trône ou l'échafaud, que choisis-tu ?

JANE GREY.

La mort.

GUILFORT.

La mort !

JANE GREY.

Car à ce trône on descend par un crime,
Et sur cet échafaud on s'élève en victime.

Elle finit par céder, mais la fortune favorise Marie Tudor, la catholique et la sanglante. Guilfort s'empoisonne, après avoir signé l'acte de divorce qui doit sauver Jane. Elle le déchire et va à la mort, moins noblement dans la tragédie de Soumet que dans le tableau de Paul Delaroche.

Mademoiselle Georges vieillissante tenait le rôle de Marie Tudor, mademoiselle Naptal celui de Jane Grey, Rouvière celui de Northumberland. Et l'auteur dit en note : « Le jeune Ballande, l'espoir de notre théâtre, a déployé dans Guilfort les mêmes qualités qui l'avaient fait applaudir dans Hamlet et Oreste. » C'est ce même Ballande auquel on sera redevable de la création, en 1869, des matinées littéraires du dimanche, précédées de conférences, et qui érigera la scène de Déjazet provisoirement en troisième Théâtre-Français.

L'œuvre dramatique de Soumet est close. Il verse, il s'enlize dans un poème d'arrière-saison, en douze chants, la *Divine Epopée*, destinée à célébrer la rédemption de l'enfer par le Christ. Ce sont là des vers superlativement pieux, et, comme disait Voltaire :

Sacrés ils sont, car personne n'y touche.

Nous ne troublerons pas le sommeil, contagieux sans nul doute, de la *Divine Epopée*.

CHAPITRE VIII

UN DEMI-ROMANTIQUE : NÉPOMUCÈNE LEMERCIER

I

Ses débuts.

Si Alexandre Soumet était un classique qui aspirait à s'émanciper, il y avait chez Népomucène Lemercier un précurseur du romantisme, voué par malheur à ne pas réaliser tout son dessein. L'homme et ses velléités, audacieusement impuissantes, ont été définis à merveille, dans un article de la *Revue des Deux-Mondes* du 15 février 1840, par Charles Labitte, ce délicat critique, dont le pèlerinage fut si court et qui mourut à vingt-neuf ans. « Au théâtre, dit-il, l'école moderne date de M. Lemercier, et pourtant c'est le mouvement romantique qui a surtout rejeté sa renommée dans l'ombre. » Toute la carrière, en effet, de ce littérateur offre un conflit ou du moins un contraste entre ses doctrines et ses œuvres, entre ce qu'il conçut et ce qu'il exécuta. Doué d'une imagination ardente, il annonça la révolution dramatique qu'il ne sut pas consommer et que d'autres accomplirent sous ses yeux courroucés. Il devait presque haïr les romantiques qui, somme toute, étaient sa progéniture intellectuelle. Quand on le félicitait d'avoir eu de tels enfants, il répondait avec humour ou plutôt avec humeur : « Oui, des enfants trouvés. » Jamais il n'accorda ni son estime, ni son admiration, ni même son suffrage académique à Victor Hugo, qui par fortune fut son successeur à l'Institut et qui, dans le discours de réception prononcé le 2 juin 1841, porta ce jugement sec, mais exact : « Dans M. Lemercier naquirent et se développèrent, pour faire face à toutes les rencontres de la vie, deux hommes — deux hommes libres — un homme politique indépendant, un homme littéraire original. »

Né à Paris le 21 avril 1771, Louis-Jean-Népomucène Lemercier était le fils d'un secrétaire des commandements du duc de Penthièvre et du comte de Toulouse, appelé ensuite en même qualité auprès de la princesse de Lamballe. Celle-ci voulut bien tenir l'enfant sur les fonts baptismaux. Elle eut un filleul prodige, favorisé des dons de la Muse, mais accablé d'une disgrâce physique. Sa mère, qui semble avoir été assez coquette et insouciante, le confia à une gouvernante peu soigneuse. Il tomba d'un lit, en se faisant à la tête une blessure et à la jambe droite une fracture assez graves pour qu'il en résultât une hémiplégie qui frappait le bras de débilité. Il put néanmoins s'adonner à l'équitation et apprendre le dessin dans l'atelier de David. Mais il était né poète : à neuf ans, il esquissa une comédie, intitulée l'*Indépendant ou l'Incompatibilité des ridicules* ; à treize, il traduisit Ovide et les *Nuits* d'Young ; avant seize ans, il composa une tragédie, *Méléagre*, qui, grâce à sa marraine la princesse de Lamballe et par ordre de Marie-Antoinette, fut représentée au Théâtre-Français, le 29 février 1788. M. Ernest Legouvé, dans *Soixante Ans de Souvenirs*, a spirituellement raconté la lecture de cette pièce devant le Comité : « Arrive le poète : les acteurs (mademoiselle Contat, Molé, Préville étaient du nombre) se regardent stupéfaits ; le poète avait l'air d'un enfant. De longs cheveux blonds tombant sur ses épaules, pas de barbe au menton, des yeux bleus pleins de douceur, une petite canne pour soutenir sa marche légèrement claudicante, et un précepteur pour l'accompagner. D'un coup d'œil, les artistes se disent : « C'est un fils de grande maison ; le précepteur a fait la tragédie, et l'élève en aura l'honneur ; un ornement à ajouter à son blason. — C'est sans doute monsieur qui lira l'ouvrage ? dit mademoiselle Contat en montrant le précepteur. — Non, madame, c'est moi, » reprend l'enfant d'une voix douce. Il commence, il lit. Il lit bien, l'ouvrage plaît, on y trouve, à côté de beaucoup de faiblesses, des scènes heureuses, des mots touchants, il est reçu à l'unanimité. L'enfant, que la lecture n'avait nullement troublé, ne se trouble pas davantage devant les éloges, ni devant les critiques. » Cependant mademoiselle Contat veut en avoir le cœur net. Elle réclame certains changements dans une scène du second acte, et elle souhaite qu'ils soient effectués à l'instant même. Par précaution, les comédiens gardent le précepteur, tandis que le jeune poète se retire en une salle voisine. « Une heure après, dit M. Legouvé, il revenait avec la scène refaite et améliorée. Pour le coup, il fallut bien se rendre. La pièce fut mise immédiatement en répétition. »

Les archives de la Comédie-Française ont conservé le manuscrit de *Méléagre*. C'est une œuvre assez terne, mais rimée avec exactitude. La scène se passe à Calydon, dans le vestibule d'un palais. Le prince Méléagre, fils d'Althée, laquelle est sœur du roi Plexippe, aime Athalanthe et est aimé d'elle. Or, la beauté de la jeune fille a frappé le grand prêtre Zorhoas, une façon de prélat libidineux du dix-huitième siècle, qui n'a rien de caché pour son confident. Voici l'aveu de sa flamme :

> A son aspect, Pharès, ma langue embarrassée
> Dans ma bouche aussitôt a demeuré glacée ;
> Je sentis mille feux s'allumer dans mon sein,
> Et le couteau sacré s'échapper de ma main.

Il rencontre Athalanthe et s'explique avec une liberté très peu sacerdotale. C'est le Tartufe du paganisme :

> Croyez-vous que notre âme, exempte de faiblesse,
> Des passions jamais ne ressente l'ivresse ?
> Et nos cœurs aussi froids que ces marbres glacés,
> Que ces vases d'airain sur nos autels placés ?

Athalanthe jette à Zorhoas un regard d'indignation et sort, — ce qui tient lieu d'une éloquente tirade.

A la première représentation de *Méléagre*, Marie-Antoinette, qui occupait la loge royale avec la princesse de Lamballe, avait l'auteur à ses côtés. Elle le présenta au public et l'embrassa, parmi les acclamations et les applaudissements. Une pareille fortune aurait pu griser l'imagination de l'adolescent. Tout au contraire, après avoir galamment remercié les artistes, il demanda son manuscrit au souffleur, sous prétexte de quelques retouches, et le lendemain il écrivit à ses interprètes : « Messieurs, mon succès d'hier m'a beaucoup touché, mais ne m'a pas fait d'illusion. Ma pièce est une œuvre d'enfant, c'est un enfant que le public a applaudi pour l'encourager ; je n'ai qu'une manière de me montrer digne de son indulgence, c'est de ne pas en abuser. De telles bontés ne se renouvellent pas. Je retire mon ouvrage, et je tâcherai que ma seconde tragédie soit plus digne de vos talents. » En dépit des instances des comédiens, *Méléagre* n'eut pas d'autre représentation.

Les événements de 1789, ceux surtout de 1793, émurent violemment Népomucène Lemercier. Il sera républicain opiniâtre après la chute de la République : ce n'est pas l'heure habituelle des adhésions enthousiastes. De très près il avait observé le bouillonnement de la fournaise. « Au plus fort de la Terreur — relate Victor Hugo — il suivait avec une assiduité remarquable les séances de la Convention nationale. » M. Legouvé et d'autres biographes placent la scène dont s'agit, au club des Jacobins ; mais il importait au récipiendaire que la Convention lui offrît matière à développement fastueux : « Tous les jours Lemercier venait voir là, comme il l'a dit admirablement, *mettre les lois hors la loi*. Chaque matin il arrivait à l'ouverture de la séance et s'asseyait à la tribune publique parmi ces femmes étranges qui mêlaient je ne sais quelle besogne domestique aux plus terribles spectacles, et auxquelles l'histoire conservera leur hideux surnom de *tricoteuses*. Elles le connaissaient, elles l'attendaient et lui gardaient sa place. Seulement il y avait dans sa jeunesse, dans le désordre de ses vêtements, dans son attention effarée, dans son anxiété pendant les discussions, dans la fixité profonde de son regard, dans les paroles entrecoupées qui lui échappaient par moments, quelque chose de si singulier pour elles, qu'elles le croyaient privé de raison. Un jour, arrivant plus tard qu'à l'ordinaire, il entendit une de ces femmes dire à l'autre : — *Ne te mets pas là, c'est la place de l'idiot.* »

Bien qu'il ne prit aucune part à la politique militante, Népomucène Lemercier fut arrêté, pour avoir, dans un repas à Tours, brisé son verre en refusant de boire à la mort des aristocrates. « Je ne bois, s'était-il écrié, à la mort de personne. » On tint en surveillance à Alfort ce redoutable conspirateur qui, sous la tourmente révolutionnaire, composait des pièces de théâtre. Le 20 avril 1792, il avait fait jouer une comédie en vers ou plutôt une adaptation du roman de Richardson, *Lovelace* ou *Clarisse Harlowe*[1]. L'accueil du pu-

---

[1]. Cette pièce, présentée une première fois, comme comédie en cinq actes, et lue le 7 mars 1789 par Saint-Phal, avait été refusée par 12 voix, contre 1 pour la réception à correction et 2 pour l'acceptation. Elle s'appelait alors *Clarisse Harlowe*. L'année suivante, elle revint devant le Comité, sous le titre de *Lovelace*, drame en cinq actes, fut lue par l'auteur lui-même et reçue à la faible majorité de 7 voix contre 6. Il y a, aux archives de la Comédie-Française, deux textes de cet ouvrage, d'une égale platitude. Au dernier acte, Clarisse meurt à la cantonade, et Lovelace est tué en scène par le colonel Morden, cousin de sa victime. Ce Morden est expéditif. Il demande :

Etes-vous résolu d'épouser ma cousine ?
Parlez !
    LOVELACE.
La question, faite en un pareil cas,
Semble enfermer un ordre... et je n'en souffre pas.

blic fut très froid, et les *Petites Affiches* estimèrent que l'écrivain n'était pas assez roué pour peindre des rouéries. Charles Labitte rapporte également plusieurs mots de cette peste de Mercier, le libelliste du *Tableau de Paris*, se complaisant à ridiculiser son quasi-homonyme, « M. *Lemercier-Méléagre*, auteur d'une tragédie de ce nom et d'un drame intitulé *Clarisse Harlowe*, qui, n'ayant pas eu grand succès, m'a valu des compliments de doléance que je lui restitue. » C'est encore la boutade lancée par le même Mercier, en séance de l'Institut : « Je reçois beaucoup de lettres adressées à M. Lemercier. Qu'on sache qu'il est plus jeune et qu'il a l'article! »

Au cours de la Terreur, Népomucène Lemercier avait une pièce toute prête, le *Lévite d'Éphraïm*, avec ce sous-titre à la mode du jour : ou la *Justice du Peuple*. Pour surmonter les obstacles qui interceptaient les abords des théâtres, une démarche auprès de Robespierre était indispensable. Le poète refusa de s'abaisser au rôle de solliciteur, remit son manuscrit dans un tiroir, et le *Lévite d'Éphraïm* ne fut représenté qu'en 1796, pour les débuts de Talma. Il s'y trouve cette

---

Le cartel s'échange, et le duel a lieu sans témoins :

MORDEN.

Quelles armes ?

LOVELACE.

L'épée.

MORDEN.

Et le champ ?

LOVELACE.

A deux pas.

Cela dit, ils ferraillent, et Lovelace est percé de part en part.

étrange formule, donnée par un homme qui coupe sa femme en morceaux :

> Je fis de ses membres épars
> Pour les douze tribus douze sanglantes parts.

L'année précédente, Lemercier avait fait jouer le *Tartufe révolutionnaire*. L'acteur Baptiste, chargé du personnage de l'*Imposteur*, lequel détenait chez lui la planche aux assignats, exhiba « les longs cheveux, le geste, l'habit et la tournure de Collot d'Herbois, » l'un des plus misérables parmi ces Thermidoriens qui exécutèrent l'incorruptible Maximilien Robespierre. Il convient de citer un bout de dialogue très caractéristique, portant bien la marque de l'époque :

ORGON.
Faut-il fuir ou sauver ma tête ?

TARTUFE.
Il faut, en homme libre, attendre qu'on t'arrête.

Enfin, notons avec Charles Labitte qu'Orgon, au lieu de se cacher sous la table, était enfermé dans une armoire sur laquelle on avait mis les scellés, et que l'exempt était remplacé par les bons et loyaux républicains de la section. Le Directoire s'alarma du succès de ce *Tartufe*, qui était tour à tour et même tout ensemble révolutionnaire et contre-révolutionnaire : la pièce fut interdite à la cinquième représentation.

Aucune de ces œuvres de jeunesse n'a été imprimée. Népomucène Lemercier ne consentit à livrer au libraire que son *Agamemnon*, tragédie représentée pour la première fois sur le Théâtre de la République le 5 floréal an V (27 avril 1797). L'auteur n'avait pas encore adopté le prénom sous lequel il est généralement connu. Les affiches et la brochure le dénommaient « le citoyen Louis Lemercier. » Non moins citoyens et citoyennes étaient les interprètes à qui les rôles furent ainsi distribués : Agamemnon, roi de Mycènes et d'Argos, le citoyen Baptiste ; Clytemnestre, la citoyenne Vestris ; Égisthe, fils de Thyeste, le citoyen Talma ; Cassandre, prêtresse, fille de Priam, la citoyenne Petit ; Oreste, fils d'Agamemnon, le citoyen Saint-Clair. Ils jouèrent à souhait un drame antique composé selon le goût du jour : au sortir de la Terreur, on aimait encore la tragédie. Celle-ci était suprêmement sombre et émouvante. On s'y délecta. « La marche en est à la fois rapide et sage, a dit Marie Joseph Chénier ; Eschyle et Sophocle sont imités, mais avec indépendance. Le caractère artificieux et profond d'Égisthe, les agitations de Clytemnestre qui résiste avec faiblesse et succombe à l'ascendant du crime, le rôle naïf d'Oreste adolescent, et bien plus encore les scènes pleines de verve de la prophétesse Cassandre, ont déterminé les suffrages publics en faveur de cette pièce, regardée comme un des ouvrages qui ont le plus honoré la scène tragique. » Pour traiter un sujet si noir, dont s'est également inspiré Leconte de Lisle dans les *Érinnyes*, Lemercier, adonné à la peinture et à la médecine en même temps qu'à la poésie dramatique, dut se rappeler une leçon très suggestive de David ainsi racontée par M. Ernest Legouvé : « Frappé des dons extraordinaires de ce jeune homme, David l'associait volontiers à ses travaux. Le jour où il fut chargé par la Convention de faire le portrait de Lepelletier de Saint-Fargeau assassiné par Paris, c'est Lemercier qu'il emmena pour l'aider

Le corps avait été déposé dans une salle basse des Tuileries; l'artiste s'y enferma, et, resté seul avec son élève, lui dit : « Va me chercher un poulet et un couteau. » Le couteau et le poulet apportés, David étendit sur le corps un grand drap, puis, coupant le cou du poulet, il aspergea le drap de taches de sang. » De même, dans la tragédie d'*Agamemnon*, il semble qu'on voie le sang ruisseler et s'épandre à terre, en une scène effroyable de boucherie conjugale. Pour expliquer les sollicitations criminelles qui la hantent, Clytemnestre évoque le souvenir et l'image d'Iphigénie :

> Le barbare ! a-t-il plaint ma tendresse alarmée
> Quand il ravit ma fille à mes bras maternels?

Puis elle écoute, elle accueille les insidieuses paroles, les perfides insinuations d'Égisthe, résolu à lui démontrer la nécessité de l'attentat qu'il médite et auquel elle va conniver. Il faut tuer Agamemnon :

> Nos pleurs, nos soins cachés, nos secrets entretiens,
> Nos soupirs qui feraient parler notre silence,
> Nos yeux, tout l'instruirait de notre intelligence.

Le Roi des rois, à la scène 6 de l'acte II, rentre en sa demeure, depuis dix ans délaissée. Il ramène de Troie Cassandre, la captive à l'âme prophétique, et lance cette invocation, sur le mode consacré :

> Salut, ô murs d'Argos ! ô palais ! ô patrie !
> O terre, où de Pélops la race fut nourrie...

Si certaine clairvoyance maritale lui fait défaut, du moins il reconnaît ou plutôt il devine Égisthe à l'épée qu'il porte, et qui est celle d'Atrée. D'un geste souverain, plus majestueux que courroucé, il le bannit. Clytemnestre et son complice vont-ils se soumettre et se séparer? Au quatrième acte, surgit entre eux la scène décisive et sinistre :

ÉGISTHE.
Demain, au jour naissant, Clytemnestre, je fuis.
CLYTEMNESTRE.
Et demain sur les mers, Égisthe, je te suis.

Chacun d'eux cependant nourrit une pensée qu'il hésite à formuler tout haut. Elle apparaît dans leur regard avant de venir sur leurs lèvres :

CLYTEMNESTRE.
A quel autre parti devons-nous recourir ?
ÉGISTHE.
Il n'en est qu'un.
CLYTEMNESTRE.
Lequel ?
ÉGISTHE.
Effrayant.
CLYTEMNESTRE.
Parle.
ÉGISTHE.
Horrible.
CLYTEMNESTRE.
Mais certain ?
ÉGISTHE.
Trop certain.
CLYTEMNESTRE.
Eh ! quoi de plus terrible
Que d'être encor soumise aux détestables lois
D'un mortel dont nos feux ont blessé tous les droits ?
Que pouvons-nous, après des injures si grandes ?
Réponds !
ÉGISTHE.
Rien.
CLYTEMNESTRE.
Tu te tais.

ÉGISTHE.

     Et toi, tu le demandes?

CLYTEMNESTRE.

Quelle affreuse lumière!... ah! mon sang est glacé!
D'où vient ce mouvement dont mon sein est pressé?
Qui doit donc nous ravir, Égisthe, à sa puissance?

ÉGISTHE.

Je ne sais.

CLYTEMNESTRE.

 Sa mort?

ÉGISTHE.

   Qui te l'a dit?

CLYTEMNESTRE.

      Ton silence.

Est-il besoin, pour qu'elle adhère à ce monstrueux dessein, d'un argument extrême? Égisthe l'a en réserve et l'emploie. Il éveille en elle la jalousie contre Cassandre. Dès lors, il a cause irrévocablement gagnée. Elle obéira.

ÉGISTHE

Il faut nous séparer ou qu'un barbare meure.
Prononce! Mourra-t-il? ou dois-je fuir?

CLYTEMNESTRE.

      Demeure.

Vainement Cassandre prodigue au roi de solennels avertissements. Le sort de la Troyenne est d'élever la voix, sans jamais être écoutée. Agamemnon sommeille. Égisthe et Clytemnestre apparaissent, comme les spectres du crime, en échangeant de brèves paroles : « Hâte-toi. — Il dort. » Puis l'amant ordonne, d'une voix impérieuse :

Prends ce fer, entre et frappe, et sauve notre amour...
    Il faut que l'un périsse,
Agamemnon ou moi : que ta haine choisisse!

CLYTEMNESTRE.

Donne ce fer.
ÉGISTHE.
Échappe au coup qu'on veut frapper.
Va, cours, le péril presse, et ce poignard te reste.

Elle sort, on entend un cri, et elle revient, tenant l'arme sanglante. Ici, Lemercier indique un jeu de scène. Égisthe, *souriant* — ce sourire est de trop — s'écrie, alors qu'un silence discret serait de rigueur :

Voilà le sang d'Atride... ah ! je respire.
CLYTEMNESTRE.
Dieux !
Le ris est sur ta bouche, et le sang coule encore.
ÉGISTHE.
Dois-tu ?...
CLYTEMNESTRE.
Je te connais enfin, et je m'abhorre.

Dans ce dénouement, comme au cours de la tragédie, Lemercier atteste plus de puissance dramatique que de dextérité et de souplesse pour traduire les nuances de la passion. Mais il a trouvé une scène finale, d'un effet prodigieux, que Leconte de Lisle n'a pas osé lui emprunter : c'est l'entrée du petit Oreste, pâle et balbutiant.

Ma mère,
Oh ! viens voir de quel coup on a frappé mon père.
Viens.

Et le voici qui continue son pathétique récit. Il a entendu, il répète le dernier cri paternel :

Il inonde de sang et le marbre et sa couche.
Au travers des sanglots qui sortaient de sa bouche,
Il m'a crié : « Ta mère ! » ah ! tout près de mourir,
Sans doute il t'appelait pour l'aller secourir.

Volontiers Égisthe, en humeur d'assassinat, tuerait Oreste après Agamemnon ; mais l'enfant se dérobe très opportunément. Il faut qu'il grandisse pour fournir la matière d'une autre tragédie. Les paroles vengeresses sont prononcées et la moralité de l'effroyable aventure est déduite par Cassandre, qui, après s'être empoisonnée, maudit les meurtriers et jure d'aller les dénoncer à la justice clairvoyante et distributive d'outre-tombe. En attendant, elle fonde espoir sur Oreste, impitoyable redresseur de torts et saintement parricide :

> Un jour il punira l'assassin de son père,
> Un jour lui-même enfin poignardera sa mère....
> Je précède aux enfers Égisthe et sa complice,
> Et je vais à Minos demander leur supplice.

Avec *Agamemnon*, le citoyen Louis Lemercier connut, à vingt-cinq ans, les douceurs de la gloire que, devenu Népomucène, il devait souhaiter longtemps, sans parvenir à se les concilier. Cette première et heureuse tragédie lui valut d'être couronné en grande pompe au Champ de Mars, pour avoir composé la meilleure pièce parue depuis trente ans. Néanmoins la faveur publique ne le préserva pas des critiques acerbes. Celle de Geoffroy va jusqu'à l'injure. « Les personnages, dit-il, sont bas et crapuleux ; Agamemnon est une bonne pâte de mari qui, par sa stupidité, peut être comparé au vieillard de nos comédies. Cassandre n'est pour nous qu'une folle ou une diseuse de bonne aventure. Strophus est aussi empesé que M. Bobinet, et le petit Oreste aussi sot que le comte d'Escarbagnas. Pour Égisthe, ce n'est qu'un Gascon, un misérable héros de tripot et de mauvais lieu, admiré par des badauds. » En reproduisant un jugement où perce la haine littéraire, Charles Labitte a soin d'ajouter : « Geoffroy avait trop bien dîné quand il écrivait ces lignes. »

Pour se délasser de la tragédie, en cette même année 1797, Lemercier faisait représenter la *Prude*, une comédie qui n'a pas été imprimée. La fable en est menue. Un libertin a abusé d'une fille, l'a rendue mère, et la retrouve, vingt ans après, prude et dévote. Il admire comment Célimène s'est métamorphosée en un mélange d'Arsinoé et de dame Pernelle. — Le succès d'*Agamemnon* avait-il grisé la jeunesse du poète? Se laissa-t-il captiver par l'amour ou distraire par les plaisirs faciles de la société directoriale qui renaissait à la vie mondaine? A tout le moins, il est manifeste que Lemercier, négligeant un peu la Muse, eut une période de dissipation. Républicain, il fréquentait chez madame Tallien, maison hospitalière et de mœurs faciles. Entre temps, mû par la curiosité plutôt discursive de son humeur, il avait quitté la peinture pour la médecine qu'il ne tarda pas à délaisser. « Ce fut, dit M. Ernest Legouvé, l'amour qui l'y fit renoncer. Au milieu de ses études anatomiques, il s'éprit d'une jeune femme d'un éclat de beauté incomparable. Un jour, assis près d'elle, il se sent tout à coup le jouet, la proie de la plus étrange fascination. Sa science d'anatomiste le poursuivant près d'elle, son regard devient comme un scalpel. Malgré lui, l'œil fixé sur ce cher visage, il le dépouille de son teint, de sa fraîcheur; malgré lui, il cherche, il suit sous ces chairs éclatantes le jeu des fibres, des muscles, des nerfs; il les dissèque; il fait de cette tête charmante une tête de squelette. Épouvanté, il veut chasser cette vision et s'enfuir; mais, à peine revenu le lendemain en

9

face de celle qu'il aimait, cet infernal travail de dissection recommence. » Alors, il rejette le bistouri, et il saisit une plume qu'il n'avait pas encore maniée, celle du poète érotique. Il écrit les vers licencieux des *Quatre Métamorphoses*, dont on a pu dire que c'est « une œuvre païenne et voluptueuse, digne du Musée secret de Naples. » En voici la prudente analyse, faite à mots couverts par M. Vauthier dans sa thèse sur Népomucène Lemercier : « Diane, sous la forme d'une chèvre, triomphe des froideurs d'Endymion ; Bacchus, sous la forme d'une vigne, se fait aimer d'Érigone ; Jupiter, sous la forme d'un aigle, enlève Ganymède ; Vulcain plaît à Vénus sous la forme d'un tigre. » La mythologie, dans ses légendes, comme le latin dans ses mots, brave l'honnêteté. Les *Quatre Métamorphoses* en administraient la preuve. A telles enseignes que Beaumarchais vieilli, mais encore gaillard en ses propos, servit d'intermédiaire bénévole auprès du libraire, « voulant, disait-il, rendre un dernier service à la morale. » Par ses soins, la première édition fut in-quarto, afin que les belles lectrices ne pussent cacher le volume si vite sous leur chevet.

Il faut revenir des rivages d'Anacréon et de Sapho, quelle qu'en soit la délicieuse attirance. Lemercier ne s'y attarda pas outre mesure. Il aimait trop ardemment la poésie dramatique pour s'en éloigner longtemps. Le 2 nivôse an VII, il fit représenter au Théâtre de la République une tragédie, *Ophis* qui avait été lue à Bonaparte, à son retour d'Italie, devant Kléber et Desaix. Très intimes étaient alors les relations entre l'auteur d'*Agamemnon* et le général victorieux, « le Corse aux cheveux plats, » qui, rêvant de conquérir la vallée du Nil, s'intéressait dans *Ophis* à une étude de l'antique Égypte. « Le sujet, dit Lemercier en sa préface, n'est emprunté ni de la fable ni de l'histoire ; il est imaginé. Si l'on me demande quels modèles je me suis efforcé encore d'imiter : les Grecs ; quelle terreur j'ai voulu inspirer : celle du meurtre. » La scène se passe à Memphis, et l'on assiste à la rivalité politique et amoureuse des deux fils du roi Créops. Tholus veut détrôner Ophis et l'empoisonner. Pourquoi ? Tout d'abord, parce que la belle Naïs a préféré et épousé Ophis. Elle s'en explique avec Tholus, en deux vers d'un style bien singulier et fâcheusement précieux :

A-t-on cru que Naïs rallumât son flambeau
Sur les restes d'Ophis qui descend au tombeau ?

Elle n'aime pas Tholus et le lui dit tout net, en même temps qu'elle pénètre ses desseins criminels :

THOLUS.
As-tu pour m'accuser quelque droit ?
NAÏS.
   Mon malheur.
THOLUS.
Des indices ?
NAÏS.
Tes feux.
THOLUS.
Un témoin ?
NAÏS.
   Ta pâleur.

C'est le même procédé, la même coupe de vers, dont Lemercier avait usé dans *Agamemnon*, et que souvent il emploiera avec un bonheur inégal.

Aussi bien Ophis n'est pas mort. Amostris, grand prêtre d'Osiris, a eu soin de remplacer le poison qu'on lui destinait par un simple narcotique. Tholus et Usbal, son esclave tyrien, ne réussissent pas à s'emparer d'Ophis, qui s'est réfugié dans les hypogées et qui apparaît au dénouement pour annoncer son abdication. C'est un roi républicain. Espèce rare.

> J'abandonne l'empire aux princes de ma race,
> Et ne me ressaisis de mes droits souverains
> Que pour les déposer en de plus dignes mains.
> Coupable ambition d'une vaine couronne !
> Tu prodiguas le sang pour usurper mon trône ;
> Et moi, qui sans forfait ai droit de m'y placer,
> Je le quitte à jamais, de crainte d'en verser.
> Ne crois donc pas, cruel, que j'imite ta rage.
> Vis.

A ces mots, Tholus se tue. C'est la fin très noire d'une tragédie qui essaya d'initier et d'intéresser les esprits à cette Égypte vers laquelle Bonaparte allait tourner la curiosité publique. On estima généralement qu'*Ophis* était loin d'égaler *Agamemnon*. « Quelques critiques, dit Lemercier, m'ont reproché d'avoir beaucoup parlé de morts et de tombes. Je leur en demande pardon. Il a fallu me conformer aux mœurs et aux idées religieuses du peuple que je représentais. J'aurais plus amusé mes juges, si le caractère des Égyptiens avait été plus gai. » Au gré de l'auteur, l'abdication d'Ophis était une leçon pour les peuples, non moins que pour les ambitieux qui pouvaient aspirer au suprême pouvoir. Il compare la conduite de son héros à celle de Sylla et de Charles-Quint, qui obéirent, celui-là à un orgueil démesuré, celui-ci à des dégoûts capricieux. Il a l'horreur de la dictature, et ses œuvres le crient assez haut pour qu'il ait tôt fait de s'aliéner les sympathies de Bonaparte. C'était lui pourtant, le poète républicain, qui avait déterminé Joséphine, l'indécise créole, à écouter le général corse, celui, disait-il, « dont il n'interprétait l'avenir que pour la liberté. » Il donna son avis sous forme synthétique, avec l'habituelle vivacité de sa parole : « Ma chère amie, croyez-moi, épousez Vendémiaire. » Elle épousa, et Lemercier fut l'hôte assidu de la maison jusqu'au Consulat. Il se refroidit après Brumaire. Pauvre, et réduit à vivre parcimonieusement — son budget pendant seize mois fut de quinze sous par jour — il refusa 10.000 francs que lui offrait Bonaparte, retour d'Égypte. Et, quand madame Tallien lui reprocha de se ruiner ou du moins de se réduire à la portion congrue pour la liberté, maîtresse ingrate, il répondit allègrement : « Je suis comme les autres fous de ce monde. La liberté, c'est ma coquine. »

Népomucène Lemercier n'était pas seulement un brave homme, c'était un homme brave. Un jour, à la Comédie-Française, il pria poliment un grand diable d'officier, qui était venu se camper debout devant lui, de s'écarter un peu. L'autre n'en fit rien, et se contenta de regarder dédaigneusement le petit bourgeois, malingre et contrefait. « Monsieur, insista Lemercier, vous m'empêchez de voir, et je vous ordonne de vous retirer. — Vous m'ordonnez? reprit le militaire. Savez-vous que vous parlez à un homme qui a rapporté les drapeaux de l'armée d'Italie? — C'est bien possible, monsieur, un âne a bien porté Jésus-Christ. » Le lendemain ils se battirent, et l'officier eut le bras cassé. Sous une frêle enveloppe Lemercier avait une âme héroïque. Il le prouva durant tout le cours de l'Empire, en tenant tête, sans jamais faiblir, aux ordres et aux menaces de Napoléon.

CHAPITRE IX

NÉPOMUCÈNE LEMERCIER (*suite*)

II

Ses audaces.

Bonaparte, qui savait le prix et la durée des éloges littéraires décernés par des voix autorisées, eût souhaité attacher Népomucène Lemercier à sa fortune et faire de lui une manière de « poète-lauréat, » chargé de célébrer ses exploits militaires, puis consulaires et impériaux. Il rencontra une résistance tenace. Un jour, à la Malmaison, le républicain, déjà en défiance, dit au premier consul : « Faisons comme les Arabes, daignez rompre avec moi ce morceau de pain, et promettons-nous, quoi qu'il arrive, que nous ne nous tuerons jamais. » Bonaparte mit la moitié du pain dans la poche de son gilet, et c'est peut-être à cette parole fatidiquement échangée que Lemercier, en rébellion contre l'Empire, dut d'éviter la prison ou l'exil. Il disait volontiers, et tout haut, que Napoléon lui gâtait Bonaparte, que celui-là l'avait brouillé avec celui-ci. Lors des préliminaires du Concordat, il discerna avec clairvoyance qu'un tel pacte, en ruinant l'Église constitutionnelle, préparait l'asservissement de la France et le triomphe de l'ultramontanisme. Le premier consul essaya de le convaincre : « Je fais, dit-il, ce que je veux du Pape : il ne jouera plus de la pantoufle. — A votre place, répondit Lemercier, je ne m'y fierais pas ; voilà le premier souverain qui entre en France. — Bah ! il y vient à genoux. — Dieu veuille que, d'ici à dix ans, il ne trouve pas le moyen d'y envoyer les autres en vainqueur. » On n'eut garde d'écouter cet avertissement d'un faiseur de tragédies. Le Concordat fut signé, et un *Te Deum* solennellement chanté à Notre-Dame. Le soir, il y avait grande réception aux Tuileries. Népomucène Lemercier s'y rendit, en vêtements unis. « Vous êtes bien simple, monsieur, dit l'officieux Duroc. — Oui, général, c'est moi qui paie mes habits. »

Un double trait caractérise ce stoïcien attardé et égaré sous le despotisme. Il maudit l'établissement de l'Empire, et, quand arriva la nouvelle de la mort de Napoléon dans la détresse de Sainte-Hélène, il pleura. Au terme du Consulat, il avait avait été le dernier qui osât parler franc devant Bonaparte et qui le tutoyât. « A la Malmaison, relate Victor Hugo, le premier consul, avec cette gaieté propre aux vrais grands hommes, entrait brusquement la nuit dans la chambre où veillait le poète, et s'amusait à lui éteindre sa bougie, puis il s'échappait en riant aux éclats. » Une telle familiarité conférait des droits à un ami qui ne pouvait devenir ni un courtisan ni un sujet. A la veille de la proclamation de l'Empire, il dit à Bonaparte : « Soyez roi, soyez empereur, vous faites le lit des Bourbons. Je vous prédis que vous n'y coucherez pas dix ans. » Il n'y coucha, effectivement, que neuf ans et neuf mois.

Napoléon ne pardonna point à Lemercier cette rude franchise, non plus que d'avoir renvoyé au grand-chancelier sa décoration de la Légion d'honneur, avec une lettre retentissante. C'étaient là, dans l'esprit du maître, des actes révolutionnaires. Il traita celui qui les commettait de *fanatique*. Le poète répondit par un quatrain :

> Un despote persan appelait fanatique
> Un sage Athénien soumis au seul devoir.
> « Qui de nous l'est le plus? dit l'homme de l'Attique;
> J'aime la liberté, comme toi le pouvoir. »

Le talent de Lemercier était plus souple que son caractère. Pour employer le style du temps, il cultivait tour à tour Melpomène et Thalie. Après avoir composé *Agamemnon*, tragédie sanglante, il faisait preuve de gaieté et d'humour dans *Pinto ou la Journée d'une Conspiration*, comédie historique, représentée au Théâtre-Français de la République, le 1er germinal an VIII. Le premier consul, encore lié avec l'auteur, donna pour cette pièce une autorisation refusée par le Directoire. Lemercier, qui avait gardé son manuscrit quatre ans en portefeuille, fondait sur *Pinto* les plus hautes espérances. Dans une lettre adressée en 1796 à la *Décade philosophique*, il annonçait une forme nouvelle de l'art; il se flattait « de dépouiller une grande action de tout ornement poétique qui la déguise; de présenter des personnages parlant et agissant comme on le fait dans la vie, et de rejeter le prestige quelquefois infidèle de la tragédie et des vers heureux. » Manifestement cette comédie, où domine l'intrigue mise au service de la politique, fut conçue et écrite sous l'influence de Beaumarchais. Lemercier, dans une « note finale, » cherche à s'en défendre, sans réussir à nous persuader. « On s'est efforcé, observe-t-il, de comparer Pinto à Figaro. Le Barbier parle sans cesse, très spirituellement, pour obtenir une dot; Pinto dit peu de chose et donne un royaume à son maître. » En dépit de la différence des résultats, personne ne refusera la palme à Beaumarchais. Le *Mariage de Figaro* est un chef-d'œuvre accompli; *Pinto* n'est qu'un imbroglio noué et dénoué avec dextérité. « J'ai fait, dit Lemercier au début de l'*Avertissement*, cette comédie en vingt-deux jours, dans l'intervalle de longs travaux de poésie. On peut n'être pas de l'avis du Misanthrope, qui pense que le temps ne fait rien à l'affaire. Si j'eusse mis plus de temps à écrire cet ouvrage, le style en serait meilleur; mais la nouveauté de mon entreprise, rendant sa réussite très douteuse, m'exposait à regretter des soins inutiles, et je n'ai pas voulu les prendre. Il eût été facile de bâtir sur la conjuration du duc de Bragance un drame bien triste, dont le succès n'eût pas été disputé. Ma seule ébauche de quelques portraits historiques me prouve que de grands tableaux en ce genre produiront un effet théâtral, digne de la scène comique. J'espère — ajoute-t-il avec cette mélancolie d'auteur déçu qui ne fera que s'accroître — un jour en convaincre ceux même qui m'attaquent toujours, parce que je ne me défends jamais. »

L'interprétation de *Pinto* fut très brillante. Le rôle du duc de Bragance était tenu par Monvel;

celui de Pinto, secrétaire du duc, par Talma. Baptiste aîné représentait l'amiral Lopez Ozorio; madame Vanhove, la duchesse, et mademoiselle Mars aînée, la vice-reine de Portugal. Suivant les indications du livret, la scène se passe à Lisbonne, du temps de Richelieu. Le sujet est emprunté aux *Révolutions de Portugal,* par Vertot. Lemercier a eu le mérite de l'agencer ingénieusement. Son Pinto est un aimable gaillard qui fait un coup d'État et un changement de gouvernement, comme Figaro une coiffure ou une barbe, presque sans qu'on s'en aperçoive. Il cause, on l'écoute, et le tour est joué.

Tout d'abord, il juge les puissances du monde à leur juste valeur. Oyez comme il parle des plus hauts dignitaires de l'Église, alors qu'il entretient le duc des préliminaires de la conjuration : « Fallût-il un cardinal, nous l'aurons; et, qu'il y eût deux papes en Europe, nous en aurions un. » La pièce tout entière est sur ce ton, animée d'une verve parfois un peu grosse, mais pétulante. Les personnages de second plan sont dessinés avec un art malicieux, — ainsi le capitaine Fabricio et le cordelier Santonello qui, présentés l'un à l'autre, ont tôt fait de s'apostropher :

LE CAPITAINE.

C'est toi, cafard !

SANTONELLO.

C'est toi, damné !

PINTO, *épouvanté.*

Qu'est-ce donc ? Quoi ?... Vous vous connaissez ? D'où, depuis quand ?... Comment ?

SANTONELLO.

Un excommunié qui fait outrage au ciel par son amour pour une Juive.

LE CAPITAINE.
Un moine qui se hasarde à me trouver chez elle.

Pinto les rapproche et les réconcilie, pour l'amour de la religion, le salut de la Juive et le succès de la commune entreprise. Ils se donnent l'accolade avec effusion.

Le morceau de bravoure de la pièce, c'est, à la scène v de l'acte II, un monologue qui rappelle de loin celui de Figaro : « O Pinto Ribeiro, sois la gloire de ton nom; veille, travaille, consume-toi, meurs, s'il le faut, et délivre ton pays. Courez, hommes frivoles, courez les fêtes, les divertissements, vous qui ne séchez pas au feu d'une noble ambition! Passion sourde et terrible, plus dévorante que toutes les autres! Elles peuvent se satisfaire par leur indiscrète impétuosité; tu n'arrives à ton but, qu'irritée par le silence et la contrainte. » Voici la conclusion de son monologue, j'allais dire : de son boniment, où il se campe en pied victorieusement devant l'histoire : « Le coup sera porté, les vils ressorts mis en œuvre disparaîtront, et après l'intervalle d'un ou deux siècles, Pinto sera mis au rang des grands hommes. Pourquoi ?... pour avoir mené un empire comme la maison de son maître. » A l'exemple de Figaro, il emporte les sympathies de tous, non seulement de ceux qu'il sert, mais encore de ceux qu'il dupe. Agent de la Révolution portugaise, il amadoue jusqu'aux Espagnols. La duchesse de Bragance, dont il va faire une reine, parle de lui avec extase : « Quel homme que ce Pinto! courageux, subtil, hardi, infatigable, l'œil à tout, ce sang-froid qui calcule, cet emportement qui renverse. » Sa présence d'esprit, son allégresse ne l'abandonnent jamais. Il reste confiant et calme, au moment même — à la fin du quatrième acte — où l'on croit la conspiration découverte et où le capitaine dit à dom Santonello : « Vous pouvez, mon Révérend, donner l'absolution à moi, à toute la société et à vous-même. » Il raffermit ses complices épouvantés, prêts à la débandade, rappelle à chacun le devoir qui lui incombe, évoque l'image de la patrie ; puis il attend le coup de pistolet qui, à sept heures et demie, doit apporter le signal convenu. En ce court instant de répit, il regarde sa montre et se prend à philosopher : « Il n'y a plus qu'une minute... et cette minute sera mortelle à la tyrannie d'un siècle ! La tyrannie !... Malheureux ! Si tu en fondais une nouvelle ?... Eh! d'autres mains la briseront. Ainsi va le monde. » Mais Pinto ne saurait échouer dans ses desseins, non plus que desservir la fortune de son pays. Il voit se lever sur le Portugal, non pas la sombre journée du 18 Brumaire, mais l'aube radieuse du 14 Juillet ou le rayonnement des Trois Glorieuses. Nos aïeux de 1789 et de 1830 ont connu, eux aussi, les joies de la victoire libératrice. Plus d'un homme politique, les barricades encore debout, a entendu murmurer à son oreille cette parole que le duc de Bragance prononce avec un reste d'attendrissement et une dignité déjà royale : « Pinto, tu seras à jamais mon ministre le plus cher. » Se peut-il que Pinto ait eu la naïveté de le croire ?

L'œuvre de Népomucène Lemercier est une aimable et malicieuse comédie, qui offre la satire du pouvoir personnel et des intrigues politiciennes. Elle devait déplaire à Bonaparte, premier consul ; elle n'agréa pas davantage au roi-citoyen, lorsque Bocage eut la fantaisie de la reprendre. « En 1831, dit-il, je désirai faire de l'opposition au gouvernement. Je pensai à une pièce de Lemercier, intitulée *Pinto*... Ce Pinto conspirait contre le roi d'Espagne. A un certain moment de la pièce, on lui remettait un papier; il le lisait, et, en le lisant, il s'écriait : « A bas Philippe ! » Harel (directeur de l'Odéon), homme d'esprit pourtant, n'avait pas fait attention à ce passage, non plus qu'aux autres dont je voulais tirer parti. Il ne comprenait pas pourquoi je voulais jouer *Pinto*. » Survient le jour de la représentation, et Bocage s'en donne à cœur-joie : « J'arrive au passage, je prononce ces mots : « A bas Philippe ! » de telle façon que j'enflamme tous les spectateurs. Le lendemain, on défendit la pièce. » C'étaient là les heureuses fortunes de Népomucène Lemercier.

Après *Pinto*, il revient à la tragédie avec *Isule et Orovèse*, représenté le 5 janvier 1803. Auparavant, le *Journal des Débats* du 8 frimaire an X, avait publié la note suivante : « L'auteur d'*Isule et Orovèse* a la bonté de prévenir le public que le sujet en a été puisé dans la fable de Corésus et Callirhoé, et qu'il a placé la scène dans la Gaule pour employer en son tableau des couleurs nouvelles. » C'était, semble-t-il, de la part des *Débats* déjà graves, une perfide incitation aux lazzi des spectateurs. L'appel fut entendu. Les deux premiers actes avaient été houleux. Au troisième, s'éleva un tel concert de clameurs et de huées que l'auteur, exaspéré, s'élança hors des coulisses, se précipita sur la scène et arracha violemment le manuscrit des mains du souffleur. On n'alla pas plus loin. « Pourtant, — dit Geoffroy, le critique boule-dogue, — la fin devait être très pathétique ;

c'est une véritable perte pour les plaisants. » A l'ordinaire, Népomucène Lemercier avait l'humeur moins irritable. On cite de lui quelques traits qui attestent un sang-froid prodigieux dans le monde si mobile des théâtres et l'atmosphère si électrique des premières représentations. Un jour, à l'un de ses amis qu'un coup de sifflet faisait tressauter, il dit simplement : « Calmez-vous, on sifflera bien plus tout à l'heure. » Certain soir, il proposa un pari, dont voici les termes : « Que le médecin du théâtre me tâte le pouls avant le spectacle ; puis, qu'il me le tâte pendant la tempête, et il n'y trouvera pas une pulsation de plus après qu'avant. » Le pari fut tenu, et Népomucène le gagna. Tandis qu'on huait sa pièce nouvelle, le pouls n'avait pas bronché.

En tête de la brochure d'*Isule et Orovèse*, Lemercier, pour sa vengeance, inscrivit cette épigraphe :

Les auteurs mal jugés, que les sifflets font taire,
Doivent au nez des sots rendre leurs camouflets ;
Moi, ne puis-je, au public dénonçant mon parterre,
Juger son jugement et siffler ses sifflets ?

En quelques mots, il ajoute que cette tragédie « est toute neuve pour le lecteur, car on a vainement essayé de la représenter. » Il indiquera par des notes les vers hués avec ou sans raison. Et, tout en protestant de son respect pour les spectateurs qui se respectent, il déclare : « Le public écoute et corrige ; le vulgaire crie, outrage, sans rien entendre... Les acteurs ont très bien joué dans le peu qu'on a vu de ma pièce. »

Suit une dédicace à madame Bonaparte, où l'on sent le souhait de garder la sympathie de Joséphine, au défaut de l'amitié du premier consul. Le ton est délicat, sans excès de flatterie : « J'étais loin de prévoir qu'après le malheur de ma fille vous daigneriez me rappeler le désir que je témoignai de vous la présenter, lorsque je la flattais d'un avenir heureux. Dois-je offrir à vos yeux sans la défendre cette Isule si maltraitée et dont on a blâmé, sans examen, la mauvaise conduite et le vicieux langage ?... J'espérai que mon Isule obtiendrait l'attention, les égards et la justice qu'elle était en droit d'attendre. Ah ! madame, que je m'abusais ! Un troupeau d'hommes bruyants, d'enfants grossiers, d'échappés des séminaires qui crurent Isule irréligieuse, de clabaudeurs payés, s'était jeté parmi le brillant concours, en mugissant, en sifflant, en bêlant, en miaulant, en contrefaisant les bêtes, à s'y tromper. Je courus arracher ma fille du milieu de la cohue, et, tandis qu'on rugissait, je la ravis à l'homme aux mains de qui je l'avais confiée et qui lui soufflait ce qu'elle avait à dire. » Aimable périphrase pour désigner le modeste personnage du souffleur !

Cependant il veut justifier son « enfant », mettre en lumière ses qualités et ses vertus. Elle a très sagement, l'honnête Isule, observé les trois unités. Que si, princesse de Germanie, elle a brûlé pour le druide solitaire, le trop séduisant Orovèse, faut-il voir là une religieuse de Diderot et un moine effervescent, prompts à se séculariser en 1791 et à convoler en plus ou moins justes noces ? Lemercier témoigne à Isule des indulgences paternelles : « Son inclination pour le prêtre Orovèse et la flamme criminelle de cet amant ont-elles rien de risible ? Oubliait-on les larmes qu'ont fait couler les malheurs de la religieuse Héloïse ? Son amour figurerait noblement sur nos théâtres, si les regrets d'Abélard n'en dérangeaient le pathétique. » Au gré de l'auteur, Orovèse est digne de la tendresse qu'il inspire à Isule, sinon au public : « Il réunit peut-être toutes les qualités dont Aristote embellit le héros tragique. Il est criminel, et son cœur déteste le crime. Il est coupable comme Œdipe et Phèdre, sans être vicieux. Sa passion le pousse aux forfaits, sa vertu le livre aux remords. »

Isule a été élevée par Orovèse dans le culte de la vraie foi ; — toute foi est vraie et seule vraie pour qui l'enseigne ; — auprès de lui, elle a balbutié ce qu'on pourrait appeler le catéchisme druidique. Or, elle a grandi, et il est question qu'elle épouse Clodoer, prince gaulois. Plutôt que de se résigner à ce sacrifice, Orovèse accepterait qu'elle fût offerte aux dieux en victime propitiatoire. On n'ira pas jusque-là. Ils se tueront ensemble, dans un élan de frénésie sentimentale. Et voici les adieux d'Isule. Ce sont un tantinet des vers de mirliton :

> Amour, supplice de nos âmes !
> La vertu ni le ciel n'éteignent point tes flammes.
> Une fille écouta les profanes aveux
> D'un druide, jadis embrasé d'un saint zèle.
> Hélas ! elle l'aimait... et, victime fidèle,
> Dans la tombe enferma ses secrets et ses feux.

En notes, Lemercier a indiqué les vers qui s'étaient transformés en pierres d'achoppement. D'abord, au premier acte, cet échange de vues, qui semble très inoffensif, entre Isule et sa sœur Égésile. Elles parlent d'Orovèse :

ÉGÉSILE.
Quel bien lui reste donc ?

ISULE.
Sa sagesse humble et pure.
ÉGÉSILE.
Quel confident secret, quel ami?
ISULE.
La nature.

Voulut-on voir là une profession de foi panthéiste et antichrétienne? Plus loin, à la première scène du troisième acte, Isule dit d'Orovèse, qui frémit en l'apercevant :

Il veut parler, et pleure; il fait un pas, et tombe.

Du même coup la pièce trébuche. Et Lemercier relate : « Le tumulte s'est renouvelé... Ce fut alors que je descendis au théâtre pour m'emparer du manuscrit, après avoir inutilement demandé déjà que l'on baissât la toile. Je le dérobai, et les acteurs continuèrent quelques instants malgré moi ; mais je présumais bien que leur manque de mémoire, leur inquiétude et le bruit termineraient bientôt ce scandale. » Un vers d'Égésile, cherchant à apaiser Isule et Orovèse,

Sage druide, et vous, ô ma sœur, écoutez!

produisit sur le public un effet tout contraire et le mit en fureur. Le parterre ne voulut plus rien entendre. « Ici, raconte Lemercier, tout s'est décomposé, tribunal, juges, pièce et acteurs; on grimpait sur les bancs, on criait, on se battait. Les acteurs, perdant la mémoire, et n'ayant plus ni manuscrit devant eux, ni silence à espérer dans la salle, sont revenus vers moi dans les coulisses, où je ne songeais qu'au moyen de soustraire aux profanations de tant d'énergumènes le nœud et les mystères de ma tragédie. » Aussi bien les huées n'ont pas déconcerté sa belle assurance ; il reste pénétré d'admiration pour l'œuvre et spécialement pour le rôle d'Orovèse : « Je ne me flatte pas, dit-il, d'inventer jamais un personnage au-dessus de ce grand-prêtre amoureux et poète, dont le langage doit être hautement inspiré par son dieu, et par sa passion, et par son génie. Les lecteurs et le temps prononceront. » Hélas ! il est douteux qu'ils prennent la peine de réviser le procès.

Ni Talma, qui jouait Orovèse, ni madame Talma qui représentait Isule — assistés de Monvel, Lafond et mademoiselle Bourgoin — n'avaient pu enrayer le désastre de la tragédie. Elle succombait sous la singularité audacieuse et maladroite du sujet. Mais Lemercier s'en prit à la presse, et il voulut la flageller dans la dédicace à Joséphine. Voici sa péroraison : « Quels rapports existe-t-il entre quelques-uns des journalistes et les vrais auteurs ? Les uns, sédentaires et isolés, s'instruisent en réfléchissant sur la nature ; les autres courent les bureaux et les spectacles et ne savent que ce qu'on y dit ; les uns lisent nuit et jour les anciens, et écrivent peu ; les autres ne lisent par état que les modernes, et ne cessent d'écrire et d'imprimer contre eux. Ceux-ci, pour la plupart, sont indigents, réservés et silencieux dans les cercles, et sobres dans les repas ; ceux-là sont largement payés, conteurs de nouvelles, et toujours à table pour se réconcilier, le verre à la main, avec les ennemis qu'ils se font. » La dédicace se termine par un trait galant, un peu longuement amené et déduit : « L'habitude, dit-il, nous empêche d'apercevoir l'originalité de nos expressions vivement rapprochées. Je ne veux ici vous en rappeler qu'une. En y pensant, on est étonné de sa force. Elle peint ce qui peut servir en tous temps d'interprète à vos sentiments divers, ce qu'il y a de plus affable, de plus doux dans votre accueil, ce qui décèle le mieux la bonté de votre âme et les finesses attrayantes de votre esprit, ce qui promet aux malheureux le souvenir et les dons de votre bienfaisance partout reconnue, ce qui fit plus d'une fois triompher votre époux dans les champs de bataille, le rendit si terrible à nos ennemis, et lui a suffi pour juger les événements, les hommes et l'avenir, où durera toujours sa mémoire, s'il la grave sur les fondements de la liberté française ; enfin, madame, ce que je sollicite de vous, comme une faveur précieuse, pour appuyer ma faible Isule ; vous devinez le mot de l'énigme ? *un coup d'œil.* » Joséphine comprit. Créole, elle savait jouer de la prunelle.

Entre Lemercier et Bonaparte, la littérature acheva le dissentiment que la politique avait commencé et aggravé. Le poète ayant lu à la Malmaison une tragédie de *Charlemagne*, qui ne put être représentée qu'en 1816, son hôte lui adressa une demande : c'était qu'au dénouement il y eût la cérémonie du sacre et que Rome octroyât à Charlemagne le titre d'empereur universel. Lemercier se refusa à un acte de complaisance, qui eût été contraire à la vérité historique non moins qu'à ses opinions sur la dignité impériale. Aussi, quand un sénatus-consulte eut préparé l'avénement de l'Empire, il écrivit au « citoyen premier consul, » le 14 floréal an XII, une lettre de rupture ainsi libellée : « Bonaparte, car le nom que vous vous êtes fait est plus mémorable que les titres que l'on vous fait, vous m'avez permis d'approcher assez de votre personne pour qu'une sincère affection pour vous se mêlât souvent à mon admiration pour vos qualités. Je suis donc profondément affligé de ce qu'ayant pu vous placer dans l'histoire au rang des fondateurs, vous préfériez être imitateur. Mes sentiments particuliers, plus que votre autorité, me font, à dater de ce jour, une obligation de me taire. Les vertus de la France parleront pour sa liberté, de siècle en siècle... Je fais passer mon brevet de la Légion d'honneur à M. de Lacépède, ne pouvant m'engager par serment à rien de plus qu'à me soumettre aux lois, quelles qu'elles soient, qu'adoptera mon pays. Mon dévouement pour lui ne cessera qu'avec ma vie. »

Dès la fin du Consulat, avait été consommée à l'encontre de Népomucène Lemercier une monstrueuse iniquité. Pour percer la rue des Pyramides, on lui avait pris — car il n'y avait pas alors d'expropriation avec juste et préalable indemnité — des terrains situés rue de Rivoli, et qui constituaient toute sa fortune. Il protesta, voulut plaider, fut réduit à une véritable misère, et n'obtint qu'en 1813 une somme notoirement insuffisante. On avait espéré le dompter par la menace et la famine, mais il ne pliait pas. Un jour, le duc de Rovigo lui dit : « Vous devez céder, l'Empereur est votre maître. — Non pas, général, répondit-il, car il vous paie et il me vole. » C'est un poète volé qu'il mit sur la scène, dans une comédie en trois actes et en vers libres, intitulée *Plaute ou la Comédie latine*, et représentée le 20 janvier 1808 au Théâtre-Français. Le sujet en est fort simple. L'avare Euclion achète une captive qu'il croit fille de son frère Dæmone, et qui est la maîtresse de Leusippe, son neveu. Le rôle de Plaute était tenu par Talma, encore adonné aux emplois comiques en même temps qu'à la tragédie; mademoiselle Mars jouait Zélie, veuve romaine. Quoique, selon l'usage de la vieille Rome, la pièce se terminât par la formule : « Chers spectateurs, battez des mains, » le public témoigna des dispositions peu favorables. Lemercier le confesse : « La représentation ayant excité dans le parterre, au commencement du troisième acte, des débats très vifs dont j'avais, en froid spectateur, attentivement étudié les causes, je crus que je pouvais sans inconvenance aller entendre les différents avis pour en profiter, et je parcourus les corridors du théâtre. » Ces avis étaient probablement bien contradictoires, car il conclut : « Le temps est le seul juge irrécusable. » Or, il n'eut pas le loisir d'opiner. Napoléon s'avisa d'assister à la septième représentation, et Lemercier, à cette nouvelle, se contente de murmurer : « C'est la dernière. » En effet, le lendemain, la pièce était suspendue. L'Empereur avait trouvé de fort mauvais goût ce poète qui se plaignait d'être volé. Les vers de *Plaute* rappelaient trop les lettres de Népomucène.

La même année 1808, la Comédie-Française devait représenter une tragédie en trois actes, en vers, de Lemercier, *Baudouin empereur*. C'est un épisode de l'histoire des croisades. Marie, nièce de Philippe-Auguste, désire ardemment l'empire de Constantinople pour son époux Baudouin, comte de Flandre et chef de l'expédition chrétienne. Il l'obtient, au détriment de Dandolo, doge de Venise, aveugle et octogénaire. Vain triomphe : Marie meurt, ainsi que l'avait prédit une solitaire chrétienne, du nom d'Athanasie.

En cours de répétitions, Lemercier s'aperçut que le bon vouloir de ses interprètes fléchissait : il retira ou peut-être on lui rendit sa pièce. Tout aussitôt elle fut publiée en brochure, avec un « avertissement » qui servait de flèche du Parthe : « Il est déjà trop malaisé, dit-il, de réussir au Théâtre-Français devant un parterre sans préventions et libre de cabales, pour se flatter d'un succès certain, quand on y donne une tragédie précédée par des opinions défavorables, jetées même au hasard. Il faudrait au moins être soutenu par les espérances et le zèle d'acteurs qui aimassent leurs rôles, pour surmonter les obstacles qui ferment aujourd'hui à quelques auteurs la carrière dramatique. Cet appui me manque, en partie, pour garantir mon ouvrage de tout échec : la publicité des jugements répandus par les comédiens en rendrait maintenant la représentation plus orageuse qu'une autre. Je ne prolongerai donc point leurs peines, ni n'abuserai encore de leur temps. S'ils reconnaissent ce que me coûte leur légère indiscrétion, ils ne forceront pas d'autres hommes de lettres à la mesure de prudence que je prends. »

Baudouin ne devait affronter les feux de la rampe — pour être sifflé d'ailleurs — que le 9 août 1826. A être gardées en portefeuille, ou à chercher un refuge en librairie, les pièces de Népomucène Lemercier vieillissaient, au lieu de rajeunir. Elles devenaient rances et sentaient l'huile. Pourtant il n'abandonnait pas sa prétention de renouveler, de transformer de fond en comble la littérature dramatique. Il rêvait toujours de créer la tragédie nationale et de porter sur la scène les fastes mémorables de l'humanité. Ce dessein lui inspira une œuvre étrange, inconcevable, extravagante, *Christophe Colomb*.

CHAPITRE X

NÉPOMUCÈNE LEMERCIER (*suite*)

III

Ses échecs.

L'Odéon, qui connut des soirées orageuses, aurait peine à trouver dans ses annales des représentations plus agitées que celles de *Christophe Colomb*, comédie historique en trois actes, jouée le 7 mars 1809. Le premier jour, ce furent des applaudissements frénétiques ; le second, des bordées de sifflets. Il y eut un spectateur tué, des blessés en grand nombre. Pour que la pièce gardât l'affiche jusqu'à la onzième représentation, on dut recourir à la protection des baïonnettes. Les classiques étaient déchaînés. Eh quoi ! ce Népomucène Lemercier avait osé mettre l'intérieur d'un vaisseau sur le théâtre. Il violait la règle des trois unités, en plaçant le premier acte au port de Pinos, près de Grenade, le second dans la salle du conseil, au palais de la reine Isabelle, le troisième sur le pont du navire. Et, comme on se récriait contre ce scandale, le réformateur s'enhardissait jusqu'à répondre : « Il y a unité de lieu, le monde entier est le domaine de Colomb. »

La veille de la première représentation, il avait pris la peine, au demeurant superflue, de publier une *Note de l'auteur* pour expliquer sa *comédie shakespearienne* et se justifier, en plaidant non coupable : « Son ouvrage, disait-il, sort de la règle des trois unités. Le sujet qu'il traite l'a contraint d'en omettre deux, celle du lieu et celle du temps ; il n'a conservé que celle de l'action... Cette particularité d'un événement et d'un caractère extraordinaire ne peut faire exemple. Il a fallu que l'auteur s'affranchît cette fois des règles reçues ; règles qu'il a strictement observées dans toutes les pièces qu'il a faites pour le Théâtre-Français ; règles dont les chefs-d'œuvre des maîtres de l'art dramatique ont consacré l'excellence, et qu'on accuse faussement de rétrécir la carrière du génie. Quelle nation peut opposer à la nôtre des modèles qui égalent en perfection *Cinna*, *Athalie* et *Tartufe* ? Cette déclaration témoignera le respect que l'auteur de *Colomb* porte à l'opinion générale, et prouvera qu'il n'a pas la prétention d'ouvrir des routes neuves, mais qu'il ne veut que tenter toutes celles que l'art peut offrir. »

Les deux premiers actes nous montrent Christophe Colomb en proie à l'idée fixe. Sa femme, Béatrix, indique, dès le début, le genre de mal dont il est possédé :

Asseyons-nous : parlons de ce pauvre Christophe,
De mon mari ; sa tête à chaque instant s'échauffe

Sur ce projet maudit d'aller je ne sais où,
Et je crains tout à fait qu'il ne devienne fou.

Tel est aussi l'avis de l'aumônier Salvador et du médecin Pharmacos. Ce dernier conseille un remède que ne désavoueraient pas Purgon et Diafoirus. Il déclare :

Que le mal de Colomb ne tient qu'à l'hypocondre,
Et que, par l'atrabile un peu trop excité,
Au système des sens l'équilibre est ôté.
Telle décoction, relâchant sa manie,
Abattrait ses vapeurs, qu'il prend pour du génie.
Bien purgé, vous verriez votre sublime époux
Suivre l'ordre commun et ressembler à tous,
Et buvant et mangeant, comme tant d'autres hommes,
Bonnement animal, être ce que nous sommes.

De si rassurantes paroles, un traitement si facile ne parviennent pas à calmer les angoisses de Béatrix. Elle se lamente :

Ah! que n'ai-je un mari posé, sage, tranquille,
Qui près de moi se plût à vivre en son asile!
J'aurais bien moins de peine à me le conserver.
Mais ni paix, ni loisir!... Dieu daigne préserver
Toute femme qui veut être heureuse en sa vie
De ces gens appelés des hommes de génie!

A la fin du second acte, Colomb, agréé par la reine Isabelle, donne les ordres pour tous les préparatifs d'embarquement. Le rideau tombe sur ce vers qui ne pouvait manquer d'égayer le public :

Et que bientôt notre œil voie un monde de plus!

Quand la toile se relève, nous sommes en pleine mer, et Colomb se livre aux émotions du monologue. Oyez cette invocation, à la mode de Delille :

> O ma chère compagne et des jours et des nuits,
> Ma boussole ! c'est toi qui seule me conduis...
> Instruis-moi, réponds-moi, me restes-tu constante ?
> Quel écart !... Cèdes-tu toi-même à la tourmente ?
> De ta direction pourquoi tant décliner ?
> En tes balancements, vas-tu m'abandonner ?

L'équipage, impatient, est prêt à se mutiner. On projette de se débarrasser de cet amiral illuminé qui, lorsque les provisions commencent à faire défaut — eau, vin, chair et biscuit — refuse de sacrifier son chimérique dessein. Il paiera de la vie un pareil entêtement.

> Bientôt du haut du pont lancé par ces coquins,
> Ils le feront descendre au pays des requins.

Durant les répétitions, ce distique avait alarmé l'acteur chargé du rôle. Il suggéra d'y substituer les deux rimes suivantes :

> ... lancé par ces brigands,
> Ils le feront descendre au pays des merlans.

Lemercier trouvait le requin plus noble. Le merlan était vulgaire. On ignore quelles eussent été les préférences des spectateurs. Ils auraient eu peine à choisir, plongés qu'ils étaient dans l'ahurissement par des vers de cet acabit :

> Les cours ont, je le sais, plus d'écueils que les mers,

ou par cet autre, qui résume la géographie de Christophe Colomb :

> J'étonne un hémisphère en lui découvrant l'autre.

Dans le feuilleton du *Journal des Débats*, Geoffroy traduisit l'opinion des gens de goût sur une œuvre aussi incohérente : « D'après l'annonce d'une pièce shakespearienne, je m'attendais à plus de fracas, à plus de folies. Ce qui me déplaît, ce n'est pas que l'ouvrage soit irrégulier, c'est qu'il est froid... S'il faut violer les lois de la raison, que ce soit pour se livrer à des écarts amusants ; car secouer le joug du bon sens et de l'art pour ne faire que des dissertations à la glace, autant vaudrait être sage et régulier. »

Les théories dramatiques qu'il esquissait dans ses préfaces et qu'il mettait médiocrement en pratique, Népomucène Lemercier eut l'occasion de les présenter, sous forme doctrinale, dans le *Cours analytique de littérature générale* professé à l'Athénée de Paris et publié en 1817. Les leçons de 1810 et 1811 furent consacrées à la tragédie et à la comédie ; celles de 1815 et 1816, à l'épopée. Dans l'introduction, il stipule que les trois qualités nécessaires à l'écrivain sont la sensibilité, la raison, la vertu ; puis il se complait en une réminiscence cicéronienne ; « La littérature charme les loisirs de l'homme, le suit dans ses voyages, l'accompagne en tous lieux, sert d'occupation à l'adolescence, qu'elle distrait des plaisirs funestes, devient le plaisir de la vieillesse, qui n'en goûterait plus d'autres ; elle bâtit sans frais à l'indigence un édifice de magiques illusions ; elle retire l'opulent du fracas qui suit sa fortune, et lui apprend loin du tumulte à jouir de ses richesses intellectuelles. Elle est la source de l'instruction, de la félicité, de la gloire dont s'enorgueillirent les mémorables nations du monde ; et seule, enfin, elle développe, ainsi que je l'ai dit, la plus vaste, la plus mystérieuse et la plus profonde de nos sciences, la *science du cœur de l'homme.* »

Népomucène Lemercier, qui ne sera ni classique ni romantique, prépare dans ce *Cours* une transition entre le dix-huitième siècle et les nouvelles doctrines. Il permet au sens propre, ce révolutionnaire, d'intervenir en un domaine jusqu'alors réservé au sens général, ce conservateur. Son principal et presque son unique instrument, c'est l'analyse. « Analyser, dit-il, c'est faire sur la littérature ce que l'anatomie fait sur le corps des animaux. C'est disséquer. » De la sorte, il dissèque la tragédie, avec ses trois formes : fabuleuse, historique et inventée ; la comédie, avec ses six genres : grecque, de mœurs et de caractères, intriguée, composée de caractère et d'intrigue, épisodique ou à tiroir, facétieuse. Cette distinction établie, il passe aux règles qu'il juge impératives et inéluctables.

La tragédie, à l'en croire (I, 177), exige vingt-six conditions : 1° la fable ou le fait ; deux espèces, simple ou composé ; 2° la mesure de l'action ; 3° la triple unité, qui ne se trouve exactement que dans l'action simple ; 4° le vraisemblable ; deux espèces, naturel ou ordinaire, et extraordinaire ; 5° le nécessaire ; deux espèces, et qui sont les mêmes que celles du vraisemblable ; 6° la terreur ; 7° la pitié ; 8° le mélange de la pitié et de la terreur ; 9° l'admiration ; 10° les péripéties ; trois espèces : de reconnaissances, d'événements, et de changements de volonté dans les passions ; 11° la fatalité du destin ; 12° la fatalité des passions ; 13° le genre des passions ; deux espèces, principales et accessoires, qui servent d'instruments aux premières ; 14° les caractères ; quatre espèces : grands, vulgaires dans les rôles subalternes, pareils à eux-mêmes, et changeants ; 15° les mœurs ; 16° l'intérêt ; quatre espèces : de passions, de politique, d'événements et de caractères ; 17° l'exposition ; trois espèces : simple de faits, compliquée de faits, exposant des caractères et non des faits ; 18° le nœud ou l'intrigue ; 19° l'ordre des actes ; 20° l'ordre des scènes capitales ; 21° le dénouement ; trois espèces : heureux, malheureux, mixte ; 22° le style ; deux espèces : orné dans l'exposition et dans les choses locales, simple et passionné dans l'action ; 23° le dialogue ; deux espèces : soutenu et coupé ; 24° les tableaux scéniques ou aspects des personnages ; 25° la symétrie ; deux espèces : de caractères pareils ou contrastants, et de situations ou tableaux ; 26° complément ou réunion de toutes ces parties.

Pour la comédie, les exigences sont moindres (II, 142) ; il n'y a que vingt-trois conditions, rangées dans un ordre analogue à celui qui a été suivi pour la tragédie. La plus impérieuse des prescriptions de Lemercier à l'égard de l'un et de l'autre genre, c'est l'observance des trois unités. Par contre, il constate et regrette le ton de noblesse uniforme — disons : monotone — de la tragédie moderne ; il veut que les personnages s'expriment avec plus d'abandon, en un langage familier, mais qui conserve sa dignité ; bref, selon la remarque de M. Vauthier, il préconise, en 1810, les réformes qui seront le programme initial du romantisme : un cadre plus large, un style plus souple. Il ne s'aventure pas au delà de ce minimum de revendications.

A-t-il prêché d'exemple ? Il l'affirme ; beaucoup le nièrent. « On opposa, dit-il, ma propre théorie dans ma chaire à ma pratique au théâtre, et l'on vanta le professeur en moi, pour mieux déprimer le poète, avec une apparence de sincérité. » Résolu à dissiper toute équivoque, il proclame sa préférence radicale pour les règles traditionnelles, consacrées par le temps et par les chefs-d'œuvre des grands siècles. « Personne, s'écrie-t-il, plus que moi, peut-être, ne motiva par autant de raisons l'importance qu'on devait attacher à la condition des trois unités dont je relevai l'excellence avec *Œdipe*, *Athalie* et *Tartufe*... Quelles règles autres que celles des unités avais-je suivies dans *Agamemnon*, dans *Ophis*, dans *Isule et Orovèse*, dans *Baudoin*, dans *Plaute* et même dans *Pinto* ? Le Théâtre-Français m'avait-il vu m'écarter de la route battue par les maîtres de l'art, depuis mon entrée dans la carrière ? Je dirai plus : le soin de n'essayer que sur un théâtre secondaire les trois actes intitulés *Christophe Colomb* et comédie *shakespearienne*, n'attestait-il pas encore mon respect des règles accoutumées, dont l'originalité d'un sujet honorable aux sciences et la rareté d'un beau caractère historique m'avaient contraint à m'affranchir une seule fois ? Cependant on affectait de me prêter des systèmes contraires à ceux que manifestaient tous mes ouvrages... N'importe ! on ne s'obstina pas moins à m'appeler novateur. »

En 1810, l'Académie Française, qui avait des velléités de libéralisme et des accès d'humeur frondeuse, élut Népomucène Lemercier en remplacement de Naigeon ; mais Merlin, procureur impérial et fonctionnaire fidèle au maître, se chargea de tancer le récipiendaire. Après quelques éloges décernés à *Agamemnon*, il passa sous silence *Plaute* et *Pinto*, puis reprocha vertement à l'auteur de *Christophe Colomb* d'avoir transgressé la règle des unités. La mercuriale se termine par ce trait : « Si vous n'aviez récemment, monsieur, professé dans vos leçons une doctrine réparatrice de l'exemple que vous avez donné, l'Académie n'aurait pu, malgré vos titres littéraires, vous admettre dans son sein. » Les objurgations n'étaient pas pour le détourner de la voie qu'il croyait bonne. Sa conscience, non point son intérêt, lui dictait sa conduite. En 1812, lorsque la députation de l'Institut fut reçue aux Tuileries, Napoléon posa cette question qui voulait être aimable : « Et vous, Lemercier, quand nous donnerez-vous quelque chose ? — Sire, j'attends. » Il attendit sans courber l'échine, sans s'émouvoir de cette bourrasque de gloire militaire. Ensuite il parla franc, dans le silence qui suivit l'abdication. Au captif de l'île d'Elbe il adressa une épître assez amère, mais surtout grosse de vérités. « Qu'importe ? dit l'Empereur, il n'a fait qu'écrire ce qu'il m'avait déclaré en face. » Lemercier, qui s'était tenu à l'écart durant les Cent-Jours, prit à l'égard de la Restauration une attitude d'opposition irréconciliable. Il détestait la Congrégation, et l'on cite de lui ce mot qui résume sa philosophie voltairienne : « Si quelque chose pouvait me faire douter de l'existence de Dieu, ce sont les prêtres. » Foncièrement libéral, instinctivement républicain, il demeurait, de manière irréductible, un homme de 89.

Ses cours de l'Athénée avaient obtenu un succès prodigieux et dissipé bien des préventions. Celui qu'on appelait « Népomucène le bizarre » fut un professeur aimable, un conférencier séduisant. Que dis-je ? il eut la double gloire de conquérir l'affection de ses auditeurs, celle surtout de ses auditrices, et d'être l'objet d'un attentat. A la sortie de l'Athénée, un individu, armé d'un pistolet, le coucha en joue ; mais l'amorce seule brûla. La semaine suivante, les acclamations tournèrent en apothéose.

Moins rude aux lettres que l'Empire, la Restauration permit à Lemercier de vider son portefeuille et d'écouler une production dramatique accumulée, qui *attendait*. Ce fut, d'abord, la tragédie de *Charlemagne*, représentée au Théâtre-Français le 27 juin 1816, et qu'il regarde comme l'un de ses meilleurs ouvrages. Dans l'*Avertissement* placé en tête de la brochure, il se plaint que, la pièce ayant fini à dix heures et demie, de longs articles malveillants aient pu être insérés par les feuilles qu'on imprime durant la nuit. « Je m'abstiens, dit-il, de répliquer aux journalistes qui ont cru condamner sans appel, dès la veille ou dès le lendemain de la représentation, une tragédie nationale, fruit d'un travail long et pénible, et d'avance appréciée par d'illustres hommes d'État et par de vrais littérateurs. Espère-t-on passer pour les interprètes de l'opinion publique, en la traduisant à contre-sens ? pour ses organes, en la faisant mentir ? Un trait de plume ne décide pas des résultats de l'étude et de la méditation. Le déchaînement précipité des critiques a plus ouvertement démasqué leur injustice que je n'aurais su le faire ; perdre mon ouvrage était un parti pris. » Il indique son dessein, qui consistait à peindre l'époque la plus caractéristique du règne de Charlemagne, celle où a été conçu le projet de réunir les empires d'Orient et d'Occident. « C'est faussement, dit-il, qu'on a publié que ma tragédie resta longtemps *par ordre* dans mon portefeuille ;

car l'*ordre* de la faire paraître, telle qu'on l'a vue, me fut donné, il y a quinze ans; mais je refusai d'en profiter, ne voulant pas que la littérature aidât la politique au moment où le gouvernement consulaire s'érigeait en hérédité impériale. Ce sacrifice me coûta l'avantage d'être le premier à rouvrir la carrière des sujets nationaux, parmi lesquels j'étais déjà prêt à ranger *Clovis* et *Saint Louis*. Je ne doute pas qu'alors l'éclat de la première représentation de *Charlemagne* n'eût pleinement satisfait la vanité littéraire la plus outrée, grâce à la seule faveur d'un homme qui savait protéger, lorsqu'on entrait dans ses desseins, aussi habilement qu'il savait nuire lorsqu'on lui résistait. Les folliculaires dociles se fussent empressés à m'encourager par des louanges, comme ils se sont à l'envi donné le signal de me décrier aujourd'hui. »

La scène de la tragédie est au château d'Héristal, sur les bords du Wéser. Le Charlemagne que Lemercier nous exhibe est un personnage dénué de scrupules. Pour épouser Irène, impératrice de Byzance, il abandonnera la sœur d'Astrade, comte de Thuringe, la belle Régine, dont il a eu un fils déjà adolescent, appelé Hugues. Le rôle de Régine était tenu par mademoiselle Georges, celui de Hugues par mademoiselle Bourgoin, et celui de Charlemagne par Lafond.

La psychologie du grand Empereur semblait courte et rudimentaire. Enclin à immoler sa tendresse à son ambition, il analysait ainsi son état d'âme :

Ah! les peuples diraient, s'armant de toutes parts :
Est-ce à toi d'occuper un trône sur la terre?
Tombe, toi qui ne sais être ni roi ni père.

Ou bien il exposait, en ces termes confus et contournés, le projet d'hymen qui lui était apporté au nom de l'impératrice d'Orient :

> Enfant, cédant au fardeau qui l'accable,
> Irène, et dans ma cour est son ambassadeur,
> Veut, en m'offrant sa main, affermir sa grandeur.

Cependant Astrade, irrité de l'affront fait à Régine, complote avec Gérolde, qui est à la fois son écuyer et concierge des prisons du palais, d'assassiner l'Empereur et d'abord de se débarrasser du jeune Hugues.

ASTRADE
> Enfermons-le ce soir, si Charle ne succombe,
> Dans un lieu plus caché.

GÉROLDE.
> Quel autre lieu ?

ASTRADE.
> La tombe.

Charlemagne a découvert la conspiration, sans divulguer les noms des coupables. Il interroge ses ducs et pairs :

> Leurs forfaits sont prouvés ; quel doit être leur sort ?
> *(à Astrade.)*
> Vous-même prononcez, vous, Astrade.

ASTRADE.
> La mort.

CHARLEMAGNE, *à l'assemblée.*
> Vous tous enfin ?

TOUS.
> La mort !

Astrade est condamné, et Régine se retire dans un couvent, avec l'assentiment de l'Empereur qui ne demande qu'à liquider et à clore une vieille aventure sentimentale. Voici les adieux de cette La Vallière des temps carlovingiens :

> Je fuis votre cour et le monde
> Et vais des saints autels chercher la paix profonde.
> Hugues, si jeune encore, a vu le sort des rois :
> Ces maîtres des humains, ces arbitres des lois,
> Par d'injustes erreurs sont aveuglés eux-mêmes.
> De jaloux ennemis les puissances suprêmes
> Habitent leurs palais, siègent dans leur conseil ;
> Leurs jours sont sans repos, et leurs nuits sans sommeil.
> Des premiers des mortels si telle est la misère,
> Que regretterions-nous ? Hugues suivra sa mère.

La première représentation de *Charlemagne* fut houleuse. Népomucène Lemercier relate des mouvements tumultueux, qui empêchèrent d'entendre « les meilleurs développements historiques » du troisième acte et presque la totalité des deux derniers. Il s'indigne, et prétend que ces mêmes morceaux, dès le second soir, furent couverts d'applaudissements. En sa personne il montre la liberté dramatique menacée et avilie. « Les voix des Muses, dit-il, cesseront d'être écoutées au milieu des cirques transformés en une arène ouverte aux rugissements des cabales. Je parle ici plus pour le bien de l'art que pour moi-même, qui suis moins un auteur qu'un amateur exercé ; car je ne me sens pas d'entrailles de père faciles à émouvoir pour les enfants que m'ont donnés Melpomène et Thalie, et que j'abandonne, dès qu'ils se produisent dans le monde, au babil du jour présent et à leur avenir. »

La comédie allait-elle être plus propice à Népomucène Lemercier ? En moins de huit mois, il fit représenter trois pièces en vers, de trois actes chacune : le *Frère et la Sœur jumeaux*, le 7 novembre 1816, à l'Odéon; le *Faux Bon Homme*, « tombé — dit la brochure — dès le commencement du troisième acte », au Théâtre-Français, le 25 janvier 1817; le *Complot domestique ou le Maniaque supposé*, le 16 juin 1817, à l'Odéon. Le sujet de la première de ces comédies, le *Frère et la Sœur jumeaux*, avait été suggéré par Picard qui se chargea de la mettre en scène. Il y a une telle ressemblance entre Célio, fils d'un seigneur romain, et sa sœur Célia, déguisée en page sous le nom d'Ambrosio, qu'il pourrait en résulter quelque fâcheuse méprise, et pour le prince Albini qui aime l'une, et pour la comtesse Plangine, veuve sensible, qui raffole de l'autre. Albini la prévient charitablement, afin d'éviter toute erreur sur la personne :

> Je vous déclarerai que ce page chéri
> Peut devenir ma femme et non votre mari.
> Préférez désormais quelque amant... qui soit homme.

La pièce finit par un quiproquo, assez leste pour attester que Népomucène Lemercier n'était pas l'ennemi d'une douce gauloiserie :

PLANGINE, *à Célia.*
Amant cher à mon cœur.
CÉLIA.
Ce n'est pas moi, madame ;
C'est lui.
ALBINI, *à Célio.*
Ma digne épouse...
CÉLIO.
Est-ce que je suis femme?
C'est elle, monseigneur.
SPINETTE, *suivante de Plangine.*
Vous vous y tromperez,
Si, de peur d'accident, vous ne les séparez.

Le rôle de Célio était tenu par Pélicier, un fort joli garçon, et celui de Célia par mademoiselle Humbert, qui portait à merveille le travesti.

Dans le *Faux Bon Homme*, le personnage central, c'est Montledoux, aigrefin de marque, qui dupe le naïf d'Harville en lui promettant une ambassade, se fait nommer à sa place et lui soutire 3.000 écus. Le portrait de ce petit cousin de Tartufe est tracé dans une scène entre son valet Rustaud, d'Harville et la suivante Lisette :

RUSTAUD.

Prenant l'air du matin, promenant sous la treille,
Il a déjeuné seul à l'ombre des berceaux.
Quand monsieur mange, il veut entendre les oiseaux.
Il n'aime que les fruits, et ne prend pour breuvage
Que du lait.

D'HARVILLE.

Moi, de l'eau, c'est la boisson du sage.

LISETTE.

Je l'ai vu s'entourant des enfants du fermier,
Et leurs jeux et leur bruit paraissaient l'égayer.
Il leur donnait du sucre et leur baisait la joue.

RUSTAUD.

Oui, lui-même en enfant près des enfants il joue ;
Car on ne fut jamais si doux, si bon bourgeois !
Comme aux grands de Paris il parle aux villageois.
S'il n'eût reçu, dit-il, un si gros héritage,
En curé de hameau, dans un simple ermitage,
Près de quelque nourrice à l'écart il vivrait,
Élevant les marmots qu'il lui baptiserait.

Au troisième acte, qui souleva une véritable tempête, était un burlesque et plat imbroglio. D'Harville prenait un notaire pour un médecin et voulait qu'il lui tâtât le pouls. L'autre s'offrait à recevoir son testament.

Dans toute la pièce, il n'y a lieu de retenir qu'un couplet, assez heureusement venu, sur la jalousie :

> Une personne aimée est pour nous une idole ;
> Son seul nom, un clin d'œil, un geste, une parole,
> Le toucher de sa robe et le bruit de ses pas,
> Un billet qui nous vient, ou qui n'arrive pas,
> Un reproche, un pardon, un désir, une absence,
> L'approche d'un rival, tout nous jette en démence.
> Sourit-elle à quelqu'un, on en est consterné ;
> Accueille-t-elle un soin, on se croit ruiné ;
> Plaît-elle à tout le monde, on en prend de l'ombrage ;
> Paraît-elle moins plaire, on en a de la rage.

Dans une « note finale » de la brochure, Lemercier prétend qu'il n'avait eu jusqu'alors que deux échecs véritables au théâtre, et à quinze ans d'intervalle : la chute d'*Isule*, « par ordre » consulaire, et celle du *Faux Bon Homme*, « un peu par désordre ». Il estime, d'ailleurs, qu'on a été fort injuste pour son Montledoux, dont la société, issue de la Révolution, lui avait offert le modèle. « Un parterre bienveillant et calme, dit-il, eût peut-être pris plaisir à le juger. Notre parterre actuel veut des objets plus mouvants et des portraits plus larges. J'aurais dû opposer à mon personnage le *Faux Bon Diable*, caractère qui, par sa feinte vérité et son air de cordialité, est plus théâtral que le Faux Bon Homme, parce que l'un est saillant et qu'il agit en face, tandis que l'autre n'est que fin et qu'il agit en arrière. » Cette réserve faite, Népomucène Lemercier conclut, avec la maussaderie de l'auteur malchanceux : « J'espère que du moins on ne me contestera pas d'en avoir eu la première idée ; car, que ne m'a-t-on pas disputé ? jusqu'au faible avantage d'avoir inventé, dans *Pinto* et dans *Plaute*, le genre de la comédie historique. »

Plus heureuse fut la fortune de la pièce suivante, le *Complot domestique ou le Maniaque supposé.* Il s'y trouve une thèse que formule ainsi la dédicace à M. Dupuytren, chirurgien en chef de l'Hôtel-Dieu, professeur à la Faculté de Médecine, etc : « Mon cher Dupuytren, les vrais médecins méprisent l'empirisme et le charlatanisme. C'est en écoutant vos leçons que j'ai le mieux appris combien l'un et l'autre sont dangereux aux hommes. Frappé des abus du pouvoir discrétionnaire, trop aveuglément abandonné à certains régisseurs des maisons où l'on traite les maladies mentales, j'ai voulu rendre encore la comédie utile à la société, en signalant l'espèce de charlatans la plus funeste dans l'image de mon *Thérapeumane*... Il y a, je crois, quelque force comique dans l'intervention d'un soi-disant médecin de fous, plus insensé que ses malades par sa manie systématique. J'ai pris soin d'opposer en contraste à l'originalité du docteur ignorant et cupide la physionomie d'un habile et honnête docteur. »

Ce Thérapeumane est un médecin tout moderne — on dirait maintenant « nouveau jeu » — et, en examinant Angeline, fille de M. Danjoie, il n'omet pas de se présenter sous un jour avantageux et attrayant :

> Nous n'avons plus le ton de notre école altière,
> Ni bonnet doctoral comme au temps de Molière ;
> Abjurant le costume et l'air de médecin,
> Étudiant du monde et le fort et le fin,
> Gens de société, jaloux de plaire aux femmes,
> Nous entrons aujourd'hui dans les peines des dames.

Il s'agit de faire passer M. Danjoie pour fou, avec la complicité de son intendant Grippard ainsi

que de son neveu Blinval, et de rompre un mariage
projeté entre Angeline et l'honorable docteur Clair-
fond. Mais quelle maladie trouver à Danjoie ?

> Il étourdit son cœur, divertit ses penchants
> Parmi les feux de joie, et les ris, et les chants,
> Et, par la mélodie et les jets de la flamme,
> Tient ses sens éveillés pour endormir son âme.

Ce qui veut dire qu'il aime la musique et les
feux d'artifice. Il a également un penchant très
marqué pour l'espèce féline, comme le rappelle
L'Olive, son valet :

> Vous perdîtes un jour votre angora si beau,
> Et lui fîtes graver sur un petit tombeau :
> « Hôte inapprivoisé, plein d'aimables souplesses,
> Au seul logis fidèle, et sensible aux caresses,
> Doux, veloutant sa griffe, adroit et patelin,
> Ci-gît mon chat, portrait du sexe féminin. »

Il n'y a pas là de quoi incarcérer un homme,
fût-ce dans la maison de plaisance que nous décrit Thérapeumane :

> Mon hôpital de fous mérite des éloges ;
> Que dis-je, un hôpital ? c'est une pension,
> Asile de retraite et de discrétion,
> Dont le jardin, les cours, les enclos agréables,
> Cachent l'intérieur où sont mes incurables.
> Tous les aliénés entre mes mains remis,
> N'y voyant plus que moi, deviennent mes amis.
> Au soin de les traiter mon savoir me condamne,
> Et c'est ce qui m'a fait nommer Thérapeumane,
> De *mania*, mot grec, finement contracté
> Avec le radical du mot, *thérapeuté*,
> Qui de thérapeutique est l'étymologie :
> En tout, signifiant guérisseur de manie.

Voilà le logis et le médicastre. Reste à préciser la nature du mal :

> La tête en est le siège ; et, d'après ce système,
> On y doit appliquer d'abord quelque épithème,
> Par la douche et la glace en tempérer le feu,
> User de narcotique et l'assoupir un peu ;
> Plus un sternutatoire : en voilà pour la tête.
> Les fonctions du corps ensuite on les arrête.
> La lancette en la veine affaiblit promptement
> Des chaleurs de l'esprit cet aveugle instrument.
> J'achève en de longs bains de le rendre débile ;
> Je détrempe le foie, expulse l'atrabile ;
> J'envoie à l'estomac un émétique fin,
> Et s'il regimbe encor, je le garrotte enfin.

De là un résultat indubitable : la folie cède la place à l'imbécillité. Comme les animaux malades de la peste,

> Ils ne mouraient pas tous, mais tous étaient frappés.

Quelques-uns, nonobstant, ont l'indélicatesse de ne pas supporter le traitement et de priver Thérapeumane d'une rémunération prolongée.

> Jugez-en : l'un d'entre eux s'en vient me requérir ;
> J'exige qu'il m'accorde un mois pour le guérir.
> Eh bien ! d'impatience il meurt en trois semaines.
> Qu'y faire ?

L'OLIVE.
Ah ! le gaillard !

THÉRAPEUMANE.
Voilà de leurs fredaines !

Serait-ce le cas de ce bon Danjoie ? S'avisera-t-il d'être un fou récalcitrant ? Il faut d'abord recueillir les indices qui permettront de déduire un diagnostic.

L'OLIVE.
Lorsque de sa défunte il vit l'enterrement,
Il perdit l'appétit et son teint ordinaire.
THÉRAPEUMANE.
Spasme vers le plexus, que nous nommons solaire.
L'OLIVE.
Il ne parlait qu'à peine, et semblait bégayer.
THÉRAPEUMANE.
Fluxion angineuse, humeur à délayer.
L'OLIVE.
Longtemps il fut chagrin.
THÉRAPEUMANE.
     Empâtement du foie.
L'OLIVE.
Maintenant son vertige est d'aimer trop la joie.
THÉRAPEUMANE.
Pléthore d'un sang vif.
L'OLIVE.
    Il s'essouffle à courir.
THÉRAPEUMANE.
Obstrûment à la rate.
L'OLIVE.
    Il ne croit pas souffrir.
THÉRAPEUMANE.
Illusion des sens.
L'OLIVE.
   Il fuit le lit, la table.
THÉRAPEUMANE.
Grand feu dans l'hypocondre.
L'OLIVE.
     Il est colère en diable.
THÉRAPEUMANE.
Chaleur au diaphragme.
L'OLIVE.
    Au reste, vertueux,
Bon père, époux sensible, et maître généreux.
THÉRAPEUMANE.
Ah! ce trop de vertu, passion très fatale,

> Ne part que d'un excès de chaleur animale.
> D'un nombre de mes fous ce symptôme fréquent
> M'est de sa maladie un témoin convaincant.

Il n'a pas vu Danjoie, et déjà il en fait son pensionnaire ; mais, désireux de mener vite les choses, il appréhende M. Primesac, père de madame Danjoie. Comme celui-ci regimbe et proteste, Thérapeumane lui jette la consultation foudroyante :

> L'égarement visible est saillant dans vos traits ;
> Vous risquez, par colère, un coup apoplectique,
> D'être en mal ataxique, enfin paralytique ;
> Qui sait ? cataleptique.

Au troisième acte, par un jeu de scène qui avait déjà servi à Lemercier dans le *Tartufe révolutionnaire*, Danjoie manque d'être mis sous les scellés dans une armoire. Il s'aperçoit que Grippard et Blinval veulent le voler, que Thérapeumane est un insigne charlatan, qui a phlébotomisé plus que de raison l'innocent Primesac. Mais la pièce n'a garde de tourner au drame, comme telle œuvre du Théâtre-Antoine, *En Paix*, de M. Bruyerre, consacrée à l'étude de la législation sur les aliénés. Le *Complot domestique* demeure dans le domaine de la pure comédie, et Danjoie conclut avec un parfait optimisme :

> Égayons-nous, fuyons des soins presque homicides,
> Et, de peur d'être fous, craignons d'être stupides.

CHAPITRE XI

NÉPOMUCÈNE LEMERCIER (suite)

IV

Sous la Restauration.

La comédie en vers n'était pour Lemercier qu'un délassement et un badinage. Œuvre également de pure fantaisie cette scène orientale, *Agar et Ismaël ou l'Origine du peuple arabe*, qu'il avait depuis longtemps en portefeuille et qui fut représentée avec un plein succès à l'Odéon, le 23 janvier 1818. C'est un bas-relief biblique, sobrement mais élégamment modelé. Le travail surpasse la matière assez ténue. Agar et Ismaël pensent mourir de soif dans le désert de Bersabée; soudain tombe une pluie bienfaisante, qui les rafraîchit et les sauve. Sur ce simple sujet Lemercier a rimé un dialogue assez pittoresque, qui contraste avec la fluidité coutumière de sa versification. « L'idée, dit-il, me fut inspirée, à l'époque où l'armée française revint d'Égypte, par le désir d'offrir à nos braves l'image des contrées brûlantes qu'ils avaient parcourues victorieusement. » Édité en 1801, cet essai littéraire mérita les louanges de Lebrun, de Delille, de Ducis, de Bernardin de Saint-Pierre, qui encouragèrent l'auteur à tenter de lui donner une existence dramatique. Népomucène Lemercier eut le bon esprit de suivre leur conseil, parmi les préoccupations que lui causait le sort de ses innombrables manuscrits.

Il n'avait point délaissé, il creusait opiniâtrement le filon de la tragédie nationale. Quels obstacles n'allait-il pas rencontrer ! Le 25 septembre 1820 devait être jouée au second Théâtre-Français la *Démence de Charles VI*, lorsque survint un veto gouvernemental qu'il apprécie en ces termes dans l'*Avertissement* de la brochure : « C'est une étrange fatalité pour moi que la succession des entraves qui arrêtent mes ouvrages, et me réduisent toujours à les faire imprimer avant que de les faire représenter. Je m'afflige aujourd'hui de ce qu'une volonté supérieure, exprimée par la décision du Conseil des ministres, m'ait empêché d'exposer dans ma tragédie sur Charles VI le tableau des malheurs de ce monarque et des désastres de son règne : cette peinture, tracée dans une intention à la fois monarchique et patriotique, eût montré que les discordes civiles ne tendent jamais en définitive qu'à l'aliénation des droits héréditaires de la couronne et qu'au démembrement ou à la perte totale du pays, vendu par les factions à l'étranger... Je ne pensais pas que je serais arrêté dans mon projet de donner un *théâtre national* par tous les gouvernements. C'est servir la royauté et la patrie que de présenter au public l'image des attentats et des trahisons qui les perdent toutes deux ensemble. Les rois sont hommes, et, comme tels, ils ont besoin de trouver du secours dans le cœur des hommes. » Cette remontrance une fois adressée à la monarchie, Lemercier se tourne vers la presse, encore que dans la préface du *Complot domestique* il eût fait serment de ne plus se commettre avec les journalistes. « D'ailleurs, s'était-il écrié, que répondre au mauvais ton, à la mauvaise foi, aux mensonges et aux personnalités basses? On ne songe pas qu'il me faudrait descendre dans la lice des *folliculaires*, qui ont porté tous les bonnets, toutes les cocardes et toutes les livrées des divers partis, à l'aide desquels leur ignorance dogmatise aussi pernicieusement en littérature qu'en morale et qu'en politique, et spécule sur les réputations à faire ou à défaire. J'ai trop peur de me salir. »

Cette peur ne le retient pas, au lendemain de l'interdiction de son *Charles VI*. Il se plaint, il s'indigne des vilenies de la presse soumise à la censure. « Depuis, dit-il, que les feuilles journalières ne sont plus libres, les offenses y semblent presque officielles. Le ministère, en censurant les journaux, ne paraît pas avoir purgé les plus virulents d'entre eux de fiel envenimé, de mauvais goût, de mauvais ton, de frauduleuse partialité, d'esprit de dénigrement et quelquefois de diffamation calomnieuse. Je laisse à méditer aux hommes qui se dévouent à nos affaires, et qui mesurent les conséquences des choses, cet utile et beau résultat de l'une de *nos lois d'exception et de circonstances*. Ce n'est plus aux journalistes qu'on est réduit à s'en prendre d'un préjudice quelconque, mais aux ministres qui exercent le monopole du journalisme. » A titre de remède, Népomucène

Lemercier demande que le droit commun s'applique au théâtre, c'est-à-dire qu'une pièce factieuse soit juridiquement suspendue et son auteur poursuivi devant les tribunaux, de même qu'il advient pour tout autre genre de délit ; mais il n'admet aucune mesure dictatoriale, aucune forme de répression préventive. Il veut, suivant le style du temps, que les écrivains dramatiques aient le droit de soumettre au *Grand Jury public* les fruits de leurs studieuses veilles. Surtout il tient à bien établir le loyalisme historique, l'orthodoxie monarchique dont s'inspire la *Démence de Charles VI*. « Je n'ai point, dit-il, considéré le duc de Bourgogne comme prince de sang royal, et moins encore Isabeau de Bavière comme reine de France, puisque ces deux monstres ont livré la patrie, et leur famille, et la couronne à l'usurpation étrangère. Les Muses sont chastes et sévères : la mienne n'a point traduit scandaleusement cette reine en adultère, mais en criminelle d'État : nous en devons répudier avec horreur jusqu'à la mémoire. »

Certains vers avaient été préalablement supprimés par la censure, ceux-ci notamment que prononçait Isabeau :

On me condamne même à tenir des Anglais
Un sceptre que je veux ne devoir qu'aux Français.

Le public libéral n'eût pas manqué de souligner une allusion directe à ce gouvernement de la Restauration revenu, après Waterloo, dans les fourgons de l'Angleterre.

L'ensemble de la pièce est médiocre, sauf la scène où Charles VI, en un intervalle de lucidité, refuse de signer la dépossession du dauphin Charles et de souscrire au mariage de sa fille Catherine avec Henri V. Il crie à Isabeau, dans un mouvement pathétique de malédiction :

> Toi, qui souillas mon lit, qui dégradas mon trône,
> Toi, qui vendrais l'État et jusqu'à ma couronne,
> Toi, fille de discorde, et qui, par tes forfaits,
> Dans l'usage du crime as su trouver la paix !
> Va t'asseoir aux enfers, nouvelle Frédégonde !

Mais le vers suivant faiblit et sent le remplissage :

> Là ton arrêt t'attend pour l'exemple du monde.

De plus noble allure et sans défaillance de style est l'adjuration du roi, quand il vient, devant Isabeau et le Conseil, défendre l'honneur du Dauphin :

> L'affreux Bourgogne est mort ; de ce meurtre récent
> Mon fils qui m'a parlé, mon fils est innocent.
> Il a, pour repousser l'Anglais qu'on lui préfère,
> Dieu, ses droits, son épée, et la France et son père.

Un sort non moins fâcheux que celui de la *Démence de Charles VI* était réservé à *Clovis*. Cette tragédie, composée en 1801, parut chez le libraire en 1820. Dans l'intervalle, elle avait été reçue par le comité de la Comédie-Française, distribuée, répétée ; puis Lafond refusa de jouer, et Lemercier dut retirer son manuscrit, en maugréant contre les sociétaires « qui contestent des droits que les inscriptions sur leurs registres les plus anciens rendaient incontestables. » Il croit avoir lieu de plainte et être fondé à se révolter devant une persécution systématique, puisque dans l'espace de dix-sept ans il n'a pu faire jouer qu'une seule œuvre tragique, *Charlemagne*. « M'accuserait-on, dit-il, de mouvements d'impatience? Déjà n'avais-je pas entrepris, *dès l'année 1812,* de mettre à l'étude la tragédie de *Camille dictateur,* dont les répétitions commencées et interrompues par les fréquents voyages de nos acteurs, reprises et suspendues de nouveau par leurs altercations, ne l'avaient pu conduire jusqu'au parterre en *1818.* Talma, sans cesse prêt à partir, en trouvait l'étude trop longue pour les moments de son séjour à Paris, et je crains bien que l'affaiblissement de l'amitié qu'il me doit ne m'ait plus nui que l'affaiblissement de sa mémoire. » Il a, d'ailleurs, pleine confiance dans le mérite intrinsèque et durable de sa pièce. Usant d'une formule qu'il a déjà employée et qu'il emploiera encore, il déclare que *Clovis* est ce qu'il a conçu de meilleur. A cet égard, il invoque d'estimables et même d'illustres suffrages. « Notre bon et grand Ducis, dit-il, notre aimable Delille en ont approuvé le plan et les principales scènes. » Et il ajoute, en note : « J'ai nommé Ducis grand, non parce qu'il fut un vrai poète, mais parce qu'il fut un *grand citoyen,* en refusant une place très lucrative au Sénat-Conservateur, qui ne conservait pas la liberté publique au nom de laquelle il était institué. »

Par l'impression de *Clovis* — que la Comédie-Française ne jouera qu'en 1830 — Népomucène Lemercier veut garder « la propriété de son invention. » Elle était effectivement d'une nature assez étrange. Ce roi, plus qu'à demi barbare, se dresse comme un *Tartufe tragique.* L'auteur pensait-il se concilier les faveurs de la censure, fidèlement dévouée, comme de raison, au trône et à l'autel ? Il estime que la monarchie des Bourbons ne devait pas s'offusquer d'une restitution de vérité historique qui n'atteignait qu'un Mérovingien. « Mon imposteur tragique, écrit-il, m'apparut tout entier dans le premier roi chrétien... C'est l'erreur la plus fatale, c'est l'outrage le plus mortel à toute dynastie régnante, que de rattacher sa grandeur au souvenir d'un monstre, convertisseur homicide, cupide ravisseur des produits territoriaux, édificateur de ruineuses abbayes, fléau des potentats ses voisins, et destructeur de sa propre maison. » C'est à l'Église, bien plutôt qu'au monarque, que Népomucène Lemercier intente procès, avec une belle ardeur de gallicanisme. Il cite ses auteurs, et non des moindres. « Le clergé, dit Montesquieu, a toujours acquis, il a toujours rendu, et il acquiert encore. » Le poète voltairien approuve et poursuit : « Remarquons quels princes le dépouillèrent de ses larcins, ou combattirent ses usurpations; ce furent les plus équitables, grands et héroïques, qui aient gouverné la France : Charles Martel; quelquefois Charlemagne, lisez ses capitulaires; longtemps Philippe-Auguste; souvent Saint Louis même; Charles le Sage; et, durant les deux tiers de sa vie, le tolérant et brave Henri IV. » Il a eu soin d'éviter tout ce qui pouvait revêtir le caractère d'un procès de tendance et d'un réquisitoire anticlérical. Telle est du moins sa prétention formelle : « Il fallait, pour que mon ouvrage ne fût point, même en apparence, une sinistre satire de la religion, séparer la pureté de ses préceptes d'avec leur cruelle application, et montrer, à côté des attentats commis en son nom, les services qu'elle put rendre aux barbares adoucis par elle. » En termes très catégoriques et qui semblent empreints de sincérité, il se défend d'avoir introduit dans sa pièce aucune espèce d'allusion au temps présent. Elle a été conçue et composée sous le Consulat, et elle explique, si nous l'en croyons, les motifs de sa conduite, à partir de l'érection de l'Empire. « Aurais-je, dit-il, pensé en conscience ce que j'écrivais, si j'avais souri aux faveurs du chef qui renversait la liberté de mes concitoyens ? Je le quittai, prévoyant trop les malheurs publics et ceux que j'attirais sur moi. » Plus loin, toutefois, intervient une déclaration passablement contradictoire ; le poète avoue que sa tragédie reflète les sentiments et les opinions du citoyen : « Mon aversion invétérée pour la tyrannie me suggéra le dénouement de cette pièce sur *Clovis*, héros qu'on n'y voit puni que par la honte de son plein triomphe et que par l'horreur de son couronnement, qui ne lui laisse pour satisfaction que le néant d'une fausse gloire. » Qu'est-ce, en effet, sinon un vulgaire assassin, un criminel de droit commun, ce roi des Francs qui à Cologne, dans le palais même de Sigebert son parent, tâche de le faire tuer par son fils Clodoric ? Celui-ci refuse avec éclat de consommer le parricide qu'on lui suggère, et porte sur Clovis un jugement décisif en sa brièveté :

Ce héros, ce vainqueur, ce chrétien n'est qu'un traître !

Après le suicide de Sigebert, le ci-devant fier Sicambre, devenu un dévot spoliateur, accapare l'héritage et dépouille Clodoric, en murmurant à la manière de Tartufe, lorsqu'il recommande à Laurent de serrer sa haire avec sa discipline :

Je me tais, vos dangers me forcent d'accepter
Le joug nouveau que Dieu me condamne à porter.

Hé bien! donc, sous ce dais, je jure en cette enceinte
De régner par les lois et la piété sainte.

« C'est, déclare Lemercier, sous ce rapport criminel que j'avais à l'offrir, et non sous les apparences de gloire et de piété que l'erreur lui prête et qui ne lui ont que trop fait de coupables imitateurs. Selon moi, la poésie s'est souvent dégradée, en relevant sous des couleurs prismatiques le portrait des scélérats illustres qu'elle ne montre que de leur beau côté. Ce n'est point le Clovis des romans que Melpomène doit peindre, mais le Clovis de l'histoire. » Or, il advint que cette tragédie, écrite en 1801, devait, quelques années plus tard, se dérouler au vrai par delà les Pyrénées. Napoléon se comporta avec la famille régnante en Espagne comme Clovis avec Sigebert, ou de bien peu s'en faut. On a vu « un prince royal en discorde avec son père, et le jouet d'un usurpateur qui use de sa crédulité pour détrôner le père et le fils, et qui les détruit tous deux afin d'envahir leurs états. » L'œuvre du poète devenait une incrimination involontaire, et il s'écrie, sous le coup de la fatalité qui le pourchasse : *Nil sub sole novum.*

Le 27 mars 1821, il avait enfin une compensation : *Frédégonde et Brunehaut*, copieuse tragédie mérovingienne, était représentée au second Théâtre-Français, avec une interprétation très satisfaisante. Le rôle de Chilpéric, roi de Soissons, était tenu par Joanny, celui de Frédégonde par mademoiselle Humbert, celui de Brunehaut, reine d'Austrasie, par mademoiselle Guérin. Il n'y a, dans la pièce, qu'un seul honnête homme, Prétextat, archevêque de Rouen. Quant à Chilpéric, c'est presque un personnage de féerie, dominé, domestiqué par sa femme, comme l'atteste ce bout de dialogue :

CHILPÉRIC, à *Frédégonde*.
Si je vous en croyais, quel serait donc le sort
Du prélat, de la reine et du prince?
FRÉDÉGONDE.
La mort.

Ainsi dit, ainsi fait. Mérovée est empoisonné par Frédégonde et vient, au moment d'expirer, la dénoncer à Chilpéric et la maudire. Était-ce déjà une audace romantique? Lemercier s'en défend. Il voit dans cette allégation un piège tendu par ses ennemis, par ceux à qui il a entendu dire un soir, au foyer de l'Opéra : « Cet auteur-là ne fera plus rien paraître de son vivant; nous l'avons muré. » Devant le succès — mettons le demi-succès de *Frédégonde et Brunehaut*, — on l'accuse d'hétérodoxie littéraire, de schisme dramatique, et il répond en proclamant sa fidélité au dogme traditionnel du vieux théâtre : « Me ferait-on un tort d'avoir manifesté de nouveau, en observant le respect des trois unités grecques et latines, que les écarts et l'indépendance du genre nommé romantique ne produisent point d'émotions plus profondes et plus vives que n'en fournit la seule application exacte de nos classiques règles dans les mouvements passionnés artistement circonscrits en de sages limites? » Seulement, comme il se trouve toujours dans le cas de Népomucène Lemercier un peu de mégalomanie avec un grain de maladie de la persécution, les critiques dirigées contre son style le piquent au vif. Il rappelle qu'on a accusé jadis le sublime langage de Bossuet d'être incorrect, dur et haché, celui de Fénelon d'être mou, traînant et diffus, qu'on a jugé le vers de Racine faible et décoloré, et taxé Molière de bassesse, de trivialité et d'outrages à la langue. En si bonne et si flatteuse compagnie, il se résigne, non sans offrir à notre admiration une métaphore de fière allure : « Je ne m'inquiète pas plus, dit-il, des murmures inévitables qu'une voile qui s'avance agitée par la furie des airs grondants ou sifflants autour d'elle, tandis qu'elle arrive poussée heureusement au port. » Il abordera donc aux rivages du *Grand Gothique*, puisque les plages du *Beau Antique* semblent interdites aux modernes navigateurs.

C'est encore à nos annales qu'est emprunté le sujet de *Louis IX en Égypte*, tragédie représentée à l'Odéon le 5 août 1821, — un spectacle d'été. L'opposition libérale, à laquelle appartenait Népomucène Lemercier, pouvait s'étonner qu'il fût aller chercher et qu'il glorifiât un personnage dont les vertus et la sainteté devaient réjouir le parti de la Congrégation. Voici sa réponse très plausible : « Je choisis Louis IX au nombre des héros que j'avais à peindre dans le théâtre historiquement national que j'entreprenais de composer. Les opinions du jour qui repoussaient ce saint couronné, en haine des préjugés de son temps, par la force nouvelle des préjugés du nôtre, ne m'arrêtèrent point. » Aussi bien le fils de Blanche de Castille, tout canonisé qu'il fût à Rome, demeurera non seulement suspect, mais odieux aux ultramontains. N'a-t-il pas entravé et tenu en échec les prétentions du Vatican ? N'était-il pas roi de France avant que d'être sous l'obédience spirituelle de la papauté ? « Les éléments, déclare Lemercier, de la loi Pragmatique rendue par Louis IX, loi tutélaire qu'avait abolie Louis XI et qu'achevèrent de détruire le Concordat de François Ier et tous ceux qu'on a faits depuis, servirent de fondement canonique aux *quatre fameux articles* par lesquels Bossuet défendit les libertés de l'Église gallicane. » C'est le cri que pousse, c'est le serment que profère Louis IX au dénouement, lorsque, après la mort d'Almadan, soudan d'Égypte, il est remis en liberté par Octaïr, chef des Mameluks :

> Fais que je rentre, ô Dieu, comme de Palestine
> Mon immortel aïeul reparut à Bovine;
> Que, ferme appui des lois, mon sceptre souverain
> Soit plus soumis au Ciel qu'au pontife romain,
> Et n'enchaîne jamais, pour une cour avare,
> La mitre gallicane au joug de la tiare.

La contexture de la pièce contient une action que Népomucène Lemercier prétend n'être pas *double*, mais régulièrement *implexe*, partant conforme à un mode reçu des classiques, puisqu'elle envisage à la fois le sort des vainqueurs et celui des vaincus, et que « les deux parties qui la composent réagissent l'une sur l'autre, marchent ensemble et aboutissent à une fin commune que produit leur concours. » L'auteur se flatte qu'une telle œuvre réponde aux aspirations vraies du patriotisme, qui veut qu'on lui montre et qu'on lui livre, pour étancher sa soif, les eaux jaillissantes du terroir national. Il est sûr d'avoir pour complices tous les Français épris des gloires du passé. « L'étude, dit-il, très attentive que j'ai faite durant une des représentations de cette tragédie, donnée gratis au peuple, m'a convaincu que l'instinct naturel des hommes que n'égarent ni les allusions de parti ni les arguties pédantesques, et qui jugent de sentiment, ne se trompe point sur les sources du puissant intérêt qu'inspire le spectacle des hautes vertus luttant contre les grandes adversités. Cette immense foule, que la pitié tenait captive, a fait éclater son enthousiasme à la délivrance du héros, qu'elle semblait couronner elle-même de ses milliers de mains et des suffrages de toutes ses voix. » Encore que Lemercier se complaise à prendre un succès d'estime pour un triomphe grandiose, il faut reconnaître à certaines scènes de *Louis IX en Égypte* une hardiesse qui cherche à dépouiller les conventions caduques. Sous les réminiscences de Corneille, il y a un air de majesté dans la démarche du roi, lorsqu'il obtient d'Almadan de partager le sort de ses compagnons d'armes et proclame fièrement l'intégrité de sa foi chrétienne. On croirait entendre un écho affaibli, mais distinct, de *Polyeucte*. C'est la lutte entre le Coran et l'Évangile, entre Mahomet impitoyable et Jésus, porteur de la bonne nouvelle :

ALMADAN.
Osez-vous au calife égaler votre apôtre?
Osez-vous comparer votre prophète au nôtre?
L'un de tous ses rivaux fut l'exterminateur.

LOUIS.
L'autre, des affligés le doux consolateur.

ALMADAN.
L'un promet à nos sens d'éternelles délices.

LOUIS.
L'autre ravit notre âme à d'éternels supplices.

ALMADAN.
Il nous cache la mort, s'il ne peut nous sauver.

LOUIS.
Il nous montre la mort, et nous la fait braver.
ALMADAN.
Il fait les rois du monde.
LOUIS.
Aux cieux il les couronne.
ALMADAN.
Il commande.
LOUIS.
Il conseille.
ALMADAN.
Il punit.
LOUIS.
Il pardonne.

Ces parties de dialogue, coupé et vivant, sont le meilleur, à coup sûr, des tragédies de Népomucène Lemercier. Les longues tirades languissent et laissent paraître l'incorrection déclamatoire du style. A ce prix, ses échecs devaient être éclatants, et ses plus heureuses fortunes ne pouvaient comporter que des succès d'estime. Il espéra ou feignit d'espérer que *Louis IX en Égypte* lui rendrait les sympathies de la Cour, que le roi pardonnerait l'indépendance un peu misanthropique de son caractère. Il demanda grâce pour celles de ses pièces que la censure avait arrêtées et qui sommeillaient dans un portefeuille ou végétaient chez le libraire. « Si cet ouvrage, disait-il, plaît au descendant de Saint Louis, j'ose solliciter des lumières et de l'équité de Sa Majesté, en digne récompense de mon travail, comme en rectification d'une préjudiciable erreur ministérielle, l'autorisation de faire représenter ma tragédie imprimée sous le titre de la *Démence de Charles VI*. L'idée première de montrer ce touchant personnage, victime des factions et des coups de la nature, sur le plan principal d'un tableau dramatique, est encore une invention dont je regretterais la nouveauté, si l'on m'en dérobait l'effet attendrissant et noble. » Louis XVIII fit la sourde oreille. Il estimait sans doute que le spectacle de la folie royale n'était pas destiné à rehausser le prestige de l'institution monarchique. Depuis 1789, le sujet avait cédé la place au citoyen ; les souvenirs de la Révolution hantaient les imaginations inquiètes. Le parti ultra ne cessait de rappeler la journée du 21 janvier 1793, et les libéraux, mais surtout les républicains et les bonapartistes, n'avaient point oublié le mot de l'évêque constitutionnel Grégoire, à l'ouverture de la Convention nationale : « L'histoire des rois est le martyrologe des peuples. »

Puisque le dessein d'écrire la tragédie nationale recevait si méchant accueil auprès de la censure, Lemercier se résigna, non sans tristesse, à chercher son inspiration hors de nos frontières. Le théâtre de Shakespeare, qu'il avait très attentivement étudié, lui suggéra *Richard III et Jeanne Shore*, drame historique en cinq actes et en vers, représenté à la Comédie-Française en 1823, qui est peut-être de toutes ses œuvres la plus rapprochée de la formule romantique. Il s'y dégage des conventions du classicisme qu'il avait proclamées sacro-saintes et inviolables dans son *Cours analytique de littérature générale*. C'est, d'abord, à chaque acte, le changement de décors, puis l'abandon de l'unité de temps, « règle, dit-il, dont la stricte observation reste encore un problème à résoudre depuis Aristote qui ne la prescrit pas absolument, et qui, par conséquent, fournira des textes sans fin aux contestations de nos critiques pédantesques. » Ayant ainsi expliqué et voulu légitimer ses innovations, il constate qu'elles ont recueilli l'assentiment du public qui lui semble « un guide certain, » bien préférable à ces « écrivains journaliers » auxquels il ne peut ni ne veut se soumettre. En même temps, il reconnaît qu'une large part du succès revient à Talma, merveilleux de vérité et d'horreur tragique dans le rôle de Richard III. « Notre savant acteur, écrit-il, a surpassé mon attente; et pourtant le *Lévite d'Éphraïm,* l'Égisthe d'*Agamemnon,* Tholus dans *Ophis,* les caractères de Pinto, de Plaute, m'avaient accoutumé à tout espérer de la variété de ses talents supérieurs; mais il faut que je révèle ici combien son application studieuse le rend précieux aux amis qu'il éclaire et qu'il sait interpréter. Nos consultations réciproques ont souvent duré quatre heures entières, et quelquefois le tour entier du cadran... Ce grand artiste, toujours accessible lui-même aux conseils, fut, dès ma jeunesse, l'objet de ma prédilection intime, et je lui dois mes plus heureux pas dans la carrière dramatique. »

Il y a, par malheur, en cette pièce de Népomucène Lemercier, la rencontre et le heurt d'une intrigue shakespearienne avec une forme littéraire qui reste celle des derniers classiques. Sur un fond très sombre se détachent en clair obscur, comme dans un tableau de Rembrandt, deux silhouettes saisissantes. D'abord, celle de Richard III :

C'est le Néron anglais, le pire de sa race.

Puis Jeanne Shore, qui a été la favorite du feu roi et, par delà sa trahison conjugale, garde des sentiments de délicatesse et d'humanité. Bizarres sont les scènes où elle rencontre, après dix ans, son époux M. Shore, honnête négociant, qu'elle ne reconnaît pas. On le croit mort et il se fait passer pour le frère du défunt. Invraisemblable postulat.

Ce M. Shore, mari malheureux, a d'ailleurs plaisir à raconter qu'il se ruinait en prodigalités de toilette pour l'infidèle :

>J'épuisais les trésors d'une heureuse opulence
>Qui sur elle appelait mille ornements divers
>Des bords les plus lointains et du sein des deux mers.

Disons, en style simple, qu'il lui achetait des fourrures, de la soie et des perles. Sa générosité méritait une autre récompense.

Très touchante, par contre, est la sollicitude de Jeanne Shore envers les enfants d'Édouard, livrés à la dure et impitoyable tutelle de leur oncle, Richard, duc de Glocester et protecteur d'Angleterre, prêt à se transformer en assassin. Cette jeunesse, fauchée dans sa fleur, a fort heureusement inspiré Casimir Delavigne, après avoir ému l'âme plutôt taciturne de Népomucène Lemercier. Un frisson devait s'emparer des spectateurs, lorsque lord Hastings, chambellan de la cour d'Édouard et généreux complice de Jeanne Shore, relatait sa visite aux victimes déjà désignées :

>Quand l'aurore en leur chambre appela mon hommage,
>Sa clarté, sur un lit, colorait leur visage.
>L'un par l'autre embrassés, je les ai vus dormir.
>Leur sommeil éternel nous eût tous fait frémir.

Et Richard de répéter à part :

>Vous frémirez.

Sa vengeance, avant de s'abattre sur les enfants, frappe Hastings, qui est décapité, et Jeanne Shore condamnée, avec un odieux raffinement, au plus effroyable supplice. Voici l'arrêt du Protecteur :

> Le glaive immolera quiconque dans la ville
> Oserait lui donner l'eau, le pain et l'asile.
> Errante et sans abri, qu'on la livre à son sort ;
> La misère et la faim lui promettent la mort.

Au cinquième acte, qui est d'une rare beauté, il y a un mendiant philosophe dont les propos attestent une connaissance approfondie de l'humaine nature. Après avoir reçu la bourse amplement garnie du duc de Buckingham en humeur de largesse, le gueux mélancolique déduit cette moralité :

> Aux portes des prisons ils sont tous généreux,
> Aux portes des palais ils sont sourds à nos plaintes.

Très docte en sa misère, il traduit littéralement un vers de Virgile :

> Qui vit infortuné sait aider l'infortune.

Il aidera, en effet, plus humain que les riches, plus courageux que les puissants, Jeanne Shore qui s'avance, seule, vêtue d'une robe grisâtre, les cheveux épars sur sa gorge et ses épaules, pieds nus, la marche chancelante. Elle a les yeux creusés, la face blême, et murmure, avec un geste de supplication :

> Oh ! la faim me poursuit,
> L'horrible faim me ronge, et la soif me détruit,
> La soif... Ma langue ardente en mon palais aride
> Demande en vain à l'air une vapeur humide...
> Enfant cruel ! l'oiseau qu'étouffait votre main,

S'échappant sur ma route, a volé dans mon sein.
Peu s'en faut que, vivant, ne s'en nourrît ma rage.

Elle, l'ancienne maîtresse royale, elle implore comme la dernière des misérables, l'aumône d'un peu de pain et d'eau :

Ah ! du ciel pour ma soif qu'une source jaillisse !
Où l'étancher ? ô terre, ô féconde nourrice,
Fais sortir de ton sein un fruit, des végétaux.

Nul ne répond. On tremble de braver l'ordre du Protecteur. Mais le mendiant est touché par tant de détresse.

Il osera, dût-il être sacrifié,
Du pain qu'il a reçu lui donner la moitié.

JEANNE.

Ange bienfaiteur.

LE MENDIANT.

Non, je suis homme et ton frère.
Les cœurs durs, que sont-ils ? des fléaux sur la terre.

Il est trop tard. Jeanne tombe et meurt, tandis que la foule servile salue de ses acclamations le passage de Glocester qui vient d'être couronné en grande pompe. Le roi, se tournant vers le mendiant qui a disposé de son pain et encouru la peine capitale, lui dit impérieusement :

Toi, va prier pour moi.

Alors le gueux montre les deux cadavres de Shore et de Jeanne, époux réconciliés par le désespoir, et il répond avec fierté :

Je vais prier pour eux.

Richard III fut la dernière joie dramatique que connut Népomucène Lemercier. Les autres œuvres qu'il essaya de faire représenter de 1823 à 1840, ou bien ne trouvèrent pas de directeur propice ou bien échouèrent lamentablement. Une tragédie qui n'est pas dénuée d'intérêt, *Camille ou le Capitole sauvé*, subit les pires vicissitudes théâtrales. Reçue à l'unanimité par les sociétaires de la Comédie-Française en 1811, elle rencontra le veto de la censure, fut trois fois mise à l'étude après 1815, trois fois abandonnée, et réduite à se réfugier à l'Odéon où elle n'eut qu'une seule représentation, le 3 décembre 1825. « Elle y apparut, dit l'auteur, pour être démontée dans une espèce de guêpier par un essaim de cabaleurs. » Il s'y trouve pourtant quelques beaux vers, demi-cornéliens. Ainsi cette réponse de Camille à Cléovèse, l'envoyé de Brennus :

A trahir mon pays je préfère la mort.

Et ce dialogue entre le général romain et le chef des Gaulois :

BRENNUS.
Qui vous défendrait ?
CAMILLE.
Rome.
BRENNUS.
                Ah ! Rome, votre idole
Est à jamais tombée.
CAMILLE.
                Elle a son Capitole;
Elle a le souvenir des sénateurs mourants
Tels que de vieux guerriers enchaînés à leurs rangs.
Chacun de nous croit voir ce conseil immobile
Que ne peut ébranler la chute de la ville,
Tous ces vieillards conscrits, surveillants paternels,
Stables comme les dieux assis sur leurs autels.

Vainement Brennus, en jetant son épée dans la balance, poussera le cri à jamais fameux et abominable :

... La loi du monde est malheur aux vaincus !

Camille triomphera sous les murs d'Ardée, mais non pas, hélas! devant le parterre de l'Odéon. Ce fut une lamentable soirée. L'acteur Éric-Bernard étant indisposé, le directeur le remplaça. Il ressemblait, paraît-il, au chef des bouchers conduisant le bœuf gras pendant le carnaval. Dans la salle une explosion de gaieté se prolongea et s'accrut, d'acte en acte. Lemercier se plaint « des murmures calculés, des vociférations soldées, des sifflets vendus d'une centaine d'hommes turbulents, sans éducation, sans maintien, sans usage ; êtres venimeux, petits coureurs de cafés, de tripots, de foyers et de coulisses, lieux où les inimitiés et les rivalités des théâtres achètent leur aide au prix de quelques billets d'entrée ou de quelques pièces de monnaie. »

Une autre tragédie, d'actualité celle-là, les *Martyrs de Souli ou l'Épire moderne*, parut chez le libraire en 1825, faute d'avoir pu surmonter les préventions des censeurs. Elle ne prenait cependant parti pour aucun des deux cultes en présence. « J'ai tâché, dit Lemercier, de laisser toutes les consciences à leur libre arbitre ; de sorte que ma pièce, jouée en Grèce, ne scandaliserait pas un de ces chrétiens que Rome appelle schismatiques, et, jouée à Constantinople, n'offenserait pas un des musulmans que les croisés et même les hérétiques nommaient infidèles. » On voit le caloyer grec Samuel et le mollah turc Séphérim s'embrasser et se bénir, en proclamant ainsi la religion des religions :

> L'humanité nous dit qu'en ce vaste univers
> Il n'est qu'un seul vrai Dieu sur mille autels divers.

Moins heureux est le rôle de Christol, colonel noir, originaire d'Afrique, qui parle « petit nègre » :

> Ailleurs, te nommer maître ; ici, te nommer frère ;
> Ailleurs, esclave abject, ne pouvoir que haïr,
> Ici, comme toi libre, aimer à obéir.

Le fusil s'appelle, par une périphrase à la Delille :

> Des combats le tube meurtrier.

Au reste, ce ne fut pas la médiocrité de l'ouvrage qui préoccupa la censure, mais la sympathie affirmée par Lemercier pour les martyrs souliotes, victimes des atrocités ottomanes. En protestant contre les exploits du sabre, du pal et du bâton, en dépeignant l'exécrable Ali de Tébélen, pacha de Janina, qui pousse à tel point l'excès des fureurs que sa femme Éminé meurt désespérée, cette œuvre de vérité épouvantait les ministres pusillanimes de la Restauration. Du moins elle légitimait l'appréciation du général Foy : « Votre tragédie est la plus belle collection d'opprimés qu'on ait offerte au théâtre. » Elle était surtout conforme à ce génie chevaleresque et civilisateur de la France qui, pour son honneur non moins que pour son crédit moral, doit rester l'appui des nationalités opprimées et le serviteur du Droit. Homme de lettres, Népomucène Lemercier rappelait au devoir la séquelle timide des hommes d'État.

CHAPITRE XII

NÉPOMUCÈNE LEMERCIER (*fin*)

V

Les dernières années.

Malchanceux, mais opiniâtre, Népomucène Lemercier lutta jusqu'au dernier jour contre la fortune adverse, qui en venait à lui fermer les accès du théâtre. Après tant d'expériences défavorables, les directeurs lisaient peut-être encore ses pièces, mais ne voulaient plus guère les jouer. Une tragédie en cinq actes, la *Captivité du Roi de Navarre*, reçue à la Comédie-Française par un vote unanime le 11 novembre 1829, n'entra jamais en répétition, et le manuscrit a disparu. L'Odéon, plus accessible, avait encore accueilli le *Corrupteur*, comédie en cinq actes et en vers, qui, terminée le 22 novembre 1812, ne fut représentée que le 26 novembre 1822. Le sujet est hardi pour l'époque. On n'admettait pas alors qu'un enlèvement fût le plus sûr prélude d'un mariage. Le comte de Norville, assez vilain sire et des moins scrupuleux, a usé de ce moyen pour épouser Laure, nièce de M. de Gercueil, président de cour de justice. La femme de ce magistrat a été jadis en coquetterie réglée, ou plutôt fort avancée, avec Norville, qui semble être un bourreau des cœurs. Enfin, certain Prud'homme, ancien précepteur, dont le caractère est moins moral que le nom, explique et cherche à glorifier la conduite du suborneur :

> Rien n'est ni bien ni mal que suivant les coutumes.
> A Sparte, par exemple, autrefois les garçons
> Aux mères arrachaient leurs filles sans façons ;
> Convoler à l'hymen leur semblait moins pudique ;
> Et son amour se sert du moyen laconique.

Par bonheur, les complots de Norville sont déjoués. Laure épousera, sans trop de dommage, l'honnête Évariste, et c'est la servante qui, comme chez Molière, tire la leçon de l'aventure, avec l'optimisme des braves gens :

> Les méchants ont beau dire, il reste encor des bons.

Le *Corrupteur*, après cinq soirées assez tumultueuses, parut en librairie, précédé de *Dame Censure ou la Corruptrice*, tragédi-comédie en un acte en prose. C'est une manière de revue satirique, dont voici les personnages :

Dame Censure, fille du Soupçon et de la Peur ;

Les trois Parques, *Lachésis, Clotho, Atropos*, dames de compagnie de la Censure ;

L'*Orgueil*, l'*Intérêt*, l'*Hypocrisie* et l'*Ignorance*, pères et mères des Vices et des Ridicules protégés par la Censure ;

L'*Esprit de Parti*, courtisan à trois faces, fils de la Cupidité ;

M. Duplagiat, conseiller au palais de la Censure;

M. Mille-Œil, dit de l'Espionnage, cousin de la Délation et de la Calomnie;

Le *Génie*, allié du Bon Sens, etc., etc.

Le costume de la Censure est ainsi dessiné, en un croquis rapide : « Quelle taille majestueuse ! que cette guirlande d'éteignoirs, cette ceinture de mouchettes et cette garniture en ruches toutes de ciseaux vous sied merveilleusement ! » Le logis, digne de celle qui l'habite, est décrit avec exactitude par l'Esprit de Parti. On trouve là le tour de singularité, semi-fantaisiste, semi-réaliste, qui se donnera carrière et licence dans le poème symbolique de la *Panhypocrisiade* : « Admirez le grave ameublement de la salle des Coupures; cette tenture noire et sombre qui absorbe la lumière; ce lustre enfumé que recouvre une large écaille de tortue; cette bordure de limaces et de vipères entrelacées; cette table à tiroir sans fond, surmontée par une lampe aux yeux de chauves-souris et chats-huants dorés; enfin cet encrier à pattes et à queue d'écrevisse, tout garni de plumes d'oie. Admirez encore sur les lambris ces têtes d'ânes, d'ânesses et d'ânons encadrés. Ce sont autant de portraits de famille. » Dans une autre scène, la Censure rappelle à l'Esprit de parti, tout de blanc habillé — couleur de son drapeau — le temps où il portait la carmagnole, une casquette rouge sur la tête. Alors il interdisait les mots de royauté, de pitié, de modération sage. Maintenant il proscrit ceux de liberté, de gloire, de raison légale, de droit naturel des hommes. Les partis changent, l'arbitraire dure et l'intolérance s'invétère. Lemercier, qui hait tous les despotismes, saisit l'occasion d'arborer son programme et de formuler ses doséances. Quand il succombe, c'est sous quelque cabale. Oyez les exploits dont se targue Mille-Œil : « Contre Népomucène le bizarre j'ai lâché durant plus de quinze ans l'essaim de tous les insectes quotidiens et hebdomadaires. » La dernière fois, il a redoublé de zèle, et ses coups ont admirablement porté : « Pouvions-nous souffrir longtemps que le personnage du Corrupteur fît rougir une foule de personnages corrompus, en présence du public assemblé qui s'en amusait malignement? Le jeu des acteurs et des actrices prenait un ensemble dangereux et une vérité frappante. Nous étions perdus, et l'auteur eût échappé au mécanisme des chutes commandées, si nous n'eussions convoqué le ban et l'arrière-ban de nos hurleurs. Mais les jappements, les aboiements ont étouffé d'acte en acte la voix des comédiens et mis tout en déroute. Je crois l'auteur culbuté pour toujours. » Au dénouement, Mercure vient exterminer la Censure. Comme elle se récrie sur le sort de ses pauvres découpeurs, il la rassure en annonçant que de si estimables fonctionnaires pourront aller tondre les chiens et couper la queue des chats sur le Pont-Neuf. C'est une position sociale de tout repos pour les censeurs en disponibilité.

S'évertuant à modifier son genre, sur le tard, Népomucène Lemercier tâta du mélodrame. C'est ainsi qu'il fit représenter le 8 novembre 1827, à la Porte-Saint-Martin, les *Deux Filles Spectres*, trois actes en prose, d'une donnée très sombre. M. d'Orlange a ruiné sa pupille, Séraphine d'Elmance. Pour n'avoir pas de comptes à rendre, il projette de l'assassiner. Séraphine change de chambre avec Emma, fille de M. d'Orlange. Le malheureux tremble d'avoir commis un parricide.

Mais ce crime a été évité. Des paysans crédules ont pris pour des spectres Emma et Séraphine, qui toutes deux ont la vie sauve. La pièce fut moins heureuse. Elle succomba. Et, quand se releva le rideau pour qu'un artiste fit connaître l'auteur, une voix cria de l'orchestre : « Ne nommez pas M. Lemercier! »

Autre mélodrame, également en trois actes, les *Serfs Polonais*, que l'Ambigu-Comique joua le 15 juin 1830. Une jeune orpheline, Anna, comtesse de Lamoïska, va épouser, par caprice de grande dame qui se croit d'humeur égalitaire, le polonais Ivan, fils du paysan Ivanowitz. Certain indice lui révèle que sa cousine Eudoxie de Cracowiska a jeté les yeux sur Ivan et que peut-être elle est aimée. Dans un accès de jalousie, elle le fait garrotter par ses gens, pour lui arracher un écrit et une boîte qu'Eudoxie lui a remis au moment de s'éloigner. Or, Ivan avait été émancipé par le feu comte de Lamoïski et fait comte d'Ivanowitz. Il octroie la liberté à tous ses serfs ; mais, quelle que soit sa générosité, il ne peut pardonner au repentir et aux supplications d'Anna. Plutôt que de l'épouser après avoir été par elle humilié et offensé, il se suicide d'un coup de pistolet. Comme de raison, cette pièce, où palpite l'amour de la liberté, est semée de tirades contre l'esclavage et de dissertations qui réprouvent le préjugé aristocratique.

Lemercier parvint à faire jouer un dernier mélodrame, en cinq actes celui-là, l'*Héroïne de Montpellier*, à la Porte-Saint-Martin, le 7 novembre 1835. Ce fut une lourde chute. On lit dans le *Moniteur du Commerce*, du 16 novembre : « Cette héroïne est morte après six jours d'agonie. » En dépit d'excellents interprètes, tels que Mélingue, Lockroy et Chilly, comment s'intéresser à un obscur épisode de ces tentatives de restauration du roi Jacques qu'encouragea Louis XIV? La partie historique est médiocrement traitée, l'intrigue n'a aucune vraisemblance. Judith, fille du comte de Néville, lieutenant-général en retraite, a été outragée par sir James Digby, jeune médecin de l'armée anglaise. Elle le tue en combat singulier. Le duel, à cette époque, était sévèrement, impitoyablement réprimé. On soupçonne de ce meurtre lord Echester, frère de lady Owen, amie de la famille du comte. Il y va de la peine capitale, et le Premier Président, personnage gourmé et sentencieux, dit à une jeune veuve, madame de Civianne : « Les graves magistrats, madame, s'affligent de voir tant de femmes se montrer en parure aux procédures criminelles, ainsi qu'aux loges de théâtre. » La culpabilité de Judith est découverte ; l'exécution doit avoir lieu. Au cinquième acte, la scène représente la place publique de Montpellier, le billot dressé. Va-t-on mettre à mort une femme, dont le seul crime fut d'avoir vengé son honneur ? Le P. de La Chaise et celle que Lemercier appelle à bon droit « l'embéguinée de Maintenon, diabolique hypocrite, » ont excité Louis XIV à se montrer implacable. L'ordre royal de grâce n'arrive qu'au moment suprême, pour que la leçon soit plus solennelle et plus terrifiante.

Dans le portefeuille de Népomucène Lemercier restaient deux des pièces auxquelles il tenait expressément : *Richelieu ou la Journée des Dupes* et l'*Ostracisme ou la Comédie grecque*. Il les publia en volume, à la suite de *Pinto*, sous ce titre générique et imprécis, « la Comédie historique. » Son *Richelieu*, en cinq actes et en vers, qui pâlit singulièrement auprès de *Marion de Lorme*, avait été reçu à l'unanimité par le Théâtre-Français en 1804, avec la distribution suivante : Cardinal de Richelieu, Talma ; Louis XIII, Saint-Phal ; le duc d'Épernon, Monvel ; Bassompierre, maréchal de France, Fleury ; le Père Joseph, capucin, confident de Richelieu, Grandménil ; Anne d'Autriche, Caroline Talma ; Marie de Médicis, Contat. Le pièce ne put être jouée, ni sous l'Empire, qui la jugeait trop élogieuse pour l'ancien régime, ni sous la Restauration, qui la trouvait irrévérencieuse envers la majesté de Louis XIII. L'intrigue est assez adroitement agencée : elle montre Richelieu maître dans l'art de neutraliser ses ennemis, d'utiliser leurs rancunes et d'exploiter leurs défauts ou leurs vices. Le roi subit son influence et l'admire presque humblement. Pour lui, ce n'est pas seulement un premier ministre, mais un guide indispensable :

A borner les détails son talent est insigne.
Il voit, prépare, apporte à signer ; moi, je signe.
Des soins minutieux il m'épargne l'ennui,
Et très facilement je règne, grâce à lui.

Survient un nuage, une légère brouille ; Louis XIII modifie son jugement, par une de ces volteface que Victor Hugo a su mettre en lumière :

Je suis son souverain, et, tout franc, il me pèse.

Encore plus caractéristique le mot d'Anne d'Autriche :

Richelieu qui gouverne est le roi de son roi.

Mais le cardinal donne de son omnipotence

une définition et une justification spécieuses :

Tout monarque a pour maître un favori qu'il aime.

Ici, c'est moins un favori qu'un tuteur. La cour le combat, le dénigre, le déteste. La reine, pour laquelle il paraît éprouver une inclination tendre, lui jette rudement cette apostrophe au visage :

Pour tout violenter, édit, arrêt, subside,
Le nom du roi vous sert de talisman, d'égide,
A la cour, à la ville, en province, et je voi
Que partout en son nom vous vous jouez du roi....
J'ignore dans l'État pourquoi l'on vous renomme,
Et vraiment je vous crois, monsieur, un méchant homme.

Qui donc a-t-il pour soutenir sa prodigieuse fortune? Son seul génie et le Père Joseph, dont la confiance et l'enthousiasme jamais ne fléchissent. C'est l'hyperbole de la louange :

Vous obtiendrez la palme, et j'en serai ravi,
Car, dit le psaume, *in te, domine, speravi.*

Un moment, l'étoile de Richelieu semble se voiler ; déjà les conjurés exultent. Voici leurs clameurs d'allégresse :

MARIE DE MÉDICIS.
Les instants font souvent les succès.
ANNE D'AUTRICHE.
        A la cour.
VAUTIER, *médecin.*
Dans notre art.
VÉRONNE, *juif astrologue.*
En affaire.
BASSOMPIERRE.
     A la guerre.
MADAME DUFARGIS.
        En amour.

Or, Louis XIII, après avoir cédé aux sollicitations de sa mère qui le supplie d'écarter le cardinal, revient vers celui-ci, le conjure de rester à son poste et lui promet même d'accroître ses pouvoirs. Richelieu, à la fin du quatrième acte, se laisse faire une douce violence. A voix haute, il déclare au roi :

Ah ! je suis le premier de tous vos serviteurs.

Puis il ajoute, en aparté :

Voilà mon plus beau coup sur les conspirateurs !

Anne d'Autriche, elle aussi, est forcée de venir à composition. Devant Louis XIII, elle dit au vainqueur de la Journée des Dupes :

Puisque vous vous rendez plus précieux au roi
Que sa mère et son frère, et qu'il me fait la loi
De pardonner vos torts qu'il traite d'imposture,
Aux ordres d'un époux j'obéis sans murmure.

L'homme rouge a triomphé du prince indolent. C'est là, que Lemercier l'ait ou non prémédité, une vive et judicieuse satire du gouvernement monarchique.

L'*Ostracisme ou la Comédie grecque* procède du genre qui avait inspiré *Plaute ou la Comédie latine*. L'auteur a prétendu dessiner des tableaux de mœurs, empruntés à l'Agora ou au Forum. Ici, la scène se passe sur la place publique d'Athènes, aux temps les plus rigoureux de la loi d'ostracisme dont la teneur est une perpétuelle menace : « Tout citoyen trop distingué entre ses égaux, et qui prend sur le peuple trop d'ascendant par son crédit, par ses richesses, par ses vices et même par ses vertus, sera banni. » Dès lors, chacun cherche à atteindre son ennemi, son rival, son voisin. Alcibiade est visé par Hyperbolus, personnage symbolique, dont le métier est de vendre des lampes et l'ambition d'éclairer Athènes. Il fait grief au séduisant général de l'excès de sa popularité. A plus juste titre, il lui reprocherait — si c'était une cause d'ostracisme — d'être le moins fidèle des maris. La fantaisie du moment, c'est la jeune Naïs. Ypparette, légitime épouse, a espionné Alcibiade. Elle veut divorcer, mais il est délicieusement persuasif, et elle lui pardonne, après une explication qui remémore celle de Marinette et de Gros-René. Ce lointain ancêtre de Don Juan a des arguments irrésistibles pour pallier ses fautes et rendre aimables ses pires écarts : « Le meilleur remède contre l'amour, dit-il, c'est un nouvel amour. » Ypparette a résolu de protester contre une théorie aussi monstrueuse. Elle est accourue vers l'archonte et sollicite la rupture du lien conjugal. Mais Alcibiade paraît, la rejoint, lui dit un mot à l'oreille. Elle le suit, oubliant le magistrat et sa plainte. La grâce du séducteur est la plus forte. Et Théoclès, esclave émancipé, conclut en philosophe que rien n'émeut : « Il n'a pas eu besoin de longs discours. Voyez, voyez comme cette colombe lui cède. O pouvoir de notre agréable aspect sur les femmes! » Aux dépens de la vérité et même de la vraisemblance, Lemercier voulait que sa comédie grecque eût un dénouement doublement moral, en amour et en politique. Alcibiade remet Naïs au sculpteur Leucippe dont elle est aimée, et qui, par reconnaissance, fera la statue d'Ypparette. Enfin, pour le plus grand profit du vilain Hyperbolus, l'ostracisme est aboli, et Phéax, général athénien, formule ainsi le public hommage : « Vaincre ses rivaux, confondre les accusations injustes, soumettre les volontés en nous charmant, tout cela n'est que l'affaire d'*une journée d'Alcibiade.* » Ces derniers mots pourraient être le titre exact de la pièce.

Après tant d'efforts et tant d'insuccès dramatiques, Népomucène Lemercier gardait l'irrésistible désir de dire leur fait aux romantiques, novateurs effrontés qui détournaient de lui et se conciliaient la faveur du public. Il crut assouvir cette passion en composant *Caïn ou le Premier Meurtre,* parodie-mélodrame, mêlée de couplets, en trois actes, précédée d'un prologue, qu'aucun théâtre ne pouvait ni ne voulut jouer, et qui parut, au cours de 1829, chez l'éditeur Constant-Chantpie. En guise de «pot-pourri préface », il accumule, sur des refrains variés, d'assez méchants vers qui doivent traduire sa profession de foi dramatique :

> Moi, sans modeste grimace,
> Je viens soutenir en face
> Les docteurs,
> Vieux recteurs
> Du Parnasse,
> Qui renverraient sans égards
> Les modernes Ronsards
> En classe.

C'est ensuite, sur l'air de « Mahomet », une protestation contre la provenance exotique du romantisme, et, de la part de Lemercier, un désaveu de paternité :

> Tous ces beaux fils d'origine étrangère
> Des bords germains viennent incognito.
> A qui fait-on l'honneur d'en être père?

C'est à l'auteur de *Plaute* et de *Pinto*.
L'ingrat qu'il est, renie à droite, à gauche,
De tels bâtards par le goût réprouvés,
Qui de folie et d'esprit en débauche
Ne sont, dit-il, que des enfants trouvés.

Enfin, sur le pont-neuf : « Grenadier que tu m'affliges ! » la répudiation est encore plus éclatante. L'auteur de *Christophe Colomb* ne veut rien avoir de commun avec l'école des révolutionnaires :

> Romantisme, tu nous choques
> Par ton manque de bon sens;
> Tes discours sont équivoques,
> Et tes sujets repoussants.
> Tu prends le ton
> Ignare,
> Barbare,
> Bizarre,
> De Scarron et Lycophron.

Il s'inscrit en faux contre les allégations des imitateurs romantiques, qui invoquent l'épopée satirique de la *Panhypocrisiade* pour « tâcher d'appuyer le système confus et désordonné de leurs innovations théâtrales. Elle fut, dit-il, publiée avant toutes leurs théories mélodramatiques, si destructives des belles formes de la haute tragédie et de la haute comédie, dont ils veulent confondre les genres. » Que viennent faire ou dire, en cette occurrence, Adam et Ève, leurs fils Caïn et Abel, qui sont respectivement épris de Méhala-Caha et de Thyrza-Abelina, puis les archanges Michel et Gabriel, personnages muets, la Mort et le Péché, le chœur des séraphins, celui des diables et des diablesses, ainsi que toute la séquelle des enfants de Caïn et d'Abel? Anamalek, prince des démons, qui a pour confident Asmodée, nous apporte ses opinions littéraires sur l'air : « C'était Proserpine. » Comme de raison, il est féru de romantisme :

>Le beau, le grand idéal,
> Est faux, hors de nature ;
>Le laid, réel et banal,
> Est la vérité pure.
>Un cauchemar théâtral
>Crée un héros, bien ou mal,
> Qu'un style inégal,
> Non grammatical,
>   Trivial,
>   Sépulcral,
> Et l'air fantastique
> Rend tout romantique.

Adam et Ève s'avancent, lui couvert d'une coiffe et d'un parasol de longues feuilles, elle vêtue de peaux blanches, de feuillages et de fleurs. Entre eux — car elle n'a que cent ans — c'est un roucoulement de tourtereaux, sur l'air de « l'oratorio d'Haydn » :

>ÈVE.
>Salut, miracle de beauté,
>Toujours beau, de quelque côté
> Que l'œil surpris t'admire.
>En toi, d'un roi brille et respire
> La majesté.
>Vu de face, ou vu de profil,
>Quel attribut te manque-t-il
> Pour le suprême empire ?
> Un feu subtil
>M'enflamme à ton aspect viril.
>
>ADAM.
>Objet par ma côte anobli,
>O toi, de mon être accompli

Secondaire modèle,
Moitié presque aussi belle !

Ève, nourrie de la pure moelle classique, dit à sa fille Thyrza qui, étant à peine dans son cinquante-cinquième printemps, a le cœur infiniment tendre : « Trêve à tes sottises lugubres ; ou tu deviendras la mère des espèces larmoyantes ; le romantisme naîtra de toi, je t'en préviens. »

Pareil conflit intellectuel entre Adam et Abel, qui ne parlent pas la même langue et ne sont point de la même école. Le père est un gros bourgeois du grand siècle, le fils un bousingot sentimental, qui s'écrie quand on lui propose en mariage sa sœur Thyrza, l'éternelle fiancée presque sexagénaire :

Infortuné-né que je suis ! Les grandes idéalités que j'avais conçues d'un nœud entre les êtres, nœud contracté par l'amour, par ce sentiment divin et riche d'espérances, me portaient à interroger le vœu de mon âme et de l'âme la plus conforme à la mienne ; je consultais ce *moi* intime qui aspire à se joindre à un autre *moi* futur, tendant à s'attacher à lui, si indissolublement que l'un et l'autre *moi* ne fissent plus qu'une seule et identique essence.

ADAM.

Qu'est-ce qu'il bredouille ?

ABEL.

Cela veut dire simplement, que, partant du connu positif et matériel, qui est mon corps, pour atteindre à l'inconnu intuitif, volatil, principe de mon esprit, je cherchais à réaliser l'objet de mon alliance physique et morale avec les sens et la spiritualité d'une épouse telle que je la souhaitais. Rien de si clair.

ADAM.

Quel verbiage amphigourique ! Peste ! si j'en comprends le sublime !

CAÏN.

A-t-il un langage intelligible, depuis qu'en voyageant dans les régions *velches* qu'un ange nous a découvertes, il a traversé les brouillards épais de la Germanie?

Adam, d'ailleurs, est un personnage qui ne dédaigne pas de s'entretenir avec les démons et qui dirige les affaires de sa famille à la bonne franquette. S'adressant à Thyrza et à Méhala, qui sont à la fois ses filles et ses brus, il leur dit : « Vous vous appellerez, du nom de vos maris, toi Abelina, et toi Caha. » Sur quoi, le prince des démons, Anamalek, qui aime le calembour, émet cette sentence diabolique : « Oh! vous verrez comme votre ménage ira Caïn, Caha! »

Au second acte, le feu de l'enfer a dévoré les habitations d'Adam et de sa famille. Ils se retrouvent néanmoins dans une campagne fertile. Un fâcheux chassé-croisé semble s'être produit parmi les jeunes couples. L'un des enfants du blanc Abel et de Thyrza est noir comme Caïn. Méhala adresse des paroles attendries au trop sympathique Abel, qui se contente de répondre : « Arrête, angélique Méhala! Arrête, ô délicieuse, entraînante et trop exaltée créature! Tu surmonterais le vœu de continence que je me suis récemment juré. La seule idée de trahir la vertu me cause des crispations de nerfs. Contentons-nous innocemment par ces extases d'une immatérielle union de nos âmes, épurée du commerce de nos sens corporels! »

C'est déjà le vocabulaire psychique du professeur Bellac; mais Méhala, qui n'a point fréquenté les salons du *Monde où l'on s'ennuie*, comprend mal ce pathos éthéré, et s'écrie, tout interdite : « Qu'est-ce que tu chantes là? » Juste à ce moment survient Caïn, de fort méchante humeur. L'explication est brève, mais décisive. En femme experte, Méhala prend l'offensive :

CAÏN.

Ma Caha !

MÉHALA.

Quoi, Caïn !

Et sur l'air : « Quels Cancans ! » elle se met à fredonner :

> Quels cancans, quels cancans,
> Viens-tu nous faire céans ?
> Quels cancans, quels cancans ?
> Tes péchés sont plus fréquents.
> Les fils que nous engendrons
> Sont tous nègres ou marrons ;
> De sa femme un nouveau-né
> A le teint très basané...
> C'est ton sang, et mon flanc,
> Vengeant ce crime parlant,
> Te devrait, insolent,
> Donner un enfant tout blanc.

Voilà bien des rimes masculines accumulées ! Mais la gravité de la situation aura troublé la Muse de Népomucène Lemercier. La parodie-mélodrame court à son dénouement : Caïn tue Abel. Devant ce spectacle complaisamment étalé selon la poétique de Shakespeare, Asmodée dit tout bas à Anamalek : « Brava, l'agonie ! C'est le genre anglais tout pur. Charmante horreur ! » Le décor change. Dans un site sauvage éclairé par la lune, Ève, qui a le goût de la conciliation, s'évertue à calmer Caïn et Abel. En guise de consolation, elle leur prêche ou plutôt elle leur chante une morale accommodante, bien féminine :

> Au mal sur la terre soumis,

> Des fautes on passe plus d'une.
> Ennemis, vivez en amis :
> N'éternisez pas la rancune.
> Qui du passé ne se repent?
> J'ai pardonné même au serpent.

A cette conclusion, conjugale et maternelle, le démon Asmodée en ajoute une autre, plus strictement littéraire, destinée aux néophytes du romantisme : « Anamalek, crois-moi. Termine ici, sans batailles et sans machines. Elles font peur aux spectatrices. C'est encore un effet usé sur la scène qu'il faut laisser aux théâtres forains, ou au premier Théâtre-Français d'aujourd'hui. » Lemercier se venge, par ce trait, de la Comédie qui a osé représenter *Henri III et sa Cour*. Mais il garde pour Victor Hugo la dernière flèche de son carquois, sous la forme d'une postface, « Dédicace au dix-neuvième âge poétique », qui est une parodie des *Odes et Ballades :*

> Siècle nouvel, qui tout colporte,
> Porte
> L'honneur dont ma harpe a besoin
> Loin.

Népomucène Lemercier avait des antipathies irréductibles. Il ne désarma ni devant le romantisme, qui outrepassait ses propres desseins et renversait ses barrières, ni devant la monarchie de Juillet, à laquelle il reprochait de ne point tenir les promesses de 1830. En politique, il était du parti de l'honneur et de la ligne droite, c'est-à-dire de la minorité. Après avoir échoué aux élections à Paris en 1831, il refusa, six ans plus tard, la candidature qui lui était offerte à Mézidon. « Le gouvernement, écrivait-il, s'est jeté dans une route funeste et contraire à celle que lui avait tracée la puissance nationale en juillet 1830... Ma franchise et mon amour de la liberté ne pourraient se soumettre aux fictions parlementaires. »

Il le disait en prose et en vers avec la même sincérité, qu'il s'adressât aux censitaires ou au gran public. Ce n'était pas un politicien, mais un hon nête homme. Sans avoir l'éloquence vengeress d'Auguste Barbier, il élevait, à la suite des *Iam bes*, sa protestation indignée. Elle est d'une ver sification pauvre et d'une inspiration généreuse

> Intrigants de juillet, présumés politiques,
> Escrocs des trois jours héroïques,
> Dans ce siècle vous n'êtes rien
> Que seigneurs d'industrie et patrons de boutiques ;
> Sans hauteur d'esprit, sans maintien,
> Boursiers de journaux faméliques,
> D'une cour parvenue envieux domestiques,
> N'ayant d'autres clients que rhéteurs sophistiques,
> Singes d'airs aristocratiques,
> Pédagogues sifflés dont les fausses logiques
> Sont la morale du vaurien,
> Et vous menez l'État !

Une autre pièce de Népomucène Lemerci prouve qu'il n'avait pas le tempérament politiqu Il estimait, en effet, que le représentant du peupl doit être un mandataire, non un commissionnair Parler si franc, c'était s'aliéner les suffrages la masse égoïste ; mais aussi c'était justifier mot de Talleyrand sur l'auteur de la *Panhyp crisiade* : « Il marche dans la boue en bas de so blanche, sans jamais se crotter. » Est-ce bien démarche d'un homme public ?

> L'arrondissement électeur
> Ne s'enquiert ni d'un libre orateur,
> Ni d'un sage réformateur,

Qui, des coûteux abus ennemi patriote,
Gêne ou bien le ministre ou l'administrateur,
Et contrôle un budget dont il grossit la cote.
Non, il veut l'homme adroit qui, soumis et flatteur,
Des intérêts privés accrédite la note,
Engraissant tous les siens en zélé curateur.
     Bref, il se dit au jour qu'il vote :
Qu'est-ce qu'un député ? — C'est un solliciteur.

Lemercier avait l'horreur, la haine de la duplicité. De là son poëme de la *Panhypocrisiade*, dont le thème pourrait ainsi se résumer : Hypocrisie des hypocrisies, tout est hypocrisie. De là également sa répugnance pour le fanatisme, la superstition et la sottise, qui lui a inspiré cette tirade bouffonne de la Raison contemplant les Papimanes dans le miroir de Rabelais :

Ris de la nation des moines gastrolâtres ;
Aperçois-tu le dieu dont ils sont idolâtres ?
C'est le ventre ! le ventre !... Hi ! hi ! hi ! quel prodige
Qu'ainsi depuis Adam le ventre nous oblige
A labourer, semer, moissonner, vendanger,
Bâtir, chasser, pêcher, combattre, naviguer,
Peindre, chanter, danser, forger, filer et coudre,
Alambiquer, peser les riens, l'air et la poudre,
Etre prédicateurs, poëtes, avocats,
Titrer, mitrer, bénir, couronner des Midas,
Nous lier à leur tour, comme à l'unique centre,
Hi ! hi ! tout cela, tout, hi ! hi ! hi ! pour le ventre.

Non que Népomucène Lemercier fût athée ou sceptique. Il eût dit volontiers avec Schiller : « Si l'on me demande pourquoi je n'ai pas de religion, je répondrai que c'est par religion. » Il est déiste, à la manière des philosophes du dix-huitième siècles et des hommes de la Révolution :

Sans comprendre mon Dieu, je comprends jusqu'à lui,

Et, mon esprit planant au-dessus des idoles
Que nous peint le mensonge en de vaines paroles,
Devant le Créateur, plein d'amour et d'effroi,
J'abaisse mon orgueil, je me tais et je crois.

Sa qualité distinctive — comme l'a observé madame de Bawr qui, dans ses *Souvenirs*, lui a rendu un légitime hommage — c'était la force d'âme. Il ne se laissa abattre par aucun des coups de l'adversité, ni par l'insuccès, ni par la pauvreté ; il resta gai et maître de lui, malgré les pires souffrances physiques, la paralysie de la moitié du corps jointe à un asthme qui, longtemps, ne lui permit de dormir que dans un fauteuil.

Certain jour, il faisait une lecture de sa tragédie d'*Attila* à l'Académie française. Tout à coup il s'arrête et dit ces simples mots : « Excusez-moi, messieurs ; je ne puis achever ; je viens de perdre la vue. » Une autre fois, il faisait lire, encore à l'Académie, un *Essai sur Pascal*. Il voulut et ne put se lever. La paralysie avait achevé son œuvre. On le transporta chez lui. Il mourut le surlendemain (7 juin 1840).

Le littérateur, animé d'un tel stoïcisme, pouvait écrire en ces termes son épitaphe :

Ci-gît Népomucène académicien,
Qui, rétif aux tyrans, fut volé de son bien,
Et qui n'ambitionna rien,
Que le rang sans profit, sans faste et sans soutien,
D'indépendant poëte et de vrai citoyen.

A la réflexion, il préféra ce seul vers qu'effectivement on grava sur sa tombe :

Il fut homme de bien et cultiva les lettres.

Le génie, par malheur, n'était pas chez lui à la

hauteur de la volonté et du caractère. Moins hardi que Christophe Colomb, il devina un monde nouveau et refusa d'y aborder. Entre les vieux rivages classiques et les plages lointaines du romantisme, il erra, sans se fixer nulle part. Avant-coureur d'une révolution, il n'osa pas être délibérément un révolutionnaire. Exilé dans son temps, hors de toute école, il demeura un isolé et un impuissant.

CHAPITRE XIII

CASIMIR DELAVIGNE

La destinée littéraire de Casimir Delavigne a subi de déconcertantes vicissitudes. Quand il publia, en 1818, ses premières *Messéniennes*, les libéraux et les patriotes saluèrent à l'envi de leurs acclamations le nouveau Tyrtée, chantre du réveil national. Au théâtre, où il occupa une place considérable, il encourut tout ensemble les anathèmes des classiques intransigeants et les sarcasmes des novateurs romantiques. Pour les uns, il était un révolutionnaire dangereux; pour les autres, un conservateur-borné. Parmi ces jugements contradictoires, la postérité doit faire la part du paradoxe et de l'esprit de système, en restituant à Casimir Delavigne son véritable caractère et la très réelle influence qu'il exerça sur le renouveau dramatique. Dans le monde des lettres, il fut un « juste milieu », pour employer un mot du vocabulaire de Louis-Philippe. Il rêvait, non pas une transformation subversive et niveleuse, mais une évolution légale et constitutionnelle. Son désir était d'amender la tragédie et la comédie léguées par les aïeux et d'édicter une sorte de Charte à l'usage de la scène. Les digues artificielles et fragiles qu'il tenta d'établir furent emportées par la marée montante du romantisme.

Alexandre Dumas père, qui appartenait au camp adverse, a parlé de ce rival en termes équitables, avec une nuance de respect. « Je n'ai jamais eu, dit-il dans ses *Mémoires* (IV, 50), une grande admiration pour le poète ; mais j'ai toujours eu une suprême considération pour l'homme. Comme individu, à part une probité littéraire incontestable et incontestée, Casimir Delavigne était un homme de relations douces, polies, affables même ; sa tête, beaucoup trop grosse pour son petit corps, frappait désagréablement la vue au premier aspect ; mais son front large, ses yeux intelligents, sa bouche bienveillante, faisaient bientôt oublier cette première impression. Quoique homme de beaucoup d'esprit, il était de ceux qui n'ont d'esprit que la plume à la main. Sa conversation, douce et affectueuse, était tiède et incolore ; comme il manquait de grandeur dans le geste, et de puissance dans l'intonation, il manquait de même de puissance et de grandeur dans la parole. Placé dans un salon, il n'attirait en rien le regard ; il fallait savoir que c'était Casimir Delavigne pour faire attention à lui. Il y a des hommes qui portent leur royauté en eux ; partout où vont ces hommes, au bout d'un instant, ils dominent ; au bout d'une heure, ils règnent. Casimir Delavigne n'était point de ceux-là : cette domination, si on la lui eût permise, il l'eût refusée ; cette royauté, si on la lui eût faite, il l'eût abdiquée. Tout fardeau, même celui d'une couronne, lui semblait embarrassant. Son éducation avait été excellente : il savait tout ce qu'on sait en sortant du collège ; mais, depuis sa sortie du collège, il avait peu appris par lui-même, peu pensé, peu réfléchi. »

La méthode de travail adoptée par Casimir Delavigne était, d'ailleurs, destinée à mettre son esprit en tutelle. Il avait constitué ou plutôt laissé constituer auprès de lui un bureau de censure, composé de parents et d'amis, auquel il communiquait ses idées de pièce, ses plans, son texte, prose ou vers. Alexandre Dumas s'égaie aux dépens de ce comité de lecture, familial et domestique, qui commentait, discutait, corrigeait, et donnait ou refusait un *bon pour exécution*. « L'un, disent les *Mémoires*, avec un crayon, l'autre avec des ciseaux, celui-ci avec un compas, celui-là avec une règle, se mettaient à l'œuvre de la castration : si bien que, séance tenante, la comédie, le drame ou la tragédie était émondé, taillé, coupé, non pas comme l'entendait l'auteur, mais comme l'entendaient MM. tel, tel et tel, tous gens de conscience à leur point de vue, tous gens d'esprit entre eux, bons professeurs, honnêtes savants, respectables philologues, mais poètes médiocres, qui, au lieu de soulever l'essor de leur ami au souffle d'une puissante poitrine, ne songeaient, au contraire, qu'à se cramponner à ses jambes, de peur qu'il ne s'élevât au delà des zones où leur courte vue pouvait le suivre. » Quels étaient les membres de cet aréopage, de ce concile, chargé de trancher les questions où l'avenir littéraire de Casimir Delavigne se trouvait engagé ? C'étaient, d'abord, les deux frères du poète, Germain, piètre auteur dramatique, et Fortuné, avoué, qui négociait avec les directeurs et les libraires ; puis Gustave de Wailly, professeur, et Jules de Wailly, chef de bureau au ministère de l'intérieur. Par ces diverses influences, on avait des ramifications et des auxiliaires dans les milieux où se font les réputations et se préparent les succès, dans la basoche, l'Université et les administrations. Casimir Delavigne n'eut point à se préoccuper de ses intérêts matériels. Il se reposait de ce soin sur le conseil de famille. Sa Muse était aux mains d'hommes d'affaires diligents.

Les sourires de la fortune favorisèrent ses débuts. Du Havre, où il était né le 4 avril 1793, il vint à Paris faire ses études au lycée Napoléon, et fut un rhétoricien modèle. Sur les bancs, il versifia, en l'honneur de la naissance du roi de Rome, un *Dithyrambe* que l'on imprima et qui lui valut les encouragements officiels. Après avoir célébré *Delille*, *Charles XII à Narva*, il chanta la *Découverte de la vaccine* [1]. Ayant obtenu les ré-

---

[1]. Casimir Delavigne relate que « certains habitants de la campagne, même dans les environs de Paris, ont poussé la folie jusqu'à croire que le vaccin pouvait leur faire prendre la forme de l'animal qui le fournit ». Voici quelques-uns des vers par lesquels il célèbre, à la manière de Delille, avec force amplification descriptive, la découverte de Jenner :

    Par le fer délicat dont il arme ses doigts,
    Le bras d'un jeune enfant est effleuré trois fois.
    Des utiles poisons d'une mamelle impure
    Il infecte avec art cette triple piqûre.
    Autour d'elle s'allume un cercle fugitif :
    Le remède nouveau dort longtemps inactif.
    Le quatrième jour a commencé d'éclore,
    Et la chair par degrés se gonfle et se colore.
    La tumeur en croissant de pourpre se revêt,
    S'arrondit à la base et se creuse au sommet.
    Un cercle plus vermeil de ses feux l'environne,
    D'une écaille d'argent l'épaisseur la couronne ;

compenses de l'Académie française, il trouva sa voie et conquit la faveur populaire en composant des élégies patriotiques. Les plus fameuses sont la *Bataille de Waterloo*, la *Dévastation du Musée*, la *Vie* et la *Mort de Jeanne d'Arc*. Réunies sous le titre de *Messéniennes*, elles soulevèrent l'enthousiasme. A vingt-cinq ans, Casimir Delavigne était illustre.

Tout aussitôt il résolut d'aborder le théâtre. Sa tragédie des *Vêpres Siciliennes* n'ayant été reçue qu'à correction, c'est-à-dire poliment refusée par la Comédie-Française, il jeta au feu le manuscrit; mais son frère Germain put le dérober aux flammes et le porter à Picard, qui venait de prendre la direction de l'Odéon nouvellement reconstruit. Dans leur *Histoire administrative, anecdotique et littéraire du second Théâtre-Français*, MM. Paul Porel et Georges Monval fournissent des détails sur la première représentation des *Vêpres Siciliennes*, laquelle eut lieu le 23 octobre 1819 : « Un public nombreux se posta à la queue du théâtre, dès trois heures et demie, pour applaudir la première pièce de celui que tous les journaux libéraux appelaient alors le *poète national*. Il paraissait très difficile à ceux qui avaient réfléchi sur la nature du sujet choisi, de faire une tragédie qui pût plaire à des Français avec le spectacle du massacre de leurs ancêtres. Casimir Delavigne se

> Plus mûre, elle est dorée ; elle s'ouvre, et soudain
> Délivre la liqueur captive dans son sein.
> Puisez le germe heureux dans sa fraîcheur première,
> Quand le soleil cinq fois a fourni sa carrière.
> Si la douzième nuit a commencé son cours,
> Souvent il offrira d'infidèles secours.
> A peine les accès d'une fièvre légère
> Accompagnent les pas de ce mal volontaire,
> Et l'ennemi secret par lui seul combattu,
> Chassé de veine en veine, expire sans vertu.

tira de cette difficulté avec adresse : il mit en scène ce principe de morale, que les droits de chaque peuple à la liberté et à l'indépendance sont imprescriptibles, et cela si habilement, que la plupart des spectateurs ne virent plus dans Montfort et ses chevaliers, quoiqu'ils fussent Français, que des Cosaques et des Prussiens, et qu'ils accueillirent avec transport tous les vers qui pouvaient donner matière à une allusion contre eux! » Le patriote Jean de Procida, sorte d'officier de la Grande Armée mis en demi-solde, a la haine de l'étranger. Il s'attendrit sur la mort de Conradin, comme un bonapartiste sur le sort de l'Aiglon, le glorieux roi de Rome transformé en triste duc de Reichstadt :

> Cet enfant qui pleurait redevint un héros,
> Et son dernier regard fit pâlir les bourreaux.

Le fils de Procida, Lorédan, a hérité la générosité paternelle. Avant qu'éclate le signal de l'extermination des Français, il éprouve un retour de tendresse ou de pitié pour Roger de Montfort, gouverneur de la Sicile, qui est à la fois son rival en amour et l'oppresseur de son pays, mais auquel l'attachent les liens de la chevalerie. Il voudrait le soustraire au massacre tout proche, et il lui offre son épée :

> Téméraire, où vas-tu ? désarmé, sans défense,
> Arrête... Avec ce fer tu m'as fait chevalier,
> Tiens, prends, prends, défends-toi ; meurs du moins en
> [guerrier.
> MONTFORT.
> Ce fer va châtier leur insolente audace.
>   LORÉDAN, *l'arrêtant au fond du théâtre.*
> Pour la dernière fois, que ton ami t'embrasse !
>   MONTFORT, *se jetant dans ses bras.*
> Lorédan !

LORÉDAN.
C'en est fait !... Nous sommes ennemis :
Va mourir pour ton maître, et moi pour mon pays.

Au cinquième acte, cet accès d'héroïsme redouble et se change en une sorte de frénésie. Montfort, expirant, ouvre ses bras à Lorédan qui vient de lui porter le coup mortel pour défendre son père. Ils s'étreignent fraternellement, devant Amélie dont ils se sont disputé l'amour. Procida en est tout interdit, quand il arrive l'épée à la main, avec les conjurés tenant des flambeaux :

Quel spectacle ! Montfort, que Lorédan embrasse !

Mais les moyens violents et révolutionnaires répugnent à ce Lorédan qui a, déjà, le tempérament d'un doctrinaire, d'un monarchiste constitutionnel, ennemi de la Terreur rouge ou blanche, et fidèle à la Charte :

Arrêtez, ma victoire est un assassinat,
Je vois avec horreur vos maximes d'état.

Il se tue, pour imiter Montfort. Amélie a perdu ses deux amants, Procida n'a plus de fils. Dans son patriotisme farouche, il paraît s'en consoler assez vite.

O mon pays,
Pardonne-moi ces pleurs qu'à peine je dévore.

Il garde un instant le silence, puis s'adressant aux conjurés :

Soyez prêts à combattre au retour de l'aurore.

Le sentiment est cornélien peut-être, mais nous préférerions une vertu moins inhumaine, un cœur plus accessible à la douleur paternelle. Ce vieux chauvin n'a pas d'entrailles. Il est un monstre de fanatisme nationaliste.

Les applaudissements, les acclamations qui saluèrent les *Vêpres Siciliennes*, ne troublèrent pas la quiétude, l'égalité d'âme de Casimir Delavigne. Il se réjouit, sans s'enorgueillir. Une telle harmonie, un si parfait équilibre des facultés ont été justement loués par Victor Hugo, directeur de l'Académie française, dans sa réponse au discours de Sainte-Beuve qui venait occuper, le 27 février 1845, le fauteuil laissé vacant par l'auteur des *Messéniennes*. Le chef de l'école romantique rend hommage à un écrivain resté fidèle à un autre idéal : « Son style avait toutes les perfections de son esprit, l'élévation, la précision, la maturité, la dignité, l'élégance habituelle, et, par instants, la grâce, la clarté continue, et, par moments, l'éclat. Sa vie était mieux que la vie d'un philosophe, c'était la vie d'un sage. Il avait, pour ainsi dire, tracé un cercle autour de sa destinée, comme il en avait tracé un autour de son inspiration. Il vivait comme il pensait, abrité. Il aimait son champ, son jardin, sa maison, sa retraite ; le soleil d'avril sur ses roses, le soleil d'août sur ses treilles. Il tenait sans cesse près de son cœur, comme pour le réchauffer, sa famille, son enfant, ses frères, quelques amis. Il avait ce goût charmant de l'obscurité qui est la soif de ceux qui sont célèbres. Il composait dans la solitude ces poèmes qui plus tard remuaient la foule. Aussi tous ses ouvrages, tragédies, comédies, messéniennes, éclos dans tant de calme, couronnés de tant de succès, conservent-ils toujours, pour qui les lit avec attention, je ne sais quelle fraîcheur d'ombre et de silence qui les suit même dans la lumière et dans le bruit.

Appartenant à tous et se réservant pour quelques-uns, il partageait son existence entre son pays, auquel il dédiait toute son intelligence, et sa famille, à laquelle il donnait toute son âme. C'est ainsi qu'il a obtenu la double palme, l'une bien éclatante, l'autre bien douce; comme poète, la renommée, comme homme, le bonheur. »

En Casimir Delavigne, Victor Hugo vante particulièrement deux qualités dominantes, la clarté de son esprit et la douceur de son caractère. Peut-être va-t-il trop loin, lorsqu'il ajoute, sur le ton du panégyrique : « Cette douceur ne s'est jamais démentie. Il était doux à toute chose, à la vie, au succès, à la souffrance ; doux à ses amis, doux à ses ennemis. En butte, surtout dans ses dernières années, à de violentes critiques, à un dénigrement amer et passionné, il semblait, c'est son frère qui nous l'apprend dans une intéressante biographie, il semblait ne pas s'en douter. Sa sérénité n'en était pas altérée un instant. Il avait toujours le même calme, la même expansion, la même bienveillance, le même sourire. Le noble poète avait cette candide ignorance de la haine qui est propre aux âmes délicates et fières. Il savait d'ailleurs que tout ce qui est bon, grand, fécond, élevé, utile, est nécessairement attaqué ; et il se souvenait du proverbe arabe : *On ne jette de pierres qu'aux arbres chargés de fruits d'or.* »

Ce jugement académique oublie, semble-t-il, que la seconde pièce de Casimir Delavigne fut les *Comédiens*, satire dirigée contre les sociétaires du Théâtre-Français qui venaient d'éconduire les *Vêpres Siciliennes*. Sans doute il n'y avait là aucune de ces allusions individuelles qu'on se complaît à découvrir dans les romans à clef ou dans les comédies à la mode aristophanesque ; mais l'auteur avait pris plaisir et réussi à ridiculiser un tribunal littéraire qui, dès lors, se piquait d'infaillibilité. Très net à ce sujet est le prologue en prose que Casimir Delavigne adapta aux cinq actes en vers, représentés le 6 janvier 1820 sur le théâtre de l'Odéon. C'est un dialogue entre Derville, acteur retraité, et son jeune camarade Dallainval :

DERVILLE.
Vous allez donc dire de nous bien du mal ?

DALLAINVAL.
Non pas... Une comédie n'est pas un libelle, et nous garderons les égards et les ménagements..

DERVILLE.
Eh bien ! morbleu ! que direz-vous donc ?

DALLAINVAL.
Eh, mais !... la vérité !... Un tableau fidèle doit tout peindre !... le bon et le mauvais côté. Chez nous aussi il est de rares vertus et d'estimables qualités ; et vous le savez de reste, tel que le public applaudit comme homme de talent, nous l'estimons comme honnête homme, nous qui le connaissons mieux. On parle de nos rivalités, mais on ne dit pas que toute rivalité cesse, dès qu'il faut secourir un camarade, que l'on nous a vus contribuer de nos soins, de nos efforts, de nos faibles talents, pour payer la dette de l'amitié, et prouver qu'aux jours du malheur les artistes sont tous frères, comme les arts qu'ils cultivent. »

Alors que Derville applaudit à de tels éloges et souscrit joyeusement à cette apologie, Dallainval a tôt fait de montrer le revers de la médaille :

« Un instant... Je ne prétends pas non plus dissimuler nos côtés faibles ! Nous avons bien aussi nos petits travers ; et au fait, quand toutes les classes de la société ont leurs ridicules, je ne vois pas pourquoi nous n'aurions pas aussi les nôtres, pourquoi l'on voudrait établir pour nous une loi d'exception. Dieu merci, il n'y a plus dans l'État de corps privilégiés !... aussi je ne vous cache pas qu'il pourrait bien être question dans la pièce nouvelle de nos petits démêlés, de nos prétentions dramatiques, de nos tournées départementales. »

Qui ne reconnaîtra, dans ces artistes voyageurs et un peu glorieux, les sociétaires de 1819, qui voulaient bien traiter les auteurs avec désinvolture, mais qui exigeaient qu'eux-mêmes on les comblât d'égards? Belrose, auquel est échu l'emploi des valets, traduit le sentiment de ses camarades, lorsqu'il déclare doctement qu'*acteur* et *troupe* sont des termes vulgaires, presque offensants :

En nous parlant, vois-tu, le mot propre est artiste...
La troupe ! eh ! d'où viens-tu? Dis donc la compagnie.

L'intrigue des *Comédiens* n'est pas très fortement charpentée et ne vaut guère que par les détails, par quelque ingéniosité d'exécution. Peut-être l'auteur s'est-il souvenu et inspiré d'un acte en vers, le *Tour de Faveur*, d'Émile Deschamps et Henri de Latouche, représenté au Théâtre Favart par les comédiens sociétaires de l'Odéon, le 23 novembre 1818. Certain Gerval, sexagénaire, raconte à une jeune fille les péripéties de sa tragédie de *Philopœmen* :

La pièce est en effet (ces détails sont constants)
L'œuvre de mon collège et de mes dix-sept ans ;
Les journaux, sur ce fait, ne vous ont point déçue;
Mais voilà quarante ans que la pièce est reçue.

Tout jeune et impatient, il alla voir ses acteurs :

... Lekain, prenant son air de roi:
« Que des Dieux, me dit-il, la faveur vous seconde;

> Allez, mon bon ami, faites le tour du monde ;
> Et, quand vous reviendrez, nous verrons. » Je partis.

Il reparaît à la Comédie, neuf ans après :

> Aux acteurs il faut rendre justice,
> Ah ! les rôles étaient presque tous copiés.

Selon le conseil de Lekain, il a fait quatre fois le tour du monde, trois voyages aux Indes. Enfin, après quarante ans révolus, sa pièce va être jouée. Il assiste aux répétitions.

> On crut à mon aspect voir l'ombre de l'auteur.
> Au théâtre ?... étranger. Quelques vieilles ouvreuses
> N'ont reconnu de moi que mes mains généreuses.
> Les acteurs ?... Comme avant la Révolution ;
> Plus paresseux encor.

C'est le trait soigneusement acéré du *Tour de Faveur*, œuvre d'une Muse assez débonnaire.

Casimir Delavigne fait évoluer, lui aussi, son action autour d'un jeune poète dramatique, Victor, auquel échoit une mésaventure analogue à celle des *Vêpres Siciliennes*. Il a proposé aux acteurs du théâtre de Bordeaux, qui ont accepté, une comédie destinée à subir les pires traverses et à devenir le jouet de leurs fantaisies. Les rôles ont été distribués, appris ; ils sont sus, la pièce doit passer le soir même. Du succès de la représentation — car Victor est pauvre — dépend son mariage avec la très honnête ingénue, Lucile, étoile... faut-il dire de la troupe ou de la compagnie ? Ajoutez des personnages accessoires et de menus incidents. Un certain Granville, que Casimir Delavigne dénomme « riche héritier », arrive mystérieusement des Indes, soit pour épouser la jeune actrice sa cousine, soit pour lui remettre partie de l'héritage d'un oncle archi-millionnaire. Il n'ap-

prend pas sans surprise que sa parente s'est vouée
à la carrière du théâtre. Pour l'approcher incognito, il se présente comme un inspecteur envoyé
par le ministre et pénètre dans les coulisses.
D'autre part, avec la connivence du comique Belrose, il remet à Floridore, président du comité,
un manuscrit qui n'est qu'un rouleau de papier
blanc. Il va sans dire que, pour complaire à un
personnage aussi considérable, la pièce sera reçue
avec enthousiasme. Floridore s'épanche en éloges
hyperboliques auprès de l'auteur, qui l'a invité à
dîner. Belrose vient de déclarer à Granville que,
fourchette en main, il triompherait de toutes les
résistances :

> L'auteur chez qui l'on dîne est sûr d'un beau succès ;
> Qui dîne avec son juge a gagné son procès :
> Tout s'arrange en dînant dans le siècle où nous sommes,
> Et c'est par les dîners qu'on gouverne les hommes.

Victor — ou Casimir Delavigne — raille spirituellement les « sénateurs comiques » et leurs
comités de lecture qui ne lisent pas :

> Traitent-ils d'assez haut l'auteur qui les nourrit ?
> Font-ils languir assez un pauvre manuscrit ?
> Quels dédains protecteurs ! quelle étrange indolence !
> Ils ont pendant six ans lassé ma patience.

Vienne le jour de la représentation, les tribulations et les obstacles s'accumulent. La coquette
se fâche, l'amoureuse se plaint, le jeune premier
veut qu'on supprime un vers où il est question
de cheveux gris. Victor, désespéré, jette leurs vérités aux comédiens présomptueux et fantasques :

> Le théâtre avili marche à sa décadence.
> Que de vieux manuscrits, qui sont encor nouveaux,

14.

Dans vos cartons poudreux ont trouvé leurs tombeaux !
Que d'enfants inconnus du vivant de leurs pères,
En paraissant au jour sont nés sexagénaires,
Et, mutilés par vous quand vous nous les offrez,
Réduits à votre taille, énervés, torturés,
Ne rendent à l'oubli, qui soudain les réclame,
Que des corps en lambeaux, sans vigueur et sans âme !
Contre tant de dégoûts, que peuvent les auteurs ?
Désespérés enfin d'un siècle de lenteurs,
Ils ravalent leur muse aux jeux du vaudeville,
Aux tréteaux de la farce où votre orgueil l'exile.
Ainsi périt en eux, dès leurs premiers essais,
Le germe des beaux vers et des nobles succès.
Tout périt ; vous frappez notre littérature
Dans sa gloire passée et sa splendeur future.

De très bon aloi et d'une verve excellente est la scène où Floridore, croyant avoir affaire à un inspecteur des théâtres, déclare à Granville, qui le laisse s'enferrer, que son manuscrit est un chef-d'œuvre :

L'auteur n'est rien pour moi, je ne vois que l'ouvrage.

Granville tire le rouleau de sa poche, et Floridore poursuit :

Que le vôtre m'a plu !
A peine je l'avais qu'aussitôt je l'ai lu.

GRANVILLE.
Je rends pleine justice à votre promptitude.

FLORIDORE.
De lire tout ainsi j'ai la bonne habitude.

GRANVILLE.
Quel travail !

FLORIDORE.
Avec moi l'on n'attend pas son tour ;
Lu, présenté, reçu, le tout dans un seul jour.

Granville lui montre son manuscrit : ce ne sont

que pages blanches. Floridore se déconcerte et balbutie :

Oh! ciel! est-il possible?
Je suis sûr d'avoir lu...

GRANVILLE.
Mais moi, juge infaillible,
Je suis encor plus sûr de n'avoir rien écrit.
Ah! ah! vous pâlissez devant ce manuscrit!
Voilà qui vous confond, et qui prouve, j'espère,
Que vous êtes actif, juste, et surtout sincère.

Pour son châtiment, Floridore, président du comité, devra reprendre son rôle dans la pièce de Victor et la conduire au succès.

Casimir Delavigne avait sur le cœur le vote des sociétaires de la Comédie. Ce souvenir et cette rancune lui inspirèrent la scène VI de l'acte II qui représente une séance du comité au théâtre de Bordeaux. Sont réunis Floridore, président, Blinval, père noble, Belrose, comique, madame Blinval, grande coquette, mademoiselle Estelle, soubrette. On lit l'opinion des membres absents sur la pièce d'un certain Florbel. Voici l'avis du bonhomme Lagrange, doyen d'âge :

« La surdité qui me prend par instants
M'a fait perdre plus d'un passage;
Mais quelques auditeurs m'ont paru mécontents.
Je crois pouvoir juger l'auteur sur leur visage;
Mon refus motivé, c'est qu'un homme à vingt ans
Ne peut pas faire un bon ouvrage. »

Le bulletin de la petite Emma, étoile de troisième grandeur, n'est pas moins suggestif. Elle l'aura libellé dans la loge de sa digne mère, proche parente de madame Cardinal :

Pour moi la langue est tout; au plus rare mérite

> Je ne puis sur ce point pardonner un écart ;
> Je vote le rejet et le motive ; car
>   Cette ouvrage est très mal écrite. »

Au dénouement, tout s'arrange, hormis pour un Anglais, lord Pembrock, qui, ayant rencontré et assisté en voyage une fort jolie femme, croit volontiers qu'elle est baronne et veut l'épouser : il a tout bonnement été mystifié par mademoiselle Estelle, soubrette au théâtre de Bordeaux. Plus heureux, Victor obtient la main de l'ingénue, et le cousin des Grandes-Indes, en galant homme, met deux cent mille livres dans la corbeille. On voit que si les ridicules des comédiens ont été fustigés d'une main légère, la vertu est congrûment récompensée. Casimir Delavigne est un auteur d'une irréprochable moralité bourgeoise, inspiré par une Muse sagement orléaniste.

Le *Paria*, tragédie en cinq actes, représentée à l'Odéon le 1ᵉʳ décembre 1821, est un effort vers la haute littérature. Il y a le coup d'aile intermittent, mais non pas le large et vigoureux essor. En aspirant à atteindre les sommets, le poète fatigué s'arrête trop souvent sur ces coteaux modérés dont parlait Sainte-Beuve. Au demeurant, l'œuvre est loyale et saine, parfois même éloquente. En tête figure une dédicace, ainsi conçue : « A mon père. — Je t'offre aujourd'hui celui de mes ouvrages que je crois le moins imparfait. Puisses-tu trouver dans cet hommage public une nouvelle preuve de la reconnaissance et du respectueux attachement de ton fils. » C'est, en effet, un sujet cornélien que Casimir Delavigne a traité, avec une versification qui procède de Racine. La scène se passe dans un bois sacré près de Bénarès. Idamore, chef de la tribu des guerriers, aime

Néala, fille d'Akébar, grand-prêtre, chef de la tribu des brames. Cet amour est pour lui moins une joie qu'une torture ; car, s'il a rendu des services signalés à son pays d'adoption, une note d'infamie marque sa naissance. On l'ignore, mais il l'avoue, d'abord à un chrétien, le portugais Alvar, son confident, très nécessaire et très honnête personnage :

> Il est sur ce rivage une race flétrie,
> Une race étrangère au sein de la patrie ;
> Sans abri protecteur, sans temple hospitalier,
> Abominable, impie, horrible au peuple entier,
> Les Parias ; le jour à regret les éclaire,
> La terre sur son sein les porte avec colère,
> Et Dieu les retrancha du nombre des humains
> Quand l'univers créé s'échappa de ses mains.
> L'Indien, sous les feux d'un soleil sans nuage,
> Fuit la source limpide où se peint leur image,
> Les doux fruits que leur main de l'arbre a détachés,
> Ou que d'un souffle impur leur haleine a touchés.
> D'un seul de leurs regards a-t-il reçu l'atteinte,
> Il se plonge neuf fois dans les flots d'une eau sainte :
> Il dispose à son gré de leur sang odieux ;
> Trop au-dessous des lois, leurs jours sont à ses yeux
> Comme ceux du reptile ou des monstres immondes
> Que le limon du Gange enfante sous ses ondes.
> Profanant la beauté, si jamais leur amour
> Arrache à sa faiblesse un coupable retour,
> Anathème sur elle, infamie et misère !
> Morte pour sa tribu, maudite par son père,
> Promise après la vie au céleste courroux,
> Un exil éternel la livre à son époux.
> Eh bien !... Mais je frémis ! tu vas me fuir peut-être ;
> Ami d'un malheureux, tu vas cesser de l'être :
> Je foule un sol fatal à mes pas interdit ;
> Je suis un fugitif, un profane, un maudit....
> Je suis un Paria...

Voilà, très habilement exposé, le sujet même de la tragédie. Idamore renouvelle sa confession, mais cette fois à Néala, en une scène pathétique. La jeune fille est partagée entre l'amour qu'elle éprouve et la répulsion que lui inspirent les Parias. Enfin, la tendresse est la plus forte. Surmontant les préjugés de sa caste, elle épousera Idamore.

Alors survient — ce qui atteste le tempérament dramatique de Casimir Delavigne — un renouveau ou plutôt une virevolte de l'action. On voit s'avancer un vieillard chargé d'années. Il marche péniblement, appuyé sur un bâton, et prononce avec déférence ces paroles :

> Prêtresses des forêts, j'ignore vos usages ;
> Puis-je au pied de vos murs m'asseoir sous ces ombra-
> D'un moment de repos ma faiblesse a besoin.   [ges ?

Néala l'accueille, pleine de sollicitude. Quel est-il ? Hélas ! elle ne tarde pas à l'apprendre. Il s'appelle Zarès, il est le père d'Idamore. Si son fils lui dénie l'hospitalité, il repartira, pèlerin privé d'espérance :

> O forêts d'Orixa, bords sacrés, doux sommets,
> Humble toit, qu'il jura de ne quitter jamais,
> Mer prochaine, où mes bras instruisaient son courage
> A se jouer des flots brisés sur ton rivage,
> Me voici, recevez un père infortuné ;
> Je reviens mourir seul aux champs où je suis né.
> Celui qui me doit tout repousse ma prière ;
> Ses mains ont refusé de fermer ma paupière.

Idamore s'émeut. Zarès le supplie de renoncer à Néala, de fuir ces étrangers, de regagner la terre natale :

Songe à mon désespoir; regarde-moi : mes larmes,
Pour dompter ton amour, te donneront des armes.
Rends-moi ton cœur, mes droits, mes plaisirs, mon pays.
Rends-moi, rends-moi mes dieux en me rendant mon fils.
Cède, obéis, partons; ah! partons!...

Les deux derniers actes seront remplis par les angoisses d'Idamore, tiraillé, à son tour, entre l'amour de Néala et le dévouement filial. L'impitoyable Akébar — ce sera un terrible beau-père — informé de la présence d'un Paria, fait arrêter Zarès. Néala s'évanouit. Idamore s'élance, en proférant ces mots :

> Immolez donc le fils avec le père !

Le vieillard se défend de profiter de tant d'héroïsme :

> Guerrier, je ne te connais pas.

Mais rien ne peut arrêter le zèle d'Idamore, sorte de Polyeucte issu d'une race réprouvée :

C'est mon père! c'est lui! croyez-en ses alarmes,
La pâleur de son front, ses yeux noyés de larmes,
Ses bras que malgré lui je force à se rouvrir...
Il m'embrasse, frappez, c'est à moi de mourir!
Oui, je suis paria, je le suis...

Il est déféré à la justice sacerdotale, toujours si cruelle, sous prétexte de juger au nom d'une divinité qu'elle prétend venger de ses ennemis. Condamné à mort, il veut épargner à Zarès les lamentables adieux et va au supplice, le front serein. Néala, vierge et veuve, donnera au vieillard la consolation suprême. Elle quittera son père et la douce patrie pour guider le père d'Idamore et s'associer à son infortune. Ils s'éloignent, tels

Œdipe et Antigone, tandis que la nuit descend et que Zarès jette à Akébar cette parole vengeresse :

<blockquote>Pontife, il est des dieux !</blockquote>

Tous les libéraux, en 1821, saluaient de leurs acclamations une telle apostrophe qui, lancée par le poète des *Messéniennes*, allait frapper la Congrégation omnipotente. C'était la revanche des républicains, des bonapartistes, des doctrinaires, de tous ceux qui en appelaient à Dieu des injustices et des méfaits de ses ministres ou prétendus tels. Les Parias de la Restauration allaient consommer la Révolution de 1830.

CHAPITRE XIV

MARINO FALIERO

Le succès patriotique des *Messéniennes*, les applaudissements qui avaient accueilli les *Vêpres Siciliennes*, les *Comédiens* et le *Paria*, ne préservèrent pas Casimir Delavigne des basses vengeances de la politique. Après avoir occupé sous l'Empire une petite sinécure dans l'administration des droits réunis, grâce au directeur-général, le comte Français (de Nantes), qui lui recommandait de ne venir au bureau que le dernier jour du mois pour toucher ses appointements, il dut à la bienveillance du baron Pasquier, garde des sceaux de Louis XVIII, une place de bibliothécaire de la chancellerie, spécialement créée à son intention. Un changement de ministère lui valut d'être révoqué. La réaction frappait le poète libéral. Mais le duc d'Orléans eut tôt fait de lui octroyer une compensation à la bibliothèque du Palais-Royal. La lettre du prince employait des termes délicats pour proposer cette faveur : « Le tonnerre est tombé sur votre maison, je vous offre un appartement dans la mienne. » Aussi bien la branche cadette était-elle enchantée de donner une leçon aux Tuileries. En retour, Casimir Delavigne voua au duc d'Orléans une reconnaissance et une affection qu'il conserva, après 1830, au roi des Français.

Devant la popularité de l'écrivain s'ouvrait, s'il l'eût voulu, une carrière parlementaire qui promettait d'être brillante. Le général Foy, Manuel, le pressaient de venir siéger sur les bancs de la Gauche. En dépit de leurs instances, il déclina la candidature, d'abord au Havre, puis à Évreux. Son seul rêve d'ambition se tournait vers l'Académie. Il eut quelque peine à obtenir le fauteuil convoité. Une première fois, on lui préféra M. de Frayssinous, évêque d'Hermopolis; une seconde, M. de Quélen, archevêque de Paris. Sollicité par ses amis de faire une troisième tentative, il leur répondit avec belle humeur : « Ce serait inutile, car sans doute on m'opposerait le pape. » Il consentit cependant à affronter un nouveau scrutin, et n'eut pas lieu de s'en repentir. Par vingt-sept voix sur vingt-huit votants, il fut appelé à remplacer le comte Ferrand, très obscur académicien. Le 7 juillet 1825, il prit séance, en prononçant un discours d'ailleurs assez terne. Il venait d'avoir trente-deux ans. Sous la coupole, il manifestera une aversion systématique pour les chefs de l'école nouvelle, qui vont lui disputer victorieusement la sympathie du public. Il refusera avec obstination son suffrage académique à Victor Hugo, et dira de l'auteur d'*Henri III et sa Cour* : « C'est mauvais, ce que fait ce diable de Dumas, mais cela empêche de trouver bon ce que je fais ! » De vrai, il sentait chez l'un de ces deux rivaux une puissance de poésie, chez l'autre un mouvement scénique, qui n'animaient pas ses propres œuvres, élégamment correctes, mais sans flamme ni panache.

L'*École des Vieillards*, comédie en cinq actes, en vers, dédiée à Son Altesse Sérénissime Mgr le duc d'Orléans, premier prince du sang, et représentée le 6 décembre 1823, avait eu une très heureuse et très brillante fortune, qui contribua à surmonter les résistances de l'Académie. Casimir Delavigne, abandonnant l'Odéon, théâtre de ses premiers succès, s'était rendu aux sollicitations des sociétaires de la Comédie-Française. La pièce fut reçue avec enthousiasme par le Comité. Talma, qui assistait à la lecture, ressentit une émotion profonde; il trouvait dans le personnage de Danville, vieillard amoureux, les sentiments que lui-même, déjà sexagénaire, éprouvait pour une jolie femme, très jeune et assez coquette. Il demanda le rôle, à la surprise générale, ayant depuis longtemps renoncé à tout emploi comique afin de se confiner dans la tragédie où il excellait. « Danville, c'est moi-même, dit-il à Casimir Delavigne ; c'est moi seul qui dois le jouer. » Il eut pour partenaire mademoiselle Mars dans Hortense. Interprétation mémorable. Jamais encore ces deux grands artistes n'avaient paru dans la même pièce. Il se produisit bien, parmi les sociétaires, quelques récriminations contre la fantaisie de Talma ; mais c'est la coutume, à la Comédie, que tout rentre dans l'ordre, après un peu de tapage et de réclame. Le succès légitima le caprice de l'illustre tragédien, et le romantisme dut reconnaître que l'*École des Vieillards*, comédie bourgeoise et aimable, soulevait les applaudissements populaires.

Alexandre Dumas, émule loyal, salue cette victoire que le classicisme revendiquait comme sienne : « Semblable, dit-il, à Richelieu dans sa litière, Casimir Delavigne rentrait au Théâtre-Français, non plus par la porte, mais par la brèche. » Du même coup, il met en lumière les merveilleuses qualités de Talma : « Jamais peut-être il n'avait été plus beau. Il est impossible de rendre avec une voix plus émouvante les différentes nuances de ce rôle de vieillard amoureux et trahi comme Danville. Oh! l'admirable instrument que la voix chez un acteur qui sait s'en servir! Comme la voix de Talma était caressante au premier acte! comme elle était impatiente au second, inquiète au troisième, menaçante au quatrième, abattue au cinquième! »

La jalousie touchante de Danville qui a épousé les vingt ans d'Hortense, la grâce légère et sémillante de la jeune femme, la pétulance aristocratique du duc d'Elmar, neveu dégénéré de Don Juan et médiocre devancier du marquis de Priola, la bonhomie du vieil ami Bonnard, les rôles épisodiques de la grand'mère évaltonnée et du brave domestique Valentin que la vie de Paris surmène, fournissent matière à une intrigue du meilleur aloi, très pathétique et très alerte. Danville sera-t-il ou ne sera-t-il pas un mari de Molière ? Telle est la question. Casimir Delavigne a rendu pleinement sympathique un personnage que l'ancienne comédie teintait de ridicule et que Victor Hugo dans *Hernani*, Émile Augier dans *l'Aventurière*, vireront au tragique. Par fortune, le brave bourgeois de *l'École des Vieillards* évite le sort de Ruy Gomez de Silva et de Monte-Prado, seigneurs de qualité.

La pièce fourmille de détails charmants, simples et véridiques. A telles enseignes que le public, en dépit de l'accoutumance, conspire avec le vieux mari contre le jeune postulant. En quoi Casimir Delavigne est suprêmement moral, jusqu'à nous donner le régal d'un dénouement où Hortense répudie le monde, les fêtes, les plaisirs de son âge, pour aller goûter au Havre la quiétude de la province et la pure félicité conjugale. Elle soignera les rhumatismes de Danville. Souhaitons-lui beaucoup d'imitatrices !

Pourquoi des sentiments aussi vertueux s'expriment-ils en une langue trop souvent prosaïque et plate ? Que dites-vous, par exemple, de cette lutte domestique entre belle-mère et belle-fille ?

> Il faut de l'unité dans le gouvernement.
> Toutes deux gouvernaient contradictoirement.

Le célibataire Bonnard, percepteur de son état, explique ainsi l'équilibre de son petit budget, étranger aux spéculations :

> Et jamais ma dépense, excédant ma recette,
> Ne me force à bâtir un espoir mal fondé
> Sur le terrain mouvant du tiers consolidé.

Enfin, Hortense, pour justifier la nécessité d'un équipage, trouve cet argument péremptoire contre la vulgarité malpropre et la lenteur proverbiale des fiacres parisiens :

> Visitez donc les grands durement cahoté
> Sur les nobles coussins d'un char numéroté.

Ce sont les menues taches d'une œuvre dont l'aspect général est des plus agréables et l'inspiration aussi saine que réconfortante. *L'École des Vieil-*

lards a une allure de bonne compagnie qui se manifeste également dans la comédie suivante, la *Princesse Aurélie*, représentée au Théâtre-Français le 6 mars 1828. On prit toutefois un moindre intérêt à l'aventure sentimentale de cette jeune héritière de la principauté de Salerne, soumise à trois régents — caricatures de MM. de Villèle, de Peyronnet et de Corbière, ministres déchus — mais assez adroite pour épouser, en les mystifiant, celui qu'elle aime et qui l'ignore, le comte Alphonse d'Avella. Si la *Princesse Aurélie*, d'une demi-teinte un peu fausse, fut accueillie avec quelque froideur, le bon M. Duviquet, dans « l'examen critique » qui suit la pièce, en appelle du spectateur au lecteur. Il use d'une phraséologie bizarre pour réclamer, « à défaut de la sentence impartiale du théâtre, l'arrêt définitif de la lampe et du cabinet. »

Marino Faliero consacra la gloire dramatique de Casimir Delavigne. Il avait combiné les artifices du romantisme avec une versification restée classique, en empruntant à lord Byron un sujet qui utilise et transforme l'une des plus saisissantes aventures de l'histoire vénitienne. Sur ce point, et sur ce qu'il appelle « l'espérance d'ouvrir une voie nouvelle », l'auteur s'est expliqué dans sa préface moins clairement qu'on ne l'aurait souhaité. « Deux systèmes, écrit-il, partagent la littérature. Dans lequel des deux cet ouvrage a-t-il été composé ? c'est ce que je ne déciderai pas et ce qui d'ailleurs me paraît être de peu d'importance... On a dit que mon ouvrage était une traduction de la tragédie de lord Byron. Ce reproche est injuste. J'ai dû me rencontrer avec lui dans quelques scènes données par l'histoire ; mais la marche de l'action, les ressorts qui la conduisent et la soutiennent, le développement des caractères et des passions qui la modifient et l'animent, tout est différent. » Or, Casimir Delavigne a imité et suivi Byron de plus près qu'il ne veut l'avouer. Il s'est efforcé seulement de réduire à des proportions conformes aux usages traditionnels de notre théâtre la pièce débordante et touffue du poète anglais. En dépit de ses prétentions rénovatrices, il demeure un esprit timoré qui répugne aux procédés dérivés de Shakespeare. D'où les griefs que spécifie Sainte-Beuve, alors romantique effervescent, dans une lettre à M. Loudierre, du 23 avril 1829 : « Ce pauvre diable, qui a vidé son sac et qui ne fait plus que de l'eau claire, cherche de tous côtés à se ravitailler. Comme la ballade fleurit maintenant, il a laissé les *Messéniennes*, et le voilà qui fait des ballades sur l'Italie. C'est ainsi qu'en tête de sa tragédie de *Marino* il va écrire en grosses lettres *mélodrame*. Tout cela, romantisme à l'écorce, absence de conviction poétique. »

Il y a une part de vérité dans cette critique d'un ton plutôt acerbe. *Marino Faliero* était dès l'abord une tragédie, qui fut présentée et reçue à la Comédie-Française. Le succès prolongé d'*Henri III et sa Cour* empêcha qu'on ne la jouât au commencement de 1829. Casimir Delavigne, dépité d'être renvoyé à l'hiver suivant et de céder le pas à un débutant de l'école romantique, allégua des compétitions et des conflits d'artistes, retira son manuscrit et le porta à l'une des scènes du boulevard, au théâtre de la Porte-Saint-Martin. La tragédie devenait mélodrame, et madame Dorval, avec son tempérament fougueux, allait tenir le rôle qui avait été composé pour l'harmonieux génie de mademoiselle Mars. C'était une mue dans l'interprétation, une transposition dans le ton et l'allure générale de l'œuvre.

Marino Faliero, selon l'expression de M. Georges Duval en son étude sur Frédérick-Lemaître, est « un des plus évidents compromis entre l'art classique et le drame romantique. » Casimir Delavigne a rapetissé, affadi, énervé la tragédie historique de Byron, qui certes n'est pas jouable, étant fort mal charpentée, mais où se dresse une silhouette imposante. Le doge Faliero, chef d'État qui conspire pour les droits du peuple, est poussé à accomplir cet acte insolite, non seulement par l'outrage infligé à son honneur conjugal, mais encore et surtout par un ardent amour de la liberté. Sa femme est restée pure, et cette Angiolina, dont les dix-huit ans sont liés à un octogénaire, a un incomparable attrait de grâce pudique. Casimir Delavigne, au contraire, a trouvé que tant de vertu ne saurait captiver les spectateurs français. Il a transformé, dénaturé une si exquise créature, et il en est félicité par l'auteur de « l'examen critique » qui accompagne la pièce. « Après la mort de lord Byron, — écrit ce thuriféraire, — et contre sa défense expresse, son *Faliero* fut joué sur un des théâtres de Londres, et la représentation n'en put être achevée. John Bull veut être remué fortement. Il demande des tragédies à l'eau forte, et il brisa, sans scrupule, la bouteille d'eau de roses qu'on avait essayé de lui servir. Cette leçon n'a pas été perdue pour M. Casimir Delavigne. Maître absolu du caractère de la femme du doge, sur laquelle l'histoire n'a pas cru devoir s'expliquer, il a pris le contrepied de lord Byron, et il a eu de quoi s'en applaudir. De cette simple transmutation, le poète français a tiré un effet prodigieux et l'élément le plus incontestable du succès. »

C'est s'abuser de point en point, et l'erreur grave de cette appréciation mérite d'être soulignée. Éléna, coupable, laisse une impression d'indifférence, alors que l'innocence d'Angiolina était infiniment émouvante. Le Faliero de Byron, armé à la fois pour venger les libertés populaires et le renom d'une épouse calomniée, avait autrement de noblesse que le personnage malchanceux et un tantet ridicule, imaginé par Casimir Delavigne. A cela près, l'intrigue des deux pièces est analogue et suit exactement le récit des annales. Un jeune patricien, Sténo a tracé sur le fauteuil du doge quelques mots injurieux à son honneur conjugal : Faliero demande justice aux Quarante, qui ne prononcent qu'une condamnation dérisoire à deux mois de prison et à un an d'exil. Il ne laissera pas cet outrage impuni, mais associera sa colère à toutes les sourdes révoltes qui couvent dans Venise et s'apprêtent à éclater. Pour cette Éléna réputée immaculée — tandis qu'elle a été la maîtresse de Fernando, neveu du doge — c'est-à-dire pour un intérêt strictement domestique, va se perpétrer un coup de force qui se couvrira du facile prétexte de la raison d'État. Au second acte, dans une fête donnée par Lioni, l'un des Dix, l'intrigue se noue : Sténo renouvelle auprès d'Éléna ses compromettantes assiduités. Fernando le provoque en duel, cependant que Faliero s'affermit dans ses intentions révolutionnaires. C'est sur la place Saint-Jean-et-Paul que se lève le rideau du troisième acte. On a signalé, à bon droit, l'étrangeté de ces conspirateurs qui s'assemblent en plein air et qui vocifèrent, d'accord avec le doge, contre les institutions établies — « à Venise, observe Alexandre Dumas, et à minuit! à Venise, la ville du Conseil des Dix! à Venise, la ville où l'on ne se couche jamais tout à fait, et où une moitié de la ville, au moins, veille, tandis que l'autre dort! » Mais il fallait, aux dépens de la vraisemblance, qu'en un même lieu, tour à tour, Faliero haranguât les conjurés et Sténo croisât le fer avec Fernando. Celui-ci est mortellement frappé. Dès lors, le doge a un motif nouveau et décisif qui l'incite à poursuivre ses desseins. L'insulteur de sa femme est le meurtrier de son neveu. Par malheur, le complot compte trop d'affidés. L'un d'eux, pris de scrupules, avertit un sénateur dont il était l'obligé. Marino Faliero est arrêté, jugé, condamné. Il va être décapité, non sans avoir appris l'infortune conjugale qui pesait sur sa tête d'octogénaire. Quel surcroît de calamités, tragiques pour la Comédie-Française, mélodramatiques pour la Porte-Saint-Martin!

L'exécution de l'ouvrage vaut mieux que sa contexture. Cette intrigue, où se mêlent avec quelque confusion la politique et l'amour, est traversée et secouée par un souffle d'émotion. Sans que les vers atteignent jamais le grandiose ni le sublime, ils ont un mouvement rapide et parfois pathétique. Le public de 1829, lassé du ronron classique, leur trouva presque un air de nouveauté, et la première représentation, le 30 mai, fut un triomphe. Les applaudissements et les acclamations se prolongeaient durant les entr'actes; une demi-heure après le baisser final du rideau, la majeure partie des assistants demeuraient dans la salle, réclamant l'auteur qui eut le bon goût de se dérober à cette ovation.

Les journaux, le lendemain et le surlendemain, apportèrent quelques restrictions à l'enthousiasme des spectateurs. Le *Corsaire* du 1er juin, tout en déclarant que M. Casimir Delavigne est notre premier poète et n'a point de rivaux, insinue d'expresses réserves : « Il ne faut pas dire : *Marino Faliero* a obtenu un succès complet, mais bien : les trois premiers actes renferment des scènes du plus bel intérêt, et étincellent de vers à effet, qui, malheureusement, sont tous écrits sous l'inversion de l'*antithèse*, la plus séduisante des figures de rhétorique, celle dont par conséquent on ne devait pas outrer l'abus. » Et l'auteur de l'article, peu sympathique d'ailleurs à la Porte-Saint-Martin, ajoute ce post-scriptum qu'il intitule *Hommage à la vérité* : « Nous avons été complètement dans l'erreur, en annonçant, d'après un bruit de couloir et de foyer, que l'acquisition du *Faliero* avait coûté 50,000 francs à l'administration. M. Casimir Delavigne ne prostitue pas sa muse; seulement il a tort de croire que l'air du boulevard soit favorable à sa santé. » De vrai, le théâtre avait engagé, pour les décors et les costumes, des frais importants, un luxe de mise en scène qui contrastait avec l'usage de l'époque. Ces dépenses, grâce à des recettes brillantes, furent amplement récupérées.

Un organe ultra-royaliste, le *Démocrite*, « journal de l'à propos, » rédigé par Martainville, et qui faisait suite au *Drapeau blanc*, est encore plus sévère que le *Corsaire* : « Ce sujet, dit-il, est stérile. La conception est fausse, l'action péniblement développée, et la représentation rend plus sensibles encore et les embarras de sa marche et les moyens puérils qui amènent des effets hasardés. Mais le principal défaut, le vice radical, c'est qu'elle est dépourvue de tout intérêt positif ; il en résulte une incertitude qui fatigue l'esprit et le cœur. Sur quel personnage l'intérêt peut-il se porter? Est-ce sur cette femme adultère et incestueuse? est-ce sur son complice? est-ce sur le doge qui, pour se venger de l'insolence d'un étourdi, veut noyer sa patrie dans le sang de ses concitoyens? Je le répète, tout l'éclat des détails, toute la chaleur et l'élévation du style ne remédieront pas à cette absence de véritable intérêt ; c'est un mal incurable pour un ouvrage dramatique. Cette tragédie en mourra. »

Le pronostic de Martainville était plus que hasardeux. Les événements le démentirent, et *Marino Faliero*, revenu en 1835 à la Comédie-Française, demeura longtemps au répertoire, avant d'être repris ces dernières années ou plutôt abîmé en matinée de l'Odéon. Mais il est un jugement dont l'extravagance passe tout ce qui se peut concevoir ; c'est celui de la *Gazette de France*, livrée aux hallucinations d'un royalisme délirant. « Qui faut-il accuser, demande-t-elle dans le numéro du 2 juin, si les théâtres ont été mis à la disposition de la faction révolutionnaire, si chaque jour l'ordre social y est menacé d'une subversion totale? Déjà on y a établi une école de massacres, et hier tous les genres d'aristocratie ont été livrés à la brutale frénésie d'un parterre d'ouvriers. Des trépignements de joie ont accueilli l'image d'une conjuration ayant pour but l'égorgement de tous les nobles, *sans en excepter un seul*. Un ramas d'assassins et de brigands ont fait retentir la scène d'épouvantables cris de vengeance, et dans la salle on y a répondu par un tonnerre d'applaudissements. Qui ne serait pas effrayé en voyant des hommes imprudents porter les brandons de la rébellion si près de ces immenses faubourgs qui renferment tant de souvenirs de pillages et de massacres? Paris aurait-il oublié ce qu'il lui coûtait de sang et de richesses quand le faubourg Saint-Antoine faisait irruption dans le cœur de la capitale? Maintenant c'est Paris qui va chercher le faubourg! C'est la civilisation lettrée, c'est l'administration, c'est le gouvernement, qui vont réveiller dans les basses classes ces passions envieuses qui ne s'arrêteront jamais dans leur essor!·»

Il faut s'étonner et s'affliger, non pas qu'un critique dramatique — ou prétendu tel — ait pu concevoir et imprimer de telles insanités, mais qu'il se soit trouvé un public d'abonnés pour y souscrire. Casimir Delavigne faisait frissonner et ramenait aux pires jours de la Terreur la clientèle effarée de la *Gazette de France*, qui voyait avec épouvante M. de Martignac au ministère et *Marino Faliero* à la Porte-Saint-Martin, « véhicule politique pour diriger les masses populaires dans le sens de la Révolution. » Ces fureurs d'énergumènes donnaient la comédie aux gens de sens rassis, et le *Journal des Débats*, qui se piquait de libéralisme et de modération, répondit le 4 juin à la vieille *Gazette*, sur un ton de douce moquerie : « Quelle profondeur de combinaisons! Le farouche auteur des *Comédiens* n'osait attaquer de front notre ordre social. Qu'a-t-il fait? Il a choisi dans l'histoire une époque tout à fait semblable. Voyez, en effet, ce qu'était Venise en 1355, et ce qu'est la France en 1829. A Venise, un Sénat : nous avons une Chambre des Pairs ; un tribunal secret : nous avons la Cour de Cassation ; le Conseil des Dix : c'est notre Conseil d'État ; celui des Quarante : l'Académie. Ainsi, peindre sous d'odieuses couleurs l'insolence des sénateurs vénitiens, l'abus de la procédure secrète, le pouvoir oppressif des Dix, l'orgueil des Quarante, qu'est-ce autre chose que d'engager les factieux à jeter à l'eau les Pairs, la Cour de Cassation, le Conseil d'État et l'Académie. Cela fait frémir. » Sur la pièce même, et au regard de la seule littérature, le *Journal des Débats* a une opinion complexe : il reproche à Faliero d'être un vieillard retombé en enfance, dont une interdiction devrait faire justice, et il reconnaît que M. Casimir Delavigne, usant d'un style franc, correct, harmonieux, parle la langue de Racine, quelquefois celle de Corneille.

Dans la *Quotidienne* du 1er juin, un article signé J. J. (Jules Janin), tout en signalant le succès de la pièce représentée à la Porte-Saint-Martin, place cette copie adroite fort au-dessous du merveilleux original anglais, qui ne réalise pas une action dramatique, mais où l'on sent tressaillir la vie et palpiter l'âme de la cité des doges. Le critique, pénétrant et sagace, élargit son horizon : « Grand amateur de belle nature et de vieille histoire, lord Byron avait au plus haut degré le secret de lire dans des ruines et d'y voir ce qu'elles avaient été. Ainsi, dans son drame, tout rappelle Venise ; vous voyez les lagunes, vous entendez les chants du gondolier, vous passez le *Pont des Soupirs*, vous assistez à toutes ces tortures secrètes, à toutes ces clameurs séditieuses, vous voyez Venise, en un mot. Souvent, à cette lecture, je me suis figuré lord Byron, monté sur un cheval arabe et courant au grand galop dans ces rues désertes, car c'est ainsi qu'il étudiait les villes. » Le parallèle s'institue, se poursuit, et le talent de Casimir Delavigne pâlit auprès du génie de son prestigieux modèle.

Parmi les journaux de l'époque qui s'occupaient de littérature dramatique, la note de suprême malveillance était toujours donnée par le *Courrier des Théâtres* que rédigeait Charles Maurice. *Marino Faliero* subit le sort commun. Il fut rudement traité, en deux articles du 31 mai et du 1er juin. « Des vers, des vers et des vers, s'écrie Charles Maurice au sortir de la première représentation, souvent bien écrits, mais en général boursouflés, prétentieux, et sonnant le tocsin sur les malheurs des situations sans leur porter secours ; puis deux ou trois scènes à effet, tel est, en somme, cet ouvrage réellement intermédiaire entre la tragédie et le mélodrame. Quant à de l'invention dans les ressorts dramatiques, il n'y en a aucune. C'est, de scènes en scènes, l'*École des Vieillards*, *Fiesque*, les *Vêpres Siciliennes*, *Othello*, voire même *Misanthropie et Repentir*, etc., etc. Nouvelle preuve du peu d'imagination de l'auteur, quand il s'agit de concevoir un plan, d'en faire l'ordonnance. » L'idée est reprise et développée dans le numéro du lendemain, sur un ton plus agressif contre Casimir Delavigne : « Le voilà donc porté, ce grand coup si terrible ! Il devait ébranler le monde dramatique, jeter l'Océan théâtral par delà ses rivages, changer la face de l'univers tragique, culbuter deux grandes institutions au profit d'une petite, hausser de quatre-vingts coudées les murs de celle-ci avec les pierres de taille des deux autres, et faire dire aux peuples des spectacles : « C'est du mélodrame que nous vient la lumière! » Rien de tout cela n'aura lieu, et cette fois encore notre prédiction s'accomplira. Un peu de bruit, beaucoup moins qu'on ne le croyait, suivi d'un long silence, et c'est tout. » Charles Maurice fait grief à l'auteur de *Marino Faliero* de composer des œuvres qui toujours « s'exhalent en de grandes espérances. » Il le range, en une métaphore rococo, parmi « ces architectes de Thalie et de Melpomène qui ne construisent point de palais, qui ne bâtissent que des chaumières auxquelles ils survivent eux-mêmes et qui s'écroulent dans l'oubli. » Avec des circonlocutions, il accuse Casimir Delavigne de plagiat. Volontiers il le traiterait de geai paré des plumes du paon. « Toutes ses pièces, dit-il, sont de véritables mosaïques dont sa mémoire lui fournit les morceaux. » C'est ainsi qu'il l'accuse d'avoir emprunté le premier acte de *Marino Faliero* à *Othello* et à *Wallenstein*, le second à *Fiesque*, avec telles réminiscences des *Vêpres Siciliennes*, le troisième tout entier à lord Byron, le quatrième, par des procédés qui « sentent l'écolier d'une lieue, » encore à *Othello*, ainsi qu'à la *Jeunesse du duc de Richelieu*, devenue *Rochester* à la Porte-Saint-Martin, enfin le cinquième aux *Macchabées*, à *Eudoce et Cymodocée*, et le dénouement à la scène de Meinau et d'Eulalie dans *Misanthropie et Repentir*. A peine reste-t-il à Casimir Delavigne le soin d'avoir assemblé des rimes, en risquant « une espèce de scandale littéraire » sur les confins de ce que Charles Maurice dénomme la mélodramaturgie.

En revanche, les éloges les plus chaleureux se

rencontrent dans le *Constitutionnel*, très hostile aux « suzerains de la rue Richelieu, » dans le *Courrier Français*, qui note que la représentation a duré près de cinq heures et qu'au gré de la plupart des spectateurs Faliero n'a que ce qu'il mérite : « Tu l'as voulu, Georges Dandin ! » Le *Figaro*, du 1er juin, tout en constatant que le caractère du doge offre la réunion des principaux traits du Procida des *Vêpres Siciliennes* et du Danville de l'*École des Vieillards*, et qu'ainsi Casimir Delavigne a rassemblé deux armées victorieuses pour gagner une troisième bataille, rend hommage « à la magie d'une foule de mots saillants, pleins d'esprit et de bonheur. » Il loue le style du drame et la pompe théâtrale.

L'interprétation fut excellente. Elle n'eût pas été plus accomplie à la Comédie-Française, où *Marino Faliero*, reçu à l'unanimité, avait suscité des débats, des embarras et des jalousies que résume le *Globe* du 3 juin : « D'abord la distribution des rôles soulève de vives querelles. « Celui-ci rentre dans mon emploi, » s'écrie tel acteur. Tel autre le réclame de par l'auteur. L'un trouve le sien trop peu important, et le refuse ; celui-là rougirait de s'en charger parce qu'un camarade l'a refusé ; et mille difficultés encore. Lorsqu'elles seront levées depuis la première jusqu'à la dernière, non sans peine, quand jouera-t-on l'ouvrage ? Chaque été, mademoiselle Mars a droit à un congé ; elle ne revient qu'en septembre, si elle n'oublie pas quand elle doit revenir. Va donc pour septembre ! Mais alors Firmin prend la poste à son tour, et, si un troisième ne s'absente pas après Firmin, d'autres nouveautés, étudiées derant la saison des voyages, peuvent occuper le répertoire jusqu'à ce que mademoiselle Mars retourne dans les départements ou en Angleterre. » Ce tableau, encore qu'il date de 1829, n'a-t-il pas un air d'actualité ?

A la Porte-Saint-Martin, au contraire, point de délais à subir, observe le *Globe*, point de rivalités à concilier. Non seulement tous les rôles furent accueillis avec joie par ceux à qui ils étaient attribués, mais deux artistes éminents se disputèrent le personnage de Marino Faliero. Il était d'abord destiné à Frédérick-Lemaître; puis on apprit que cet acteur de marque, d'un caractère essentiellement mobile, négociait avec l'Ambigu et pourrait faire défaut. Ligier le remplaça. D'où un procès. Frédérick-Lemaître, qui avait travaillé tout un mois et assisté à vingt répétitions, assigna la direction du théâtre devant le tribunal de commerce. Il n'obtint pas gain de cause. Voici le texte du jugement qui intervint : « Attendu que l'engagement passé entre les parties porte que le sieur Frédérick-Lemaître s'engage à remplir les premiers rôles, soit en chef, soit en partage avec des doubles, pour la totalité ou partie des pièces qui seraient jouées au théâtre, à l'option du directeur, qui s'est réservé le droit de distribuer les rôles; mais que la condition relative aux feux ne peut forcer le directeur à distribuer ou conserver à un acteur des rôles qu'il lui convient de confier à un autre; que celui-là reste seul maître de cette distribution, et que celui-ci n'a aucun moyen de réclamer contre la volonté du directeur; par ces motifs, le tribunal déclare le demandeur non recevable, et le condamne aux dépens. »

Ligier fut, d'ailleurs, plein de majesté et d'émotion en Marino Faliero. Madame Dorval, un peu déconcertée le premier soir par la cadence du vers dont elle n'avait pas l'habitude, eut de beaux élans de sensibilité, et son succès s'affirma aux représentations suivantes. Enfin, dans le rôle de second plan d'Israël Bertuccio, vieux soldat, compagnon de guerre du doge, devenu patron du port et chef de l'arsenal, Gobert dessina une admirable silhouette de plébéien qui se révolte sous l'insulte patricienne.

Entre les diverses parodies qui saluèrent le succès de *Marino Faliero*, la mieux venue est *Mérinos Béliéro ou l'Autre École des Vieillards*, en cinq actes et en vers, représenté aux Variétés le 20 juin 1829. La scène se passe chez Mérinos Béliéro, chef de la confrérie de l'Arc, à l'île Saint-Denis. Au lever du rideau, sa femme, Hélène, est seule dans une petite chambre modeste. Elle murmure mélancoliquement :

> Mon tricot est fini... voilà ses deux bretelles :
> Mon époux Mérinos n'en a pas de si belles.
> Rien ne coûte, il est vrai, quand c'est pour un amant !
> Dieu ! que j'ai tricoté, depuis qu'il est absent !
> O ciel ! si mon mari... Bah ! si j'étais la seule,
> J'aurais quelque raison de faire la bégueule ;
> Mais la grosse bouchère adore l'épicier ;
> La petite mercière aime le chapelier ;
> Au rôtisseur sourit la maîtresse d'école,
> Et du jeune bottier la boulangère est folle.

Après cette énumération sentimentale des divers corps d'état, survient le neveu de Béliéro, le conscrit Cadet pour qui Hélène tricote, de même que dans *Marino Faliero* Éléna brodait une écharpe pour Fernando. Ce Cadet, qui n'a pas l'humeur militariste, ressent le mal du pays. Il regrette ce

que la caserne ne remplace pas : Hélène et la
bonne nourriture.

> Sais-tu quel vertigo dans l'île me ramène ?
> Jamais le vin du crû, le goujon de la Seine
> Ne m'ont paru d'un goût plus fin, plus savoureux,
> Que depuis que je suis éloigné de ces lieux.
> Le Bordeaux me déplait, le Champagne m'altère ;
> Le *biffsteck*, escorté de sa pomme de terre,
> N'offre à mon appétit qu'un régal dédaigné.
> Mais le goujon natal, de friture imprégné,
> Mais le jeune Suresne, arrosant le vieux Brie,
> Voilà ce qui rappelle à mes goûts la patrie.

Hélène résiste. Elle ne veut pas céder à ce tendre langage, d'où montent des relents gastronomiques. Femme sensible, elle ne l'est plus.

> Je suis maintenant femme honnête.
>
> CADET.
>   Impossible.
> Ton air, tes yeux, ta voix, ton ton, tout te dément.

Soudain il s'émeut ; il a vu, il contemple ce qu'elle a sur ses genoux :

>   Ah !... eh !... oui, ce sont elles !
> Les voilà !... je les tiens, ces fameuses bretelles !
> Soutien inespéré de mon vieux pantalon,
> Je ne vous quitte plus... il lui manque un bouton.
> Comme c'est tricoté !... C'est de la belle ouvrage !
> Ne dissimule plus, tu m'aimes à la rage.
> Cadet n'a pas cessé de te donner dans l'œil.

Arrive Béliéro au moment psychologique. « Ne vous dérangez pas, mes enfants. » Et, comme ils s'embrassaient, il les prie de l'embrasser. Ainsi fait. Alors il leur raconte l'outrage infligé à sa femme et à sa présidence :

> Des chevaliers de l'Arc, tu connais l'origine ?

Tous ceux qui se sont fait un nom dans la farine,
Dans l'épice, ou la drogue, ou dans le restaurant,
L'opulent gâte-sauce et le riche merlan
Ont fondé dans cette île une aristocratie,
Qu'ils déguisent encor du nom de confrérie.
Il faut, pour être admis, être des plus cossus ;
Le fruitier n'en est pas, le niaf en est exclus.
Quatorze fois par mois on se met en ribote,
Et chaque chevalier se donne une culote.

Un de ces chevaliers, Stono, a traité dame Béliéro peu chevaleresquement. Voici le propre témoignage du mari affligé :

Oui, Stono, dans un cercle où chacun en silence
Pinçait son demi-litre avec sa contre-danse,
Écrit sur le mur blanc avec un charbon noir,
Qu'une femme fidèle est plus rare qu'un quine,
Et que la mienne, à moi, n'était qu'une... Devine.

La confrérie, réunie chez le limonadier, a décidé, pour toute peine expiatoire, que Stono ne serait pas invité à la prochaine soirée. Béliéro bout. Il se vengera, d'accord avec le rôtisseur Sertouchaud. L'un a été frappé au front, d'un soufflet moral, l'autre plus bas, d'un coup de pied. Égal déshonneur.

Au second acte, le théâtre représente un bal de société au café Renardi. Béliéro s'inquiète : Hélène ne veut pas danser. Pourquoi ? Il l'interroge :

Vous mangiez comme quatre, et vous n'avez plus faim.
Vous abandonniez tout au seul bruit du crincrin...
Ma femme ! auriez-vous fait par hasard des sottises ?

Elle se disculpe avec mollesse, et Stono, qui la poursuit de ses assiduités dès que le mari s'éloigne, ôte son faux-nez pour prendre une prise.

Cadet le reconnaît, le provoque. Il ne permettra pas qu'on insulte sa tante. Mais la fortune des armes lui est contraire. Steno l'embroche et l'envoie

> Prendre une demi-tasse au milieu du ruisseau.

À cette lamentable nouvelle, Hélène s'écrie :

> Cadet... Cadet occis!... O douleurs éternelles!
> Dans un moment d'ici je n'y penserai plus.

Cette psychologie féminine est profonde. Béliéro, qui sait tout, y répond par une haute philosophie maritale. Il attend, avec un flegme superbe, le châtiment qu'édicteront les chevaliers de l'Arc. Le jugement est prononcé. On lui appliquera, ainsi qu'à Sertouchaud, un fort coup de savate. Justice faite, le Sertouchaud revient en grommelant :

> Cela m'a dégrisé.

Et Béliéro, qui se frotte les reins :

> Ça ne fait pas le mal que j'aurais supposé.

La douleur, cuisante encore, le rendra bref :

> Ce serait bien ici le cas d'une tirade.
> J'ai vu samedi soir, boulevard Saint-Martin,
> Un vieillard subissant à peu près mon destin.
> Je vous attendrirais en imitant ses rimes.

Mérinos Béliéro touche le point sensible de Marino Faliero, quand il reproche à son confrère infortuné de s'épancher en tirades trop copieuses. Les octogénaires doivent éviter la fatigue et l'essoufflement.

CHAPITRE XV

LES TRADUCTEURS DE SHAKESPEARE

Le romantisme, en arborant le nom de Shakespeare comme un drapeau, se flattait de livrer une bataille qui fût une glorieuse revanche. Il incitait l'opinion publique à la révision d'un procès qu'il estimait mal jugé, sur un dossier incomplet où s'étaient glissées des pièces falsifiées. La faute incombait à Voltaire. Après avoir révélé à la société polie une faible part des œuvres de William Shakespeare, il n'avait pas toléré que cette entreprise fût poursuivie par d'autres mains que les siennes. Dès le premier jour, il fulmina contre la traduction commencée en 1776, terminée en 1782, et qui compte vingt volumes in-octavo. Pour mener à bien un labeur aussi considérable, Letourneur, censeur royal, puis secrétaire de la librairie, s'était assuré le concours de Fontaine-Malherbe et du comte de Catuélan; mais il avait omis de solliciter l'agrément du patriarche de Ferney. Celui-ci désavoua et flétrit des gens assez osés pour toucher à Shakespeare sans son approbation. Ce fut un *crescendo* de colère. « M. de Voltaire, dit Grimm en sa *Correspondance littéraire* de juillet 1776, quoiqu'il eût sans doute plus de raisons que personne d'aimer la gloire de ce grand homme, n'a pu apprendre sans indignation que des Français avaient eu la lâcheté de sacrifier à cette idole étrangère les couronnes immortelles de Corneille et de Racine. Son ressentiment patriotique a déjà éclaté de la manière la plus vive dans une lettre à M. le comte d'Argental (du 19 juillet 1776). Il n'a point cru devoir, dans une affaire de cette importance, s'en rapporter uniquement au zèle trop pacifique de son *cher ange*; il vient d'en appeler à l'autorité même de l'Académie française. » La lettre de Voltaire fut envoyée à d'Alembert le 26 juillet. Avant d'être communiquée en séance publique, à la solennité de la Saint-Louis, le 25 août; elle avait été lue en séance particulière, le 3 du même mois. Simultanément, on l'imprimait à Genève, avec un *Avertissement* inséré au verso du faux titre et ainsi conçu : « Dans la lecture qui a été faite à l'Académie française, on a retranché quelques passages de Shakespeare dont l'indécence prouve combien son critique a raison, mais ne permettait pas qu'on les lût dans une si grave assemblée. »

Le prétexte saisi et invoqué par Voltaire, ce fut une phrase du discours d'introduction où le traducteur déclarait que Shakespeare est « le génie souverain du théâtre. » Quel sacrilège littéraire! Quel outrage à Eschyle, à Sophocle, à Euripide, mais surtout à Corneille et à Racine! Légitime et seul héritier de leur génie tragique, l'auteur de *Zaïre* ne pouvait laisser impunie une pareille profanation.

En son exorde, il allègue l'exemple du cardinal de Richelieu, du grand Corneille et de Georges Scudéry qui soumirent le *Cid*, tiré du théâtre espagnol, au jugement de l'Académie. « Aujourd'hui, dit-il, nous avons recours à cette même décision impartiale, à l'occasion de quelques tragédies étrangères dédiées au roi, notre protecteur; nous réclamons son jugement et le vôtre. » Par bonheur, le roi n'intervint pas. Louis XVI, qui venait de monter sur le trône et dont la culture littéraire était médiocre, n'avait aucun grief contre Shakespeare, non plus, d'ailleurs, que contre l'Angleterre : il laissait ce soin au marquis de La Fayette. « Depuis plusieurs années, dit Grimm en juillet 1776, on voyait régner entre la France et l'Angleterre l'accord le plus parfait, l'union la plus touchante; il n'y eut jamais entre deux nations voisines et rivales un commerce de ridicules, de modes et de goûts mieux établi. Si nos épées, nos voitures, nos jardins sont à l'anglaise, toute la Grande-Bretagne ne raffole pas moins de nos plumes, de nos pompons, de nos colifichets de toute espèce. Ces sages insulaires n'estiment guère moins nos cuisiniers que nous n'estimons leurs philosophes. Ils traduisent nos drames, nos brochures, comme nous traduisons leurs romans, leurs voyages. Si leurs jeunes lords viennent se ruiner en France pour des princesses d'Opéra, nos jeunes ducs à leur tour vont se ruiner en Angleterre pour des chevaux de course; et c'est ainsi qu'on oublie les vieilles haines, et c'est ainsi que disparaissent peu à peu ces préjugés barbares qui empêchaient les nations de s'instruire et de se civiliser réciproquement. Nous voyons avec beaucoup d'amertume et de douleur qu'une harmonie si désirée et si précieuse risque fort d'être troublée, et de l'être par une circonstance qui semblait faite pour l'augmenter encore; c'est la malheureuse traduction de Shakespeare qui vient de susciter cet orage. » Grimm observe, un peu ironiquement, en relatant la lettre courroucée de Voltaire : « Ne doit-on pas regarder cette démarche comme une déclaration de guerre en forme? Il est difficile de prévoir quelles en seront les suites ; mais elles ne peuvent qu'être infiniment graves. On sait le culte idolâtre que toute la nation anglaise rend au génie de Shakespeare. Permettra-t-elle à l'Académie française de discuter tranquillement les titres de ce culte? Reconnaîtra-t-elle la compétence de ces juges étrangers? Ne cherchera-t-elle pas à se faire un parti au sein même de notre littérature? A-t-on oublié combien les querelles de ce genre, et pour des objets beaucoup moins intéressants, ont produit de haines, de sectes et de fureurs? Tous les esprits sont déjà dans une grande fermentation. »

C'était prévoir des complications excessives pour une communication académique, fût-elle même rehaussée de l'autorité de Voltaire. Il raillait cet enthousiasme exubérant, si contraire aux usages du flegme britannique, qui était allé jusqu'à ériger un temple au fameux comédien-poète Shakespeare et à fonder un jubilé en son honneur. Certains Français ont voulu s'associer aux manifestations de ce fétichisme. « Ils transportent chez nous, dit Voltaire, une image de la divinité de Shakespeare, comme quelques autres imitateurs ont érigé depuis peu à Paris un vaux-hall; et comme d'autres se sont signalés en appelant les aloyaux des *rost-beef*, et en se piquant d'avoir à leur table du rost-beef de mouton. Ils se promenaient en frac les matins, oubliant que le mot de frac vient du français, comme viennent presque tous les mots de la langue anglaise. La cour de Louis XIV avait autrefois poli celle de Charles II; aujourd'hui Londres nous tire de la barbarie. Enfin donc, messieurs, on nous annonce une traduction de Shakespeare, et on nous instruit qu'il fut le *dieu créateur de l'art sublime du théâtre, qui reçut de ses mains l'existence et la perfection.* Le traducteur ajoute que Shakespeare est *vraiment inconnu en France*, ou plutôt défiguré. » Devant cette allégation, Voltaire se révolte. On méconnaît ses droits de priorité et de propriété. N'a-t-il pas découvert Shakespeare? Ne l'a-t-il pas fait sien? L'Académie permettra-t-elle qu'une dépossession soit consommée au profit d'un Letourneur? Il rappelle ses titres et les énumère avec quelque fierté : « Les choses sont donc bien changées en France de ce qu'elles étaient il y a environ cinquante années, lorsqu'un homme de lettres qui a l'honneur d'être votre confrère fut le premier parmi vous qui apprit la langue anglaise, le premier qui fit connaître Shakespeare, qui en traduisit librement quelques morceaux en vers (ainsi qu'il faut traduire les poètes). » Voltaire poursuit, en invoquant Pope, Dryden, Milton, la philosophie de Newton, la métaphysique de Locke, et en se plaignant d'avoir été bien mal récompensé de ses efforts. Avant lui, à l'en croire, on ne savait de l'Angleterre que le nom — et peut-être la chanson — du duc de Marlborough. Son dessein de faire connaître Shakespeare fut regardé comme un crime de haute trahison et comme une impiété. Il a traduit notamment *Jules César* avec une absolue fidélité, les vers blancs en vers blancs, les vers rimés en vers rimés, la prose en prose; il a rendu figure pour figure. Du moins il s'en vante. « Il a opposé — ce sont ses propres termes — l'ampoulé à l'enflure, la naïveté et même la bassesse à tout ce qui est naïf et bas dans l'original. » Il reproche à Letourneur de n'avoir pas cette exactitude et de « dérober à notre culte » tant d'expressions brutales, tant de métaphores réalistes, que lui-même fait passer devant les yeux ou sous le nez des académiciens. La seule pensée de leur stupéfaction pudibonde doit, à distance, l'induire en joie. A travers la gauloiserie du texte, il semble qu'on entende les éclats de son rire. Le dix-huitième siècle avait la liberté des propos, et l'Académie, fort honnête personne, permettait tout à Voltaire. Il imprime, il crie avec complaisance ce que le timide Letourneur s'évertuait à gazer sous des périphrases, non sans prétendre littéralement traduire.

Justice faite du secrétaire de la librairie française, il se retourne vers Shakespeare et lui décoche, ainsi qu'à ses contemporains d'outre-Manche, de rudes boutades. « Les Anglais, dit-il, copièrent les divertissements grossiers et barbares des confrères de la Passion. Les ténèbres de l'ignorance couvraient l'Europe; tout le monde cherchait le plaisir, et on ne pouvait en trouver d'honnêtes. On voit dans une édition de Shakespeare, à la suite de *Richard III*, qu'ils jouaient des miracles en plein champ, sur des théâtres de gazon de cinquante pieds de diamètre. Le diable y paraissait, tondant les soies de ses cochons, et de là vint le proverbe anglais : *Grand cri et peu de laine* ». Quelle que soit la verve déployée par Voltaire, sa thèse est paradoxale et malsonnante. Sous les plaisanteries perce la mauvaise humeur un peu hargneuse. Il n'admet pas qu'après lui on s'avise de toucher à Shakespeare, de le transplanter et de l'acclimater. C'était son domaine réservé. A Letourneur il fait grief « d'immoler la France à l'Angleterre dans un ouvrage qu'il dédie au roi de France, et pour lequel il a obtenu des souscriptions de notre reine et de nos princesses. » Il le blâme d'écrire à la solde d'une librairie étrangère, il l'accuse de vouloir humilier sa patrie. En vérité, Voltaire, qui chercha ou accueillit tant de sympathies exotiques, nous la baille belle quand il prétend enfermer nos admirations dans le cercle étroit de nos frontières et de la littérature nationale. C'est un chauvinisme intellectuel singulièrement mesquin. Le badinage sur « le monstre nommé *Hamlet* » paraît lourd et d'un choix douteux. L'exclamation : « Jugez, cours de l'Europe, académiciens de tous les pays, hommes bien élevés, hommes de goût dans tous les états, » n'est que déclamation pure. De méchant aloi, pareillement, cette phrase empruntée à l'anglais Rymer et reproduite allégrement, sous l'hypocrisie des réserves : « Il n'y a point de singe en Afrique, point de babouin qui n'ait plus de goût que Shakespeare. » Sentant qu'il est allé trop loin, dans la seconde partie de sa *Lettre* il esquisse de légères concessions, mais avec quelle mauvaise grâce ! « La vérité, dit-il, qu'on ne peut déguiser devant vous, m'ordonne de vous avouer que ce Shakespeare, si sauvage, si bas, si effréné, et si absurde, avait des étincelles de génie. Oui, messieurs, dans ce chaos obscur, composé de meurtres et de bouffonneries, d'héroïsme et de turpitude, de discours des halles et de grands intérêts, il y a des traits naturels et frappants... On entrevit sur sa charrette, parmi la canaille de ses ivrognes barbouillés de lie, des héros dont le front avait des traits de majesté. » Reste le paragraphe final, qui est un dernier coup de boutoir destiné à Shakespeare : « Figurez-vous, messieurs, Louis XIV dans sa galerie de Versailles, entouré de sa cour brillante ; un Gilles couvert de lambeaux perce la foule des héros, des grands hommes, et des beautés qui composent cette cour : il leur propose de quitter Corneille, Racine et Molière, pour un saltimbanque qui a des saillies heureuses, et qui fait des contorsions. »

A cette diatribe virulente il faut opposer le très judicieux article que contient la *Correspondance* de Grimm, en mars 1776, lorsque paraît le premier volume de la traduction de Letourneur. La critique et l'éloge y sont mêlés à juste dose. Voltaire est traité, non en divinité infaillible, mais comme un merveilleux esprit, très personnel et impulsif, que la passion risque d'égarer. Voici l'une des restrictions les plus caractéristiques : « Les dévots de Ferney n'ont pu voir sans beaucoup d'humeur un ouvrage qui allait instruire la France de l'adresse admirable avec laquelle M. de Voltaire a su s'approprier les beautés de Shakespeare, et de la mauvaise foi moins admirable avec laquelle il s'est permis ensuite de le traduire. » Grimm se plaint toutefois de ce que Letourneur et ses associés aient fait une œuvre dont l'infidélité trahissait et dénaturait le modèle. « M. Marmontel, remarque-t-il, a dit assez plaisamment que le Shakespeare de ces messieurs ressemblait à un sauvage à qui l'on aurait mis des dentelles, quelques broderies, un plumet, et que l'on aurait laissé d'ailleurs dans son costume naturel, sans coiffure et sans culottes. » Moins sévères à Letourneur furent ceux qui ne connaissaient pas Shakespeare, et qui eurent une impression neuve et profonde, l'émoi de pénétrer dans un pays inexploré et attirant. Tel était le cas de Sedaine. Cette révélation le plongea dans une sorte d'ivresse. « Vos transports, lui dit Grimm, ne m'étonnent point, c'est la joie d'un fils qui retrouve un père qu'il n'a jamais vu. » A très bon droit, l'auteur de la *Correspondance* indique — et c'est l'opinion équitable à laquelle il convient de se ranger — qu'on découvre dans les pièces de Shakespeare « une touche plus vigoureuse et plus originale », mais que les chefs-d'œuvre de la scène française, en sa période classique, « ont le mérite d'une exécution plus pure et plus finie. » Grimm, de même, a suprêmement raison, et l'on croirait qu'il pressent les écarts et les bizarreries du romantisme, lorsqu'il précise le plus grand mal que pourrait produire en France la traduction de Shakespeare : « Ce serait de détourner nos jeunes gens de l'étude des seuls modèles dont l'imitation soit sans danger; ce serait de les inviter à s'essayer vainement dans un genre qui ne pourra jamais convenir ni aux mœurs ni à l'esprit de la nation. Il est sans doute beaucoup plus aisé de violer toutes les règles de l'art que d'en observer une seule. Il n'est pas difficile sans doute d'entasser une foule d'événements les uns sur les autres, de mêler le grotesque et le terrible, de passer d'un cabaret à un champ de bataille, et d'un cimetière à un trône... Enfin, l'on parvient avec bien moins de peine à exagérer la nature qu'à l'embellir. »

Voltaire eût voulu interdire qu'on traduisît Shakespeare; Grimm dissuadait de l'imiter. Ni les défenses de l'un, ni les conseils de l'autre ne furent entendus par le poète Ducis, qui, après une tragédie d'*Amélise* jouée ou plutôt huée en 1768 à la Comédie-Française, donna au même théâtre, le 30 septembre de l'année suivante, ne disons pas une traduction, mais une adaptation en vers d'*Hamlet*. « Je n'entends point l'anglais, écrit-il dans l'avertissement. » De là vient qu'il suit timidement et vaguement un texte qui lui échappe. Le génie de Shakespeare est strictement anglais. Ducis voulut le franciser, et l'énerva. Pour débuter, il s'attaquait à l'œuvre la plus complexe et, pour ainsi parler, la plus insaisissable. Son imitation, molle et fluide, élagua toutes les audaces de l'original. On eût dit qu'il avait pris Berquin pour collaborateur. Ainsi émasculé, Shakespeare était encore trop hardi pour les spectateurs français. La reine Gertrude, qui de concert avec Claudius a empoisonné son époux, père d'Hamlet, regrette mollement son forfait. Elle est lâche dans le remords, comme elle l'a été dans l'infamie. Cette femme semble un bouchon qui flotte :

Seul bien des criminels, le *repentir* nous reste...
Si l'amour m'aveugla, le *repentir* m'éclaire.

A sa suivante Elvire, qui lui demande quel monstre l'a conduite, elle répond avec une sorte de résignation fataliste :

L'amour.
Écoute, et plût au ciel, puisqu'il faut te l'apprendre,
Que tout mon sexe ici fût présent pour m'entendre !

Ophélie est une créature imprécise et incolore, une ombre. Quant à Hamlet, mélancolique et inconsistant personnage, quand Gertrude se tue devant lui, il dit simplement, comme par acquit de conscience :

Que faites-vous, ma mère ?

Et, avant que le rideau ne tombe, il émet ces sages et froides maximes, selon le goût philosophique :

> Mes malheurs sont comblés, mais ma vertu me reste ;
> Mais je suis homme et roi ; réservé pour souffrir,
> Je saurai vivre encor ; je fais plus que mourir.

De même sorte est l'arrangement de *Roméo et Juliette*, représenté à la Comédie-Française le 28 juillet 1772. Le chef-d'œuvre de Shakespeare, dénaturé, affadi, perd tout intérêt dramatique et romanesque. On y voit Montaigu revenir très vieux d'un long exil. Son fils Roméo, qu'il ne reconnaissait pas, le venge des insultes de Thebaldo, fils de Capulet. Nouveau Rodrigue, il tue l'agresseur.

> Mon père allait périr, j'ai rempli mon devoir.

Mais pourquoi, tout aussitôt, révèle-t-il à Capulet et la mort de Thebaldo et que, caché sous le nom de Dolvedo, il est l'héritier de la race exécrée des Montaigus ? Pourquoi le timide Ducis a-t-il supprimé les passages les plus pathétiques, ainsi la scène du balcon, et les vers délicieux sur le chant de l'alouette et du rossignol ? En revanche, pourquoi est-il allé emprunter à l'*Enfer* de Dante l'épisode d'Ugolin, qui fait disparate ? Très déplaisante toute la scène où Montaigu raconte à Roméo cette sinistre aventure :

> Tu voulais être instruit du destin de tes frères,
> Ils ne sont plus.

Incarcéré chez les Pisans, il a enduré la plus cruelle des tortures, imaginée par le frère de Capulet :

> Un monstre ingénieux, un tigre impitoyable,

D'un complot supposé me fit juger coupable,
Et, sans que du forfait on daignât s'informer,
Dans une tour fatale on me vint enfermer.

Suit le récit mélodramatique qui devait provoquer chez le spectateur plus de stupéfaction que d'épouvante. A une question de Roméo, Montaigu répond avec force détails et un luxe d'amplification :

Ce qu'ils ont fait ! demande à tes malheureux frères,
Quand la faim, par degrés, éteignait leurs paupières,
Dans ce cachot de mort s'ils ont dû soupçonner
Qu'un jour aux Capulets je pourrais pardonner ?
Ce qu'ils ont fait ! dis, traître, et quels étaient leurs crimes,
Quand, fixant à mes pieds de si chères victimes,
Je les vis; tout en pleurs, pour moi seul s'attendrir,
Et m'offrant, à genoux, mon sang pour me nourrir ?
Ce qu'ils ont fait ! barbare ! ah ! le ciel en colère
M'a privé du seul bien qui flattait ma misère.
C'eût été sur un monstre, au gré de mes désirs,
D'assouvir ma vengeance, en comptant ses soupirs,
D'observer ses douleurs, de suivre à cet indice
La lenteur du trépas et l'horreur du supplice.

Vainement, au quatrième acte, le duc de Vérone presse Montaigu et Capulet d'oublier les discordes passées et d'abjurer leur rancœur :

Ah ! tous les deux enfin, vivez pour la patrie.

L'implacable Montaigu refuse de pardonner. Alors Juliette, qui a résumé tout son amour en cet aveu charmant,

Je naquis Montaigu, puisque mon cœur t'adore,

ne voit d'issue que dans la mort partagée avec Roméo. D'où cette leçon solennelle, formulée par le duc à l'adresse de ses sujets et à l'usage de la postérité :

> Vous voyez quels effets votre haine a produits.
> Vos injustes fureurs, source de tant de crimes,
> Ont conduit à la mort d'innocentes victimes.
> Peuples, qu'un monument conserve à l'avenir
> De vos justes regrets l'éternel souvenir !

Ce prince qui moralise est un disciple des philosophes du dix-huitième siècle, un double de Ducis, lequel s'exprime ainsi dans l'*Avertissement* annexé à la pièce : « Encouragé par les bontés du public lorsque je donnai la tragédie d'*Hamlet*, j'ai fait de nouveaux efforts pour les mériter dans celle-ci. On a paru me savoir gré d'y avoir peint le caractère d'un homme dont l'âme, autrefois vertueuse et tendre, se trouve dénaturée, pour ainsi dire, par la barbare persécution de ses ennemis et par l'amour le plus violent pour ses enfants. Le désir qu'il a de se venger a moins frappé que la grandeur de ses malheurs, et les pleurs qu'il donne encore à ses fils ont peut-être attendri sur le sort de ce père infortuné. Il me reste à parler de la mort de Roméo et de Juliette ; sans doute il est dangereux de donner au théâtre l'exemple du suicide, mais j'avais à peindre les effets des haines héréditaires, et c'est sur cet objet seulement que j'ai voulu et dû fixer l'attention du spectateur. Je crois inutile de m'étendre ici sur les obligations que j'ai à Shakespeare et à Dante. Les poètes anglais et italiens nous sont trop connus pour qu'on ne sache pas ce que je dois à ces deux grands hommes. »

Le bon Ducis continua d'expurger Shakespeare, sous couleur d'embellissement, en adaptant le *Roi*

Lear (1783), *Macbeth* (1784), *Jean sans Terre* (1791), *Othello* (1792). Le *Roi Lear*, accommodé à la manière sentimentale de Jean-Jacques et de Diderot, eut un immense succès d'émotion. Il fallut, le premier soir, que l'auteur, amené par ses interprètes, parût sur le théâtre, pour satisfaire à l'enthousiasme du public. Ducis aimait les manifestations attendrissantes. A la seconde représentation du *Roi Lear*, il se fit accompagner de ses deux filles, qui eurent le bon goût de pleurer. C'était fort avisé. « Si elles n'avaient pas fondu en larmes, s'écriait-il, je les aurais étranglées de mes mains. » Le mouvement oratoire est beau, mais le geste n'eût pas suivi. Ces fleurs de rhétorique, écloses sous un souffle de déclamation, ont le parfum avant-coureur du romantisme.

Par malheur, Ducis abuse de la périphrase. Demander l'hospitalité, c'est solliciter

La grâce de fouler les roseaux près de toi.

Sainte-Beuve signale, à bon droit, certains vers cacophoniques dont voici un spécimen :

Fils du comte de Kent, quand votre noble audace....

Sur-le-champ, l'on se remémore la fameuse allitération de Voltaire :

Non, il n'est rien que Nanine n'honore.

D'autres scènes ont un air de majesté. Ainsi l'arrivée du roi Lear qui a rejoint sa fille, à travers mille obstacles :

Qui l'a guidé vers vous ?
— Les éclairs et les Dieux.

Moindre fut le succès de *Macbeth*, dont le sujet

rude et farouche choquait le goût français, alors enclin aux frivolités du théâtre. Quelques vers attestent chez Ducis le commerce intellectuel de Rousseau — ceux-ci, par exemple, que prononce Malcome, fils de Duncan :

> Je vis libre et caché ; mon âme est calme et pure.
> Connais-tu quelque sort plus doux dans la nature?

Mais combien d'autres passages sont incohérents, combien d'images baroques et déconcertantes ! Voyez ce tableau de bataille :

> On perce, on est percé sur des corps palpitants.

Et cette annonce d'une fanfare guerrière :

> Quel noble bruit, mon père, ici se fait entendre!

Après l'échec complet de *Jean sans Terre*, l'adaptation d'*Othello* dut, en grande partie, sa fortune au talent de Talma. Il fit applaudir, par le public républicain de 1792, les tirades démocratiques du More de Venise :

> Ils n'ont pas, tous ces grands, manqué d'intelligence,
> En consacrant entre eux les droits de la naissance :
> Comme ils sont tout par elle, elle est tout à leurs yeux.
> Que leur resterait-il s'ils n'avaient pas d'aïeux?
> Mais moi, fils du désert, moi, fils de la nature,
> Qui dois tout à moi-même, et rien à l'imposture,
> Sans crainte, sans remords, avec simplicité,
> Je marche dans ma force et dans ma liberté.

Ce qui est bien selon le goût du temps, c'est l'invocation à l'Être suprême que lance Hédelmone, fille d'Odalbert — noms que Ducis a préférés à Desdémone et Brabantio. De même, Cassio est devenu Lorédan, et Iago s'appelle Pézare. Il n'y a guère qu'Othello qui soit resté un personnage shakes-

17

pearien. Tous les autres sont affadis. Lorédan, fils du doge, fait une déclaration amoureuse à Hédelmone, qui, dans une scène suivante, lui remet non pas un mouchoir, mais son bandeau de diamants. Pourquoi ? Pour secourir Odalbert dont les biens ont été confisqués par le Sénat. Othello s'émeut de la disparition de ce bandeau. Sa jalousie se déchaîne avec grandiloquence :

> La couleur de mon front nuit-elle à mon courage?...
> Si je n'ai point d'aïeux, comptez mes cicatrices.

Plus loin, ce cri sauvage du soldat parvenu, à l'âme propriétaire, qui se vengera de Lorédan :

> Dans leur rage cruelle
> Nos lions du désert, sous leurs antres brûlants,
> Déchirent quelquefois les voyageurs tremblants....
> Il vaudrait mieux pour lui que leur faim dévorante
> Dispersât les lambeaux de sa chair palpitante
> Que de tomber vivant dans mes terribles mains.

Ducis, qui aurait voulu contenter à la fois les mânes de Shakespeare et les cœurs sensibles, fit deux dénouements, l'un où Othello se tue sur le cadavre d'Hédelmone, l'autre où Odalbert, moins intraitable, arrive juste à temps pour empêcher le meurtre de sa fille et opérer une réconciliation plénière.

La génération romantique devait être sévère pour les adaptations de Ducis, que madame de Bawr, louangeuse du temps passé, a voulu défendre dans ses *Souvenirs* : « Les inventeurs, dit-elle, d'une poésie qu'on pourrait croire avoir été celle des Ostrogoths, n'ont pas craint de relever dans ses tragédies quelques vers rocailleux ou incorrects... Il faut songer qu'alors on n'avait point encore fait de mélodrame à Paris. Le public n'était pas habitué à devenir témoin des contorsions que produit la colique chez les personnages qui sont empoisonnés dans la pièce. »

À travers les traductions successives de Guizot qui révisa Letourneur, de Benjamin Laroche, plus fidèle, puis de François-Victor Hugo, plus truculent, et de Montégut, soucieux d'exactitude, — Shakespeare, mieux connu, finit par conquérir l'opinion française. En vain les derniers classiques protestaient, et l'excellent Ponsard, s'associant à leurs efforts dans son discours de réception académique, écrit à Crémieux : « Je n'aime pas plus que vous ce fou et ce barbare de Shakespeare. Racine est accompli, Shakespeare est une sublime ébauche. Songez que l'admiration absolue pour Gilles Shakespeare est à la mode, que je fais acte de hardiesse en blasphémant contre l'idole. » Le jugement véridique et définitif sera porté par Gustave Flaubert, un des fils naturels du romantisme : « Quand je lis Shakespeare, déclare-t-il dans sa *Correspondance* (I, 163), je deviens plus grand, plus intelligent et plus pur. Parvenu au sommet d'une de ses œuvres, il me semble que je suis sur une haute montagne, tout disparaît et tout apparaît. On n'est plus homme, on est *œil*, et des horizons nouveaux surgissent. » Rude fut la bataille qui assura le triomphe de Shakespeare. Théophile Gautier en a relaté certaines péripéties dans son *Histoire du Romantisme*, et Charles Maurice, anecdotier diligent, précise le formidable échec essuyé, le 31 juillet 1822, par la troupe d'acteurs anglais qui avait voulu s'essayer à la Porte-Saint-Martin : « On a commencé *Othello*, mais bientôt les interruptions, les quolibets et les injures, que

Barton, tragédien de talent, n'a pu même conjurer, ont arrêté la pièce. Une boxe horrible s'en est suivie. Une haie de gendarmes, protégeant l'acteur français qui a demandé s'il fallait continuer, a facilité la représentation des *Rendez-vous bourgeois*, travestis à l'anglaise. Mais, à la fin, des pommes, des gros sous, des fragments de pipes sont tombés sur le théâtre. Miss Gaskill, la soubrette, a reçu près de l'œil une pièce de cuivre et s'est évanouie. Un joli mot a été dit par un acteur anglais qu'on voulait consoler : « J'espère encore, nous connaissons les Français, et nos femmes vont paraître. »

Cinq ans plus tard, à l'Odéon, tout autre accueil, lors des représentations de Charles Kemble et de miss Smithson. Le romantisme avait conquis à Shakespeare les sympathies de la jeunesse, et Armand de Pontmartin, dans ses *Souvenirs d'un vieux critique*, constate que, le 15 septembre 1827, *Roméo et Juliette* souleva les acclamations unanimes d'une salle enthousiaste. Trois jours après, *Othello* rencontra quelques résistances. MM. Porel et Monval observent à ce sujet, dans leur *Histoire de l'Odéon* : « La scène du meurtre parut au-dessus de ce que pouvait supporter alors une assemblée française. » Déjà Frédéric Soulié avait composé une tragédie de *Roméo et Juliette*, en cinq actes et en vers, qui, reçue à la Comédie avant les représentations des acteurs anglais, finalement fut jouée à l'Odéon le 10 juin 1828. Les modifications apportées à la donnée de Shakespeare n'étaient pas très heureuses. Capulet, après avoir perdu deux filles et six fils, n'a plus que deux enfants, Thibald et Juliette. Celle-ci, devant que le rideau se lève sur le premier acte, a secrètement épousé

Roméo. Elle est donc fort embarrassée, lorsque son père veut la marier au comte Alvar, riche Espagnol. Pour éviter un double emploi et le crime de bigamie, elle absorbe un poison qui n'est qu'un soporifique. Roméo, la croyant morte, s'empoisonne en bonne forme, et tous deux rendent le dernier soupir, tendrement enlacés. La versification de Frédéric Soulié est médiocre. Juliette, s'épanchant avec sa camériste, vante en ces termes les modulations de Roméo :

> Les chants des troubadours me plaisaient autrefois ;
> Je n'aime plus les chants que ne dit point sa voix.

Au début du second acte, le jour commence à poindre, et Roméo prend congé de Juliette, sans doute un peu somnolente :

> Ah ! pour me dire adieu, détache de tes pieds
> Tes regards loin des miens trop longtemps oubliés.

Victor Hugo, qui fut lent à s'émouvoir en faveur de Shakespeare, entra en campagne durant les années d'exil et lui consacra une dissertation copieuse, ainsi qu'une préface pour la traduction de son fils François-Victor. Il rappelle les sacrilèges littéraires commis par Voltaire, dans la fameuse et triste lettre à La Harpe où il traite Shakespeare d'*histrion barbare* et s'écrie : « Avez-vous lu les deux volumes de ce misérable Letourneur ? Il sacrifie tous les Français sans exception à son idole, comme on sacrifiait autrefois des cochons à Cérès. Il y a déjà deux tomes imprimés qu'on prendrait pour des pièces de la foire, faites il y a deux cents ans. » En 1864, dans l'exil d'Hauteville-House, Victor Hugo, reconnaissant de l'hospitalité britannique, entonnait un hosannah en l'honneur de

Shakespeare et dédiait à l'Angleterre la glorification de son poète. Trente-cinq ans plus tôt, Alfred de Vigny, moins tumultueux et plus hardi, consommait le grand acte révolutionnaire, suprêmement romantique, de traduire en vers le *More de Venise* et de remporter la victoire sur le classicisme épouvanté. En faisant, suivant son expression, « escalader par cet Arabe la citadelle du Théâtre-Français, » il parachevait la préface de *Cromwell* et préparait les voies à *Hernani*. Pourquoi le génie discret et pur d'Alfred de Vigny disparaît-il dans l'apothéose de Victor Hugo?

CHAPITRE XVI

ALFRED DE VIGNY

Sans avoir ni l'abondance de Victor Hugo, ni la sensibilité de Lamartine, ni la vibration de Musset, Alfred de Vigny fut à la fois le plus noble et le plus hautain des littérateurs romantiques. Né à Loches le 28 mars 1797, mort à Paris le 17 septembre 1863, il vécut, presque dans la solitude et le silence, les trente dernières années d'une existence fière et désenchantée. Du sommet de sa tour d'ivoire il jetait sur l'humanité bourdonnante un regard mélancolique. Aristocrate de race, il avait une âme compatissante et attendrie, dont il refrénait les élans. Son père, ancien officier, sa mère, d'une beauté exquise, lui transmirent les qualités de l'honnête homme, l'air du grand seigneur, peu de patrimoine et les dons du génie. Aussi bien il s'est peint lui-même en quelques traits rapides et précis. il nous a offert la substance de son autobiographie intellectuelle et morale dans le *Journal d'un poète*, à la date du 23 décembre 1831 : « Naître sans fortune est le plus grand des maux. On ne s'en tire jamais dans cette société basée sur l'or. Je suis le dernier fils d'une famille très riche. — Mon père, ruiné par la Révolution, consacre le reste de son bien à mon éducation. Bon vieillard à cheveux blancs, spirituel, instruit, blessé, mutilé par la guerre de Sept ans, et gai, et plein de grâces, de manières. — On m'élève bien. On développe le sentiment des arts que j'avais apporté au monde. — J'eus, pendant tout le temps de l'Empire, le cœur ému, en voyant l'Empereur, du désir d'aller à l'armée. Mais il faut avoir l'âge ; d'ailleurs, le grand homme est détesté ; on éloigne de lui mes idées, autant qu'il se peut. — Vient la Restauration. — Je m'arme à seize ans de deux pistolets, et je vais, une cocarde blanche au chapeau, m'unir à tous les royalistes qui s'annonçaient faiblement. — J'entre dans les compagnies rouges à grands frais. — Un cheval me casse la jambe. Boitant et à peine guéri, je pris la déroute de Louis XVIII jusqu'à Béthune, toujours à l'arrière-garde et en face des lanciers de Bonaparte. — En 1815, dans la garde royale, après un mois dans la ligne. J'attends neuf ans que l'ancienneté me fasse capitaine. — J'étais indépendant d'esprit et de parole, j'étais sans fortune et poète, triple titre à la défaveur. — Je me marie après quatorze ans de services, et ennuyé du plat service de paix. » En peu de mots, et d'un style presque télégraphique, Alfred de Vigny dit l'essentiel sur ses origines et les débuts de sa carrière Plus loin, il ajoute qu'à deux ans il quitta Loches pour n'y jamais revenir, et qu'il fut élevé à Paris, « entre son père et sa mère et par eux, avec un amour sans pareil. » Ils avaient déjà perdu trois fils : Léon, Adolphe et

Emmanuel, morts avant la naissance d'Alfred, seul rejeton d'une vieille famille de la Beauce. L'aïeul possédait des domaines nombreux et considérables, que le *Journal d'un poète* énumère avec complaisance : « Vigny, le Tronchet, Gravelle, Emerville, Saint-Mars, Sermoise, Lourquetaine, etc., etc., étaient des terres à lui. Il ne m'en reste que les noms sur une généalogie. » Toutes ces propriétés, devenues biens nationaux, furent achetées à vil prix et payées en assignats par les hommes d'affaires de la maison. Ils n'eurent garde de les restituer à leurs anciens possesseurs. Ce dénouement idyllique ne se voit qu'à la Comédie-Française, dans *Mademoiselle de la Seiglière*.

On a volontiers souligné, voire raillé la gravité plutôt altière d'Alfred de Vigny. Jules Sandeau, directeur de l'Académie, ne craignit pas de décocher cette phrase ironique, en recevant son successeur, Camille Doucet : « Personne n'a vécu dans sa familiarité, pas même lui. » A ce grief injuste, ou tout au moins outré, le poète a répondu par avance en des termes qui lui restituent son véritable aspect : « La sévérité froide et un peu sombre de mon caractère n'était pas native. Elle m'a été donnée par la vie. Une sensibilité extrême, refoulée dès l'enfance par les maîtres, et à l'armée par les officiers supérieurs, demeura enfermée dans le coin le plus secret de mon cœur. Le monde ne vit plus, pour jamais, que les idées. » Le métier militaire, qu'il voulut aimer et dont il parla avec une absolue franchise, lui fut très rigoureux. Son être physique et moral y souffrait cruellement. Malade, exténué en 1819, il continuait son service, restait debout et marchait. « Ce n'est, écrit-il, que lorsqu'un homme est mort qu'on croit à sa maladie dans un régiment. Après son enterrement, on dit : « Il paraît qu'il était vraiment malade. » S'il est au lit, on dit : « Il fait semblant. » S'il est malade de la poitrine et sort pour prendre l'air, on dit : « C'est se moquer de ses camarades et leur faire faire son service. » — Cette dureté se gagne. On se moque de vous si vous avez pitié d'un soldat. Là, vous avez horreur d'un homme qui se brûle la cervelle, on croit que cette résolution ressemble à la révolte contre l'autorité. On devient impassible et dur. » Alfred de Vigny éprouva, tout le premier, ces sentiments de contrainte et de rudesse impitoyable. Il s'infligea les tortures professionnelles, comme une sorte de flagellation, en s'évertuant à y trouver la satisfaction ou l'appétence d'un idéal. Voici le souvenir qu'il en garde : « Je pris ce parti contre moi-même et je dis : « J'irai jusqu'à la fin. » Je marchai une fois d'Amiens à Paris par la pluie avec mon bataillon, crachant le sang sur toute la route et demandant du lait à toutes les chaumières, mais ne disant rien de ce que je souffrais. Je me laissais dévorer par le vautour intérieur. » En un passage du *Journal d'un poète*, figure le mot de son cousin, le comte James de Montrivault, colonel du régiment où Alfred de Vigny était capitaine. Il se défendait ainsi du reproche de fatiguer ses soldats : « Mon ami, il faut toujours exiger des hommes plus qu'ils ne peuvent faire, afin d'en avoir tout ce qu'ils peuvent faire. » Et le lettré, qui avait retenu dans la vie intellectuelle et philosophique beaucoup de la discipline des camps, donnait son acquiescement à cet emploi de l'aiguillon : « C'était un bon principe militaire venant d'un bon officier. »

Très fier de son origine aristocratique, Alfred de Vigny s'était affligé, en sa prime enfance, de voir la noblesse dédaignée et injuriée. A cet égard, des souvenirs de collège lui laissèrent une impression de tristesse ineffaçable qu'il évoquait avec amertume, au déclin des ans. Il croyait entendre les quolibets de ses camarades, qui appartenaient à des familles bourgeoises, attachées aux principes de la Révolution. « Quelquefois, raconte-t-il, ils me disaient : — « Tu as un *de* à ton nom ; es-tu noble ? » — Je répondais : — « Oui, je le suis. » — Et ils me frappaient. Je me sentais d'une race maudite, et cela me rendait sombre et pensif. » Son père cependant, qui était doué d'un esprit très fin, avait eu soin de l'éclairer sur la vraie noblesse si distincte du faux orgueil, en lui citant une réplique de M. de Coulanges à madame de Sévigné, laquelle était assez entichée de blason : « Nous fûmes tous laboureurs, nous avons tous conduit notre charrue. L'un a dételé le matin, l'autre l'après-dînée. Voilà toute la différence. » Mais, chez l'enfant qui devait être plus tard un illustre poète, persistait le sentiment de l'injustice. Les élèves de sa classe, plus grands et plus robustes, « s'indignaient de voir des prix d'*excellence* donnés constamment à un petit garçon dont le corps ressemblait par sa délicatesse à celui d'une petite fille. Ils me prenaient, ajoute-t-il, le pain de mon déjeuner, et je n'en rachetais la moitié qu'à la condition de faire le *devoir*, le *thème* ou l'*amplification* de quelque *grand*, qui m'assurait à coups de poing la conservation de cette moitié de mon pain. Il prenait l'autre pour son droit, le thème en sus, et je déjeunais. » De la sorte, sous l'Empire, dans les établissements de l'Université, les collégiens pratiquaient la politique européenne de Napoléon : la raison du plus fort, annoncée par le bon La Fontaine. Est-ce que l'enfance n'est pas un microcosme ?

La véritable éducation d'Alfred de Vigny se fit, non pas sur les bancs, mais dans la bibliothèque paternelle qui fournit un aliment inépuisable à sa curiosité, à sa passion de lecture. Il parcourait tous les sentiers des connaissances humaines, tantôt s'enthousiasmant pour les mathématiques et se préparant aux examens de l'École polytechnique, tantôt ébauchant des comédies, des romans, des tragédies, selon le goût néo-classique et apprêté de l'époque impériale. « Cette ressemblance, dit-il, me devenait insupportable, je déchirais sur-le-champ ce que j'avais écrit, sentant bien qu'il fallait faire autrement, ayant vite mûri mes idées et n'en trouvant pas encore la forme. Cependant, je sentais en moi un invincible désir de produire quelque chose de grand et d'être grand par mes œuvres. » Cette ferveur d'idéal lui inspirera un jour les deux strophes sublimes, où, s'adressant à une amie et comme à une Muse mystérieuse, il élève la noblesse de l'esprit au-dessus de celle du berceau :

Si l'orgueil prend ton cœur quand le peuple me nomme,
Que de mes livres seuls te vienne ta fierté.
J'ai mis sur le cimier doré du gentilhomme
Une plume de fer qui n'est pas sans beauté.
J'ai fait illustre un nom qu'on m'a transmis sans gloire.
Qu'il soit ancien, qu'importe? il n'aura de mémoire
Que du jour seulement où mon front l'a porté.

Dans le caveau des miens plongeant mes pas nocturnes,
J'ai compté mes aïeux suivant leur vieille loi.
J'ouvris leurs parchemins, je fouillai dans leurs urnes
Empreintes, sur le flanc, des sceaux de chaque roi.

A peine une étincelle a relui dans la cendre.
C'est en vain que d'eux tous le sang m'a fait descendre ;
Si j'écris leur histoire, ils descendront de moi.

Les loisirs de la vie de garnison permirent à Alfred de Vigny de tourner sa pensée et d'orienter son labeur vers la littérature. « L'ennui, lisons-nous dans le *Journal d'un poète*, est la maladie de la vie. Pour la guérir, il suffit de peu de chose : *aimer* ou *vouloir*. » Or, ce gentilhomme s'ennuya profondément et majestueusement. Son idéal se heurtait à la réalité, comme un oiseau captif aux barreaux de sa cage. Il demanda à la poésie de calmer ses angoisses, de reposer la lassitude de ses aspirations audacieuses et déçues. « Le travail, dit-il, est un oubli, mais un oubli actif qui convient à une âme forte. » Et il ajoute : « Aimer, inventer, admirer, voilà ma vie. » Il aima avec une nuance de mysticité sensuelle ; il eut un don d'admiration solennelle qu'il ne dédaignait pas de reporter sur lui-même ; il inventa peu, mais avec le sceau du génie ; il ne voulut que par intermittence. Pourtant il avait conçu d'amples projets, que son imagination légèrement fastueuse résumait en cette maxime : « Qu'est-ce qu'une grande vie ? C'est un rêve de la jeunesse réalisé dans l'âge mûr. » Certes, il fut loin, quoi qu'en pense son exécuteur testamentaire Louis Ratisbonne, de réaliser tous ses rêves. Qui de nous, d'ailleurs, s'en pourrait flatter ? Le souffle ne lui manquait pas, mais il était d'une humeur trop rebelle à l'action continue pour remplir entièrement son dessein. Il eut, par intervalles, de sublimes coups d'aile qui l'emportaient sur les sommets. Théophile Gautier comparait, en une métaphore poétiquement exacte, la splendeur sereine d'Alfred de Vigny aux astres blancs et doux de la Voie lactée, à « ces nébuleuses gouttes de lait sur le sein bleu du ciel, qui brillent moins que d'autres étoiles, parce qu'elles sont placées plus haut et plus loin. »

Un hasard heureux affirma sa vocation et lui donna confiance en sa fortune littéraire. Vers 1816 — car il omet de préciser la date, mais il était lieutenant de la garde royale à Versailles — il avait terminé une tragédie de *Julien l'Apostat* qui, plus tard, lui parut digne d'être brûlée. Il la lut, telle quelle, à M. de Beauchamp, auteur de quelques livres d'histoire. Celui-ci, après avoir entendu le premier acte, serra la main du jeune officier et lui dit avec effusion : « Souvenez-vous de ceci ; à dater d'aujourd'hui, vous avez conquis votre indépendance. » Douze ans encore, jusqu'en 1828, Alfred de Vigny demeura dans l'armée, mais en cherchant et en trouvant la route qui devait le conduire au romantisme. Loin de regarder la littérature comme une profession et la poésie comme un métier, il ne prenait la plume que lorsqu'il sentait venir l'inspiration. En 1822, sous le titre de *Poèmes*, il publia, sans nom d'auteur, un recueil de vers qui n'attira pas l'attention ; puis il composa les deux œuvres, *Moïse* et *Éloa*, auxquelles il dut la notoriété et les premiers sourires de la gloire. *Moïse*, paru en 1826, mais qu'Alfred de Vigny avait depuis quatre ans en portefeuille, montre le prophète hébreu gravissant le mont Nébo sous l'accablement de sa mission. Il adresse à l'Éternel cette prière mélancolique, après une carrière trop longue et une tâche trop lourde :

O Seigneur, j'ai vécu puissant et solitaire,
Laissez-moi m'endormir du sommeil de la terre !

Si *Moïse* est le rêve du repos dans l'au delà de la mort, le poème d'*Éloa*, conçu l'année suivante (1823), offre la glorification de la pitié. D'une larme du Christ est issue une créature céleste, radieusement belle, qui s'éprend de quelque séraphique tendresse pour un ange maudit. Éloa, en un vague espoir de réconcilier l'enfer et le ciel, rejoint l'exilé et lui apporte d'immatérielles consolations. Hélas! elle sera victime de sa généreuse chimère. Elle succombe aux ensorcelantes paroles, au sortilège sentimental du Don Juan tombé de l'empyrée.

Quand ce mystique chef-d'œuvre fut publié dans les *Poèmes antiques et modernes*, Alfred de Vigny suscita l'enthousiasme de la jeune école romantique qui cherchait des chefs et ne demandait qu'à admirer la révélation de l'art nouveau. Loin de s'attendre à une popularité si éclatante et si soudaine, le poète ne voulait imprimer *Éloa* qu'à vingt exemplaires. Le succès l'encouragea à tenter une autre entreprise qui devait être encore plus retentissante. Parti en 1823 pour l'expédition d'Espagne et promu capitaine, il ne franchit pas les Pyrénées : sa brigade demeura en observation sur la frontière. C'est là, dans la contrée toute peuplée des souvenirs de Charlemagne et de Roland, qu'il traça le plan de *Cinq-Mars*. Ne demandez point à ce roman, dit historique, la scrupuleuse exactitude de l'histoire. Pas plus que dans *Marion de Lorme*, vous n'y trouverez le vrai Louis XIII ni le vrai Richelieu. Alfred de Vigny a voulu et su nous attendrir sur une grande infortune, pathétique épisode encadré dans nos annales. De la part du poète, qui se faisait romancier, il y avait un acte de condescendance envers la foule indifférente au sublime, éprise des sentiments moyens et des émotions faciles. L'auteur eut soin, dans les notes qu'il léguait à Louis Ratisbonne, de souligner l'importance rétrospective de son sacrifice : « En faisant *Cinq-Mars*, je dis à mes amis : « *C'est un ouvrage à public. Celui-là fera lire les autres*. Je ne me trompais pas. »

En 1826, avant la trentième année, Alfred de Vigny était un des maîtres de la nouvelle littérature. Il marchait presque de pair avec Lamartine, il devançait Victor Hugo. Par *Cinq-Mars*, il ouvrait la voie à *Henri III* et à *Hernani*. Aussi bien avait-il pleinement conscience de son génie. L'admiration qui l'entourait ne lui semblait pas disproportionnée à ses mérites. Dans le *Journal d'un poète*, il a recueilli et approuvé quelques-uns des éloges dont il était gratifié. Les plus dithyrambiques sont venus naturellement à sa mémoire et sous sa plume : « Un jour, Armand Carrel a dit, en parlant de moi : « *Voilà une belle âme; il faut la montrer !* » A la suite de ce mot d'un homme que je n'ai jamais connu, parut le grand article du *National* sur ma vie et mes œuvres. Il était de M. Rolle, homme d'un esprit rare et des plus étendus. » — Comment ne pas trouver d'esprit à qui vous comble de louanges ? — Alfred de Vigny reproduit également les paroles que lui adressa Henri de Latouche, en sortant du cimetière après l'enterrement de Charles Nodier : « J'ai suivi de loin votre vie. Qu'elle est simple et belle ! Vous faites encore que l'on peut s'honorer d'être homme de lettres. » L'honneur et les vocables qui en dérivent reviennent souvent dans la phrase d'Alfred de Vigny. Il est hanté d'une glorieuse obsession, qui lui a dicté l'aphorisme : « L'honneur, c'est la poésie du devoir. »

Si ce caractère de grand seigneur adonné aux lettres ne manque pas d'un certain contentement de soi, l'homme privé avait de la grâce. C'était une sorte de misanthrope de haut lignage. Naturellement pessimiste, il se permettait d'écrire ce calembour philosophique : « Si le bonheur n'était qu'une bonne heure ? s'il ne nous était donné que par instants ? » Il aimait, en son humeur dolente, à *faire le tour de son cœur*; il se plaignait avec constance des hommes et des choses, il s'apitoyait sempiternellement sur son destin : « Hélas ! toujours la même vie ! Je quitte le chagrin pour la maladie et la maladie pour le chagrin. » En dépit de tout, comme Alceste, il se faisait aimer. Cherchons le secret de cette attirance. Madame Ancelot, dans le volume, *Un salon de Paris*, s'extasie sur sa beauté : « Quelle est donc cette figure gracieuse et maligne en même temps, qui ressemble à un page prêt à faire une espièglerie ? Prenez garde ! il est capable, à en juger par son air, de dérober un ruban à celle-ci, un baiser à celle-là ; c'est Chérubin, blond, vif, alerte, et déjà officier ; oui, c'était un officier de la maison du roi. Et notre officier, déjà rêveur, pensait à représenter avec un charme infini les douleurs d'un poète méconnu dans le drame de *Chatterton*, et prenait alors les leçons de l'expérience pour son bel ouvrage des *Grandeurs et des Servitudes militaires*. Oui, ce malin visage, qui se cache entre ces deux visages de femme, c'est le comte Alfred de Vigny. » En regard de ce portrait, dessiné par madame Ancelot avec une complaisance presque amoureuse, voici celui que trace Lamartine, et qui n'est pas moins flatteur. Les poètes d'alors, loin d'appartenir à la race irritable dont parle Horace, se louangeaient et s'aimaient, pour la commune gloire du romantisme : « Il avait une belle et douce physionomie. Ses cheveux fins et luisants, des cheveux ruisselants d'inspiration, se rejetaient en arrière pour découvrir un front poli, légèrement teinté de blanc et de carmin, gracieusement déprimé vers les tempes. Il avait des yeux bleus de mer qui dédaignaient de chercher la pensée d'autrui, le nez droit, et ses lèvres, rarement fermées, gardaient le pli habituel d'un sourire en songe; son menton solide était de ceux qui appellent le creux de la main pour s'y reposer, menton de rêveur ou de penseur, comme un grand poète le veut. Le visage de M. de Vigny avait cette blancheur rose, cette pureté de teint où transparaît la pureté de l'âme intérieure. Le timbre de sa voix était égal et grave. Sa taille était médiocre, mais bien prise. »

Après cette strophe lyrique, écoutons l'antistrophe un peu railleuse. Nous la trouverons dans les *Mémoires* d'Alexandre Dumas (V, 283) : « De Vigny était un singulier homme : poli, affable, doux dans ses relations, mais affectant l'immatérialité la plus complète ; cette immatérialité allait, du reste, parfaitement à son charmant visage aux traits fins et spirituels, encadré dans de longs cheveux blonds bouclés, comme un de ces chérubins dont il semblait le frère. De Vigny ne touchait jamais à la terre que par nécessité : quand il reployait ses ailes, et qu'il se posait, par hasard, sur la cime d'une montagne, c'était une concession qu'il faisait à l'humanité, et parce que, au bout du compte, cela lui était plus commode pour les courts entretiens qu'il avait avec nous. Ce qui nous émerveillait surtout, Hugo et moi, c'est que de Vigny ne paraissait pas soumis le moins du monde à ces grossiers besoins de notre nature, que quelques-uns de nous — et Hugo et moi étions du nombre de ceux-là — satisfaisaient, non seulement sans honte, mais encore avec une certaine sensualité. Personne de nous n'avait jamais surpris de Vigny à table. Dorval, qui, pendant sept ans de sa vie, avait passé chaque jour plusieurs heures près de lui, nous avouait, avec un étonnement qui tenait presque de la terreur, qu'elle ne lui avait jamais vu manger qu'un radis ! Proserpine, qui cependant était déesse, n'avait pas, elle, cette sobriété ; enlevée par Pluton, entraînée en enfer, elle avait, dès le premier jour, et malgré la préoccupation que devait naturellement lui donner le séjour peu récréatif où elle avait été conduite, mangé sept grains de grenade ! Tout cela n'empêchait point de Vigny d'être un agréable confrère, gentilhomme jusqu'au bout des ongles, très capable de vous rendre un service, très incapable de vous jouer un mauvais tour. »

Non moins malicieux, mais plus académique en la forme, est le jugement de Sainte-Beuve, qui notait chez Alfred de Vigny une conversation toute fine et pointillée, avec une propension à dévider les mots comme des perles qu'il aurait comptées et admirées avant de les sortir. En même temps, il mimait et semblait caresser sa phrase. « Tout parle en lui, dit l'auteur des *Causeries du lundi*, quand il vous décrit quelque objet : son geste, son ongle élégant, sa paupière soyeuse qui se plisse, sa lèvre discrète qui sourit en s'amincissant. » Ce style fini, léché, donne à Sainte-Beuve l'impression d'une miniature ; mais l'attitude maniérée du peintre, qui contemple son pinceau, sa palotto et son œuvre, n'est pas sans lui paraître un peu *ridicule*. Il risque le mot, puis il cherche à le reprendre en regardant — tel un enfant son cerf-volant — cet aède qui s'envole vers la Voie lactée. Le succès vint ravir à Alfred de Vigny toute simplicité. « Le militaire et le gentilhomme, conclut Sainte-Beuve, avaient fait place à l'homme de lettres solennel, qui se croyait investi à demeure d'un ministère sacré; il avait en lui du pontife. Son esprit, comme sa parole, avait acquis je ne sais quoi de lent, de tenace et de compassé, et aussi une sorte d'aigreur ironique qui me faisait dire que *son albâtre était chagriné.* » Et voici la flèche du Parthe, le trait final : « Il se retrancha, en vieillissant, dans son inviolabilité d'ange et de poète; il y semblait véritablement confit. »

Ne restons pas sur cette appréciation qui tient du pamphlet et de la caricature. A l'Alfred de Vigny du déclin, vu par Sainte-Beuve sous un jour déplaisant et cru, il faut opposer une esquisse de Théophile Gautier qui nous rend le poète d'*Éloa* en son éclat de grâce et de jeunesse : « Quand on pense à de Vigny, on se le représente involontairement comme un cygne nageant le col un peu replié en arrière, les ailes à demi gonflées par la brise, sur une de ces eaux transparentes et diamantées des parcs anglais ; une *Virginia Water* égratignée d'un rayon de lune tombant à travers les chevelures glauques des saules. C'est une blancheur dans un rayon, un sillage d'argent sur un miroir limpide, un soupir parmi des fleurs d'eau et des feuillages pâles. « A la même conclusion, mais formulée d'un style moins chatoyant, aboutit M. Anatole France dans l'étude qu'au temps de ses débuts littéraires, en 1868, il consacrait à Alfred de Vigny. Il l'appelle le « poète des passions décentes. » Pour décentes qu'elles fussent, ses passions avaient une exaltation romantique. Or, il ne s'agit pas seulement de la grande folie d'amour pour madame Dorval que nous verrons graviter autour de *Chatterton*. Il éprouva, vers 1823, une inclination, voire une adoration plus qu'intellectuelle, pour Delphine Gay, la jeune Muse rayonnante de poésie et de beauté. Un projet de mariage fut ébauché. On eut le consentement de madame Sophie Gay, mais non pas celui de madame de Vigny, qui se récria devant cette mésalliance. Le cœur de Delphine avait été touché et troublé, comme l'avoue une lettre de sa mère, écrite en août 1823 à madame Desbordes-Valmore. Elle y parle en ces termes du *poète guerrier* : « Tant de talent, de grâces, joints à une bonne dose de coquetterie, ont enchanté cette âme si pure, et la poésie est venue déifier tout cela. La pauvre enfant était loin de prévoir qu'une rêverie si douce lui coûterait des larmes ; mais cette rêverie s'emparait de sa vie. Je l'ai vu, j'en ai tremblé, et après m'être assurée que ce rêve ne pouvait se réaliser, j'ai hâté le réveil. — Pourquoi ? me direz-vous. — Hélas ! il le fallait. Peu de fortune de chaque côté : de l'un assez d'ambition, une mère ultra-vaine de son titre, de son fils, et l'ayant déjà promis à une parente riche, en voilà plus qu'il ne faut pour triompher d'une admiration plus vive que tendre ; de l'autre, un sentiment si pudique qu'il ne s'est jamais trahi que par une rougeur subite, et dans quelques vers où la même image se reproduisait sans cesse. »

Obligé de renoncer au mariage d'amour, Alfred

de Vigny écarta dédaigneusement la parente riche, et il épousa une jeune Anglaise, Lydia Bunbury, dont le père était un étrange original. La grosse fortune qu'il avait amassée aux Indes l'avait laissé fort inculte. Présenté à Lamartine, secrétaire d'ambassade à Florence, qui faisait l'intérim, il fut invité à dîner à la légation. Au cours du repas, comme on parlait de littérature, il déclara que sa fille était mariée à l'un des premiers poètes de France. — Lequel? demanda Lamartine. — L'Anglais ne se rappelait pas le nom de son gendre. On lui cita plusieurs poètes en renom, il répondait : « Ça n'est pas ça. » Enfin Lamartine ayant nommé le comte Alfred de Vigny, le beau-père eut une lueur de mémoire : « Oui, dit-il, je crois que c'est ça. »

Madame de Vigny, quoique remarquablement belle, semble n'avoir guère été pour son mari qu'une compagne et une amie. Il l'entoura de sollicitude et de respect, il la soigna très attentivement — car elle eut de longues et cruelles maladies — mais il ne l'aimait pas d'amour. Était-il né pour la vie conjugale? On en peut douter et même lui appliquer l'anecdote qu'il relate dans le *Journal d'un poète* : « Lord Byron reçut, le lendemain de son mariage, une lettre de M. Davis, qui lui demandait comment il se trouvait de sa nuit. Il répondit : « Vers quatre heures du matin, je me suis réveillé. Le feu rouge éclairait les rideaux cramoisis de mon lit, je me suis cru en enfer; j'ai tâté à côté de moi, et j'ai vu que c'était encore pis, en me rappelant que j'étais marié. » Alfred de Vigny eût employé des expressions plus académiques pour traduire la même idée. De vrai, il avait l'âme d'un désabusé et d'un dégoûté. Dégoûté du mariage, de l'aristocratie, de la royauté, de la gloire militaire, bref, de tout au monde, excepté de son génie. Dans la bataille romantique, il est le haut seigneur qui répugne aux violences grossières et se tient à l'écart des bousingots. Toutefois il daigna, en traduisant Shakespeare, remplir l'office d'introducteur des ambassadeurs. Il était né grand-maître des cérémonies littéraires.

CHAPITRE XVII

OTHELLO

La Comédie-Française, stimulée par le succès d'*Henri III et sa Cour*, mais surtout guidée par le goût novateur du baron Taylor, commissaire royal, ne se bornait pas à accueillir, elle appelait les jeunes auteurs romantiques. Victor Hugo, déjà illustre grâce aux *Odes et Ballades*, à *Cromwell* et aux *Orientales* — sans préjudice d'œuvres de second plan, telles que *Bug Jargal* et *Han d'Islande* — allait franchir la brèche qu'avait ouverte Alexandre Dumas. Entre les différents sujets qu'il portait en son cerveau, il choisit *Marion de Lorme*. Le 1er juin 1829, il commençait son drame ; le 27 du même mois, il l'avait terminé. Le quatrième acte fut composé dans les vingt-quatre heures qui s'écoulèrent de l'aube du 20 à l'aurore du 21. Durant ce fougueux labeur d'un jour et d'une nuit, il n'avait, dit Dumas en ses *Mémoires*, « ni bu, ni mangé, ni dormi ; mais il avait fait un acte de près de six cents vers ; six cents vers qui, à mes yeux, comptent parmi les plus beaux de la langue française. ». Après une lecture triomphale devant la pléiade romantique, les directeurs se disputèrent *Marion de Lorme*. Harel, entrant chez Victor Hugo, s'empara du manuscrit et écrivit au-dessous du titre : « Reçu au théâtre de l'Odéon, le 14 juillet 1829. » Quarante ans après la prise de la Bastille ! — Le surlendemain, Crosnier, directeur de la Porte-Saint-Martin, qui ne connaissait pas le poète, arrivait rue Notre-Dame-des-Champs et s'exprimait en ces termes : « Monsieur, j'étais venu pour avoir l'honneur de parler à monsieur votre père ; on m'avait dit qu'il était chez lui. Si ce n'était point abuser de votre complaisance, je vous prierais de vouloir bien le faire prévenir que je l'attends. » Quel fut l'étonnement de Crosnier en apprenant que ce jeune homme, qui paraissait avoir vingt ans, était l'auteur de *Marion de Lorme* ! Lui aussi voulut écrire sur le manuscrit, un peu plus bas que la signature d'Harel : « Reçu au théâtre de la Porte-Saint-Martin, le 16 juillet 1829. » Victor Hugo préféra, comme de raison, la Comédie-Française, où sa pièce fut acceptée par acclamation et à l'unanimité. Sur-le-champ, les rôles étaient distribués : mademoiselle Mars jouait Marion ; Firmin, Didier ; Joanny, Nangis ; Menjaud, Saverny. Mais la censure intervint et opposa son veto. Le ministre ami des lettres, M. de Martignac, qui avait pu sauver *Henri III*, se déclarait impuissant pour *Marion de Lorme*. Le Valois, déjà lointain, avait médiocre réputation, tandis que Louis XIII était un Bourbon, un ancêtre. Il fallut en référer à Charles X, qui refusa de lever l'interdiction, mais voulut porter la pension du poète de 2.400 francs à 6.000. Victor Hugo écarta fièrement cette compensation pécuniaire. Il demandait, non pas qu'on augmentât ses gages, mais de jouir de la liberté dramatique. Le roi offrait une aumône, quand l'écrivain réclamait la protection des lois.

Tandis que Victor Hugo, reprenant le manuscrit de *Marion de Lorme*, préparait un autre drame qui devait être *Hernani*, la Comédie-Française se retournait vers Alfred de Vigny et mettait en répétition sa traduction d'*Othello*. L'effet produit devant le comité avait été considérable. Toutefois les purs romantiques formulaient quelques réserves et sur l'œuvre et sur l'auteur. « Alfred de Vigny, dit Alexandre Dumas, avait peu d'imagination, mais une grande correction de style ; il était connu par son roman de *Cinq-Mars*, qui n'aurait qu'un succès médiocre s'il paraissait aujourd'hui, mais qui, dans ce moment de disette littéraire, avait eu beaucoup de vogue... Nous connaissions tous la traduction de de Vigny, et, quoique nous eussions mieux aimé être soutenus par des troupes nationales et par un général français que par ce poétique condottiere, nous comprenions qu'il fallait accepter toutes les armes qu'on nous apportait contre nos ennemis, du moment surtout où ces armes sortaient de l'arsenal de notre grand maître à tous, Shakespeare. »

L'intime pensée qui inspira le traducteur se trouve exprimée dans des vers écrits sur l'exemplaire du *More de Venise*, offert à madame Dorval. L'éditeur du *Journal d'un poète*, Louis Ratisbonne les a recueillis :

Quel fut jadis Shakspeare ? — On ne répondra pas.
Ce livre est à mes yeux l'ombre d'un de ses pas,
Rien de plus. — Je le fis, en cherchant sur sa trace

Quel fantôme il suivait de ceux que l'homme embrasse,
Gloire, — fortune, — amour, — pouvoir ou volupté!

Rien ne trahit son cœur, hormis une beauté
Qui toujours passe en pleurs parmi d'autres figures
Comme un pâle rayon dans les forêts obscures,
Triste, simple et terrible, ainsi que vous passez,
Le dédain sur la bouche et vos grands yeux baissés.

Alfred de Vigny qui aima si passionnément madame Dorval, eût souhaité l'avoir pour interprète de Desdémona; mais elle n'appartenait pas à la Comédie-Française. Le rôle fut confié à mademoiselle Mars; Joanny lui donnait la réplique. « C'étaient, disent les *Mémoires* d'Alexandre Dumas, de puissants auxiliaires; ce n'étaient pas précisément ceux qu'il nous eût fallu. Mademoiselle Mars et Joanny étaient un peu empruntés sous des habits qui, poétiquement, n'étaient pas faits à leur taille. Mademoiselle Mars, charmante femme de l'Empire, spirituelle, légère, fine, gracieuse, mordante, n'avait rien de la mélancolique, douce et naïve maîtresse du More ; et Joanny, avec son nez retroussé à la Odry, avec ses gestes sans grandeur et sans majesté, n'avait rien du sombre et terrible amant de Desdémona. Le rôle d'Iago, que Ducis avait remplacé par celui de Pézare, comme on remplace une jambe de chair et d'os par une jambe de bois, était échu à Perrier, et allait paraître au grand jour, ou plutôt à la grande lumière, pour la première fois. » Tous ces acteurs, longtemps confinés dans le répertoire classique ou dans les pâles imitations du grand siècle, avaient docilement suivi l'impulsion du baron Taylor et passé de façon délibérée au drame moderne. Ils sentaient que la nouvelle école avait pour soi la faveur populaire. La bataille d'*Henri III* une fois gagnée, celle d'*Othello* ne pouvait être perdue. Néanmoins, les tenants du classicisme luttaient désespérément, en usant de toutes armes, même des plus déloyales. Un de leurs journaux écrivait avec une insigne mauvaise foi, pour ameuter les fureurs bourgeoises : « La représentation du *More de Venise* devait décider d'une grande question littéraire. Il s'agissait de savoir si Shakespeare, Schiller et Gœthe allaient chasser de la scène française Corneille, Racine et Voltaire. » Alexandre Dumas répond qu'il ne s'agissait pas plus de chasser les maîtres classiques de leur Parnasse séculaire que le Tiers-État n'avait expulsé l'aristocratie des situations qu'elle détenait. Le romantisme demandait seulement, à l'exemple des hommes de 1789, l'égalité des droits et le partage des charges. On priait les dieux de notre vieille littérature de concéder une petite place dans le temple à ceux de l'Angleterre, de l'Allemagne et de la Scandinavie — sans se douter que les divinités septentrionales deviendraient bien encombrantes. « La religion de Molière, de Corneille et de Racine, ajoutait Dumas, sera toujours la religion de l'État ; mais que la liberté des cultes soit proclamée ! » Les fervents de l'école classique n'acceptaient pas de tempérament. Ils voulaient le monopole pour les autels qu'ils desservaient.

Ce grave problème a été étudié, sinon résolu, par Alfred de Vigny, d'abord dans la *Lettre à lord**** *sur la soirée du 24 octobre 1829 et sur un système dramatique*, puis, dix ans après, dans l'*Avant-propos* de l'édition de 1839. A distance, quand l'effervescence romantique commence à se calmer, l'auteur d'*Othello* porte sur son œuvre un jugement impartial : « Cet Arabe, dit-il, arbora le drapeau de l'art aux armoiries de Shakespeare, et non le mien. Et pourtant, j'en appelle aux témoins qui ont survécu à ce jour de bataille, ce fut un scandale qui eût été moins grand si le More eût profané une église. » Le traducteur se flatte d'avoir sapé et jeté à bas la triple unité aristotélique, « divin précepte illustré dans les doctes gloses de Le Batteux et de La Harpe et dans la rhétorique des demoiselles. » A son gré, *Othello* est la première pierre d'un monument qui devra être élevé en France à l'honneur de Shakespeare. Il souhaite que son théâtre tout entier soit traduit en vers et porté à la scène. Pour prêcher d'exemple, à l'adaptation du *More de Venise* il joint celle de *Shylock*, composée en 1828 et qui ne fut jamais représentée. D'autres poètes ont suivi la voie qu'il ouvrait.

Conçue avec moins de sérénité que l'*Avant-propos*, mais beaucoup plus substantielle, est la *Lettre à lord* *** qu'Alfred de Vigny publia le 1er novembre 1829, huit jours après que son *Othello* eut paru à la Comédie-Française. Il compare les tragédies et, en général, tous les ouvrages dramatiques à une *machine* aussi compliquée que le fut celle de Marly, de royale mémoire. « Cette mécanique, dit-il, se monte à grands frais de temps, d'idées, de paroles, de gestes, de carton peint, de toiles et d'étoffes brodées. Une grande multitude vient la voir. La *soirée* venue, on tire un ressort et la *machine* remue toute seule pendant environ quatre heures : les paroles volent, les gestes se font, les cartons s'avancent et se retirent, les toiles se lèvent et s'abaissent, les étoffes se déploient, les idées deviennent ce qu'elles peuvent au milieu de tout cela ; et si, par fortune, rien ne se détraque, au bout des quatre heures, la même personne tire le même ressort, et la *machine* s'arrête. Chacun s'en va, tout est dit. Le lendemain, la *multitude* diminue justement de moitié, et la *machine* commence à s'engourdir. On change une petite roue, un levier, elle roule encore un certain nombre de fois, après lesquelles les frottements usent les rouages qui se désunissent un peu et commencent à crier sur les gonds. Après un autre nombre de soirs, la *machine* ayant toujours diminué de *qualité*, et la *multitude* de *quantité*, le mouvement cesse tout à coup dans la solitude. »

Si la comparaison est un peu lente et lourde, elle a le mérite de l'exactitude. Alfred de Vigny constate, à bon droit, qu'une pièce de théâtre c'est *une soirée* où l'on joue son va-tout, le travail accumulé durant des semaines, des mois, peut-être des années. Aussi bien est-ce le procédé le plus sûr, la voie la plus prompte pour s'adresser à un ou deux milliers de personnes assemblées, et qui sont bien obligées d'entendre ce qu'on projette de leur dire. Quelle est la supériorité du théâtre, et quel admirable instrument de propagande ! Alexandre Dumas fils a judicieusement noté que l'art dramatique ne saurait avoir toutes les immunités, qu'il comporte des réserves qu'on n'exigera point d'un volume confié au libraire. Dans une salle de spectacle, observe l'auteur du *Demi-Monde*, « on est au moins trois. » En revanche, le public ne peut se dérober, et il subit cette émotion communicative, véritable électricité qui émane des foules. « Un lecteur, dit Alfred de Vigny, a bien des ressources contre nous, comme, par exemple, de jeter son livre au feu ou par la fenêtre : on ne connaît aucun moyen de répression contre cet acte d'indignation ; mais, contre le spectateur, on est bien plus fort : une fois entré, il est pris comme dans une souricière, et il est bien difficile qu'il sorte s'il a des voisins brusques et que le bruit dérange. Il y a telle place où il ne peut tirer son mouchoir. Dans cet état de contraction, d'étouffement et de suffocation, il faut qu'il écoute. La *soirée* finie, trois mille intelligences ont été remplies de vos idées. N'est-ce pas là une invention merveilleuse ? »

De cette invention, qui a des origines assurément plus lointaines que le légendaire chariot de Thespis, Alfred de Vigny voulait tirer parti, non seulement pour remporter un succès personnel, mais pour instaurer une nouvelle poétique théâtrale. Voici comment il pose la question qu'il entendait soumettre à l'intelligence de ses contemporains :

« La scène française s'ouvrira-t-elle, ou non, à une tragédie moderne produisant : — dans sa conception, un tableau large de la vie, au lieu du tableau resserré de la catastrophe d'une intrigue ; — dans sa composition, des caractères, non des rôles, des scènes paisibles sans drame, mêlées à des scènes comiques et tragiques ; — dans son exécution, un style familier, comique, tragique et parfois épique ? »

En manière de réponse et de solution, Alfred de Vigny s'est abstenu de proposer une fable et une œuvre nouvelles dont on aurait pu discuter et la valeur et la portée. « Ces contestations, dit-il, seraient interminables pour nous, le seul arbitre étant la postérité. » Il a donc préféré que l'épreuve se fît sur le nom de Shakespeare, consacré par le temps, et sur un de ses ouvrages universellement connu, en même temps que conforme aux revendications des novateurs. Sans prétendre imposer un modèle actuel, il demandait à l'opinion publique de juger « un monument étranger, élevé autrefois par la main la plus puissante qui ait jamais créé pour la scène, et selon le système — ajoute-t-il — que je crois convenable à notre époque, à cela près des différences que les progrès de l'esprit général ont apportées dans la philosophie et les sciences de notre âge, dans quelques usages de la scène et dans la chasteté du discours. » De sa part, sera-ce une tentative sans lendemain ou suivra-t-il les sentiers dramatiques ? Sa résolution n'est pas prise. Il a joué un prélude de Shakespeare sur cet « orgue aux cent voix qu'on appelle théâtre », mais il hésite à y faire entendre ses propres mélodies. « L'art de la scène — déclare-t-il avec une modestie qui paraît sincère — appartient trop à l'action pour ne pas troubler le recueillement d'un poète. » Trop d'entraves et de barrières restreignent le champ d'observation scénique. Il y avait alors, il y a même encore présentement, nombre de sujets que la coutume ou le préjugé interdit de porter sur les planches. Alfred de Vigny indique notamment les obstacles accumulés par la censure, « qui empêche toujours d'approfondir les deux caractères sur lesquels repose toute la civilisation moderne, le prêtre et le roi. » Du moins la représentation d'*Othello* est une victoire remportée sur la routine. Le public a souscrit aux intentions du traducteur. Par ce mot de *public*, il faut entendre la *majorité* « saine et active », c'est-à-dire le suffrage populaire qui, en fin de compte, a toujours gain de cause. Il veut marcher, et désire des hommes qui avancent. « Mais presque toujours, remarque Alfred de Vigny, une foule d'esprits *infirmes* et paresseux qui se donnent la main forment une chaîne qui l'arrête et l'enveloppe; leur galvanisme soporifique s'étend, l'engourdit; il se recouche avec eux et se rendort pour longtemps. Ces malades (bonnes gens d'ailleurs) aiment à entendre aujourd'hui ce qu'ils entendaient hier, mêmes idées, mêmes expressions, mêmes sons; tout ce qui est nouveau leur semble ridicule; tout ce qui est inusité, barbare : — *tout leur est aquilon*. Débiles et souffreteux, accoutumés à des tisanes douces et tièdes, ils ne peuvent supporter le vin généreux; ce sont eux que j'ai cherché à guérir, car ils me font peine à voir si pâles et si chancelants. Quelquefois je leur ai fait bien mal, au point de les faire crier; mais, moyennant quelques adoucissements à leur usage, ils se trouvent à présent dans un bien meilleur état de santé; je vous donnerai de leurs nouvelles de temps en temps. »

Sous le couvert de ce badinage, Alfred de Vigny sait à merveille et ne nous laisse pas ignorer qu'il poursuit un dessein révolutionnaire. Ne vient-il pas de renverser ce qu'il appelle le vieux trépied des unités sur lequel s'asseyait Melpomène? Quand on lui objecte la fameuse et puérile théorie : *Le spectateur n'est que trois heures à la comédie; il ne faut donc pas que l'action dure plus de trois heures*, il répond par ce paradoxe : « Le lecteur ne met que quatre heures à lire tel poème ou tel roman; il ne faut donc pas que son action dure plus de quatre heures. » Ce qui est une amusante réfutation par l'absurde. — En réalité, Alfred de Vigny n'admet que l'unité d'intérêt dans l'action. Il reproche à la tragédie et même à la comédie classique d'avoir envisagé l'homme, comme espèce, non comme *individu* ; il conçoit et préconise une nouvelle forme de l'art dramatique, où les créatures vivront de leur propre vie. Les caractères prendront la place des rôles ; de véritables hommes se substitueront à des abstractions de passions personnifiées. Surtout, il déclare la guerre à cette solennité du grand siècle et de ses disciples qui obligeait maîtres et serviteurs, rois et confidents à user du même langage, à s'émouvoir exclusivement pour les mêmes désirs ou les mêmes intérêts. « Il fallait, dit-il, dans des vestibules qui ne menaient à rien, des personnages n'allant nulle part, parlant de peu de chose avec des idées indécises et des paroles vagues, un peu agités par des sentiments mitigés, des passions paisibles, et arrivant ainsi à une mort gracieuse ou à un soupir faux. O vaine fantasmagorie ! ombres d'hommes dans une ombre de nature ! vides royaumes... *Inania regna !* Aussi n'est-ce qu'à force de génie ou de talent que les premiers de chaque époque sont parvenus à jeter de grandes lueurs dans ces ombres, à arrêter de belles formes dans ce chaos ; leurs œuvres furent de magnifiques exceptions, on les prit pour des règles. Le reste est tombé dans l'ornière commune de cette fausse route. »

En choisissant *Othello* pour le faire adopter par le public français, Alfred de Vigny a voulu se distinguer radicalement de ces sectateurs de la politesse conventionnelle qui ont banni « les caractères vrais, comme grossiers ; le langage simple, comme trivial ; l'idéalité de la philosophie et des passions, comme extravagance ; la poésie, comme bizarrerie. » Il ne voit en eux que des *imitateurs de fantômes*, des *versificateurs pour la scène*. Ce

ne sont ni des écrivains dramatiques, ni des poètes ;
mais, tout au plus, d'adroits copistes qui reproduisent perpétuellement sur leurs toiles quelques types consacrés. Jamais il ne leur pardonnera d'avoir porté jusqu'au ridicule l'art de la périphrase, en dérobant au style toute sa saveur. N'est-ce pas Ducis qui appelait les espions

Ces mortels dont l'État gage la vigilance ?

« Voilà qui est *noble, poli* et *harmonieux,* » s'écrie Alfred de Vigny, en même temps que plein de déférence envers la corporation des espions, traités en fonctionnaires notables. Il s'égaie, à la pensée d'un roi qui manderait à son ministre de la police : « *Seigneur, vous enverrez à la frontière cent mortels dont l'État gage la vigilance.* » C'est le même préjugé, cher à Melpomène, qui empêchait Hédelmone de perdre son mouchoir, et déterminait Ducis à remplacer cet objet vulgaire par un bandeau de diamants « qu'elle voulait garder, même au lit, de crainte d'être vue en négligé. » En 1820, avec *Marie Stuart* de Lebrun, le mouchoir, devenu très audacieux, fit son apparition sur la scène française, mais il se nomma un *tissu* ou un *don*. Dans *Othello*, Alfred de Vigny, se rappelant le vers de Boileau,

J'appelle un chat un chat, et Rollet un fripon,

osa prononcer le mot de *mouchoir*. Desdémona dit à Othello :

Vous avez trop veillé. Tenez, mettez cela,
Attachez ce mouchoir.

Il le repousse, le laisse tomber. Vient Émilia qui le ramasse :

> Ah ! je l'ai donc trouvé ! le voilà, ce mouchoir
> Que mon bizarre époux voulait en son pouvoir.
> Quel désir enfantin ! Ce gage de tendresse,
> Le premier que le More offrit à sa maîtresse,
> Est précieux pour elle, et cent fois dans un jour
> Je la vois le baiser et lui parler d'amour.

Toute la scène suivante, la septième du troisième acte, roule encore sur le mouchoir qui est dérobé par Yago à Émilia. Ce sera la cause déterminante de la catastrophe finale, où Desdémona succombe, victime de la furieuse jalousie et de l'opiniâtre erreur d'Othello.

La versification a de l'agrément, de l'élégance et de l'exactitude, sans égaler la perfection de forme qui apparaît dans telles autres œuvres plus personnelles d'Alfred de Vigny. Il souligne, avec une sorte de coquetterie, cette infériorité au regard de Shakespeare. « Une traduction, dit-il, est seulement à l'original ce qu'est le portrait à la nature vivante. En vain on répète le même chant dans sa langue, c'est un autre instrument; il a donc un autre son et un autre toucher, d'autres modulations, d'autres accords, dont il faut se servir pour rendre l'harmonie étrangère, la *naturaliser* ; mais une chose y manque toujours, l'union intime de la pensée d'un homme avec sa langue maternelle. » Il ajoute cette déclaration qui témoigne la noblesse et l'ampleur de sa pensée, planant au-dessus des frontières et des littératures locales, pour admirer dans le temps et dans l'espace l'art éternel : « La seule chose dont je ressente quelque orgueil dans cette entreprise, est d'avoir fait entendre sur la scène le nom du *grand Shakespeare*, et donné ainsi occasion à un public français de montrer hautement qu'il sait bien que les langues ne sont que des instruments, que les idées sont universelles, que le génie appartient à l'humanité entière, et que sa gloire doit avoir pour théâtre le monde entier. »

Cette conception internationale du règne de l'esprit choquait, en 1825, toute une fraction de la société française encore imprégnée des idées chauvines, militaristes et conquérantes de l'Empire. D'autre part, certains délicats, élevés dans la religion classique, se récriaient devant l'audace des métaphores shakespeariennes conservées par Alfred de Vigny. On s'égayait aux dépens de Brabantio, qui trouve sa Desdémona trop blanche pour appartenir à Othello trop noir :

> Qui croirait qu'un pareil mariage
> Eût jamais engagé le cœur de mon enfant
> Si jeune et si jolie, heureuse et triomphant
> De la séduction des nobles de Venise ;
> Qu'à moins d'un sortilège elle se fût éprise
> D'un barbare, et qu'elle eût sur son sein profané
> Pressé le sein hideux d'un monstre basané ?

En revanche, tels passages d'une poésie brillante attestaient la virtuosité du traducteur et forçaient les applaudissements. Ainsi, au troisième acte, l'émouvante apostrophe où s'épanche le désespoir d'Othello :

> J'étais heureux hier. Et maintenant, adieu,
> A tout jamais, adieu, le repos de mon âme !
> Adieu, joie et bonheur détruit par une femme !
> Adieu, beaux bataillons aux panaches flottants !
> Adieu, guerre ! adieu, toi dont les jeux éclatants
> Font de l'ambition une vertu sublime !
> Adieu donc, le coursier que la trompette anime,
> Et ses hennissements, et le bruit du tambour,
> L'étendard qu'on déploie avec des cris d'amour !

Appareil, pompe, éclat, cortège de la gloire,
Et vous, nobles canons qui tonnez la victoire,
Et qui semblez la voix formidable d'un dieu !
Ma tâche est terminée ! à tout jamais, adieu !

Il se trouva pourtant des spectateurs rebelles à la splendeur de cette harmonie. Le *Constitutionnel*, aussi rétrograde en littérature que libéral en politique, est particulièrement sévère, dans son numéro du 26 octobre 1829, pour le *vieux Shakespeare*, pour « son génie brutal, ses conceptions gigantesques et mesquines, ses inspirations sublimes et triviales. » Il loue Ducis d'avoir, non pas traduit, mais imité, en « convertissant le poète de la Grande-Bretagne au goût français, au lieu de vouloir pervertir le goût français aux brutalités des taverniers de la Cité des xvie et xvii^o siècles. » Suit un parallèle, malveillant pour Alfred de Vigny et perfidement systématique, mais où se rencontrent quelques traits ingénieux : « Le More de Ducis est jeune, impétueux, bouillant, couvert d'une gloire de la veille ; on conçoit qu'à l'aide de cette auréole de gloire dont il est environné il ait pu séduire la fille d'un sénateur. Le More de Shakespeare, au contraire, est à peu près sexagénaire ; ses plus beaux exploits remontent à une époque où Desdémona était encore au berceau. Est-il convenable, est-il dans la vérité, qu'une jeune personne bien élevée, appartenant à l'une des premières familles vénitiennes, abandonne son lit virginal pour aller se précipiter dans la couche de ce vieux nègre ? Le vieux nègre cependant devient l'époux de Desdémona. » Ce sont ensuite des critiques et des railleries sur l'attitude d'Othello, gouverneur de Chypre, qui descend dans la rue durant la nuit, ainsi que sa jeune épouse, pour apaiser une querelle de cabaret, au lieu d'envoyer quatre hommes et un caporal. Tout l'incident du mouchoir encourt également les reproches gouailleurs du *Constitutionnel,* qui s'étonne que Desdémona profère quelques paroles, dix minutes après que le More *a savouré sur ses membres la froideur de la mort.* « On est étouffé, dit-il, ou on ne l'est pas. » Sans doute le rédacteur concède à Alfred de Vigny quelque talent de poète ; mais il déplore pour la littérature qu'un homme qui l'honore se soit engagé dans une aussi fausse route. Et il conclut en ces termes : « On s'est ennuyé pendant trois heures sur quatre. Souvent on applaudissait au parterre, pendant qu'on riait dans les loges et qu'on sifflait au paradis. Ici, on admirait les belles parties de cette conception bizarre ; là, et aux passages les plus bouffons, on battait des mains avec une sorte de fureur, en apostrophant les spectateurs paisibles qui ne partageaient pas le frénétique enthousiasme de la camaraderie littéraire. Dans cette occasion solennelle, la congrégation des exclusifs a poussé si loin son ardeur admirative, qu'il est heureux, non seulement pour ses adversaires, mais encore pour les auditeurs froids et désintéressés, qu'elle n'ait pas eu à sa disposition le coussin d'Othello. Toutefois des oreillers n'auraient pas été inutiles pour la plus grande partie des spectateurs calmes et bénévoles. »

La littérature provoque d'invraisemblables alliances, et l'opinion du *Constitutionnel* est partagée par la *Gazette de France,* organe ultra, qui se réclame de Périclès, d'Auguste, de Louis XIV, et proteste contre « des horreurs dignes des temps de barbarie, et des nudités faites pour des époques d'innocence et de naïveté ou d'une complète démoralisation. Le farouche journal renvoie Alfred de Vigny à Clovis et à ses Francs ou à la cour sauvage de quelque roi saxon. Il refuse de déserter pour un Shakespeare le culte de nos grands écrivains nationaux. « Ce serait préférer les informes idoles des nègres de l'Afrique à l'Apollon du Belvédère. » La lutte est engagée, comme le constate la *Gazette*, entre les sifflets de la vieille France et les bravos de la France nouvelle. Victor Hugo eût ajouté : « Ceci tuera cela. »

La *Quotidienne*, très favorable à l'œuvre, à la mise en scène et aux interprètes, se rencontre — une fois n'est pas coutume — avec le *Journal des Débats*, qui constate que la pièce marche et marchera longtemps, mais blâme la formule employée pour annoncer cette adaptation. L'acteur Perrier, qui jouait Yago, crut devoir innover et dit : « L'auteur de la nouvelle traduction de la tragédie de Shakespeare... » Les applaudissements crépitaient. Il reprit : « ... de la tragédie du *grand* Shakespeare est M. Alfred de Vigny. » Les classiques révoltés objectèrent que, lors de la représentation du *Philoctète* de La Harpe, aucune épithète n'avait été attribuée à Sophocle. En cette querelle, chacun luttait pour ses Dieux.

Parmi les petits journaux littéraires, le *Figaro* tient la balance égale entre les deux partis, tout en observant que les qualificatifs d'*ignorants*, d'*imbéciles* « voltigeaient sur les lèvres romantiques, comme les *r* et les *b* sur le bec de Vert-Vert. » Il regrette qu'un mari dise à sa femme : *Va te coucher !* et que Desdémona prie sa suivante de lui ôter sa robe, de la *délacer*. Enfin, le *Courrier des Théâtres*, de Charles Maurice, trouve qu'il n'y a point assez d'action pour un spectacle de quatre heures, et que les ressorts sont trop pareils du commencement à la fin.

L'interprétation fut généralement louée, de même que les décors de Cicéri. Mademoiselle Mars recueillit le tribut habituel d'éloges dans toute la presse, sauf la *Quotidienne* qui la déclare « un peu trop mûre pour représenter la timide gazelle tombée dans les griffes d'un tigre du désert. » Certes, *Othello* ne réalisait pas le même succès d'argent qu'*Henri III et sa Cour;* mais un immense résultat était acquis : Shakespeare avait désormais droit de cité sur la scène française. Le romantisme, en ce jour de victoire, se contenta de décerner à Alfred de Vigny la petite ovation. Il réservait à l'auteur d'*Hernani* les honneurs éclatants du triomphe. Ce sera la bataille décisive. Victor Hugo en sortira divinisé.

CHAPITRE XVIII

LES PRÉLUDES D'*HERNANI*

Avant de gagner la bataille d'*Hernani*, Victor Hugo en avait livré une autre et l'avait perdue. Ses panégyristes omettent volontiers d'en faire mention. Pourtant *Amy Robsart* figure dans son œuvre complète, entre deux productions de second ordre, *Torquemada* et les *Jumeaux*. Comment fut-il amené à traiter sous forme dramatique un sujet emprunté à Walter Scott? C'est ce qu'explique l'auteur de *Victor Hugo raconté par un témoin de sa vie*, lequel témoin était, comme on sait, madame Victor Hugo elle-même, employant les loisirs de l'exil à célébrer les louanges du grand homme, non sans pallier les torts de l'époux très volage. Voici cette relation, en quelque sorte officielle : « A dix-neuf ans, au moment où, sa mère morte, son père à Blois, seul au monde, son mariage empêché par sa pauvreté, M. Victor Hugo cherchait partout cet argent qui le rapprocherait du bonheur, M. Soumet lui avait proposé d'extraire à eux deux une pièce d'un roman de Walter Scott, le *Château de Kenilworth*. M. Soumet ferait le plan, M. Victor Hugo écrirait les trois premiers actes et M. Soumet les deux derniers. » Cette collaboration ne devait pas aboutir. L'union du romantisme le plus effervescent et d'un semi-classicisme attardé était incapable de produire un être viable. « M. Victor Hugo, poursuit le biographe, avait fait sa part; mais, lorsqu'il avait lu ses trois actes, M. Soumet n'en avait été content qu'à moitié; il n'admettait pas le mélange du tragique et du comique, et il voulait effacer tout ce qui n'était pas grave et sérieux. M. Victor Hugo avait objecté l'exemple de Shakespeare; mais alors les acteurs anglais ne l'avaient pas encore fait applaudir à Paris, et M. Soumet avait répondu que Shakespeare, bon à lire, ne supporterait pas la représentation; que *Hamlet* et *Othello* étaient d'ailleurs plutôt des essais sublimes et de belles monstruosités que des chefs-d'œuvre; qu'il fallait qu'une pièce choisît de faire rire ou de faire pleurer. » Les collaborateurs s'étant séparés à l'amiable, chacun reprit sa part de manuscrit et termina selon son goût le travail commencé. Soumet donna au Théâtre-Français une *Émilia* qui, malgré le renom de mademoiselle Mars, n'obtint qu'un demi-succès. Victor Hugo paracheva *Amy Robsart* selon la recette romantique, en mêlant le tragique au bouffon. De là le rôle de Flibbertigibbet, « être bizarre, capricieux et malin; l'esprit d'un diable, l'agilité d'un sylphe; ressemblant plutôt à un enfant qu'à un homme, plutôt à un lutin qu'à un enfant. »

La tentative de collaboration entre Victor Hugo et Soumet, qu'on fixe d'ordinaire à 1821, est en réalité de l'année suivante, comme l'indique une des *Lettres à la Fiancée*, du 16 février 1822 : « Au 1er janvier, Soumet est venu me proposer de tirer une comédie de l'admirable roman de *Kenilworth*. » Ce n'est que six ans plus tard, à peu près vers l'époque de la *Préface* de *Cromwell*, que Victor Hugo s'avisa de reprendre et de remanier le texte d'*Amy Robsart*. M. Paul Meurice a conservé le manuscrit original de 1822 [1]. Le second manuscrit, conforme à la représentation, n'a pu se retrouver, en dépit des recherches de MM. Paul et Victor Glachant, dont l'*Essai critique sur le Théâtre de Victor Hugo*, avec le titre générique assez bizarre : *Un laboratoire dramaturgique*, est une remarquable expérience de grammaire littéraire. Mais, dans l'une comme dans l'autre version, c'est le même procédé de grandiloquence romantique. Victor Hugo, arrivé au sommet de la gloire et au déclin de la vie, laissa croire qu'il n'avait consenti à la représentation d'*Amy Robsart* que pour complaire au plus jeune frère de sa femme, Paul Foucher. Celui-ci, ayant appris par Alexandre Soumet l'existence de la pièce, exprima le désir de la connaître. Il la lut avec enthousiasme et supplia Victor Hugo de la donner à un directeur de théâtre. Le poète, déjà célèbre, ne se souciait pas de livrer, avec cette œuvre de jeunesse, sa première bataille dramatique. Il craignait de paraître un très pâle imitateur de Walter Scott. — « Eh bien, lui dit Paul Foucher, si tu ne veux pas faire jouer la pièce sous ton nom, laisse-la jouer sous le mien. Tu me rendras un vrai service. »

---

1. Alexandre Dumas père dit dans ses *Mémoires* (VI, 83) : « Hugo me fit cadeau du manuscrit ; je dois l'avoir encore. »

Victor Hugo acquiesça sans trop de peine à cet argument familial. Il retoucha son manuscrit et adapta un dénouement nouveau à une intrigue étrange où l'on voit Leicester, favori d'Élisabeth, mais secrètement marié à Amy Robsart, feindre que celle-ci soit l'épouse de Varney. Il immole ainsi son amour à son ambition, en même temps qu'au soin de sa sécurité. Ce gentilhomme est un pleutre, alors que la touchante Amy, par dévouement conjugal, accepte toutes les humiliations. Elle passe pour la femme du misérable Varney ; on la déclare folle ; puis, convaincue de crime d'État, on la traîne en prison. Et elle a conscience, l'infortunée, que Leicester, son époux, ne tentera même pas de la sauver. Elle est la victime expiatoire qui pourrait se détourner du sacrifice et qui l'affronte délibérément, par un excès de tendresse.

Dans le dénouement primitif, il y avait un de ces tableaux à grand spectacle qui font merveille au Châtelet ou à l'Ambigu, grâce aux progrès de la machinerie théâtrale. Un incendie, allumé par la ruse de Flibbertigibbet, embrase le château de Kenilworth et voue à un juste châtiment les deux complices, Alasco, astrologue et alchimiste, distillateur de poisons, et Varney, qui vient de perpétrer la chute d'Amy Robsart dans les oubliettes. En faisant disparaître par cet infernal complot l'épouse de Leicester, ils pensent avoir assuré leur fortune et capté la faveur d'Élisabeth, impérieuse et jalouse. Mais l'expiation les guette, la mort est proche. Tandis que Varney murmure *avec un ricanement affreux* : « La brebis est tombée dans la fosse au loup... Réjouis-toi, Richard Varney ! de cette heure date ta fortune, » la porte s'ouvre avec violence, une lueur rouge et tremblante s'en échappe, et Alasco, *blême*, se précipite en proférant un cri d'horreur : « Ah ! malheur ! malheur !... Malédiction sur nous !... Mon alambic a fait explosion, la tour est à demi écroulée, le feu est au château. » Et les indications scéniques sont ainsi notées, en marge du texte : « La lueur devient de plus en plus ardente. On entend au dehors comme un sifflement de flamme. » Toute issue est fermée : d'un côté, l'incendie ; de l'autre, la trappe des oubliettes. Les deux misérables se jettent alors, face à face, la responsabilité de leurs forfaits : « C'est ta faute, empoisonneur ! — C'est la tienne, assassin ! » Leurs récriminations sont vaines ; rien ne peut reculer l'instant fatal. « Les flammes arrivent par la porte masquée, le toit se crevasse, le mur se lézarde, une pluie de feu commence à tomber du faîte de la tour. » Flibbertigibbet, le lutin aux propos ironiques, apparaît à une ouverture du plafond et se dresse sur la charpente transversale. Il adresse une admonestation très pertinente : « Ne vous reprochez rien l'un à l'autre ! C'est moi qui vous châtie. » Pendant que s'évade le malicieux farfadet, poétique redresseur de torts, le toit s'écroule et ensevelit Varney et Alasco. Le mélodrame a pris fin.

Est-ce difficulté de mettre en scène cet incendie, ou simple scrupule littéraire ? Mais Victor Hugo imagina un autre dénouement, où Leicester survient en vengeur, se rue, l'épée à la main, sur Varney, le charge avec furie et le fait choir dans la trappe des oubliettes. Sir Hugh Robsart, père héroïque, qui ne semble pas ému outre mesure par la mort de sa fille, prononce ces seuls mots : « Justice est faite ! » Plus sensible à la perte de celle qu'il aimait et qu'il a reniée en parfait disciple de saint Pierre, Leicester jure de ne point survivre à la pauvre Amy. Il s'élance vers le gouffre, mais, comme la Galatée de Virgile, il a soin de manifester son dessein. Hugh Robsart et Flibbertigibbet l'appréhendent au passage et lui démontrent les inconvénients du suicide. Il se laisse faire une douce violence. Ce favori n'a pas l'âme inconsolable. « Je ne me pardonnerai jamais! » s'écrie-t-il. Soit, mais il vivra.

C'est le dénouement bourgeois, pour les spectateurs placides qui souhaitent que Leicester ne rejoigne pas si vite Amy Robsart dans la tombe. Il y a déjà assez de morts. Plaise à Victor Hugo de ne point accumuler les cadavres ! Dans l'édition *ne varietur*, élaborée sous son contrôle, et que reproduit l'édition nationale, il a préféré la première version, celle de l'incendie. Peu importe ! Il n'y a guère chance qu'un directeur s'avise jamais d'exhumer *Amy Robsart*.

L'Odéon fut plus courageux, lorsqu'il représenta le 13 février 1828, la pièce de Victor Hugo, remaniée et élaguée par le poète, mais signée du seul nom de son beau-frère Paul Foucher, âgé de dix-sept ans à peine. Cette soirée devait être sans lendemain. Victor Hugo, dans une lettre du 29 février 1828, parle de « la plébécule cabalante, qui a sifflé *Amy Robsart*, croyant siffler *Cromwell* par contre-coup. » Paul Foucher, en un volume intitulé : les *Coulisses du passé*, observe qu'il n'avait aucunement participé à la composition du drame et qu'il consentit par pure complaisance à figurer sur l'affiche. L'auteur de *Victor Hugo raconté par un témoin de sa vie* essaie d'atténuer la gravité de cet échec et la lourdeur de cette chute. Il commente ainsi l'événement : « M. Victor Hugo écrivit dans les journaux que les passages sifflés étaient de lui. Ce fut pour la pièce une réclame involontaire. Les jeunes gens qui ne s'étaient pas dérangés pour une pièce non avouée, accoururent alors ; ils applaudirent, les sifflets redoublèrent, l'agitation du parterre s'étendit dans le quartier latin : le gouvernement intervint et interdit la pièce. » Ce récit est inexact de tous points. L'unique représentation d'*Amy Robsart*, qui dura près de cinq heures, fut des plus tumultueuses. Les rires et les huées accueillaient certaines phrases d'une truculence bien romantique, celles-ci notamment : « Le lutin en cage avec la colombe tombée dans le serre du vautour », ou « la brebis lancée dans la fosse aux loups », ou encore « le tigre se donnant tout entier, sang et cervelle. » D'acte en acte, l'orage s'était accru, et les vociférations avaient grossi. On proclama le nom de l'auteur au milieu de clameurs tellement violentes que peu de spectateurs l'entendirent. Victor Hugo était si dépité que les affiches préparées durant la nuit, pour la seconde représentation, ne faisaient plus mention que de Paul Foucher. Elles furent même inutiles. Dans la journée du 14 février, l'illustre poète, déjà fort irascible, adressa aux journaux une communication où il reconnaissait « n'être pas absolument étranger à cet ouvrage. » « Il y a, disait-il, quelques mots, quelques fragments de scènes qui sont de moi. » Suivait un post-scriptum très bref et très net : « L'auteur a retiré sa pièce. » Voilà qui coupe court à tous les récits controuvés sur l'émotion de la jeunesse universitaire et les rigueurs gouvernementales !

Un journal romantique, la *Pandore*, s'évertue

à démontrer que cet insuccès doit être imputé à une abominable cabale, mais son récit manque de vraisemblance : « Avant le lever du rideau, des sifflets nombreux s'étaient fait entendre. Les dispositions amies d'une portion du parterre se manifestaient sur certains bancs par un grand calme avec lequel contrastait vivement la turbulence des partisans de l'ancien genre dramatique. » Faut-il croire que les classiques avaient ainsi le monopole de l'irritabilité, et les romantiques celui de la patience ? De vrai, les deux camps étaient également surexcités et convaincus de l'infaillibilité de leur doctrine.

Les *Débats*, du 15 février, constatent l'insuccès d'*Amy Robsart* et le déclarent mérité : « Ce sujet, déjà traité sur trois théâtres différents — *Émilia*, d'Alexandre Soumet, à la Comédie-Française, *Kenilworth* à la Porte-Saint-Martin, *Leicester*, de Scribe et Auber, à l'Opéra-Comique — reparaissait pour la quatrième fois sans autre avantage que d'avoir été allongé outre mesure et déparé par une foule de locutions triviales. Les sifflets et les éclats de rire ont fait justice de cette vieille nouveauté. » Même appréciation dans le *Moniteur* du même jour : « Ce succès de l'école shakespearienne n'est pas de nature à enhardir les imitateurs. Quelle hardiesse que celle qui consiste à réunir l'affectation de l'enflure à la prétention, à la recherche de la trivialité ! » La *Réunion*, journal des spectacles, est encore plus sévère sous une forme ironique : « L'auteur de ce drame barbaro-amphigouri-romantique a mis une fois de plus *Kenilworth* en pièce, mais il s'est arrangé de façon à le rendre méconnaissable. » Enfin, le *Figaro* remarque qu'on ne saurait imputer l'échec qu'à la médiocrité de l'œuvre. Il cherche à dégager la responsabilité de Victor Hugo, en alléguant qu'il n'est pour rien dans la paternité de ce drame mal venu. Le directeur de l'Odéon, Thomas Sauvage l'avait monté avec un soin extrême. « Rien n'est beau, dit le rédacteur du *Figaro*, rien n'est exact comme les costumes. » Ils avaient été dessinés par Delacroix, et ils ne servirent qu'un soir. C'était un désastre.

Victor Hugo allait prendre une éclatante revanche avec *Hernani*. Il commença de l'écrire le 29 août 1829 et le termina le 25 septembre. En un si court délai, il avait achevé l'œuvre maîtresse du romantisme. Par là, il acquittait une dette envers le baron Taylor qui, frustré de *Marion de Lorme*, ne possédait rien dans les cartons de la Comédie-Française, hormis des pièces à foison de MM. Viennet, Lemercier, Arnault et de Jouy, c'est-à-dire des ouvrages mort-nés ou des tragédies caduques. Le drame lyrique de Victor Hugo fut lu pour la forme et accueilli avec empressement par le Comité ; mais les répétitions n'allèrent pas sans encombre. Parmi les sociétaires, seul le vieux Joanny était favorable aux romantiques. « Les autres — observe Alexandre Dumas — mademoiselle Mars la première, malgré le splendide succès qu'elle venait d'obtenir dans la duchesse de Guise, ne regardaient l'envahissement qui s'opérait que comme une espèce d'invasion de barbares à laquelle il fallait se soumettre en souriant. Dans les caresses que nous faisait mademoiselle Mars, il y avait toujours les restrictions mentales de la femme violée. » Les quatre principaux rôles furent ainsi distribués : doña Sol, mademoiselle Mars ; Ruy Gomez, Joanny ; Charles-Quint, Michelot ; Her-

nani, Firmin. Avec de tels interprètes, animés
de sentiments divers et presque contradictoires, la
pièce avait-elle chance d'être jouée dans le ton et
le style scénique que souhaitait l'auteur? Michelot,
professeur au Conservatoire, tout en affectant une
parfaite courtoisie, exécrait la nouvelle école. Firmin était dénué de convictions littéraires, mais
allait trouver dans *Hernani*, comme dans *Henri III*,
l'emploi d'un tempérament fougueux. C'est de
mademoiselle Mars que vinrent les tentatives de
résistance et les accès de méchante humeur. Elle
avait été arrogante avec Alexandre Dumas, un
débutant; elle tenta de l'être avec Victor Hugo.
Celui-ci, aussi calme en sa froide politesse que
l'auteur d'*Henri III* était pétulant et loquace,
eut tôt fait de mater cette rébellion féminine. Mademoiselle Mars sentit une main ferme et finit par
se soumettre. D'ailleurs, elle était incapable de
trahir un écrivain de qui elle avait accepté un
rôle. Suivant la pittoresque expression d'Alexandre Dumas, elle était *le plus honnête homme du
monde.* « Une fois la première représentation engagée, une fois que le feu des applaudissements
ou des sifflets avait salué le drapeau — fût-il étranger — sous lequel elle combattait, elle se serait
fait tuer plutôt que de reculer d'un pas; elle aurait subi le martyre plutôt que de renier, nous ne
dirons pas sa foi, — notre école n'était pas sa foi,
— mais son serment. » Néanmoins, les algarades
se multiplièrent, au cours des répétitions. Elles
se produisaient devant une quarantaine de témoins
— acteurs, musiciens, figurants, employés, allumeurs de quinquets, pompiers de service — dont
la présence tendait les nerfs et surexcitait l'amour-propre des intéressés. Ces colloques avaient lieu

par dessus la rampe, entre l'auteur assis à l'orchestre et l'artiste impatiente. Elle s'interrompait au milieu du dialogue, et, faisant de sa main un abat-jour, cherchait et demandait où se trouvait M. Victor Hugo. Il se levait, et la petite scène suivait son cours. Voici l'une des plus pittoresques contée par Alexandre Dumas :

« — Dites-moi, monsieur Hugo...
— Madame ?
— J'ai à dire ce vers-là :

Vous êtes mon lion superbe et généreux !

— Oui, madame ; Hernani vous dit :

Hélas ! j'aime pourtant d'une amour bien profonde !
Ne pleure pas... Mourons plutôt ! Que n'ai-je un monde ?
Je te le donnerais ! Je suis bien malheureux !

Et vous lui répondez :

Vous êtes mon lion superbe et généreux !

— Est-ce que vous aimez cela, monsieur Hugo ?
— Quoi ?
— Vous êtes mon lion !...
— Je l'ai écrit ainsi, madame ; donc j'ai cru que c'était bien.
— Alors, vous y tenez, à votre *lion ?*
— J'y tiens et je n'y tiens pas, madame ; trouvez-moi quelque chose de mieux, et je mettrai cette autre chose à la place.
— Ce n'est pas à moi à trouver cela ; je ne suis pas l'auteur, moi.
— Eh bien, alors, madame, puisqu'il en est ainsi, laissons tout uniment ce qui est écrit.
— C'est qu'en vérité, cela me semble si drôle d'appeler M. Firmin *mon lion.* »

Très complaisamment Victor Hugo lui déduisait des raisons qu'elle ne paraissait pas entendre. Il insistait avec une bonne grâce où la fermeté se nuançait de galanterie :

« — Ah! parce qu'en jouant le rôle de doña Sol, vous voulez rester mademoiselle Mars; si vous étiez vraiment la pupille de Ruy Gomez de Silva, c'est-à-dire une noble Castillane du seizième siècle, vous ne verriez pas dans Hernani M. Firmin; vous y verriez un de ces terribles chefs de bande qui faisaient trembler Charles-Quint jusque dans sa capitale; alors, vous comprendriez qu'une telle femme peut appeler un tel homme son *lion*, et cela vous semblerait moins drôle !

— C'est bien ! puisque vous tenez à votre *lion*, n'en parlons plus. Je suis ici pour dire ce qui est écrit; il y a dans le manuscrit : « Mon lion ! » je dirai : « Mon lion ! » moi... Mon Dieu ! cela m'est bien égal... Allons, Firmin ! »

Mais, le lendemain, elle s'arrêtait au même vers et reprenait, sous une autre forme, les objections de la veille. L'hémistiche du *lion* lui semblait dangereux. Elle avait peur qu'il ne fût sifflé.

« — Alors, madame, répondait Victor Hugo sans se départir de son flegme, c'est que vous ne le direz pas avec votre talent habituel. »

Elle souriait, minaudait, puis proposait une variante :

Vous êtes, *monseigneur*, superbe et généreux.

Il y avait, à son gré, le nombre de pieds réglementaires, et l'auteur, pour refuser ce fâcheux présent, était contraint de lui faire un petit cours de poésie romantique :

« — Oui, madame; seulement, *mon lion* relève le vers, et *monseigneur* l'aplatit. J'aime mieux être sifflé pour un bon vers qu'applaudi pour un méchant. »

Il va sans dire qu'elle était furieusement entêtée. Aussi, le jour de la première représentation, *mon lion* lui resta dans la gorge et céda la place à *monseigneur*.

Peut-être obéissait-elle à une meilleure inspiration, lorsqu'elle se plaignait d'être condamnée, au cours de la *scène des portraits*, à entendre soixante-seize vers sans souffler mot. Interpellant l'auteur, elle le pria très aimablement de lui indiquer ce qu'elle devait faire, tandis que M. Joanny montre à M. Michelot des toiles de famille. « Vous écoutez, madame, » répondit simplement Victor Hugo. Elle essaya d'expliquer que c'était un peu long, que le public comprendrait mal pourquoi mademoiselle Mars demeurait immobile, silencieuse et voilée, durant la moitié d'un acte. Elle n'admettait guère qu'on pût s'intéresser à un dialogue où elle n'intervenait point. Cette grande actrice était femme superlativement. « Ça m'est égal, dit-elle enfin; j'irai au fond, et je laisserai ces messieurs causer de leurs affaires sur le devant de la scène. » Elle menaçait de bouder, en jouant à l'aventure. Victor Hugo sentit qu'il convenait de la rudoyer. Un jour, après la répétition, il la pria de le suivre au petit foyer, et tout net il lui redemanda le rôle de doña Sol. Elle fit mine de ne pas bien saisir. Du geste il lui désigna le rouleau de papier qu'elle avait à la main. « Ah! par exemple, s'écria-t-elle en frappant le marbre de la cheminée avec le rôle et le parquet avec son pied, voilà la première fois que cela m'arrive, qu'un auteur me redemande son rôle. » Elle était décontenancée, et Victor Hugo très froid. Il lui fournit, sans s'émouvoir, les raisons qui le déterminaient et qui devaient la toucher à l'endroit le plus sensible, en son orgueil de femme autant qu'en son amour-propre de comédienne : « Depuis le commencement des répétitions, vous êtes fort impolie envers moi ; ce qui est indigne à la fois de mademoiselle Mars et de M. Victor Hugo. » A ces mots, elle avança la main pour rendre le rôle ; il étendit le bras pour le reprendre. Elle recula. « Et, si je ne le joue pas, murmura-t-elle, qui le jouera ? » Il eut une réplique décisive : « Oh ! mon Dieu ! madame, la première personne venue... Tenez, par exemple, mademoiselle Despréaux. Elle n'aura pas votre talent, sans doute ; mais elle est jeune, elle est jolie. » A ce nom, mademoiselle Mars se récria, et tout aussitôt elle lança une insinuation bien féminine, qui était l'arme de rigueur en pareille occurrence : « Vous lui faites votre cour, à ce qu'il paraît, à mademoiselle Despréaux ? — Moi ? Je ne lui ai jamais parlé de ma vie ! » Ce mot parut la rassurer. Elle ajouta, en manière de conclusion : « Eh bien, je le garde, votre rôle. Je le jouerai, et comme personne ne vous le jouerait à Paris, je vous en réponds. » Étant *honnête homme*, mademoiselle Mars s'exécuta, et désormais elle traita Victor Hugo avec les égards qui sont dus au génie.

Comment les détails de cet entretien sont-ils venus à la connaissance d'Alexandre Dumas ? Il devait les tenir, non pas seulement de l'auteur d'*Hernani*, mais d'un témoin auriculaire. En effet, quand Victor Hugo et mademoiselle Mars pénétrèrent dans le petit foyer, mademoiselle Despréaux s'y trouvait. Elle sortit, mais elle avait dix-sept ans, elle était curieuse, et demeura derrière la porte. Quelques heures plus tard, elle racontait tout à Alexandre Dumas, pour qui elle avait des bontés et qui, goûtant fort son visage blond et rose, donnait à cette ingénue des répétitions particulières.

Tandis que la Comédie-Française terminait ses préparatifs, grand était l'émoi du cénacle romantique qui avait Victor Hugo pour chef, presque pour Dieu. Théophile Gautier, l'un des plus enthousiastes parmi les soldats de cette armée où tout le monde était jeune comme à l'armée d'Italie, nous a transmis, dans l'*Histoire du Romantisme*, le récit de sa première entrevue avec ce général de vingt-huit ans, le plus vieux de la bande. Il se rendit rue Jean Goujon, dans le quartier alors inhabité que le poète avait choisi pour abriter ses pénates. Au jardin de la rue Notre-Dame des Champs succédait le voisinage des Champs-Élysées. « Deux fois, dit Théophile Gautier, nous montâmes l'escalier lentement, lentement, comme si nos bottes eussent eu des semelles de plomb. L'haleine nous manquait ; nous entendions notre cœur battre dans notre gorge, et des moiteurs glacées nous baignaient les tempes. Arrivé devant la porte, au moment de tirer le cordon de la sonnette, pris d'une terreur folle, nous tournâmes les talons et nous descendîmes les degrés quatre à quatre, poursuivi par nos acolytes qui riaient aux éclats. Une troisième tentative fut plus heureuse ; nous avions demandé à nos compagnons quelques minutes pour nous remettre, et nous nous étions assis sur une des marches de l'escalier, car nos jambes flageolaient sous nous et refusaient de nous porter, mais voici que la porte s'ouvrit et qu'au milieu d'un flot de lumière, tel que Phébus et Apollon franchissant les portes de l'Aurore, apparut sur l'obscur palier, qui? Victor Hugo lui-même dans sa gloire. Comme Esther devant Assuérus, nous faillîmes nous évanouir. »

Habitué, paraît-il, à trouver ainsi en adoration dans son escalier « de petits poètes en pâmoison, des rapins rouges comme des coqs ou pâles comme des morts, et même des hommes faits, interdits et balbutiants, » Victor Hugo releva d'un geste sublime, royalement affable, Théophile Gautier accroupi et hynoptisé, puis il l'introduisit dans son cabinet. Que va dire l'humble visiteur en franchissant le seuil du sanctuaire? Sera-t-il aussi interloqué que Henri Heine qui, en présence de Gœthe, oublia le discours éloquent qu'il avait préparé et se contenta d'émettre cette remarque judicieuse, « que les pruniers sur la route d'Iéna à Weimar portent des prunes excellentes contre la soif. » Théophile Gautier, atteint, lui aussi, du mutisme de l'extase, regardait, écoutait, contemplait Victor Hugo, qui se laissait admirer sans trouble. Voici l'impression que remporta le disciple, et le portrait que, longtemps après, il a tracé du maître en pleine jeunesse : « Ce qui frappait d'abord dans Victor Hugo, c'était le front vraiment monumental qui couronnait comme un fronton de marbre blanc son visage d'une placidité sérieuse. Il n'atteignait pas, sans doute, les proportions que lui donnèrent plus tard, pour accentuer chez le poète le relief du génie, David d'Angers et d'autres artistes; mais il était vraiment d'une beauté et d'une ampleur surhumaines; les plus vastes pensées pouvaient s'y écrire; les couronnes d'or et de laurier s'y poser comme sur un front de dieu ou de césar. Le signe de la puissance y était. Des cheveux châtain clair l'encadraient et retombaient un peu longs. Du reste, ni barbe, ni moustaches, ni favoris, ni royale, une face soigneusement rasée d'une pâleur particulière, trouée et illuminée de deux grands yeux fauves pareils à des prunelles d'aigle, et une bouche à lèvres sinueuses, à coins surbaissés, d'un dessin ferme et volontaire qui, en s'entr'ouvrant pour sourire, découvrait des dents d'une blancheur étincelante. Pour costume, une redingote noire, un pantalon gris, un petit col de chemise rabattu, — la tenue la plus exacte et la plus correcte. On n'aurait vraiment pas soupçonné dans ce parfait gentleman le chef de ces bandes échevelées et barbues, terreur des bourgeois à menton glabre. » Quel contraste entre l'honnête redingote de Victor Hugo et l'étrange costume que Théophile Gautier arbora pour la première d'*Hernani*! Épris des *flamboyants*, ennemi des *grisâtres*, il revêtit, non pas un gilet rouge, gilet de Nessus pour sa mémoire, mais un pourpoint rose, le pourpoint des Valois, « busqué en pointe sur le ventre en formant arête sur le milieu, » et dont la couleur et le ramage provoquèrent l'ahurissement du tailleur auquel il fut commandé. « Je ne connais pas cette coupe, dit l'honorable commerçant qui croyait son client atteint de folie; ceci rentre dans le costume de théâtre plutôt que dans l'habit de ville, et je pourrais manquer la pièce. — Nous vous donnerons, répondit Gautier, un patron en toile grise que nous avons dessiné, coupé et faufilé nous-même; vous l'ajusterez. Cela s'agrafe dans le dos comme le gilet des Saint-Simoniens, sans aucun symbolisme. » Et il sortit d'un bahut un splendide morceau de satin cerise qu'il remit au tailleur stupéfait.

Le pourpoint fut confectionné, et le costume se compléta d'un pantalon vert-d'eau très pâle, bordé sur la couture d'une bande de velours noir, d'un habit noir à revers de velours largement renversés, et d'un ample pardessus gris doublé de satin vert, sans omettre un ruban de moire qui faisait office de cravate et de col de chemise. Le *Journal des Goncourt*, confirmant l'*Histoire du Romantisme*, relate que Théophile Gautier, au déjeuner Magny, s'élevait avec indignation contre la légende du gilet rouge. Un tel gilet aurait indiqué une nuance politique, il aurait eu une signification républicaine, dérivée de Saint-Just ou de Maximilien Robespierre. Or, « un républicain, on ne savait pas ce que c'était. Il n'y avait que Pétrus Borel de républicain. » Le pourpoint rose était simplement *moyen-âgeux*. Il apparaissait comme une protestation contre la platitude bourgeoise, en cette soirée du 25 février 1830 où Théophile Gautier salue le rayonnement du génie et la phosphorescence de la gloire. Tout dépourvus que nous soyons de pourpoint rose, pénétrons dans la salle, assistons à l'apothéose romantique.

CHAPITRE XIX

LA SOIRÉE DU 25 FÉVRIER 1830

Après divers ajournements, la première représentation d'*Hernani* avait été fixée au jeudi 25 février. A l'occasion de cette solennité dramatique, et par dérogation aux usages de l'époque, l'administration de la Comédie-Française avait mis en stalles une partie du théâtre qui d'ordinaire n'était pas numérotée. Depuis deux mois, impossible de se procurer des places pour cette soirée, et d'avance la location de plusieurs jours était retenue, soit par le public, soit par les marchands de billets. Victor Hugo, toutefois, appréhendait l'issue de cette bataille. Il savait les hostilités ameutées, sinon contre sa personne, du moins contre son drame. Encore qu'*Hernani* eût été reçu grâce au bon vouloir du baron Taylor, le rapport du comité de lecture contenait d'expresses réserves. Il était signé par MM. Brifaut, Chéron, Laya et Sauvo. En voici la conclusion : « Quelque étendue que j'aie *donnée* à cette analyse, elle ne peut *donner* qu'une idée imparfaite de la bizarrerie de cette conception et des vices de son exécution. Elle m'a semblé un tissu d'extravagances, auxquelles l'auteur s'efforce vainement de donner un caractère d'élévation, et qui ne sont que triviales et souvent grossières. Cette pièce abonde en inconvenances de toute nature. Le roi s'exprime souvent comme un bandit. Le bandit traite le roi comme un brigand. La fille du grand d'Espagne n'est qu'une dévergondée sans dignité ni pudeur. Malgré tant de vices capitaux, je suis d'avis que non seulement il n'y a aucun inconvénient à autoriser la représentation de cette pièce, mais qu'il est d'une sage politique de n'en pas retrancher un seul mot. Il est bon que le public voie jusqu'à quel point d'égarement peut aller l'esprit humain affranchi de toute règle et de toute bienséance. » La censure cependant exigea quelques modifications que Victor Hugo dut effectuer. Il fallut : 1° supprimer le nom de Jésus partout où il se trouvait; 2° « substituer aux expressions insolentes et inconvenantes : *Vous êtes un lâche, un insensé*, adressées au roi, des mots moins durs et moins pénétrants; » 3° changer ce vers :

Crois-tu donc que les rois, ô moine, soient sacrés ?

4° effacer ce rejet : *Un mauvais roi*; élaguer deux vers « dont le sens est trop amer en parlant des courtisans :

Basse-cour où le roi, mendié sans pudeur,
A tous ces affamés émiette la grandeur. »

D'autre part, Victor Hugo avait appris, et le *Journal des Débats* du 24 février fit connaître avec des détails très circonstanciés, que la censure mésusait du manuscrit qui lui était confié. « Des vers de ce drame, les uns à demi travestis, les autres ridiculisés tout entiers, quelques-uns cités exactement, mais artistement mêlés à des vers de fabrique, des fragments de scènes enfin, plus ou moins habilement défigurés, et tout barbouillés de parodie, ont été livrés à la circulation. Des portions de l'ouvrage, ainsi accommodées, ont reçu à l'avance une demi-publicité, tant redoutée à bon droit des auteurs et des théâtres. Il est revenu, de tous côtés, à l'auteur que des copies frauduleuses d'*Hernani* ont été faites, que des lectures totales ou partielles, ce qui est plus perfide encore, de ce drame ont eu lieu en maint endroit, et notamment chez un ancien employé supérieur du ministère Corbière. » Or, il n'y avait, sortis des mains de l'auteur, que deux manuscrits de la pièce, celui du théâtre qui, les répétitions terminées, était sous clef, et celui des censeurs. Le *Journal des Débats* ajoute : « La censure est l'ennemie politique de M. Hugo, elle est son ennemie littéraire. L'opinion publique accuse la censure. » Aussi bien l'un des censeurs, plus directement visé par les soupçons, avait eu l'imprudence ou plutôt l'impudence d'écrire à Victor Hugo : « De quoi s'agit-il, monsieur? Que vous ont dit vos espions? Que j'ai révélé le secret de la comédie? Que j'ai cité vos vers en les tournant en ridicule? Eh bien! quand cela serait, où est mon tort? Vos ouvrages sont-ils sacrés? Quant aux vers cités, ils ne vont pas au delà de trois. » C'était avouer sans vergogne l'indélicatesse commise.

Victor Hugo avait également des inquiétudes au sujet de l'interprétation. Il redoutait quelque suprême fantaisie de mademoiselle Mars. Hippolyte Lucas raconte, dans ses *Portraits et Souvenirs littéraires,* qu'il alla voir le poète à la veille de la première représentation et qu'il l'accompagna jusqu'à la Comédie. Chemin faisant, ils causèrent de la distribution des rôles, et, comme son interlocuteur lui demandait s'il en était satisfait, Victor Hugo répondit : « Mon Dieu, je suis dans la position d'un homme qui a mis son vin en bouteilles ayant déjà servi et imprégnées du goût de certains crus. Je ne reconnais pas toujours le vin de mon tonneau. — Vous avez du moins, reprit Hippolyte Lucas, dans mademoiselle Mars un flacon de cristal et d'or. — Oui, mais dans lequel il y eu de l'essence de rose. » La représentation allait dissiper ces dernières alarmes. Pourtant, l'avant-veille, Victor Hugo, craignant d'être mal compris et d'encourir le reproche d'avoir dénaturé le caractère de Charles-Quint, communiqua aux journaux une note que la plupart d'entre eux insérèrent. Elle était conçue en ces termes :

« Il est peut-être à propos de mettre sous les yeux du public ce que dit la chronique espagnole de Ayala (qui ne doit pas être confondu avec Ayala, l'annaliste de Pierre le Cruel), touchant la jeunesse de Charles-Quint, lequel figure, comme on sait, dans le drame d'*Hernani* :

» Don Carlos, tant qu'il ne fut qu'archiduc d'Autriche, fut un jeune prince amoureux de son plaisir, grand coureur d'aventures, sérénades et estocades, sous les balcons de Saragosse, ravissant volontiers les belles aux galants et les femmes aux maris, voluptueux prince et cruel au besoin. Mais du jour où il fut élu empereur, une révolution se fit en lui (*se hizo una revolucion en el*), et le débauché don Carlos Ier devint ce monarque habile, sage, clément, hautain, glorieux, que l'Europe a admiré sous le nom de Charles-Quint (*Grandezas de España*, Descanso 24).

» Nous ajouterons que le fait principal du drame d'*Hernani*, lequel sert de base au dénouement, est historique. »

Le public se souciait peu d'exactitude documentaire. Il était impatient d'assister à une révolution théâtrale. Les journaux du lendemain relatent que des mesures nouvelles d'ordre avaient été arrêtées, des issues plus commodes pratiquées, et que dès six heures la salle était comble, quoique le spectacle ne dût commencer qu'à sept. En réalité, toutes les précautions avaient été prises par le cénacle romantique pour assurer le succès. La claque étant suspecte de tendances classiques, on lui substitua des jeunes gens bénévoles, « accourus, dit Alphonse Royer, des ateliers de peinture et d'architecture, des écoles de droit et de médecine, des établissements d'imprimerie, des études de notaires et d'avoués. » A trois heures de l'après-midi, ces jeunes combattants avaient envahi le parterre et les galeries supérieures. Ils étaient arrivés par petites escouades, chacun des affidés ayant pour passe un carré de papier rouge timbré de la griffe *Hierro*. Jules Janin, dans son *Histoire de la Littérature dramatique* (IV, 344), est d'accord avec Théophile Gautier, dans l'*Histoire de l'Art dramatique en France depuis vingt-cinq ans* (II, 129), ainsi que dans l'*Histoire du Romantisme*, pour retracer les enthousiasmes de cette soirée mémorable. Moins révérencieux, voire même un peu ironique, quoiqu'il comptât parmi les fidèles disciples, est Alphonse Royer en son

Histoire Universelle du Théâtre : « Ces costumes excentriques, dit-il, ces barbes hérissées, ces cheveux flottants, ces feutres pointus, ces bérets béarnais de couleurs féroces, donnaient l'apparence d'une descente de la cour des Miracles. A l'aspect de ces truands, les bourgeois de la rue Richelieu rentrèrent chez eux épouvantés, les boutiquiers commencèrent à fermer leurs volets. Les quatre heures d'attente avant le lever du rideau furent employées à manger du cervelas à l'ail et des pommes de terre frites, ayant pour dressoirs les banquettes du parterre; quelques-uns cherchèrent, après boire, les coins les plus sombres de la maison de Molière pour « évacuer le superflu de la boisson. » — Théophile Gautier, dans son feuilleton du *Bien Public* en 1872, après quarante-deux ans révolus, n'admet pas que l'on badine avec les souvenirs du 25 février 1830. Il s'écrie sur le ton dithyrambique : « Cette date reste écrite dans le fond de notre passé en caractères flamboyants. » Il proteste contre les petits journaux de l'époque, à la solde des classiques, qui se complaisaient « à représenter ces jeunes hommes, tous de bonne famille, instruits, bien élevés, fous d'art et de poésie, comme un ramassis de truands sordides. » Il se défend d'avoir commandé des troupes si dépréciées, et il rend hommage à ses compagnons d'armes : « Ce n'étaient pas, dit-il, les Huns d'Attila qui campaient devant le Théâtre-Français, malpropres, farouches, hérissés, stupides ; mais bien les chevaliers de l'avenir, les champions de l'idée, les défenseurs de l'art libre ; et ils étaient beaux, libres et jeunes. Oui, ils avaient des cheveux, — on ne peut naître avec des perruques, — et ils en avaient beaucoup, qui retombaient en boucles souples et brillantes, car ils étaient bien peignés. Quelques-uns portaient de fines moustaches et quelques autres des barbes entières. Cela est vrai, mais cela seyait fort bien à leurs têtes spirituelles, hardies et fières, que les maîtres de la Renaissance eussent aimé à prendre pour modèles. » La barbe, en effet, et la longue chevelure étaient alors réputées séditieuses et révolutionnaires, un véritable épouvantail à l'adresse des bourgeois. Arsène Houssaye, dans ses *Souvenirs*, observe qu'il y avait, après 1830, trois genres de physionomies bien distincts : le *romantique*, avec les cheveux en saule pleureur ; le *bousingot*, cheveux hérissés ; le *garde national*, cheveux en poire, style royal. Dans un autre passage, le même Arsène Houssaye explique l'origine du terme de « bousingot », contemporain du punch aux flammes bleues qui illuminait les soupers romantiques. « C'est, dit-il, dans un de ces punchs au Petit Moulin Vert que fut créé le mot *Bousingoth* qu'on appliqua mal à propos aux républicains. Nous tournions autour de la flamme bleue comme des possédés, avec des femmes de hasard, tout en improvisant une ronde. La rime était *go* ou *goth*. Cette rime avait été donnée par le nom d'Hugo. Nous épuisâmes bientôt le dictionnaire des rimes, mais nous prîmes tous les mots qui nous vinrent à l'esprit en les terminant par la rime voulue. Et voilà comment le mot *Bousingoth* eut ses petites entrées dans la langue française. C'était trop d'honneur. »

Faut-il admettre que ces bousingots, sorte de plèbe romantique, formaient la majorité des jeunes hommes qui venaient manifester en l'honneur d'*Hernani*? Et devons-nous prendre au pied de la lettre l'assertion du comédien Samson dans ses *Mémoires* : « La terreur planait sur la partie classique de l'auditoire ? » Théophile Gautier s'applique à justifier ceux que Philothée O'Neddy appelait *les brigands de la pensée* et qui, sans ressembler à de parfaits notaires, étaient de fort honnêtes gens, en dépit de la singularité de leur costume. Ils avaient la fantaisie du goût individuel, le juste sentiment de la couleur. Gautier en a conservé une vision saisissante, comme un tableau : « Le satin, le velours, les soutaches, les brandebourgs, les parements de fourrures, valaient bien l'habit noir à queue de morue, le gilet de drap de soie trop court remontant sur l'abdomen, la cravate de mousseline empesée où plonge le menton, et les pointes des cols en toile blanche faisant œillères aux lunettes d'or. Même le feutre mou et la vareuse des plus jeunes rapins qui n'étaient pas encore assez riches pour réaliser leurs rêves de costume à la Rubens et à la Vélasquez, étaient plus élégants à coup sûr que le chapeau en tuyau de poêle et le vieil habit à plis cassés des anciens habitués de la Comédie-Française, horripilés par l'invasion de ces jeunes barbares shakespeariens. » Ailleurs [1], à propos d'une reprise d'*Hernani* qui eut lieu sur la même scène, en juin 1841, pour les débuts de mademoiselle Émilie Guyon, Théophile Gautier évoque ces souvenirs d'enthousiasme et de jeunesse. Il les jette comme un défi aux bourgeois repus du régime censitaire : « C'était un beau temps que celui-là ! un temps de lutte, de passion, d'enivrement et de

---

[1]. *Histoire de l'Art dramatique en France depuis vingt-cinq ans*, II, 129.

fanatisme ! Jamais la querelle littéraire ne fut débattue plus vivement. Les représentations étaient de vraies batailles rangées, on sifflait, on applaudissait avec fureur; chaque vers était pris et repris; on combattait des heures entières pour le moindre hémistiche... Nous avons assisté, pour notre compte, à quarante représentations consécutives d'*Hernani*; nous allions là par bandes, tous fous de poésie, d'amour de l'art, fanatiques comme des Turcs et prêts à tout faire pour notre Mahomet. Nous attendions le lever du rideau en nous récitant des tirades de la pièce, que nous savions mieux que les acteurs. C'était charmant! on demandait, par-ci, par-là, la tête de quelque académicien; — qui eût dit alors que notre chef passerait à l'ennemi et serait académicien lui-même! — et l'on battait un peu les bourgeois qui ne comprenaient pas... Nous avions raison cependant, nous, les jeunes gens, les jeunes fous, les enragés, qui faisions de si belles peurs aux membres de l'Institut, tout inquiets dans leurs stalles. »

Une pareille impression a été ressentie par Jules Janin et se retrouve en divers passages de son *Histoire de la Littérature dramatique*. Vingt-quatre ans après l'apparition d'*Hernani*, il entonne un chant d'allégresse, sur ce mode demi-lyrique, demi-pédestre, qui lui est familier : « Quelles journées c'étaient alors, t'en souviens-tu, mon poète, et quel empressement à conquérir, dès le matin, une place en ce champ-clos de ton génie! On se présentait au théâtre avec un mot d'ordre, on se plaçait fièrement sous le lustre, au beau milieu de la mêlée, où les applaudissements, les exclamations et les extases ont élu leur domicile. On arrivait à jeun, on attendait, six heures, que la toile fût levée, et, dans cette ombre, où l'on eût dit autant de conspirateurs, trois cents fanatiques, se parlant à voix basse, cherchaient à prophétiser l'avenir du chef-d'œuvre à peine éclos. Peu à peu cependant le lustre éteint s'allumait, la porte était ouverte, et soudain, dans cette salle haletante, s'entassaient tous les grands noms, toutes les beautés, tous les pouvoirs. A contempler ces figures, animées de tout le feu de l'impatience, à soutenir ces regards où se reflète à l'avance une admiration énergique, on se serait cru transporté dans quelque hôtel de ville, à l'heure où tout le monde attend une révolution qui va venir. C'étaient des cris sans cause, et du silence sans motif. A chaque porte qui s'ouvrait, nous portions les yeux sur l'homme ou la femme qui allait se montrer, et, pour peu que cet homme ou cette femme fussent reconnus pour appartenir à la littérature hostile, on les sifflait sans pitié ; au contraire, ils étaient couverts d'applaudissements et de murmures favorables, s'ils étaient du côté de *Cromwell*.

» Dans cette foule, on s'exaltait, on se poussait, on se provoquait l'un l'autre. Il y avait des Frérons de cent ans qui n'osaient pas montrer leur tête chenue ; il y avait des druidesses de quinze à seize ans qui volontiers eussent brisé leur couronne de verveine odorante, afin d'en jeter les débris à la jeune engeance poétique. O fantômes ! ô mensonges ! ô jeunesse ! ô visions ! Et... quand enfin la toile était levée et que l'œuvre allait à son but, splendide, éclatante, à travers ses sentiers plus que divins, quel misérable eût osé, je ne dis pas pousser un murmure, mais seulement fermer un œil ? Ah ! le malheureux, qu'il eût été bien à plaindre ! Damnation ! il n'a pas écouté *Hernani !* Il est resté froid à *Hernani !* « Haro sur le baudet ! » Il y allait véritablement de la vie et de la mort. « Quand nous étions si malheureuses, c'était là le bon temps », disait une jeunesse du siècle passé ».

Théophile Gautier, moins verbeux que Jules Janin qui avait du goût pour l'amplification, insiste sur la longueur de l'attente que durent subir les jeunes romantiques, introduits, dit-il, dès deux heures de l'après-midi. Ils étaient plongés dans une obscurité presque complète, dont le souvenir inspire au critique-poète une description très pittoresque : « Rien de plus singulier qu'une salle de théâtre pendant la journée. A la hauteur, à l'immensité du vaisseau encore agrandies par la solitude, on se croirait dans la nef d'une cathédrale. Tout est baigné d'une ombre vague, où filtrent, par quelque ouverture des combles ou quelque regard de loge, des lueurs bleuâtres, des rayons blafards contrastant avec les tremblotements rouges des fanaux de service... Nous n'avions jamais pénétré dans une salle de spectacle le jour, et lorsque notre bande, comme le flot d'une écluse qu'on ouvre, creva à l'intérieur du théâtre, nous demeurâmes surpris de cet effet à la Piranèse. » Ces gardes du corps, attachés à la personne de Victor Hugo et au succès d'*Hernani*, se répartirent aux divers étages, mais en choisissant de préférence les recoins obscurs, les endroits suspects et dangereux où pouvait se dissimuler un siffleur, quelque classique forcené, ce que Théophile Gautier appelle « un prudhomme épris de Campistron et redoutant le massacre des bustes par des septembriseurs d'un nouveau genre. »

Il s'agissait de tenir les bourgeois en respect, voire même, si besoin était, d'écraser les philistins. En attendant le lever du rideau, les conversations suivaient leur train, bruyantes, exaltées, d'autant plus sonores dans les ténèbres. Les uns citaient des vers ou des fragments, saisis au vol dans l'entourage de Victor Hugo. On discutait le titre, qui sur les affiches était ainsi libellé : *Hernani ou l'Honneur castillan*. Plusieurs auraient préféré: *Trois pour une*, qui indiquait la condition fâcheuse de doña Sol, partagée entre son roi, son tuteur et son brigand, mais qui avait l'air d'une dénomination comique. Ceux-ci louaient, ceux-là eussent volontiers supprimé le sous-titre. Tous saluaient à l'avance le nouveau *Cid* du romantisme. Entre temps, pour apaiser la faim aiguisée par les vociférations, on sortait des provisions de la profondeur des poches. Théophile Gautier mentionne le chocolat et les petits pains, et confesse les cervelas. Aux classiques qui prétendirent qu'étant à l'ail ils empestèrent la salle, il répond simplement — ce qui est presque un aveu : « Nous ne le pensons pas ; d'ailleurs l'ail est classique. Thestysis en broyait pour les moissonneurs de Virgile. » Puis ce furent des chants, des ballades, des scies d'atelier, des cris d'animaux dans l'arche, des farces et des gamineries variées. « On demanda, écrit Gautier, la tête ou plutôt le *gazon* de quelque membre de l'Institut ; on déclama des *songes tragiques*, et l'on se permit, à l'endroit de Melpomène, toutes sortes de libertés juvéniles qui durent fort étonner la bonne vieille déesse, peu habituée à sentir chiffonner de la sorte son péplum de marbre. » Enfin, le lustre de gaz, la rampe, les candélabres s'allumèrent, la salle s'emplit, les loges se garnirent.

La jeunesse romantique, en humeur de galanterie, lançait des acclamations et battait des mains, chaque fois qu'apparaissait une jolie femme, élégamment décolletée, — manifestation qui, paraît-il, « fut trouvée de la dernière inconvenance et du dernier mauvais goût par les vieilles et les laides. Les applaudies se cachèrent derrière leurs bouquets avec un sourire qui pardonnait. L'orchestre et le balcon, ajoute Théophile Gautier, étaient pavés de crânes académiques et classiques. » Du parterre, de l'amphithéâtre, les novateurs se plaisaient à les désigner du doigt avec des murmures, ou même on les menaçait du poing. L'excitation était grande et des collisions imminentes; déjà retentissait le cri sinistre et superlativement romantique : « A la guillotine les genoux ! » lorsque la toile se leva, après les trois coups réglementaires. Dès le début du premier acte, les gens de la vieille école hochaient la tête et poussaient des soupirs désespérés. Le vers par lequel s'ouvre le drame était une provocation à leur adresse, une déclaration de guerre :

> Serait-ce déjà lui ? C'est bien à l'escalier
> Dérobé.

Ce rejet d'un adjectif effronté semblait une gageure. Un pareil enjambement, pour entrée de jeu, avait tout l'air d'une impertinence. Au gré de Théophile Gautier qui affectionne la métaphore hardie et picaresque, c'était comme « un spadassin de profession, un Saltabadil, un Scoronconcolo allant donner une pichenette sur le nez du classicisme pour le provoquer en duel. » Il y eut un peu de froideur au premier acte. Le second enleva les applaudissements. Au troisième, la scène des portraits, qui pouvait être une pierre d'achoppement, se termina sans encombre. Pourtant elle était signalée par avance aux fabricants de parodie. Le monologue du quatrième acte suscita des bravos prolongés, et le cinquième acte dompta toute résistance par la magie de ses effusions lyriques. Certains vers néanmoins, au cours de l'œuvre, furent accrochés et, comme on dit en argot de théâtre, empoignés ou emboîtés au passage. Ainsi, lorsque Ruy Gomez, rentrant à l'improviste, aperçoit, auprès de doña Sol, don Carlos et Hernani :

Par saint Jean d'Avila, je crois que, sur mon âme,
Nous sommes trois chez vous ; c'est trop de deux, madame.

De même, la tirade : « De ta suite, j'en suis », mit toute une partie de la salle en joie très ironique. Les tenants du romantisme ripostèrent en lançant des coups de poing à ceux qui se permettaient de rire. Mais l'incident le plus notable et le plus facétieux se produisit à la fin du troisième acte, au moment où Hernani, apprenant que Ruy Gomez vient de confier sa fille à don Carlos, jette cette apostrophe :

Vieillard stupide, il l'aime !

Le vers fut-il mal prononcé ? Du moins des clameurs s'élevèrent, et une altercation éclata dans les rangs de l'orchestre. Alexandre Dumas, en l'enjolivant peut-être, la raconte très plaisamment :

« M. Parseval de Grandmaison, qui avait l'oreille un peu dure, entendit : « Vieil as de pique, il l'aime ! » et, dans sa naïve indignation, il ne put retenir un cri :

— Ah ! pour cette fois, dit-il, c'est trop fort !
— Qu'est-ce qui est trop fort, monsieur ? qu'est-

21

ce qui est trop fort? demanda mon ami Lassailly, qui était à sa gauche, et qui avait bien entendu ce qu'avait dit M. Parseval de Grandmaison, mais non ce qu'avait dit Firmin.

— Je dis, monsieur, reprit l'académicien, je dis qu'il est trop fort d'appeler un vieillard respectable comme l'est Ruy Gomez de Silva, « vieil as de pique! »

— Comment! c'est trop fort?

— Oui, vous direz tout ce que vous voudrez, ce n'est pas bien, surtout de la part d'un jeune homme comme Hernani.

— Monsieur, répondit Lassailly, il en a le droit, les cartes étaient inventées... Les cartes ont été inventées sous Charles VI, monsieur l'académicien! si vous ne savez pas cela, je vous l'apprends, moi... Bravo pour le vieil as de pique! bravo, Firmin! bravo, Hugo! Ah!... »

On imagine aisément ce que devait être une représentation qui se déroulait au milieu des apostrophes, des invectives, des huées et des acclamations. Au foyer des artistes, une querelle s'émut entre M. de Jouy, le vénérable auteur de *Sylla*, et le baron Taylor qui lui criait : « Oui, nous triompherons! Ma tête est noire et la vôtre blanche, et je verrai longtemps cette victoire que bientôt vous ne verrez plus! » Charlet, le fameux peintre des demi-solde et des grognards de la Grande-Armée, allait encore plus loin dans son zèle romantique. Il présentait à Victor Hugo quatre de ses *janissaires*, autrement dit : de ses *rapins*, « gens à couper les têtes pour avoir les perruques. » Ces enthousiastes ne voulaient reconnaître, ni les défauts, ni les bizarreries, ni les taches légères de l'œuvre. Avec le critique du *Globe*, ils étaient prêts à invoquer la phrase pompeuse dont usa Chateaubriand pour excuser certaines négligences qu'on relevait dans ses *Natchez* : « Il y a quelquefois plaisir à voir l'écume qui blanchit le mors du jeune coursier. »

Les journaux du lendemain sont intéressants à consulter. Leurs « opinions » furent recueillies dans le numéro du *Moniteur*, du 28 février. Presque tous les critiques, en constatant le succès, formulent des réserves sur le genre, sur l'intrigue et la versification. Les classiques étaient encore très puissants dans la presse. Le compte-rendu le plus élogieux fut celui du *Journal des Débats* : « L'effet de cette représentation, y est-il dit, fera époque dans les annales du Théâtre-Français... Les beaux endroits, et ils sont nombreux, ont reçu des applaudissements unanimes. » Le *Courrier des Théâtres*, de Charles Maurice, se montre particulièrement sévère : « C'est tantôt Shakespeare et tantôt Turlupin; du sublime, puis du bouffon, de l'incompréhensible et du sentiment, de grandes et de petites pensées, des combinaisons pénibles et des moyens poétiques, presque point d'art et beaucoup d'idéal. » Puis, dans le numéro du 3 mars, voici un coup de férule, administré par un pédagogue hargneux et infatué : « C'est l'ouvrage d'un brillant écolier qui, s'il le veut, ne tardera point à passer maître. Il travaille, assurément, mais qu'il écoute ! » Quant à la *Gazette de France*, elle divague et elle écume, avec des crises de vieille douairière qui tombe en convulsion : « Il y aurait, dit-elle, quelque intérêt dans ce tissu d'incidents absurdes et invraisemblables, comme il y en a dans un conte des *Mille et une Nuits*, s'il n'était ralenti par des digressions, des tirades d'une longueur démesurée et des détails puérils... A quoi bon ce sang, ces poignards, ce poison, ces fureurs, et toutes ces atrocités, s'il n'en ressort aucune étude du cœur humain, aucune moralité, rien qui puisse perfectionner l'homme, rien même qui agrandisse le domaine de l'art ?... Les bravos furieux, les trépignements frénétiques, les acclamations folles n'ont pas été épargnés. Les spectateurs étaient au niveau des acteurs, qui ont joué comme des épileptiques. »

Par une singulière coïncidence, les ultras de la *Gazette* se rencontrent avec Cuvillier-Fleury, esprit honnête et modéré, qui écrit dans son *Journal* : « Hier a eu lieu la première représentation d'*Hernani*. Tous ces messieurs en sont revenus confondus. Il paraît que la nouvelle tragédie est à faire peur. M. de Broglie disait en partant : « Dieu ! quelle épreuve ! Il est heureux que la cause soit bonne ! » Le 13 mars, il note que les soirées de la Comédie-Française sont très orageuses et que la pièce se joue désormais dans la salle, où presque tous les vers sont répétés avec des manifestations d'enthousiasme ou des sifflets. Le 15 avril, il consigne son opinion personnelle sur ce drame *grotesque* : « Enfin, j'ai vu le monstre... La pièce fait pitié à force d'affectation, de non-sens dans la conception de l'ouvrage, à force de platitude ou de recherche dans le style, de négligences étudiées, de barbarismes impertinents dans la versification. Si c'est là le dernier mot du romantisme, je le plains. Les acteurs étaient dans un embarras visible. Le caissier seul triomphe, et Victor Hugo emplit ses poches ; il a bien gagné son argent. » Il y eut, en effet, quarante-cinq représentations consécutives. La première soirée donna une recette de 5.134 francs, chiffre inconnu jusqu'à ce jour pour une première à la Comédie. Entre le troisième et le quatrième acte, Victor Hugo avait vendu les trois premières éditions, de 2.000 exemplaires chacune, pour 15.000 francs aux libraires Mame et Delaunay-Vallée, qui ne trouvèrent, d'ailleurs, aucun profit en cette audacieuse opération.

C'est surtout le journal de l'acteur Joanny, chargé du rôle de Ruy Gomez, qui relate, jour après jour, les impressions des interprètes et du public. Il écrit, le 25 février : « *Hernani* a complètement réussi. J'ai joué mon vieux duc de Silva aussi bien qu'il est possible de le faire à une première représentation. » 27 février : « L'ouvrage est vigoureusement attaqué et vigoureusement défendu... Ce qu'il y a de mieux, c'est que cela attire beaucoup de monde. » 3 mars : « Une cabale acharnée. Les dames du haut parage s'en mêlent. La mode, pour elles, est de pousser de grands éclats dans les moments les plus intéressants, et particulièrement pendant les dernières scènes du cinquième acte. » 5 mars : « La salle est remplie, et les sifflets redoublent. Si la pièce est mauvaise, pourquoi y vient-on? Si on y vient avec tant d'empressement, pourquoi la siffle-t-on? » 8 mars : « Ils viennent siffler *Hernani*, mais ils viennent. Si l'on jouait *Cinna*, il n'y aurait personne. » 10 mars : « Encore un peu plus fort ; coups de poings, interruptions, police, arrestations, cris, bravos, tumulte. » 15 mars : « C'est toujours la même chanson, grande affluence et grand scandale. Jouez au milieu de tout cela, et jouez bien, si vous pouvez. » 29 mars : « Cela dégénère en une telle licence que l'exécution de l'ouvrage est presque impossible. » 4 avril : « Miracle ! voici une représentation qui a traversé sa carrière sans naufrage, sans tempête. La salle était encore remplie pour la vingtième fois. » 3 juin : « La baisse des recettes devient visible; tout finit. » 22 juin : « Le public semble en avoir assez, et moi aussi. »

A distance, dans une sereine atmosphère de critique littéraire où viennent s'éteindre les clameurs du romantisme idolâtre et du classicisme furibond, il est loisible de discerner, en analysant *Hernani*, la part de beauté durable et de mode éphémère. On y retrouve, suivant la coutume de Victor Hugo, de la puissance, du souffle poétique et des écarts de goût. Une fleur étrange est éclose, dont la graine sera vouée à une dégénérescence fatale et subite. Le romantisme ne fleurit qu'une fois.

CHAPITRE XX

LA FABLE ET LE STYLE D'*HERNANI*

D'un voyage en Espagne qu'il avait effectué, tout enfant, pour rejoindre son père, le général dont le nom n'est pas inscrit sur l'Arc de Triomphe, Victor Hugo garda des impressions ineffaçables. Sans doute il trouva quelque sonorité attrayante à ce mot d'Hernani, qui est l'appellation d'une localité du Guipuzcoa, proche Saint-Sébastien. M. Jules Claretie, annaliste ingénieusement érudit, en évoque l'image dans le volume de *Souvenirs intimes* qu'il publia pour le centième anniversaire de la naissance du poète : « Hernani ! Une petite ville, trois milliers d'êtres, un coin de ralliement pour les carlistes, une des dix-huit villes où, tour à tour, se tenaient les assemblées générales de la province; Hernani aux maisons grimpantes, accrochées aux flancs de la colline de Santa-Barbara; Hernani, où naquit le chevalier qui devait, à Pavie, faire prisonnier un roi de France, Juan de Urbieto, qui reçut l'épée de

François Ier, — le roi du *Roi s'amuse*; Hernani, la ville vivante, est moins célèbre que le drame. La création a exproprié les créatures. Le rêve est plus illustre que la réalité. » Aussi bien, cette grosse bourgade du pays basque n'a fourni à Victor Hugo qu'une dénomination. De même l'histoire ne lui a offert qu'un cadre, où il introduisit des peintures dont il a tout imaginé, le dessin et le coloris. L'intrigue d'*Hernani* comporte des objections de double sorte : celles qui lui sont propres et celles qui visent, en général, le théâtre du grand maître romantique. Quelques-unes de ces critiques sont passionnément sévères. Gustave Planche, le premier en date parmi les aristarques impitoyables, disait que « les œuvres signées par Victor Hugo disparaîtraient bientôt sous le flot envahissant de l'oubli. » Sa prédiction ne s'est pas encore réalisée. — J.-J. Weiss, avec moins de virulence dans la forme, porte un verdict presque aussi rigoureux : « Qu'est-ce que les drames de Victor Hugo ? C'est une succession de thèmes philosophiques et historiques, où manque presque toujours la psychologie de l'individu, comme celle des situations sociales, mais qui sont traités avec une éloquence poétique... C'était bien la peine de tant se moquer du confident de tragédie, pour le remplacer par le monologue interminable... Les costumes, les gestes et les attitudes remplacent les caractères. Ce qui fait surtout défaut, c'est la passion sincère et l'émotion jaillissante. » Après avoir constaté qu'il n'y a ni action, ni émotion, ni caractère dramatique, J.-J. Weiss concède qu'il existe, dans le théâtre de Victor Hugo, un admirable écrivain qui déroule sa poésie en une langue par lui créée, et aussi

« une âme-peuple touchée d'un rayon du soleil de 1830 qui s'y exprime et y resplendit. » M. Jules Lemaître va plus loin, poussé par une de ces antipathies impulsives où il se complaît : « Les drames de Victor Hugo, dit-il, sonnent si faux, que c'est une douleur de les entendre. Ou plutôt, tranchons le mot, ils ennuient. » En ce point, classiques et réalistes se rejoignent. M. René Doumic, universitaire orthodoxe, confit dans la religion du grand siècle, condamne sans rémission l'auteur d'*Hernani* : « Ses idées sont banales, écrit-il, et ne s'élèvent guère au-dessus du lieu commun. Il n'a pas pénétré dans le fond de la nature humaine. Sa psychologie manque de délicatesse et même de vérité. On rencontre des géants, des titans, des dieux, des héros et des monstres dans son œuvre, mais point des hommes. » Le *Journal des Goncourt* fait écho, en fulminant une excommunication analogue : « Ce qui frappe surtout Flaubert dans Hugo qui a l'ambition de passer pour un penseur, c'est l'absence de pensée. Hugo n'est pas un penseur; c'est, selon son expression, un naturaliste. Il a de la sève des arbres dans le sang. » A tant d'anathèmes, opposons la parole réconfortante d'un illustre critique qui loue et admire la révolution, ou, comme disait Paul Albert, l'insurrection victorieuse du drame romantique : « Jamais, s'écrie Paul de Saint-Victor, rénovation ne fut plus salubre et plus légitime ; elle infusa un sang nouveau à une forme usée par le plagiat et falsifiée par la décadence ; elle féconda la vieillesse ; elle ranima la mort. Le drame, comme Médée, taillait en pièces l'art poétique décrépit et le jetait dans la chaudière des sorcières de Macbeth, pour le rajeunir. »

Le rajeunissement est indéniable, mais par des procédés tout provisoires et précaires, incapables de rien produire de stable ni de définitif. Telles ces teintures, ou, dans la langue des coiffeurs, ces applications, qui donnent momentanément aux cheveux les couleurs les plus artificielles et ne trompent que qui veut s'y laisser prendre. Or, quelque jugement qu'on porte, et si favorable soit-il, sur la versification d'*Hernani*, la fable même du drame appelle et mérite les plus expresses réserves. Certes, il ne convient pas d'aller jusqu'à l'excessive opinion du *Drapeau blanc*, qui résume le jugement d'un enfant auquel son père vient de présenter la pièce en manière de conte bleu : « Je soupçonne que l'auteur est un peu fou. » Ce n'est pas là une appréciation enfantine, mais un écart de polémique injurieuse. — Bien plus sagace apparaît la critique du *Journal du Commerce*, qui formule contre le thème d'*Hernani* cette objection capitale et, à notre sens, irréfutable : « Quel que soit l'*Honneur castillan*, il est difficile de croire qu'il porte un homme jaloux et implacable à immoler son ressentiment et à livrer celle qu'il aime à un prince jeune et galant, pour sauver les jours d'un hôte, chef de bandits, qu'il a surpris aux pieds de sa maîtresse, et violant ainsi lui-même les droits de l'hospitalité. » A une fiction aussi factice sont adaptés des personnages qui ne font que copier et répéter des modèles anciens. Le chef du romantisme emprunte sans vergogne les caractères d'*Hernani* au répertoire des deux siècles précédents. Ruy Gomez, n'est-ce pas le Bartholo de Beaumarchais ? Hernani n'est-il pas un Lindor déguisé en pèlerin ? Quant à don Carlos, qui se cache pour surprendre doña Sol et son galant, c'est Néron dans *Britannicus;* seulement le palais romain se métamorphose en armoire. Il y a là un jeu de scène plutôt fâcheux, et, comme les plaisanteries de Victor Hugo sont généralement assez lourdes, don Carlos, avant d'entrer dans la cachette — dans la *boîte,* dit-il — que lui offre la duègne doña Josefa, hasarde ces deux vers qui veulent être spirituels :

Serait-ce l'écurie où tu mets d'aventure
Le manche de balai qui te sert de monture ?

Du moins, l'auteur a eu le bon goût de supprimer le passage qui nous montrait le duc s'apprêtant à ouvrir l'armoire *pour y prendre un cigare,* et aussi de remanier ces deux vers par trop cacophoniques :

Ne riez pas. Qui fait d'un affront raillerie
Et qui rit, veut aussi que son héritier rie.

Il substitua d'abord cette version, à coup sûr bien préférable :

Monsieur, ne raillez pas ! Qui raille après l'outrage
Change la faute en crime et la colère en rage.

Mais ce texte ne le satisfaisait pas encore, et voici la forme plus heureuse qu'il sut donner à sa pensée :

Qui raille après l'affront s'expose à faire rire
Aussi son héritier.

Les purs romantiques s'extasiaient, mais à la réflexion nous restons plus froids devant le monologue d'Hernani, qui termine le premier acte et qui s'ouvre par le vers fameux et étrange :

Oui, de ta suite, ô roi ! de ta suite ! j'en suis !

Encore Victor Hugo a-t-il effacé dans la tirade,

tout en l'amplifiant, un distique qui prolongeait cette marche à la suite :

> J'ai mon père à venger, qui dans l'ombre et sans bruit
> Met mon pas sur ton pas, et me pousse, et me suit.

Il y a du mouvement dans ce premier acte, l'action ne languit pas ; mais les personnages s'agitent à la façon de glorieuses marionnettes. Tous ont ou vont avoir des sentiments héroïques. Hernani, en effet, ne tue pas au second acte le roi qui, par une juste réciprocité, ne le tuera pas au quatrième; Ruy Gomez ne livre pas Hernani, son hôte, au troisième acte, — il est vrai que plus tard il sonne du cor, intempestivement et sans générosité; enfin doña Sol, au dénouement, saisit la fiole de poison et la vide à moitié, pour partager le sort de celui qu'elle aime. En vérité, ces Espagnols sont plus grands ou plus boursouflés que nature, et le rédacteur du *Figaro* était fondé à leur en faire grief, le surlendemain de la première représentation. « O héroïsme, que me veux-tu? Encore de l'héroïsme, de l'héroïsme toujours ; des cris d'hommes et des actions de dieux ! N'est-ce pas la vieille tragédie d'autrefois, rajeunie, ranimée, replâtrée ? »

Au second acte, la grandeur d'âme d'Hernani égale et même surpasse celle que don Carlos avait manifestée au premier. Le bandit a sous la main, en son pouvoir, le roi qui vient d'essayer de lui ravir doña Sol. Au lieu de se venger, il moralise et jette à son rival cet avertissement solennel :

> Écoutez. Votre père a fait mourir le mien,
> Je vous hais. Vous avez pris mon titre et mon bien,
> Je vous hais. Nous aimons tous deux la même femme,
> Je vous hais, je vous hais, — oui, je te hais dans l'âme.

En cette scène, le dialogue s'élève à une hauteur qui confine au sublime. Don Carlos, après avoir refusé de croiser le fer avec ce chef de bandes, ne veut cependant rien devoir à sa clémence, le menace et lui crie :

> Mon maître,
> Je vous tiens de ce jour sujet rebelle et traître.
> Je vous en avertis, partout je vous poursuis.
> Je vous fais mettre au ban du royaume.
>
> HERNANI.
> J'y suis
> Déjà.
> DON CARLOS.
> Bien.
> HERNANI.
> Mais la France est auprès de l'Espagne.
> C'est un port.
> DON CARLOS.
> Je vais être empereur d'Allemagne.
> Je vous fais mettre au ban de l'empire.
> HERNANI.
> A ton gré.
> J'ai le reste du monde où je te braverai.
> Il est plus d'un asile où ta puissance tombe.
> DON CARLOS.
> Et quand j'aurai le monde ?
> HERNANI.
> Alors j'aurai la tombe.
> DON CARLOS.
> Je saurai déjouer vos complots insolents.
> HERNANI.
> La vengeance est boiteuse, elle vient à pas lents,
> Mais elle vient.
> DON CARLOS, *riant à demi, avec dédain.*
> Toucher à la dame qu'adore
> Ce bandit!
> HERNANI, *dont les yeux se rallument.*
> Songes-tu que je te tiens encore?

Ne me rappelle pas, futur césar romain,
Que je t'ai là, chétif et petit dans ma main,
Et que, si je serrais cette main trop loyale,
J'écraserais dans l'œuf ton aigle impériale.

Par une très heureuse progression scénique, le troisième acte, intitulé « le Vieillard », dépasse l'émotion des précédents qui avaient pour titre respectif: « le Roi » et « le Bandit ». Ici, la figure dominante, c'est celle de Ruy Gomez de Silva, respectant et faisant respecter le droit et le devoir d'hospitalité à l'encontre de son prince, de sa sécurité et de son amour, mais en ayant pour soi le témoignage de sa conscience et l'intégrité de son honneur. Le caractère de ce vieillard amoureux a été reproduit dans l'*Aventurière*. Combien la copie d'Émile Augier pâlit auprès de la fresque grandiose de Victor Hugo! Qu'il y a loin du vrai poète au versificateur simplement habile!

Dans l'aveu ou la prière de Ruy Gomez à doña Sol, on perçoit la mélancolique inquiétude de ces tendresses d'arrière-saison qui sont parfois les plus douces en leur parfum d'automne, mais à l'ordinaire les plus décevantes et les plus douloureuses. On s'y attache avec la désespérance, avec le déchirement d'un adieu. Tant un cœur de vingt ans, ou même de moins, peut apporter à la vieillesse de consolation et de réconfort! Victor Hugo, par la bouche de son héros, a traduit ces sentiments avec une éloquence où palpite l'angoisse et tressaille le désir:

Écoute, on n'est pas maître
De soi-même, amoureux comme je suis de toi,
Et vieux. On est jaloux, on est méchant, pourquoi?
Parce que l'on est vieux. Parce que beauté, grâce,
Jeunesse, dans autrui, tout fait peur, tout menace.

Parce qu'on est jaloux des autres, et honteux
De soi. Dérision ! que cet amour boiteux,
Qui nous remet au cœur tant d'ivresse et de flamme,
Ait oublié le corps en rajeunissant l'âme !
— Quand passe un jeune pâtre — oui, c'en est là — souvent,
Tandis que nous allons, lui chantant, moi rêvant,
Lui dans son pré vert, moi dans mes noires allées,
Souvent je dis tout bas : — O mes tours crénelées,
Mon vieux donjon ducal, que je vous donnerais,
Oh ! que je donnerais mes blés et mes forêts,
Et les vastes troupeaux qui tondent mes collines,
Mon vieux nom, mon vieux titre, et toutes mes ruines,
Et tous mes vieux aïeux qui bientôt m'attendront,
Pour sa chaumière neuve et pour son jeune front !

Ce développement, en dépit de sa longueur et du double procédé de répétition et d'antithèse où Victor Hugo se prélasse, a un accent de vérité qui manque trop fréquemment aux amplifications romantiques. Ruy Gomez insiste. Il cherche à inculquer à doña Sol la défiance de la jeunesse. Inutile effort! La nature déjoue toutes ces ruses séniles :

Mais va, crois-moi, ces cavaliers frivoles
N'ont pas d'amour si grand qu'il ne s'use en paroles.
Qu'une fille aime et croie un de ces jouvenceaux,
Elle en meurt, il en rit. Tous ces jeunes oiseaux,
A l'aile vive et peinte, au langoureux ramage,
Ont un amour qui mue ainsi que leur plumage.
Les vieux, dont l'âge éteint la voix et les couleurs,
Ont l'âme plus fidèle, et, moins beaux, sont meilleurs.
Nous aimons bien. Nos pas sont lourds? nos yeux arides?
Nos fronts ridés? Au cœur on n'a jamais de rides.
Hélas! quand un vieillard aime, il faut l'épargner.
Le cœur est toujours jeune et peut toujours saigner.
Oh! mon amour n'est point comme un jouet de verre
Qui brille et tremble; oh! non, c'est un amour sévère,
Profond, solide, sûr, paternel, amical,

De bois de chêne, ainsi que mon fauteuil ducal !
Voilà comme je t'aime, et puis je t'aime encore
De cent autres façons, comme on aime l'aurore,
Comme on aime les fleurs, comme on aime les cieux !
De te voir tous les jours, toi, ton pas gracieux,
Ton front pur, le beau feu de ta fière prunelle,
Je ris, et j'ai dans l'âme une fête éternelle.

Voici le terme de cette cantilène d'amour, en un dernier couplet qui retrace à la fois les tortures et les espoirs du barbon trop prompt à s'attendrir :

C'est une œuvre sacrée et qu'à bon droit on loue
Que ce suprême effort d'un cœur qui se dévoue,
Qui console un mourant jusqu'à la fin du jour,
Et, sans aimer peut-être, a des semblants d'amour !
Ah ! tu seras pour moi cet ange au cœur de femme
Qui du pauvre vieillard réjouit encor l'âme,
Et de ses derniers ans lui porte la moitié,
Fille par le respect et sœur par la pitié.

Quelques mois auparavant, le Marino Faliero de Casimir Delavigne — après son Danville, de l'*École des Vieillards* — avait traduit des sentiments analogues ; mais le vieux doge, en des vers bourgeois qui n'étaient guère que de la prose rimée, ne pouvait pas nous émouvoir au même degré que le douloureux personnage imaginé par Victor Hugo. Ce thème sera repris par Émile Augier dans l'*Aventurière*. Chez Monte-Prade se répercute un écho des doléances de Ruy Gomez, quand il cherche à justifier sa passion pour Clorinde :

J'ai soixante ans passés, je ne l'ignore pas ;
Mais, comme j'ai vécu de ma vie économe,
J'ai l'âge d'un vieillard et le sang d'un jeune homme.
Les rides de mon front n'ont pas atteint mon cœur ;
Poudreux est le flacon, mais vive est la liqueur,

Et qu'il passe un rayon à travers la bouteille,
Elle redevient jeune aussitôt et vermeille.
Pour l'homme, c'est l'amour, ce pur rayon qui rend
L'intérieur visible et le corps transparent.

Plus loin, après l'explication avec son frère Dario, Monte-Prado poursuit, dans un monologue :

Ah ! vous vous figuriez, podagres aux cœurs froids,
Entre Clorinde et vous embarrasser mon choix !
Vous me jugiez par vous, pauvres âmes gelées,
D'où les illusions sont toutes envolées,
Et qui n'avez pas su dans un coin encor vert
Dérober une seule hirondelle à l'hiver !
Je vous plains, bonnes gens, de ne pas le connaître,
Ce charme du dernier amour qui me pénètre
Et me rend un reflet doré de mes vingt ans.
O mon dernier beau jour, plus beau que le printemps,
Est-ce trop acheter ta présence céleste
Qu'abandonner pour toi ma part de tout le reste ?

Si nous passons du domaine de la fiction littéraire à la réalité, un écrivain de génie, Pierre Corneille, nous dira au vrai ce que Victor Hugo a fait entendre dans *Hernani* et ce qu'a répété Émile Augier. Il y a un sursaut de fierté qui confine à l'infatuation, dans les stances amoureuses que l'auteur du *Cid* adressait à une beauté peut-être récalcitrante, en tous cas plus éprise des charmes de la jeunesse que des garanties de la maturité :

> Marquise, si mon visage
> A quelques traits un peu vieux,
> Souvenez-vous qu'à mon âge
> Vous ne vaudrez guère mieux.
>
> Le temps aux plus belles choses
> Se plaît à faire un affront ;

Et saura faner vos roses
Comme il a ridé mon front.

Le même cours des planètes
Règle nos jours et nos nuits :
On m'a vu ce que vous êtes ;
Vous serez ce que je suis.

Cependant j'ai quelques charmes
Qui sont assez éclatants
Pour n'avoir pas trop d'alarmes
De ces ravages du temps.

Vous en avez qu'on adore,
Mais ceux que vous méprisez
Pourraient bien durer encore
Quand ceux-là seront usés.

Ils pourront sauver la gloire
Des yeux qui me semblent doux,
Et dans mille ans faire croire
Ce qu'il me plaira de vous.

Chez cette race nouvelle
Où j'aurai quelque crédit,
Vous ne passerez pour belle
Qu'autant que je l'aurai dit.

Pensez-y, belle marquise,
Quoique un grison fasse effroi,
Il vaut bien qu'on le courtise,
Quand il est fait comme moi.

Cette même noblesse altière d'un amour sexagénaire, mais encore vraiment cornélien, se retrouve chez Ruy Gomez de Silva. Victor Hugo a voulu et su relever le personnage, en lui prêtant le sublime respect de l'hospitalité qui est une vertu castillane du meilleur aloi. Le pèlerin reçu au château s'appelle Hernani, chef de bande ; sa tête est mise à prix. Qu'importe ? il est un hôte.

Le vieillard prononce ces paroles qui peignent à merveille la générosité de son âme :

Qui que tu sois, c'est bien ! et, sans être inquiet,
J'accueillerais Satan, si Dieu me l'envoyait.

Il s'éloigne, il rentre et voit sa fiancée, doña Sol, aux bras d'Hernani. Va-t-il le chasser ? Non, encore une fois, car ce singulier pèlerin est son hôte. Quand le roi, en personne, vient réclamer le bandit et menace, si on ne le lui livre, de raser les onze tours du château, le duc, prenant don Carlos par la main, lui montre, l'un après l'autre, tous ses portraits de famille. Cette nomenclature a quelque lenteur et interrompt l'action. Mais Ruy Gomez ne cédera pas. Il s'est arrêté, pour clore la tirade, devant son propre portrait :

        Roi don Carlos, merci !
Car vous voulez qu'on dise, en le voyant ici :
« Ce dernier, digne fils d'une race si haute,
Fut un traître, et vendit la tête de son hôte. »

Ce refus inspire au souverain bravé une riposte, qui contient une plaisanterie de goût médiocre. L'esprit de Victor Hugo n'excelle pas au badinage :

La tête qu'il me faut est jeune ! il faut que morte
On la prenne aux cheveux. La tienne ? que m'importe !
Le bourreau la prendrait par les cheveux en vain.
Tu n'en as pas assez pour lui remplir la main !

Et Ruy Gomez de répliquer, sur le même ton d'ironie pesante :

Altesse, pas d'affront ! ma tête encore est belle,
Et vaut bien, que je crois, la tête d'un rebelle.
La tête d'un Silva, vous êtes dégoûté !

En dépit des menaces royales, le vieillard dompt

la colère jalouse qui l'obsède. Plutôt que de livrer Hernani, il abandonne en otage sa fiancée. Le sacrifice est méritoire, et semble au delà des forces humaines. Nous sommes, il convient de ne point l'oublier, dans cette atmosphère du romantisme où les personnages sont, non pas symboliques, mais gigantesques. Que si l'on se dérobe à ce monde surnaturel pour reprendre contact avec la simple réalité, on trouvera que le barbon passe la mesure du sublime et confine à la crédulité caduque. Il murmure avec mélancolie, tout en constatant qu'il perd une fiancée chérie et conserve un hôte félon :

> Roi, pendant que tu sors joyeux de ma demeure,
> Ma vieille loyauté sort de mon cœur qui pleure.

C'est ici que Victor Hugo demande au spectateur et surtout au lecteur le *summum* de condescendance et de docilité. Les procédés de Ruy Gomez sont bien d'un compatriote de Don Quichotte. Le roi parti, il ouvre à Hernani la porte de la cachette enfouie dans la muraille ; mais, auparavant, il est allé détacher deux épées d'une panoplie, il les a mesurées, puis déposées sur une table, et il provoque le brigand amoureux, son hôte, en combat singulier. Celui-ci ne veut pas se battre. Il offre sa tête — toujours sa tête. Passe encore ! Cependant il a une exigence. Avant de mourir, il voudrait revoir doña Sol. Lorsqu'il apprend qu'elle est partie avec le roi, éclate le cri fameux : « Vieillard stupide, il l'aime ! » Sur-le-champ, s'établit entre eux le pacte ou plutôt le marché dont l'extravagance est manifeste, mais qui constitue la condition essentielle de la pièce : Ruy Gomez ne tuera pas au comptant Hernani qui s'engage à mourir à terme. Il jure sur la tête de son père, en laissant au vieux créancier le choix de l'échéance. Aussi bien, comme il faut un gage de même qu'aux jeux innocents, il détache un objet de sa ceinture. Idée fatale !

> Écoute, prends ce cor. Quoi qu'il puisse advenir,
> Quand tu voudras, seigneur, quel que soit le lieu, l'heure,
> S'il te passe à l'esprit qu'il est temps que je meure,
> Viens, sonne de ce cor, et ne prends d'autres soins.
> Tout sera fait.

Marché conclu. Ils se sont serré la main, et Ruy Gomez se tourne vers les portraits qui continuent de remplir leur office :

> Vous tous, soyez témoins !

Il est à noter que le quatrième acte, intitulé « le Tombeau », pourrait se supprimer, comme presque toujours le quatrième acte des drames de Victor Hugo. C'est, dans la crypte d'Aix-la-Chapelle, un long monologue de don Carlos. En attendant d'être appelé à l'Empire, il adresse une allocution à l'ombre de Charlemagne. Une fois élu, il pardonne aux conjurés qui complotaient sa mort, et, rendant à Jean d'Aragon, dit Hernani, toutes ses dignités, lui accorde par surcroît la main de doña Sol. Beau trait de clémence impériale ! Cet acte est un véritable tableau d'opéra, qui se termine en un défilé devant le nouvel empereur. Lors de la création, la Comédie-Français avait prodigué une splendeur de figuration don elle n'était pas coutumière. Charles Maurice l'e félicita dans le *Courrier des Théâtres* : « Le spectacle, dit-il, est superbe. Le moment de l'électio de Charles-Quint offre un coup d'œil neuf à l scène. Cette marche, ce cortège qui s'opèrent en silence, sans musique, sont du meilleur goût, de la plus belle vérité. On y reconnaît l'habile main du grand-maître des cérémonies. » En ce dernier trait, faut-il voir un éloge pour le baron Taylor ou une raillerie décochée à Victor Hugo ?

Le mérite du cinquième acte est de meilleur aloi. Étant admis le cor qui va jouer un rôle capital, et aussi la mélodramatique jalousie de Ruy Gomez auquel on peut appliquer la saisissante image des *Nuits* d'Young : « Nos désirs croissent sur le soir de la vie comme les ombres s'allongent au déclin du soleil », il y a là une des situations les plus poignantes qui se puissent concevoir. On y a vu des réminiscences, et le *Figaro*, du 27 février 1830, a dit sur le mode ironique : « Hernani vient avec sa fiancée. C'est toi, Roméo, c'est toi, Juliette. Seulement le rossignol est remplacé par le cor. C'est un malheur. Car dans Shakespeare cette délicieuse scène de réveil, ce frais matin, et ce bonheur satisfait qui voit naître le jour, tout cela se comprend. Dans *Hernani*, la même scène est une longueur. A quoi bon le frais du soir quand le lit nuptial vous attend ? » Cette critique, malicieuse et injuste, méconnaît le charme prestigieux qui se dégage de la première moitié du cinquième acte, jusqu'à ce que retentisse le lugubre rappel de la parole donnée. Quelle allégresse exquise s'épand autour des jeunes époux et rayonne en un chant d'hyménée ! Avec quelle douce insistance il cherche à la conduire vers la chambre prochaine ! Avec quelle grâce et quel art caressant elle prolonge la volupté de l'attente ! C'est un épithalame d'une infinie délicatesse :

Tout à l'heure !
Un moment ! — Vois-tu bien ? c'est la joie, et je pleure !

Viens voir la belle nuit !.. Mon duc, rien qu'un moment !
Le temps de respirer et de voir seulement.
Tout s'est éteint, flambeaux et musique de fête.
Rien que la nuit et nous ! Félicité parfaite !
Dis, ne le crois-tu pas ? sur nous, tout en dormant,
La nature à demi veille amoureusement.
Pas un nuage au ciel. Tout, comme nous, repose.
Viens, respire avec moi l'air embaumé de rose !
Regarde. Plus de feux, plus de bruit. Tout se tait.
La lune tout à l'heure à l'horizon montait ;
Tandis que tu parlais, sa lumière qui tremble
Et ta voix, toutes deux m'allaient au cœur ensemble.
Je me sentais joyeuse et calme, ô mon amant,
Et j'aurais bien voulu mourir en ce moment !

Hernani répond à l'effusion de doña Sol par un débordement d'extase. Ce ci-devant bandit est un tendre époux, superlativement poétique. Il attend et il désire, avec une discrète impatience :

Ah ! qui n'oublierait tout à cette voix céleste !
Ta parole est un chant où rien d'humain ne reste,
Et, comme un voyageur, sur un fleuve emporté,
Qui glisse sur les eaux par un beau soir d'été
Et voit fuir sous ses yeux mille plaines fleuries,
Ma pensée entraînée erre en tes rêveries.

La puissance du rythme, mais surtout le pathétique de ces paroles d'amour au seuil de la chambre nuptiale, puis la beauté du décor à la Comédie-Française, ou bien le talent de deux artistes — M. Mounet-Sully et madame Sarah-Bernhardt — qui furent jadis un Hernani et une doña Sol incomparables, atténuent et font presque accepter l'étrangeté de la situation, alors qu'on entend le bruit lointain d'un cor dans l'ombre. A la lecture, il est loisible de se ressaisir et d'observer l'un des cas les plus saillants où éclate le vice rédhibitoire du romantisme : la juxtaposition du tragique et du comique qui s'avoisinent sans s'amalgamer. Ici, le duo d'amour est divin, l'apparition de Ruy Gomez devrait n'être qu'émouvante, et le son du cor, s'il passe dans le mouvement général de la scène, est à la réflexion un grossier et pitoyable artifice, un pauvre truc de féerie. Les parodistes en feront des gorges chaudes. Déjà, au quatrième acte, cet instrument de musique avait amené un vers bizarre, lorsque le vieillard voulait se substituer à Hernani dans la mission et l'honneur d'immoler don Carlos :

Eh bien, écoute, ami, je te rends ce cor.
— Quoi !

répondait Hernani, momentanément ébranlé, mais qui triomphait d'une faiblesse fugitive. Combien doit-il, en ce soir d'hyménée, regretter de n'avoir pas repris le cor, sinistrement avertisseur ! En un tel passage, plus que jamais le romantisme témoigne qu'il est dangereux au sublime de côtoyer le grotesque. Victor Hugo pourtant s'est évertué à rendre moins baroques, dans la mesure du possible, l'homme masqué, son petit air d'orchestre et l'empoisonnement mutuel auquel recourent les deux infortunés. Une première version, recueillie par MM. Glachant, était encore plus invraisemblable. Le poète a eu le tact de la sacrifier. En voici la teneur, à partir du moment où Silva commençait à corner :

HERNANI.
Ce devrait être fait ! Ah !...
DOÑA SOL.
Tu ne te sens pas bien ?
HERNANI.
Un mal auquel je suis sujet...

L'AUBE DU THÉATRE ROMANTIQUE 385

DONA SOL.
      Ce cor vous trouble !
Chaque fois qu'il reprend, votre angoisse redouble.
HERNANI.
Non. Ce cor est charmant, et j'en aime le son.
        Le cor recommence.
 (*A part.*)
Il le veut ! un poignard ! par pitié, du poison !
Je manque à mon serment ! Rien ! Fanfare implacable !
 (*Haut.*)
Ah ! ce pourpoint m'étouffe, et ce collier m'accable !
   (*Il arrache son collier, le jette à terre.*)

La scène se prolongeait. Pour couper le pourpoint gênant, sorte de camisole de force, Hernani envoyait doña Sol chercher le poignard royal. Vainement elle objectait :

      Il serait plus simple que je prisse
Des ciseaux...
  HERNANI.
   Le poignard !
    DONA SOL.
      Mais...
  HERNANI.
       Ah ! c'est un caprice.
Va, cours, j'en ai besoin !
    DONA SOL.
     J'obéis, monseigneur.

De même, un peu plus loin, il y avait une réplique très malencontreuse qui a disparu :

DONA SOL.
J'ai bu dans ton verre
   HERNANI.
    Ah ! c'est une mort affreuse.

Le propos manquait de courtoisie. En la forme actuelle, il n'est plus question de verre. Doña Sol boit d'abord sa part du poison, puis tend à Hernani la fiole demi-vide. Dans la version définitive, Victor Hugo a su élaguer les éléments trop réalistes et pharmaceutiques, pour ouvrir les voies vers les rêves paradisiaques d'un immatériel amour. Doña Sol soupire en un baiser :

Partons d'un vol égal vers un monde meilleur.

Telle est la noblesse de la passion, telle surtout la majesté de la mort, que les détails mesquins ou vulgaires s'évanouissent; le style dépouille les paillettes clinquantes pour resplendir d'un pur éclat. Cette fin de deux êtres charmants, en pleine jeunesse, à l'instant de cueillir la fleur embaumée et enivrante du bonheur, touchera tout ensemble ceux qui aiment, ceux qui ont perdu l'amour ou l'ont poursuivi sans l'atteindre. Hernani et doña Sol, après Roméo et Juliette, sont de la lignée mélancolique qui tire des larmes aux plus insensibles. Jamais l'humanité songeuse, en quête d'un idéal, ne se lassera de compatir à cette misère d'aimer, où les tortures alternent avec les délices. Pour l'avoir redit après bien d'autres, Victor Hugo, dans *Hernani*, ressent et nous fait ressentir l'émoi d'un sentiment vrai qui secoue la grandiloquence romantique.

CHAPITRE XXI

LES PARODIES D'*HERNANI*

Au commencement du dix-neuvième siècle, et spécialement à l'époque du romantisme, la parodie florissait. Des hommes de beaucoup d'esprit, loin de la considérer comme un genre fort inférieur, s'y exerçaient et parvenaient à y exceller. Les pièces de théâtre les plus discutées leur appartenaient : ils les tournaient en dérision aimable, par des procédés spirituels parfois, mais toujours sans aigreur. Certains critiques contemporains sont plus cruels et ne sont pas aussi gais. Quant à la parodie, elle a, de nos jours, été remplacée par l'acte des théâtres, qui figure en toute revue de fin d'année, taillée sur le patron traditionnel. Ce sont des imitations d'acteurs, poussées à la caricature. Les parodistes d'autrefois avaient plus d'invention et de finesse. Ils ne se piquaient pas d'être « bien parisiens », mais ils imprimaient le plus souvent à leur badinage un tour d'ironie littéraire qui est, hélas! trop étranger à la plupart des « revuistes » d'à présent.

Henri III et sa Cour avait provoqué, entre autres parodies, *Cricri et ses Mitrons*; *Marino Faliero* suscitait *Mérinos Béliéro*. Il était impossible qu'*Hernani* échappât au sort commun, d'autant que les tendances novatrices de l'œuvre, ses audaces et la singularité du sujet semblaient un défi jeté à l'école classique. Stimulés par le tapage et par les controverses ardentes que soulevait la pièce de Victor Hugo, les parodistes se multiplièrent en grande hâte. Le 12 mars 1830, Carmouche, de Courcy et Dupeuty, arrivant bons premiers, firent représenter, à la Porte-Saint-Martin, *N, i ni ou le Danger des Castilles*, « amphigouri romantique, en cinq actes et en vers sublimes, mêlés de prose ridicule ». Le 16 du même mois, c'est encore Carmouche, en collaboration avec Brazier, qui donnait à la Gaîté *Oh! qu'nenni ou le Mirliton fatal*, parodie en cinq tableaux. On jouait également, ou plutôt l'on chantait *Fanfan le Troubadour à la représentation d'Hernani*, pot-pourri en cinq actes sur des airs connus. Enfin, le même soir, 23 mars, il y eut aux Variétés *Hernani*, imitation burlesque, et au Vaudeville la plus fameuse de ces parodies, *Harnali ou la Contrainte par cor*, cinq tableaux en vers, dus à la collaboration de Duvert et d'Auguste de Lauzanne.

Toutes ces pièces, d'inégale importance, s'attachent à mettre en lumière les bizarreries du drame romantique, dont *Hernani* est le plus mémorable spécimen, l'invraisemblance foncière de l'intrigue, la sublimité presque monstrueuse des sentiments, les hardiesses de style et les licences poétiques. C'est un procès intenté à Victor Hugo avec une absolue partialité. Ses ennemis littéraires s'érigent en tribunal de l'opinion publique, le citent à leur barre et le condamnent. Il échappera à leur verdict. *Hernani* n'est pas un impeccable chef-d'œuvre, mais bien un renouveau de notre théâtre. On y trouve des taches déplaisantes et d'indéniables beautés. Les parodistes n'ont point su faire le tri.

Dans *N, i ni ou le Danger des Castilles*, Dégommé, honorable traiteur, a pour pupille Parasol, un tendron qu'il souhaite d'épouser, mais qui est convoitée par don Pathos et par N, i ni. Ce dernier a les préférences de la belle. Bref, le thème qui dans *Hernani* est ainsi résumé :

Trois galants, un bandit que l'échafaud réclame,
Puis un duc, puis un roi, d'un même cœur de femme
Font le siège à la fois. L'assaut donné, qui l'a ?
C'est le bandit.

Dans *N, i ni*, le décor du premier acte figure une cuisine d'auberge. Pimbêche, servante chez Dégommé, tricote des bas gris auprès d'une table sur laquelle est une chandelle allumée. Elle dit à mi-voix :

N, i ni doit rôder en bas avant minuit.

Entre don Pathos, et le dialogue s'engage sur le mode ahuri :

PIMBÊCHE.
Ciel ! c'est un inconnu que je ne connais pas.
DON PATHOS, *criant à tue-tête.*
Parlons peu, parlons bien, et surtout parlons bas.
PIMBÊCHE.
Monsieur, déclinez-moi vos qualités.
DON PATHOS.
Aucunes.

PIMBÈCHE.

Mais vous ne venez pas au logis pour des prunes.

DON PATHOS.

Non, pour une prunelle, ou bien plutôt pour deux.
J'y viens pour une blonde aux cheveux noirs.

PIMBÈCHE.

Grands dieux !

On entend du bruit. Don Pathos se cache dans la huche à pain. Entre N, i ni, qui échange avec Parasol de tendres effusions :

PARASOL.

Mon rat.

N, I NI.

Mon chat.

PARASOL.

Mon chou, mon loulou.

N, I NI.

Ma poupoule.
Les beaux yeux que tes yeux.

PARASOL, *lui prenant la tête.*

Et toi, la bonne boule !
Mais, quand je t'attendais, pourquoi venir si tard ?
Ta montre, cher ami, serait-elle en retard ?

Ils s'expliquent, ils s'émeuvent. Parasol aime, fièrement dédaigneuse des conventions sociales. Elle s'écrie, et la parodie suit le texte de très près :

Que me fait que de toi le sort se raille et rie ?
Mon amour, N, i ni, rit de sa raillerie.

N, I NI.

Je pars, dussé-je aller jusques au grand Mogol
Sous les feux du soleil.

PARASOL, *le retenant vivement.*

Eh quoi ! sans Parasol ?

Je te suis.

Don Pathos sort de la huche. Il tient une flûte de pain et murmure, d'un air grognon :

Je confondais toujours les flûtes et mes jambes.

Survient à l'improviste le restaurateur Dégommé, qui apostrophe ainsi les intrus :

Faites comme chez vous, mes braves Sans Souci,
Ma réputation depuis longtemps est faite :
Le père Dégommé n'est qu'une vieille bête
A laquelle on peut faire, et sans crainte d'affront,
Les cornes par derrière ou des bosses au front ;
Et vous, joli tendron, faites le diable à quatre !
Trois hommes chez vous, peste !

PARASOL.

Un de plus ferait quatre.

N, I NI.

Quel compte elle lui fait !

Don Pathos se découvre, décline ses qualités. Tout aussitôt, Dégommé lui prodigue les salamalecs et se déclare très flatté de sa présence, ainsi que de ses assiduités auprès de l'aimable pupille :

Vous êtes don Pathos... alors la thèse change.
Un richard comme vous ! Soyez bien convaincu
Que c'est me faire honneur que me faire...

DON PATHOS.

Entendu !
Vous savez que je suis marchand de blanc d'Espagne,
Que j'ai maison de ville et maison de campagne ?
C'est au bois de Boulogne, à côté de Madrid,
Que sont mes ouvriers, que mon blanc se pétrit.

Dégommé ne demande plus d'explications. Un visiteur aussi distingué apporte du lustre à son logis. Tel Jupiter chez Amphitryon. L'attention du vieux traiteur est tournée vers l'autre personnage :

Mais quel est ce monsieur qui dans son coin demeure
Planté comme un piquet ?

DON PATHOS.

Ça, c'est un malheureux.

(Bas à N, i ni.)
Vous voyez, mon rival, que je suis généreux.
(Haut.)
Un niais, un imbécile, espèce de Jocrisse
Qui de palefrenier chez moi fait le service.

DÉGOMMÉ.

Fort bien. Comme il me fait l'effet d'être un fripon,
Nous pouvons le laisser tout seul dans la maison.

Alors éclate le monologue de N, i ni. Resté à l'écart, il suit des yeux avec fureur le barbon, mais surtout le gentilhomme, tous deux épris de sa Parasol :

Ah ! je suis ton laquais, ton groom, ton domestique...
Eh bien ! oui, que je suis,... oui, mauvaise pratique,
De la suite j'en suis, et sans cesse et toujours.
Jamais griffons, doguins, ou chiens de basses-cours
N'auront à *Peccata* si bien donné la chasse...
Tu seras le daim dont mes pieds suivront la trace.
Ton domestique ! ah ! oui... Dis aussi ton frotteur ;
Car de te bien frotter j'espère avoir l'honneur.
De portier, de brosseur, j'accepte aussi les rôles,
Je battrai les habits, mais c'est sur tes épaules !
Derrière tes talons, mes yeux tu les verras,
Comme des vers luisants ou des yeux d'angoras !...
(S'arrêtant et avec réflexion.)
Mais comment fera-t-il pour y voir par derrière ?
Ça le regardera... ça n'est pas mon affaire.

Au second acte, la scène représente une rue de Clichy-la-Garenne ; à droite la guinguette de Dégommé. Parasol parait au balcon, comme l'héroïne de *Cyrano* ; puis elle descend, un parapluie à la main. Hélas ! l'homme qui l'attend n'est point celui qu'elle attendait :

Ce n'est pas N, i ni. Monsieur, je vais crier.

DON PATHOS.
Ce n'est pas ton gamin. C'est un particulier.

Le haut seigneur hasarde quelques propos légers, voire même un geste. Elle s'effarouche et lui jette une menace :

      Prenez garde !
Si vous vous oubliez, à défaut de poignard,
Je me perce à l'instant de votre canne à dard.

N, i ni arrive sur ces entrefaites. Il provoque son rival très congrûment, selon les règles de la chevalerie :

Quand un homme bien né prétend me faire honte,
Aussi haut que son nez la moutarde me monte.
Du fin fond de mon cœur, je t' haïs, je t' haïs,
Je t' haïs, je t' haïs.
    DON PATHOS, *reculant.*
    C'est bien, je t'ai compris,
Mais je ne me bats pas.

La scène d'amour se déroule entre Parasol et N, i ni. Il lui adresse d'aguichantes paroles et lui décoche de langoureux regards :

Ne pensons plus à rien, viens sur ce banc de pierre
Des ruisseaux de tes yeux rafraîchir ma paupière.
Chante-moi quelques chants, comme parfois, l'hiver,
Tu m'en chantais avec des pleurs dans ton œil vert.

Docile à son appel, il se met à chanter : « Il pleut, il pleut, bergère. » Parasol ne semble pas y prendre un plaisir extrême. Elle soupire :

Je crois qu'il va pleuvoir.
     N, I NI.
    Ouvre ton cœur au mien.
Ouvre-le, Parasol... je vais ouvrir le tien.

Gravement il ouvre le parapluie de sa compagne

et le tient sur leur tête, tout en causant. C'est le bonheur suprême :

> Soyons heureux, buvons, prenons un petit verre ;
> Je connais un endroit où l'on vend de la bière.
> Tous deux, enivrons-nous... Est-ce pas qu'il est doux
> D'être assis sur la dure ou bien sur ses genoux ?
> Au lieu d'un, d'être deux... et, seul avec sa blonde,
> De crier dans la rue à réveiller le monde ?
> Oh ! laisse-moi dormir, et parle-moi toujours !

On aperçoit soudain la lueur d'un incendie, des pompiers traversent le théâtre. Quels gêneurs ! Ils interrompent l'extase, et Parasol émet cette judicieuse remarque :

> On dirait d'un feu de cheminée.
>
> N, I NI.
>
> Quittons-nous, un baiser... peut-être le dernier.
>
> PARASOL.
>
> Heureusement pour moi, ce n'est pas le premier.
> Mais, dis-moi, cher amant, pourquoi cet incendie ?
>
> N, I NI.
>
> Pour réchauffer la scène, et qu'elle soit finie.

Tandis qu'ils échangent des adieux tendres, un tuyau de pompe est dirigé sur eux. Voilà un réfrigérant. Ils se sauvent, tout aspergés.

Au troisième acte, une grande chambre chez Dégommé, avec des portraits de famille grotesquement costumés. Le vieux traiteur, en humeur de conjungo, module à Parasol des confidences qu'il voudrait rendre sentimentales :

> Quand je vois dans les champs un de ces jeunes hommes
> Qui mènent leurs ânons ou vont gauler des pommes,
> Pour les rouges cheveux d'un de ces gros Normands
> Je donnerais mes gris, je donnerais mes blancs ;
> Pour les grossiers mollets de ces jeunes maroufles,
> Mes bottes à revers et mes vieilles pantoufles,

Ma redingote usée et mon antique Elbeuf ;
Enfin je donnerais tout mon vieux pour du neuf.
     PARASOL.
Et vous ne voulez pas faire un marché de dupe.
     DÉGOMMÉ.
Mais quarante ans de plus, de moins, qui s'en occupe ?
Ces jeunes freluquets, vois-tu, sont presque tous
Piliers d'estaminets, coureurs de guilledoux ;
Ces sansonnets mignons, vrais oiseaux de passage,
Ont un amour qui mue, ainsi que leur plumage,
Et comme les coucous, autre part qu'au logis,
Quand vient la mi-août, ils vont faire leurs nids.
Ce sont pierrots, pinsons...
     PARASOL.
      Dieu ! quelle kyrielle !
C'est presque une leçon d'histoire naturelle.

Demeurée seule avec N, i ni, Parasol s'abandonne à de douces émotions. Elle laisse tomber sa tête sur l'épaule de l'aimé, et ils n'entendent pas le retour du traiteur. En ouvrant la porte, il les surprend enlacés et s'écrie :

Bravo ! cela va bien. Quand d'ici je m'écarte,
Voilà comment monsieur prétend payer sa carte.
Tu fais cela pour nous... et nous ceci pour toi.
     N, I NI.
C'est moi qui fais ceci... toi cela.
     DÉGOMMÉ.
      Mais pourquoi
Faire le bon apôtre ? Enfin, quel est cet homme ?
N, i ni... Non, non, c'est Tartufe qu'il se nomme.

Dans la scène des portraits, Dégommé explique les tableaux, en frappant dessus avec une baguette. Il énumère : Gaspard, grand cuisinier, cordon bleu, s'il en fut ; le père Jérôme, pâtissier ambulant ; sa tante Guillaume, matrone, sage-femme et revendeuse ; son aïeul, professeur d'escrime et de latin ;

son oncle, ancien apothicaire ; un autre, bibliothécaire de Charenton.

> Ce gros, de son vivant, fut premier moutardier,
> Don Quichotte second, qui battait la campagne
> Et des moulins à vent a délivré l'Espagne.

Il conclut en ces termes, tandis que don Pathos, exaspéré, ne cesse de réclamer son prisonnier :

> Ce portrait, qui n'est pas ressemblant, c'est le mien.
> Tu dois le reconnaître...

Et voici, pour terminer le troisième acte, le serment de N, i ni entre les mains de Dégommé :

> Par l'auteur de mes jours que je n'ai jamais vu,
> Je jure qu'entre nous il est bien entendu
> Que je me périrai, si tu veux que je meure,
> N'importe en quel endroit, et n'importe à quelle heure.
> Ce petit cor de chasse, en y soufflant deux fois,
> Pourra de l'autre monde être le porte-voix.
> Ainsi, quand tu voudras, viens à ma porte, sonne.
> On dira que j'y suis... il n'y aura personne.

Le quatrième acte de *N, i ni ou le Danger des Castilles* figure l'entrée d'un cimetière. Il va sans dire que le morceau de résistance est le monologue de don Pathos, où se trouvent ces quatre vers de malicieuse parodie :

> Par lui tout au monde est, et sans lui rien n'est rien.
> Cependant c'est beaucoup... rien... oui, non, je dis bien.
> Mais quand tout est fini, tout est-il bien fini ?
> Finir et commencer, voilà l'indéfini.

Le décor du cinquième acte représente une salle de guinguette. N, i ni et Parasol sont au soir de leurs noces. Un petit orchestre a joué en leur honneur des morceaux de circonstance — ce qui provoque de la part de l'un des personnages, Paillasse, l'harmonieuse réflexion : « Mais quels sont ces sons-ci ? » Les jeunes époux font assaut de propos langoureux :

N, I NI, à *Parasol.*
Je t'ai.

PARASOL, *avec abandon.*
Tu m'as, c'est vrai.

N, I NI.
Tous deux nous nous avons.
Comme amoureusement tous deux nous conjuguons !

Alors Dégommé, nouveau spectre de Banco, apparaît au moment le plus propice pour lui, le plus inopportun pour eux. Il apostrophe son infortuné débiteur. Car ce traiteur n'est pas traitable :

N,i ni, me voilà ! Je viens régler ton compte.
Lorsque dans mes mains tu remis cet instrument,
Tu me dis que son son serait ton testament.
Es-tu mort, N, i ni ?

« Pas encore, » répond le malheureux qui redoute de passer pour un mauvais payeur. Dégommé s'obstine, ponctuel et implacable :

Le meurtre est entre nous une affaire de cor.

Comme la situation s'aggrave, Parasol intervient. Elle va tout gâter. N'importe, elle crie :

Non, il ne mourra pas, c'est mon amant, mon homme.

Devenu prévoyant, Dégommé s'est muni de tout ce qu'il faut pour un suicide. Ouvrant son manteau, il exhibe un petit fourneau, une épée et une bouteille d'osier. Il y a de quoi satisfaire les amateurs. Avis aux intéressés :

Dans mon assortiment, choisis donc ton trépas.

N,i ni a une réplique charmante, d'une politesse exquise :

Si tu veux, j'aimerais à mourir de vieillesse.

Dégommé a mieux à lui offrir. Préfère-t-il être dévoré vif, comme un martyr dans l'amphithéâtre? En ce temps-là, *Quo Vadis?* n'ayant pas encore paru, c'était une primeur, à tout le moins une restitution de l'antique. Les fauves sont préparés. Dégommé les a commandés :

Ou bien tu vas venir trouver monsieur Martin.
Dans sa ménagerie il t'attend ce matin.
Il doit laisser à jeun son aimable lionne.
Elle a pour son dîner compté sur ta personne.

PARASOL.
N'y va pas, n'y va pas! Prends plutôt ce bouillon.
Imite mon exemple.

Elle saisit la bouteille, la vide à moitié. L'effet est immédiat. Elle s'écrie : « O Dieu! que ça fait mal! » Il a bu à son tour, d'abord lyrique, puis très incommodé :

Mourons comme Juliette et comme Roméo.
Ah! Dieu! que c'est mauvais,...

Goguenard, Dégommé lui donne une explication qui sent son liquoriste :

C'est moitié rhum et eau,
Un espèce de grog.

N,I NI.
Une espèce de drogue.
(A *Parasol*.)
Qu'as-tu fait, mon mignon?.. Regarde, vieux bouldogue!

N,i ni commence à délirer. Il prononce des paroles incohérentes et s'agite éperdument, en proie aux spasmes suprêmes :

Adieu, les jeux, les ris... patata, patati.
N, i ni, c'est fi...

   PARASOL, *avec effroi.*
Quoi?

   DÉGOMMÉ.
C'est fait, il est parti.

   N, I NI.
Ah! eh! ih! oh! uh!

   PARASOL.
  Mais qu'est-ce donc qu'il marmotte?
Il... (c'est bien d'un mari) dort comme une marmotte.
Tourne-toi... là, c'est ça... tu dois te trouver mieux.
A mon tour maintenant, je puis fermer les yeux.

Elle tombe près de son époux, cependant que Dégommé s'avance vers la rampe et dit au public, en guise de conclusion et pour rassurer les âmes sensibles :

Ne craignez rien, messieurs, de la plaisanterie.
C'était du laudanum... Ainsi, quand ils voudront,
Si vous applaudissez, ils se réveilleront,
Et même en un ballet ce soir ils danseront.

Tout aussitôt, la foule des invités reparaît; on s'empresse autour des amants, on leur frappe dans les mains. Ils se relèvent allègrement et se mettent à danser. Le rideau descend sur une sauterie générale.

Il n'y a guère à glaner dans *Fanfan le Troubadour à la représentation d'Hernani*. Ce pot-pourri pouvait être gai, chanté avec verve sur des refrains à la mode. La lecture en est insipide. Notons seulement deux couplets du cinquième acte. L'un est sur l'air : *Tonton, tontaine, tonton :*

  D'où vient c'te s'rinade enchant'resse?
  De ton cor n'est-ce pas le son?
  Tonton, tonton, tontaine, tonton.

> L'époux, qui sent où l' bât le blesse,
> S'écri' : me v' là joli garçon !
> Tonton, tontaine, tonton !

L'autre, sur l'air : *Du vaudeville du sorcier*, parodie la scène de l'empoisonnement :

> Choisis du fer ou d' la morphine,
> Ajoute le vieux roquentin,
> Tirant d' son gousset la méd'cine
> Qu'il li r'met zalors dans la main.
> Sus c' coup d' temps-là, comme une basque,
> Sa femme accourt et voit l' bouillon.
> Que fais-tu donc,
> Mon mignon ?
> Quel soupçon !
> Puis, voyant l' vieux qui se démasque,
> « Mon oncl', dit-ell', dans la maison !
> C'est d' la poison ! »

Oh ! qu' nenni ou le Mirliton fatal, de Brazier et Carmouche, est une simple pochade qui n'a pas le tour malicieusement littéraire de *N, i ni ou le Danger des Castilles*. Le personnage principal, Oh ! qu'nenni, contrebandier, fils de Jean d'Estragon, s'introduit chez Dégommé, marchand de vin à la Villette, pour lui dérober sa pupille Belle Sole. Il est en rivalité avec Blaguinos, commis de l'octroi. Au premier acte, la servante Joséphine a caché ce Blaguinos dans l'armoire aux cornichons. Oh ! qu' nenni, furieux d'être molesté, troque la prose contre les vers, et grommelle :

> Ah ! ah ! c'est bon, j'en suis... oui, je suis de ta suite ;
> Je te suivrai de suite... et nous verrons ensuite.
> Partout où tu seras, je veux t'aller chercher,
> Tel le chien de l'aveugle ou le chien du boucher.

Dégommé, si indigne que soit la conduite d'Oh !

qu' nenni, ne livrera pas son hôte à Blaguinos et aux commis de l'octroi qui viennent réclamer le fraudeur. Très noblement il répond : « Messieurs, je ne suis qu'un simple gargotier ; je puis faire de mauvais ragoûts, mais jamais je ne ferai de mauvaises actions. L'homme que vous cherchez n'est pas chez moi. » A l'appui de son dire, il montre les portraits de tous les Dégommés depuis 1515 jusqu'en 1830, et, comme un cicerone de musée, désigne chacun des personnages — ce sont d'abominables croûtes — avec la badine à battre les habits. Sur les instances de Blaguinos, il lui remet sa pupille, non sans déclarer d'un ton de fierté professionnelle : « Je n'ai rien à refuser à la régie. » Ce bel exploit consommé, Oh! qu' nenni l'interpelle :

Imbécile, que viens-tu de faire ?
DÉGOMMÉ.
Mon devoir.
OH! QU' NENNI.
Ton devoir ? Ne sais-tu pas que Blaguinos est amoureux de ta pupille ? Vieillard stupide ! tête à perruque ! ganache ! partisan de Voltaire, de Racine, de Rousseau...
DÉGOMMÉ.
Moi ? je ne connais pas ces messieurs-là.
OH! QU' NENNI.
Retardataire !... stationnaire !... tu n'es qu'un vieux classique !

Pour l'apaiser, Oh! qu'nenni commet l'imprudence de lui donner un mirliton. Dégommé en fera mauvais usage.

Au quatrième acte, Blaguinos, après un soliloque, descend boire à la cave. Quand il revient, il est désaltéré, et pourrait dire avec Auguste, dans *Cinna* :

Je suis maître de moi comme de l'univers.

Tout s'explique, tout s'arrange. Oh ! qu'nenni déclare qu'il est le descendant du fameux Jean d'Estragon, pendu pour avoir vendu du tabac en contrebande. « Oui, dit il, j'appuie là-dessus, pendu pour une prise de tabac. » Il épousera Belle Sole. Le généreux Blaguinos y consent, et le rideau du quatrième acte tombe sur ces sentencieuses paroles de Dégommé :

Mais c'est là le plus beau, c'est là l'indéfini,
Lorsque tout est fini, que rien ne soit fini.

Dans chacune des parodies intervient la même critique. On reproche à *Hernani* d'avoir deux dénouements, l'un optimiste et provisoire au quatrième acte, l'autre désespérément sombre au cinquième.

Dégommé, en jouant du mirliton, somme Oh ! qu' nenni de disparaître :

Tu peux t'asphyxier. Allons, mon vieux, choisis:
Ce fourneau, ce bâton, ou bien ce vert-de-gris.

La jeune femme s'empare de la bouteille, la porte à ses lèvres, puis la passe à son époux, qui vide le contenu et qui s'écrie : « Belle Sole, à ta ta santé !... Grands Dieux ! voilà ma Sole frite. » Mais ce n'est qu'une fausse alerte. Au lieu de vert-de-gris, Dégommé avait apporté du vin à trente sous, cachet vert. Par une heureuse fortune, il s'était trompé de bouteille.

Harnali ou la Contrainte par cor, qui figure dans le *Théâtre* de Duvert, a une notoriété plus étendue que les autres parodies inspirées par le drame de Victor Hugo. Non qu'il s'y trouve plus d'invention, mais la versification en est alerte et assez plaisante. Deux des interprètes, Arnal et mademoiselle Brohan, contribuèrent puissamment au succès. Les principaux personnages sont : Harnali, ex-contrôleur, marchand de billets ; Dégommé Comilva, vieil actionnaire de théâtre ; Charlot, chef d'un contrôle ; Quasifol, nièce de Comilva ; madame Joseph, vieille domestique.

Au premier tableau, la scène est à Paris, chez Comilva. D'après la brochure, le théâtre représente une pièce garnie d'une horloge, d'un buffet, d'une armoire et d'une fontaine en grès, enveloppée d'osier, et au-dessous de laquelle est un baquet. Dans cette fontaine monumentale, madame Joseph cache Charlot qui guette l'entretien de Quasifol et d'Harnali. Celui-ci, vêtu d'un mauvais manteau et portant en sautoir un cor de chasse, raconte à sa bien-aimée, hélas ! fiancée au sinistre Comilva, tous les déboires qu'il a essuyés :

> Je ne suis pas un prince ;
> Mais je suis grand de cœur, si de corps je suis mince ;
> Je suis un montagnard.

Quasifol, ébahie de cette profession peu déterminée, se contente d'observer :

> Montagnard, Harnali, ne dit pas qui vous êtes.

Ses parents, gens honnêtes d'ailleurs, mais en mauvais termes avec le procureur du roi, ont eu des malheurs devant la cour d'assises. Quasifol s'apitoie :

> Malheureux orphelin de parents bien portants !
> Pour vivre, enfin, comment passez-vous votre temps ?

HARNALI.
> Apprenez tout ! Le nom du métier que j'exerce
> Ne décora jamais l'Almanach du Commerce.
> Avant que ma famille ait eu tant de malheur,
> D'un théâtre chantant j'étais sous-contrôleur ;

Mais un nouveau commis, un scélérat, un drôle,
Me fit, en arrivant, renvoyer du contrôle.
Au théâtre, jadis, me tenant sur le seuil,
Je faisais au public un généreux accueil ;
Et ma main, des marchands confondant la cohorte,
Déchirait les billets qu'on vendait à la porte.
Ne les déchirant plus, je les vends à présent ;
Quand l'homme public tombe, il devient opposant.
Je veux bien t'enlever ; ce n'est pas nécessaire,
J'en conviens, puisqu'ici nous nous voyons, ma chère ;
Mais, puisque sans façon ton cœur me l'a permis,
Je te veux emmener au milieu des amis.

QUASIFOL.
Je te suivrai.

Il ne lui dissimule pas qu'il y aura de petits accidents, des mésaventures, qu'il faudra parfois coucher au violon. « Je te suivrai », répond uniformément Quasifol. Il énumère les compagnons qu'elle devra fréquenter, société peu attrayante :

D'abord, le grand Plâtreux, le plus fort de la troupe ;
Puis, le fier Gabouillard, le grand mangeur de soupe ;
Labouque, dit Rouget, François, le Mal-Léché,
Dodore, Bolivar, Marouillaud, l'Œil-Poché,
Binochet, Samuel, dit le Prêteur sur gage,
Le Borgne, Faux-Toupet, le Marchand de cirage.
Voilà de ton honneur quels seront les soutiens ;
Ils sont tous mes amis, deviendront-ils les tiens ?

QUASIFOL.
Je te suivrai.

Ils conviennent d'un rendez-vous à Montmartre, entre le télégraphe et la maison des fous. Quel sera le signal ?

HARNALI.
Écoute, mon enfant, tu connais bien ma voix ?

QUASIFOL.
Oui, certes !

HARNALI.
Dans ma main je frapperai trois fois.

De la fontaine sort Charlot qui étouffait. Il propose à son rival, soit un duel — Harnali préfère la savate — soit un compromis. Lequel? Le voici, énoncé sans vergogne :

Il est un sûr moyen d'accommoder l'affaire ;
Ainsi qu'à votre cœur, à mon cœur elle est chère.
Son œil noir m'a séduit.

QUASIFOL.
Comment nous arranger?

CHARLOT.
Aimons-la tous les deux... partageons !

HARNALI.
Partager ?
Quoi! lorsque de son cœur je suis propriétaire,
J'en serais seulement principal locataire.
Allons, aligne-toi !

L'entrée de Dégommé Comilva interrompt la querelle. Il les conspue, les invective, leur demande s'ils le prennent pour un vieux Lustucru, un homme en pain d'épice, un polichinelle, un chien barbet?

Ah! je me sens rougir de fureur et de honte !
Je sens à mon vieux nez la moutarde qui monte !
Si je n'étais pas chauve, en ce moment affreux
Je voudrais par paquets m'arracher les cheveux ;
Mais, par bonheur encor j'ai la poigne assez forte...
Il faut nous expliquer, tous trois, devant la porte.
Arrière, jeunes gens! descendez les premiers;
Nous allons nous taper comme trois chiffonniers.

Charlot, contrôleur au théâtre, se fait reconnaître de Comilva. Il fraternise avec le gros actionnaire et lui présente Harnali comme son cireur de bottes.

Au second acte, Charlot attend sous le balcon de la belle. Comme elle ne paraît pas à sa fenêtre, un des compagnons risque cette remarque :

Peut-être Quasifol couche sur le derrière.

Non, la voici, mais farouche, indignée, dès qu'elle s'aperçoit du traquenard. Elle a tôt fait, en se défendant, de saisir un grattoir dans le gousset de Charlot, et profère des menaces :

S'il me faut renoncer à l'honneur que tu m'ôtes,
Je te flanque à l'instant ton grattoir dans les côtes.

D'ailleurs, Harnali accourt pour protéger sa Dulcinée, et monte sur ses ergots. Il devient immense et sublime. Son front touche les astres.

La taille n'y fait rien, la mienne est ordinaire ;
Mais j'ai six pieds de long quand je suis en colère...
Je pourrais dans l'instant, ton dédain m'y provoque,
T'écraser dans ma main comme un œuf à la coque.

Charlot lui reproche de s'adonner au trafic des contre-marques, et jure de mettre la gendarmerie à ses trousses. On le pincera. Harnali se rebiffe.

Eh bien, oui, j'en conviens, oui, je vends des billets.
Je t'haïs ! Chaque soir tu nous donnes la chasse ;
Je t'haïs ! tu perçois cinq sous par chaque place ;
Je t'haïs ! je t'haïs ! je ne peux pas te voir ;
Je t'haïs le matin, et je t'haïs le soir,
Soit que je reste assis, soit que je me promène :
Je t'haïs le dimanche et toute la semaine.

Au troisième tableau, la scène est dans l'appartement de Comilva, un salon orné d'une multitude de portraits de famille. Dans le nombre, on en distingue un dont les jambes doivent être ridiculement grosses. Un autre représente un très jeune enfant en uniforme de colonel de dragons.

Dégommé vante à Quasifol, plutôt réfractaire, les mérites et les charmes d'un âge très avancé :

Avec de vieux lapins on fait de bons civets...
Le temps m'a pu rider et le front et le né,
Mais le cœur d'un vieillard n'est pas ratatiné.

Entre Harnali, en mendiant, vêtu d'un mauvais manteau tout déguenillé. Quasifol exulte. L'oncle n'a pas reconnu ce singulier pèlerin qui murmure en aparté :

Voyez comme un manteau déguise la figure !
Il ne me remet pas... c'est un vrai coup du ciel !
O race des Jocrisse et des Cadet-Roussel !

Resté seul avec Quasifol, Harnali commence par lui adresser de furieux reproches sur son infidélité, mais elle a réponse à tout. Elle montre le grattoir :

En allant à l'église,
Plutôt que de trahir la foi que j'ai promise,
Et puisque d'être à toi je dois perdre l'espoir,
Je veux dans l'estomac me fourrer ce grattoir.
Es-tu content de moi ?
                HARNALI, *avec tendresse.*
                Femelle incomparable !
Ton projet est charmant ! ah ! Dieu, que c'est aimable !

Après la scène des portraits, Harnali jette à Comilva la solennelle apostrophe : « Vieux cornichon, il l'aime ! » et lui remet un petit cor de chasse d'enfant, non sans prendre l'engagement d'avaler de l'émétique à sa première sommation :

Je vous fais éteignoir et je me fais chandelle.

Au quatrième tableau, la scène est à Montmartre, dans une cave où sont rangés plusieurs tonneaux. Charlot y rumine son dessein d'être nommé régisseur du théâtre. Le sera-t-il ?

> C'est une belle place !... Oh ! qui me dit tout bas :
> Tu l'auras !... Je l'aurai ?... Non, je ne l'aurai pas.
> Tu l'auras, je te dis... Laissez-moi donc tranquille ;
> Non ! je ne l'aurai pas ; mais pourtant, c'est facile...
> Si je l'avais !... Croit-on que je l'aie ?... Il faut voir.
>
> RICARD.
> Quand donc finira-t-il avec son verbe *avoir* ?

Comilva veut se débarrasser de Charlot. Qui sera chargé de l'occire ?

> Tirons au doigt mouillé ! Messieurs, c'est moi qui mouille.

Charlot a pardonné. Il unit Quasifol à Harnali. Mais le vieil actionnaire demeure inexorable, et bougonne :

> J'ai toujours la trompette.

La parodie du cinquième tableau est très alertement troussée. Quasifol, en costume de mariée, roucoule auprès de son époux. Promu chef du contrôle, il ne veut plus être appelé Harnali et la supplie de dire : « Je suis à l'Estragon ». Elle parle, parle, le complimente sur son gilet, son habit en queue de morue, sa cravate bleue, modeste Toison d'or.

> C'est ton cou, mon bichon, qui sied à la cravate.

Il trouve la conversation un peu longue, et, comme elle admire la lune, les étoiles, il murmure, impatienté :

> Qu'une femme astronome est un être embêtant !

Quasifol poursuit son extase. Narines dilatées, elle hume les effluves et les senteurs, et dit à l'Estragon :

Venez donc respirer l'air embaumé de rose...
Ah ! c'est délicieux !... A cette douce odeur
On croirait respirer les deux mains d'un coiffeur.

Trop de parfumerie pour Harnali qui, tout à coup, entend l'appel du « vieux singe malade ». Il fait une affreuse grimace. « Qu'avez-vous, l'Estragon ? » demande Quasifol.

Oh ! ce n'est rien, ma chère ;
Je viens d'être saisi d'une crampe au mollet.

Il réclame une friction d'eau-de-vie camphrée. Tandis qu'elle va chercher la fiole, dans l'armoire, à main droite, il se lamente :

Dieu ! dans quel margouillis me suis-je fourré là ?

Comilva ne lui laisse aucun délai. Pas même jusqu'au lendemain. A ses supplications,

Ce vieux cerf, échappé de la ménagerie,

répond d'une voix sépulcrale :

Tu voudrais donc que j'eusse
Trompeté pour Sa Majesté le roi de Prusse ?

Il lui offre une boulette. Quasifol crie au vieux tourmenteur :

Ma main te lardera comme un bœuf à la mode.

Mais elle partagera la boulette tragique. Elle la grignote :

Laisse-moi de la chose avaler la moitié.
HARNALI, *s'approchant.*
Quelle preuve d'amour, Quasifol, tu me donnes !
QUASIFOL, *le repoussant un peu.*
Va-t'en, va-t'en, va-t'en.
HARNALI.
Pourquoi ?
QUASIFOL, *d'un air tendre et en mangeant.*
Tu m'empoisonnes.

Ils croient avoir avalé de l'eau-forte, de l'eau de javelle, du vitriol, et s'étendent sur les coussins du divan qu'ils ont placés par terre.

QUASIFOL.
Je sens la mort qui vient.

HARNALI.
Vite, mettons-nous là !
Es-tu morte ?

QUASIFOL.
Sans doute, il faut bien que je meure.
Et toi ?

HARNALI.
Moi, je suis mort depuis près d'un quart d'heure.
Dis-moi donc, Quasifol, c'est bien particulier,
Tu croquas la première, et je meurs le premier.
(Avec emphase.)
C'est un plaisant contraste à ravir la pensée !

Quasifol se redresse. Elle entend une étrange harmonie, des voix, comme Jeanne d'Arc, des acclamations, des sifflets. On discute la pièce :

Dieu ! que l'Académie est près de Charenton !
L'auteur est jeune encor ; son talent est fertile ;
Le temps, le temps viendra pour corriger le style,
Et s'il change de route, avec quelques efforts,
La raison reviendra...

HARNALI, *toujours étendu.*
Pour extirper les cors.

Sur cette joyeuseté, Comilva, attendri, les relève. Il ne s'agit pas de jouer la tragédie. Va-t-on pleurer au Vaudeville, quand on rit à la Comédie-Française ? Tout ce badinage de Duvert et Lauzanne atteste la préoccupation et l'émoi de l'opinion publique autour de l'œuvre de Victor Hugo. La parodie est une des consécrations du succès.

CHAPITRE XXII

MARION DE LORME

En la même année 1829, Victor Hugo avait composé deux grands drames, *Marion de Lorme* au printemps, *Hernani* en septembre. La première cependant de ces deux pièces ne fut représentée que dix-huit mois après la seconde, en août 1831. Telle qu'elle avait été écrite sous la Restauration, on la joua durant cette période de pleine liberté théâtrale qui suivit la Révolution de 1830. Victor Hugo le déclare formellement, au début de la préface de *Marion de Lorme* : « Aucun remaniement profond, aucune mutilation, aucune soudure faite après coup dans l'intérieur du drame, aucune main-d'œuvre nouvelle, si ce n'est ce travail d'ajustement qu'exige toujours la représentation. L'auteur s'est borné à cela, c'est-à-dire à faire sur les bords extrêmes de son œuvre ces quelques rognures sans lesquelles le drame ne pourrait s'encadrer solidement dans le théâtre. » D'où vient donc que *Marion de Lorme* soit restée éloignée de la scène deux années entières? Victor Hugo répond sans ambages : « Quant aux motifs de cette suspension, de juillet 1829 à juillet 1830, le public les connaît, elle a été forcée, l'auteur a été empêché. Il y a eu, et l'auteur écrira peut-être un jour cette petite histoire demi-politique, demi-littéraire, il y a eu *veto* de la censure, prohibition successive des deux ministères Martignac et Polignac, volonté formelle du roi Charles X. » Sur ce point, les journaux de l'époque, soit libéraux, soit ultras, apportent des explications précises et concordantes. Les *Débats*, très sympathiques à Victor Hugo, protestent, le 23 juillet 1829, contre les intentions malveillantes que l'on prête à la censure. Le bruit courait que *Marion de Lorme ou un Duel sous Louis XIII*, après avoir été reçue à l'unanimité par la Comédie-Française, n'obtiendrait pas l'autorisation administrative. « Cette nouvelle nous étonne, écrit le rédacteur des *Débats* dans un article chaleureux, et il nous coûte encore d'y croire. Nous possédons sur le fonds de l'ouvrage des renseignements certains; or, il ne nous a pas paru qu'il s'y trouvât aucun détail, historique ou d'imagination, qui dût éveiller les scrupules de la censure. Le cardinal de Richelieu n'y figure pas. Son génie seulement domine la scène et plane sur les événements du drame, mais comme il convient, sans injure ni déclamation, dans le ton grave et sévère de l'histoire. Quant à Louis XIII, il fait en effet partie des personnages, et se montre sur la scène, mais pour y faire une belle et bonne action, pour y signer une grâce, et, à l'aventure, pour parler de ses ennuis et donner cours aux plaintes mélancoliques que lui arrachent ses souffrances et le sentiment du malheur de ses sujets. Y a-t-il rien là, en vérité, qui puisse blesser les susceptibilités de la censure, toujours si habile à déterrer des allusions séditieuses dans le vers le plus simple, dans un caractère fidèlement reproduit d'après l'histoire, si intéressée à se faire un monstre d'une chose désormais sans danger, la liberté du théâtre ? Y a-t-il rien qui doive suspendre la représentation d'une pièce dont l'auteur s'est fait dans la littérature un nom qui passionne ses amis et ses ennemis, et qui fait grand bruit, à tort, selon les uns, à raison, selon les autres ? Dans l'état de décadence où languit l'art dramatique, quand il convient d'accueillir un peu au hasard toutes les nouveautés qui pourraient le rajeunir, le temps serait mal choisi, ce nous semble, d'entraver les essais d'un poète auquel du moins, amis et ennemis, tous reconnaissent un grand talent. »

Le collaborateur des *Débats* comptait, sinon sur les lumières de la censure, du moins sur la sage tolérance d'un ministre, homme d'esprit, qui ne pouvait refuser à *Marion de Lorme* l'intérêt éclairé et bienveillant dont il avait gratifié *Henri III*. M. de Martignac n'osa pas heurter les répugnances de Charles X. Son ministère touchait au terme, et le prince de Polignac, qui allait lui succéder, foncièrement obtus, était aussi dénué de culture littéraire que de libéralisme. On avait pu croire un instant, avant l'avènement de ce cabinet rétrograde, que la censure capitulait et rendait justice à l'œuvre de Victor Hugo. Le 4 août 1829, le *Journal des Débats* publiait cette bonne nouvelle, en ajoutant : « Rien ne devait choquer, dans *Marion de Lorme*, les susceptibilités les plus chatouilleuses. Point de digressions politiques, point de railleries amères du passé, mais un grand respect pour la vérité de l'histoire. » Le lendemain, la même feuille insérait une note toute contraire : « Nous avions été mal informés en annonçant hier que la censure n'apportait nul obstacle à la représentation de *Marion de Lorme*. Il paraît certain aujourd'hui que cette pièce ne saurait être approuvée, à moins de grands changements. On dit même qu'on exige la suppression du rôle entier de Louis XIII. »

Il va de soi que les journaux ultras approuvaient de tous points la décision gouvernementale. Le seul fait d'écrire un drame dont Marion de Lorme était l'héroïne constituait un outrage à la mémoire de Richelieu, un attentat à la majesté royale. Déjà Alfred de Vigny avait commis l'irrévérence d'éditer *Cinq-Mars*. C'était presque l'apologie du duel et de la rébellion, à tout le moins un attendrissant portrait de deux jeunes audacieux qui avaient bravé l'autorité du cardinal-duc. Après le roman couvert d'éloges, une pièce sur ce même sujet périlleux ! La *Quotidienne* s'émut et, sans connaître l'ouvrage de Victor Hugo, elle lança le 21 juillet un article fulminant. En voici le paragraphe le plus exaspéré :

« Silence ! ne voyez-vous pas le manuscrit qui passe ? Et chacun de se tenir respectueux comme s'il s'agissait de *Moïse*. — Oui, reprenait-on après un repos, oui, c'est le fameux drame de *Marion de Lorme*, le triomphe et l'espoir de l'école nouvelle, le pendant de cette formidable tragédie de *Cromwell*, qui fait à lui seul, plus sa préface, un volume in-8°. Et en même temps l'énorme manuscrit de pénétrer dans le tripot dramatique de la rue de Richelieu. Pauvre Théâtre-Français ! les temps sont bien changés ! Autrefois, et il n'y a pas longtemps encore, quelle morgue! que de vanité insolente! Ils prétendaient, ces nobles acteurs, au droit de choisir en aveugles les poètes et les ouvrages ; ils osaient se jouer encore de nos tragiques modernes, comme s'il s'agissait du grand Corneille ; alors on était à leurs pieds, et des bassesses littéraires, tant qu'on voulait! Aujourd'hui le drame leur a porté coup ; une fois qu'il a été convenu qu'on ne ferait plus la tragédie comme Racine, le règne de nos seigneurs a été détruit. A genoux, à votre tour, messieurs ! vous voilà tués par le drame bourgeois. Vous voulez jouer du bilboquet? A la bonne heure! C'est un jeu que vous paierez cher ! Ils n'en sont encore qu'à l'appoint. Voilà comment cette bouffonnerie dramatique et très dramatique de *Henri III* a porté le dernier coup au privilège de nos vieux comédiens. »

Après avoir épanché sa bile sur Alexandre Dumas et les sociétaires, la *Quotidienne* se retourne vers l'auteur de *Marion de Lorme*. D'un ton solennel, elle le condamne en termes irrévocables : « M. Hugo est peu populaire. Ses ouvrages, beaucoup vantés, s'écoulent lentement. » Quelques jours plus tard, le 9 août, elle devient railleuse, et se réjouit d'envelopper dans la même réprobation le poète et le ministre, deux libéraux malfaisants. « En rapportant, dit-elle, que la pièce de M. Victor Hugo allait être soumise à l'examen de M. le ministre de l'Intérieur, un journal ajoute : « Espérons que *Marion de Lorme* sortira du cabinet de Son Excellence comme elle y est entrée. » Le trait voulait être blessant pour les mœurs de M. de Martignac.

Le 17 août, la *Quotidienne* exulte. Le prince

de Polignac est au pouvoir. Il n'accordera certes pas ce que son prédécesseur libéral a refusé. Pourtant le journal d'extrême droite laisse croire que de nouvelles instances ont été tentées, soit par Victor Hugo, soit par ses amis. « *Marion de Lorme*, dit-il, serait d'assez bonne composition pour faire à M. de la Bourdonnaye les avances dédaignées par M. de Martignac. Voyez plutôt ce qui se passe à la rue de Grenelle. Le ministre arrive dans son cabinet. Il est accablé de soucis, d'affaires et d'injures, il faut prendre connnaissance des affaires, organiser le travail, tracer sa marche à l'administration. L'huissier annonce... Qui ?... Un directeur général, un conseiller d'État ?... *Marion de Lorme* ! Alors Son Excellence a expliqué patiemment à *Marion de Lorme* comme quoi c'est avilir la royauté que de l'exposer aux huées d'un parterre dans des situations toutes naturelles au XVIIe siècle, mais que ce parterre, qui n'est pas forcé d'étudier la philosophie de l'histoire, peut juger avec les idées de l'*Album* ; comme quoi, le mensonge étant ce qu'il y a de plus semblable à la vérité dans nos compositions historiques, on pourrait travestir Louis XIII comme on en travestit tant d'autres. A tout cela *Marion de Lorme* n'a répondu qu'en demandant à être jouée. Et comme on lui prouvait qu'elle était trop exigeante, elle est sortie maussade et boudeuse du cabinet. Depuis, elle va disant partout que le ministre a voulu la séduire... la flétrir d'une pension de 6.000 francs. Mais *Marion de Lorme* a de la vertu, elle a refusé. » De vrai, Victor Hugo, qui ne réclamait que l'exercice de son droit littéraire, écarta du geste la faveur qu'on lui offrait. Il repoussa le marché. Attendre fièrement lui sembla préférable. Dix mois plus tard, la Révolution de Juillet vengea la France et les lettres de toutes les misérables persécutions que le parti clérical leur avait infligées.

Dès le lendemain des Trois Glorieuses, Victor Hugo pouvait faire jouer *Marion de Lorme*. Il s'abstint et laissa s'écouler toute une année. Pourquoi cette suspension volontaire? Il s'en explique dans la préface du mois d'août 1831, et les raisons qu'il allègue ne sont pas sans noblesse. Elles contrastent avec cette curée furieuse, éhontée, si magistralement retracée dans les *Iambes*. « Après l'admirable Révolution de 1830, écrit-il, le théâtre ayant conquis sa liberté générale, les pièces que la censure de la Restauration avait inhumées toutes vives *brisèrent du crâne*, comme dit Job, *la pierre de leur tombeau*, et s'éparpillèrent en foule et à grand bruit sur les théâtres de Paris, où le public vint les applaudir, encore toutes haletantes de joie et de colère. C'était justice. Ce dégorgement des cartons de la censure dura plusieurs semaines, à la grande satisfaction de tous. La Comédie-Française songea à *Marion de Lorme*. Quelques personnes influentes de ce théâtre vinrent trouver l'auteur. Elles le pressèrent de laisser jouer son ouvrage, relevé comme les autres de l'interdit. Dans ce moment de malédiction contre Charles X, le quatrième acte, défendu par Charles X, leur semblait promis à un succès de réaction politique. L'auteur doit le dire ici franchement, comme il le déclara alors dans l'intimité aux personnes qui faisaient cette démarche près de lui, et notamment à la grande actrice qui avait jeté tant d'éclat sur le rôle de doña Sol : ce fut précisément cette raison, *la probabilité d'un succès de réaction poli-*

tique, qui le détermina à garder, pour quelque temps encore, son ouvrage en portefeuille. Il sentit qu'il était, lui, dans un cas particulier. »

Ce cas, Victor Hugo le définit sans détour. Dans son passé, il y a, sinon des engagements, du moins des antécédents qui le retiennent. Avant d'appartenir à l'opposition libérale, il a célébré la monarchie, — comme il exaltera Napoléon le Grand avant de maudire, dans ses immortels *Châtiments*, Napoléon le Petit. De là des scrupules éminemment légitimes : « Il se souvint que, jeté à seize ans dans le monde littéraire par des passions politiques, ses premières opinions, c'est-à-dire ses premières illusions, avaient été royalistes et vendéennes ; il se souvint qu'il avait écrit une *Ode du Sacre* à une époque, il est vrai, où Charles X, roi populaire, disait aux acclamations de tous : *Plus de censure ! plus de hallebardes !* » — Il estima que sa Muse ne pouvait exploiter la chute d'un souverain dont elle avait glorifié l'avénement. D'autres étaient en droit de bénéficier des conjonctures révolutionnaires ; mais lui, non pas. En une de ces métaphores truculentes dont sa jeunesse usait et dont abusera sa vieillesse, il déclara « qu'il ne lui convenait pas d'être un des soupiraux par où s'échapperait la colère publique. » Il voulait applaudir le peuple grandi, sans insulter le roi déchu. D'où sa résolution d'ajourner la représentation de *Marion de Lorme*. « D'ailleurs, observait-il, les succès de scandale cherché et d'allusions politiques ne lui sourient guère, il l'avoue. Ces succès valent peu et durent peu. C'est Louis XIII qu'il avait voulu peindre dans sa bonne foi d'artiste, et non tel de ses descendants. Et puis c'est précisément quand il n'y a plus de censure qu'il faut que les auteurs se censurent eux-mêmes, honnêtement, consciencieusement, sévèrement. C'est ainsi qu'ils placeront haut la dignité de l'art. Quand on a toute liberté, il sied de garder toute mesure. »

Trois cent soixante-cinq jours révolus, c'est-à-dire — remarque Victor Hugo — trois cent soixante-cinq événements accomplis depuis le renversement de Charles X, *Marion de Lorme* pouvait être jouée, sans que derrière l'œuvre d'art on vît une intention politique. L'auteur, qui eût été en droit d'exiger de la Comédie-Française le bénéfice d'une réception à l'unanimité, préféra porter son manuscrit à la Porte-Saint-Martin, où il devait avoir, pour les rôles de Didier et de Marion, deux admirables artistes, Bocage, le jeune premier fatal, madame Dorval, le modèle achevé de la courtisane amoureuse.

Représentée en plein été, le 11 août, dans une période d'extrême agitation où les débats parlementaires et les complications diplomatiques en Belgique semblaient prendre un tour fâcheux, non seulement pour le ministère Casimir-Périer, mais aussi pour la jeune monarchie de Louis-Philippe, *Marion de Lorme* n'eut pas dans le grand public le même retentissement qu'*Hernani*. Les romantiques étaient anxieux du résultat de cette seconde bataille livrée sur le nom glorieux de Victor Hugo. Alexandre Dumas raconte qu'il apprit dans la diligence de Rouen, par un rédacteur des *Débats*, que l'accueil du premier soir n'avait pas été enthousiaste. Le journaliste résumait ainsi son impression : « Froid, froid, froid, et pas d'argent ! » Collaborateur d'une feuille très dévouée à Victor Hugo, il semblait se réjouir de cet échec. Dumas s'en étonne :

« Mon compagnon me disait cela avec la profonde satisfaction du critique se vengeant de l'auteur, de l'eunuque mettant le pied sur la gorge du sultan.

— Froid? pas d'argent? répétai-je.

— Et puis mal joué.

— Mal joué, par Bocage et par Dorval? Allons donc!

— Si l'auteur avait eu le sens commun, il eût retiré sa pièce, ou il l'eût fait jouer après la Révolution de Juillet, toute chaude encore du refus de MM. de Polignac et de la Bourdonnaye.

— Mais, enfin, comme poésie?...

— Faible, bien plus faible qu'*Hernani!* »

A ces mots blasphématoires, Alexandre Dumas se récrie. Il récite, presque en entier, la scène entre Didier et Marion au premier acte. Il proclame son admiration, et il explique qu'ayant eu le manuscrit il l'a tant lu et relu que ces vers merveilleux sont restés gravés dans sa mémoire.

« Et puis, continua le critique, l'intrigue est prise au roman de de Vigny...

— Bon! voilà que la chose commence pour Hugo! Cette fois-ci, au moins, j'aurai été son saint Jean précurseur.

— Vous ne direz pas que Saverny et Didier ne soient pas copiés sur Cinq-Mars et de Thou?

— Comme l'homme est copié sur l'homme, pardieu!

— Et Didier, c'est votre Antony.

— C'est-à-dire qu'Antony serait plutôt Didier, attendu que *Marion de Lorme* était faite un an avant que je songeasse à *Antony*.

— Ah! bien, en voilà une bonne!

— Laquelle?

— C'est que vous défendez Victor Hugo.

— Pourquoi pas? Je l'aime et je l'admire.

— Un confrère! dit le critique du ton d'une profonde pitié, et en haussant les épaules. »

Marion de Lorme, à coup sûr, et les dates le prouvent, ne devait rien à *Antony*; mais, entre le livre d'Alfred de Vigny et le drame de Victor Hugo, il y a de curieuses analogies, sans qu'on puisse préciser la nature ni l'importance de l'emprunt qui aurait été fait par le poète au romancier. *Cinq-Mars* avait paru deux ans avant que fût composée *Marion de Lorme*. Sans être accusé de plagiat, Victor Hugo, traitant un sujet limitrophe, peut avoir utilisé certains détails fournis par Alfred de Vigny. L'un et l'autre ont souligné, d'un crayon un peu trop appuyé, la veulerie de Louis XIII, l'arrogance de Richelieu. Quant à Marion de Lorme, figure épisodique dans *Cinq-Mars*, elle est dans l'œuvre théâtrale le personnage de premier plan, l'héroïne autour de qui tout évolue, le trait-d'union entre Manon Lescaut et la Dame aux Camélias. Alfred de Vigny l'a faite moins poétique, moins éthérée, partant plus vraisemblable. La voici, telle que nous l'entrevoyons au chapitre XX, intitulé *la Lecture*: « Celle qui parlait était une femme de vingt-quatre ans environ, grande, belle, malgré des cheveux noirs très crépus et un teint olivâtre. Elle avait dans les manières quelque chose de mâle qu'elle semblait tenir de son cercle, composé d'hommes uniquement; elle leur prenait le bras assez brusquement, en parlant avec une liberté qu'elle leur communiquait. Ses propos étaient animés plutôt qu'enjoués; souvent ils excitaient le rire autour d'elle, mais c'était à force d'esprit qu'elle faisait de la gaieté (si l'on peut s'exprimer ainsi);

car sa figure, toute passionnée qu'elle était, semblait incapable de se ployer au sourire ; et ses yeux grands et bleus, sous des cheveux de jais, lui donnaient d'abord un aspect étrange. » Suit une description du salon de Marion de Lorme, où se trouvent une trentaine de personnes, gentilshommes, savants, membres de l'*Académie des beaux esprits*, et deux jeunes gens qui s'entretiennent modestement, dans un coin, avec un étranger. Ces trois interlocuteurs s'appellent Pierre Corneille, Poquelin, fils du valet de chambre tapissier du roi, et Milton, de passage à Paris, retour d'Italie. *Se non e vero, e bene trovato.*

A voix haute, comme à mi-voix, de quoi peut-on parler chez Marion de Lorme, sinon d'amour ? C'est elle, dans le roman d'Alfred de Vigny, qui aiguille de ce côté la conversation : « Que dites-vous du *Tendre* ? Avez-vous jamais connu ce pays ? Vous vous êtes arrêté au village de *Grand-Esprit* et à celui de *Jolis-Vers*, mais vous n'avez pas été plus loin. » Interpellé, Scudéry se lève, avec des gestes de soudard ou de matamore. Il déroule une carte ornée de rubans bleus, où il a tracé des lignes à l'encre rose. C'est la carte du *Tendre* avec ses points de repère, ses étapes et ses haltes. En partant de *Nouvelle Amitié*, on peut aller à *Tendre-sur-Inclination*, *Tendre-sur-Estime* et *Tendre-sur-Reconnaissance*. Les villages que l'on traverse s'appellent *Grand-Cœur*, *Générosité*, *Exactitude*, *Petits-Soins*, *Billet-Galant*, *Billet-Doux*. On y prend gîte pour un séjour plus ou moins prolongé. Puis on passe par *Complaisance* et *Sensibilité*. Mais la route bifurque. Prenez garde à *Tiédeur* et *Oubli*, si vous ne voulez tomber dans le lac d'*Indifférence*.

Cette Marion de Lorme, mondaine, galante et précieuse, qui se complaît à la lecture de la *Clélie* et suit sur la carte du *Tendre* les détours des fleuves amoureux, est plus proche de la véritable Marion, fille d'un marchand mercier de Blois, que la sentimentale créature de vingt-trois ans, imaginée par Victor Hugo, qui criera à son Didier dans une crise d'éréthisme mystique :

Et ton amour m'a fait une virginité.

Celle-ci aime avec un idéalisme qui n'a rien de professionnel ni de vraisemblable, avec de bizarres aspirations vers l'empyrée; mais elle aime en de tels élans de sublimité que nous prenons goût au spectacle de son extase, avant de compatir à l'égarement de sa douleur. Si ce n'est pas proprement un drame, c'est tour à tour une mélopée langoureuse, un paroxysme d'amour, un ululement de désespoir. Qui a aimé trouvera là des frissons et des ressouvenirs, surtout si, Roméo moins juvénile et peut-être moins poétique, il a senti battre chez Juliette l'émoi virginal de la seizième année.

Chimérique sans doute, mais délicieuse en ses sursauts de tendresse, la Marion de Lorme de Victor Hugo arrachait à Jules Janin, au chapitre VII, tome IV, de son *Histoire de la Littérature dramatique*, ces exclamations d'un romantisme effervescent : « O larmes que nous versions quand nous étions jeunes, à ces scènes pathétiques de notre jeunesse! O blanches visions de ce drame enchanté! O souvenirs de l'éloquente comédienne, qui bondissait, agonisante, sous les coups redoublés de la sanglante élégie; émotions, spectacle, et lutte ardente des deux écoles, l'école vaincue et l'école victorieuse, en ce champ clos du Théâtre-Français ! O beautés, nos remords, nos douleurs, qui assistiez, haletantes, à ces transports du drame et de la poésie, au milieu de la colère de ceux-ci, de l'enthousiasme de ceux-là, de la sympathie et de la curiosité de tous, je vous atteste et je vous invoque, est-il vrai que tout soit mort dans ces choses merveilleuses, et parmi ces grands hommes que nous aimons tant ? »

C'est, en effet, vers un monde de rêve qu'il faut nous élever, pour apercevoir, ressentir et comprendre les émotions, exceptionnelles et troublantes, qui agitent deux créatures furieusement et follement énamourées. Le premier acte de *Marion de Lorme* est une pure merveille, un long duo d'amour ; nous sommes dans une atmosphère chargée d'effluves printaniers, où le rossignol jette ses trilles, où roucoule la tourterelle. Lassée de Paris et de la banalité des hommages, toujours pareils en leur égoïsme mâle, la courtisane s'est réfugiée à Blois. Dans sa chambre à coucher, tout en brodant sous la lampe, près du balcon, elle s'entretient avec un jeune élégant, le marquis de Saverny, l'amant de naguère ; mais elle songe et fait allusion à celui qui seul maintenant occupe sa pensée :

Je ne connais de lui que le nom de Didier.
Il ne connaît de moi que le nom de Marie.

Elle l'attend et congédie le marquis, qui se retire, conduit par dame Rose. Minuit sonne. Par la fenêtre, entre Didier. Il pose son manteau, son épée, et déclame :

Tout à l'heure, au pied de ces murailles,
J'ai senti de pitié s'émouvoir mes entrailles, —

Oui, de pitié pour vous. — Moi, funeste et maudit,
Avant que d'achever ce pas, je me suis dit :
« Là-haut, dans sa vertu, dans sa beauté première,
Veille, sans tache encore, un ange de lumière,
Un être chaste et doux, à qui sur les chemins
Les passants à genoux devraient joindre les mains.
Et moi, qui suis-je, hélas ! qui rampe avec la foule ?
Pourquoi troubler cette eau si belle qui s'écoule ?
Pourquoi cueillir ce lys ? Pourquoi d'un souffle impur
De cette âme sereine aller ternir l'azur ?
Puisqu'à ma loyauté, candide, elle se fie,
Elle que l'innocence à mes yeux sanctifie,
Ai-je droit d'accepter ce don de son amour,
Et de mêler ma brume et ma nuit à son jour ?
    MARION, *à part.*
Ça, je crois qu'il me fait de la théologie.
Serait-ce un huguenot ?

Il se raconte. Il est bâtard, orphelin, pauvre, ayant pour tout bien neuf cents livres de rente. Elle lui est apparue. Il a craint de l'aimer. Il a fui, et il la retrouve. « Hasard étrange ! » Elle l'écoute, et murmure en souriant :

Vous êtes singulier, mais je vous aime ainsi.

On ne nous explique pas comment ils se sont rencontrés, connus, rapprochés, comment cette raffinée s'est éprise de ce mélancolique. Il offre de l'épouser ; elle ne peut ni ne veut accueillir un tel sacrifice et soupire :

Pourquoi suis-je indigne de lui ?

Et le rideau tombe sur ces mots, tristes et charmants, de Marion à dame Rose :

    Il ne m'a pas même
Baisé la main.
    — Alors qu'en faites-vous ?
           — Je l'aime.

Le second acte est épisodique. Didier, contrevenant à l'édit sur les duels, croise le fer avec Saverny. Ils risquent leurs deux têtes. Le cardinal est implacable à qui ose lui désobéir. Sa terrible silhouette se profile, en faisant contraste avec la rêveuse physionomie du roi et la surprenante figure de L'Angely, philosophe qui tient l'emploi de bouffon. Nous ne voyons pas le ministre, mais nous sentons son invisible présence :

Meure le Richelieu qui déchire et qui flatte !
L'homme à la main sanglante, à la robe écarlate !

A cette sortie de Bouchavannes, L'Angely oppose un solennel avertissement :

Prenez garde, messieurs. Le ministre est puissant,
C'est un large faucheur qui verse à flots le sang,
Et puis, il couvre tout de sa soutane rouge,
Et tout est dit.

Les duellistes sont surpris juste sous l'écriteau qui interdit le duel. Saverny passe pour mort. Didier s'enfuit, et s'enrôle avec Marion dans une troupe de comédiens ambulants. Nous les retrouvons, au troisième acte, chez le marquis de Nangis qui a tout préparé pour les obsèques de son neveu Saverny. Celui-ci, déguisé en officier du régiment d'Anjou, un emplâtre sur l'œil, va assister à ses propres funérailles : thème que reprendra Auguste Vacquerie. Cependant, un des magistrats policiers de Richelieu, M. de Laffemas, est aux aguets. Fonctionnaire, il voudrait appréhender le survivant du duel; galantin, il serait heureux de rejoindre et de capturer Marion.

L'amour est imprudent. Les deux fugitifs, qui devraient chercher une ombre propice, échangent en plein air des propos exaltés et compromettants.

Didier déplore la misérable condition à laquelle bénévolement elle se réduit. Et, tout enflammée, elle réplique :

Vous êtes mon Didier, mon maître et mon seigneur.

C'est moins hardi, mais aussi passionné que « le lion superbe et généreux. » Loin de se calmer — car il continue de vouloir devenir son époux — il s'abandonne à sa prolixité et à son éloquence naturelles. Elle mériterait une couronne, un royaume. Il ne les a pas, et il s'en excuse :

Je ne t'offre en retour que misère et folie.
Le ciel te donne à moi, l'enfer à moi te lie...
J'ignore d'où je viens, et j'ignore où je vais.

A travers le chaos de ses pensées et la splendeur de son verbe, se glisse par intervalles un trait d'une exquise et touchante simplicité :

Vous êtes belle !
Un seul baiser, au front, pur comme nos amours !
Regarde-moi, Marie, — encore, — ainsi, — toujours !

Par un de ces revirements où l'audacieux génie de Victor Hugo excelle, tel bavardage de Saverny révèle à Laffemas la présence de Didier et le déguisement de Marion. Puis, comme si les sottises devaient aller par couple, le marquis apprend à ce même Didier qui l'a sauvé d'une échauffourée, quel est le nom de sa compagne, et comment ils ont leur place, avec beaucoup d'autres, dans les souvenirs de Marion de Lorme :

Donc vous me succédez ! Un peu, sur ma parole,
Comme le roi Louis succède à Pharamond.

Le cardinal lui-même a pris rang jadis, à la suite, non loin du petit d'Effiat, des deux Brissac, des trois Saint-Mesmo, des quatre Argenteau, et *tutti quanti*. Didier éclate — « l'ange était un démon — » et, devant les baladins appelés à réciter un morceau de leur rôle, après que Marion a débité la tirade de Chimène, il se livre au lieutenant criminel, pourvoyeur de potence. Généreusement Saverny imite cet exemple, tandis que Laffemas darde sur l'amoureuse désespérée le plissement de son sourire funèbre et la curiosité de ses désirs.

Au quatrième acte, voici Louis XIII, dans la salle des gardes, au château de Chambord. Il s'ennuie éperdument. On introduit, d'abord le marquis de Nangis, puis Marion de Lorme, qui viennent implorer, l'un la grâce de son neveu, l'autre celle de Didier. Nangis prononce un très noble discours, Marion multiplie les adjurations éplorées. Rien n'ébranle ce roi, qui soupire entre deux bâillements :

Ah ! j'ai bien mal dormi, monsieur de Bellegarde,

et qui gémit, sans oser secouer le joug du cardinal :

Moi, le premier de France, en être le dernier !
Je changerais mon sort au sort d'un braconnier.
Oh ! chasser tout le jour ! en vos allures franches
N'avoir rien qui vous gêne, et dormir sous les branches !
Rire des gens du roi ! chanter pendant l'éclair,
Et vivre libre aux bois, comme l'oiseau dans l'air !
Le manant est du moins maître et roi dans son bouge.

Ce souverain sans énergie et sans pouvoir a des retours de bonté et des minutes d'attendrissement. La grâce qu'il a refusée à Nangis, à Marion, son fou l'obtient en faisant passer Saverny et Didier pour deux fauconniers émérites. Louis XIII signe un parchemin, puis il veut le reprendre, mais trop tard. Marion l'a déjà enfoui dans son corsage, et le roi est plus timide encore que vertueux.

Hélas! le cardinal veille sur sa proie, et Laffemas guette la jolie fille, objet de sa convoitise. Vainement elle se sacrifie, puis revient chancelante, écœurée, passant la main sur son visage, comme pour effacer une trace :

Sa lèvre est un fer rouge et m'a toute marquée.
Dieu ! les baisers de l'autre, est-ce qu'il les verrait ?

Didier les voit ou plutôt les devine. Il préfère mourir. Derrière Marie toujours il retrouverait Marion. Avec Saverny, il est philosophe spiritualiste :

L'âme lève du doigt le couvercle de pierre
Et s'envole...

Aux supplications de celle qui lui apporte la liberté, — acquise à quel prix! — il oppose d'abord une glaciale indifférence. Mais elle a des paroles, des lâchetés, des tendresses, capables d'amollir le plus farouche courage. Il s'émeut, cède et pardonne :

Va, si tu m'as trompé, c'est par excès d'amour.

Il refuse de vivre, mais il souhaite de n'être pas oublié :

Si jamais — vois-tu comme je pleure! —
Un autre vient vers toi, plus heureux ou plus beau,
Songe à ton pauvre ami couché dans le tombeau !

Cette fin de pièce a une solennité poignante, alors que les deux jeunes hommes vont froidement au supplice et que la litière écarlate du cardinal, portée par vingt-quatre gardes à pied, apparaît dans la brèche du mur. Marion qui se traîne au pied du monstre mouvant, la cruelle réponse : « pas de grâce, » et le cri désespéré :

Regardez tous ! voilà l'homme rouge qui passe !

forment le dénouement tragique d'un drame du cœur.

L'impitoyable Richelieu écrase sous son talon la fleur d'amour. N'a-t-elle pas osé éclore contre son gré ? C'est encore une rébellion ! Et nous pleurons avec Marion échevelée, qui sanglote et qui tombe. Pour elle, le pavé a remplacé le boudoir.

CHAPITRE XXIII

CRITIQUE DE MARION DE LORME

Victor Hugo nous induisait délibérément en erreur, lorsqu'il prétendait, dans sa préface, que de juin 1829 au mois d'août 1831, le manuscrit de *Marion de Lorme* n'avait subi aucune transformation importante. Le curieux volume de MM. Paul et Victor Glachant, *Essai critique sur le Théâtre de Victor Hugo*, montre, tout au contraire, de profondes modifications de texte. Ce sont, d'abord, de nombreux remaniements de phrases, des substitutions de mots, qui le plus souvent méritent d'être loués. Pour le premier acte, entre la version originale et la rédaction définitive, il y a une marge de quelque deux cents vers que l'auteur a supprimés : sacrifice d'Abraham ! Saverny le prenait avec Marion de Lorme sur un ton beaucoup plus familier, presque mal élevé, à la hussarde. Il avait, visiteur malencontreux, des tours de style tantôt précieux, tantôt vulgaires. Voilà qui sentait l'Hôtel de Rambouillet :

> Ah ! tigresse !
> Ingrate ! ignorez-vous combien l'amour nous presse,
> Et, quand une beauté nous accepte pour siens,
> Que nous la suivrions jusque chez les Russiens ?
> (*Il se rapproche d'elle. Elle se recule.*)
>
> MARION.
> Mais vous me dites là des phrases d'Artamène !

Il devenait même assez entreprenant, et, lorsqu'elle lui demandait comment il avait découvert sa retraite, il répondait en hasardant quelques privautés :

> Ma foi ! j'ai rencontré votre duègne discrète,
> Dame Rose, et n'ai point voulu finir le jour
> Sans qu'il fût entre nous quelques propos d'amour.
> Car je vous aime fort.
> (*Il veut encore lui prendre la main. Elle le repousse.*)

Victor Hugo a eu l'heureuse inspiration d'élaguer tout ce qui enlevait à la conduite de Saverny son aimable caractère de courtoisie française.

Au second, de même qu'au troisième acte, on ne relève que des retouches de style, assez fréquentes d'ailleurs. Au quatrième, l'auteur, rivalisant avec Alfred de Vigny, a voulu présenter un portrait de Louis XIII qui fût à la fois exact et pittoresque. Nangis, le vieux noble du temps de Henri IV, L'Angely, le fou de cour, servent de repoussoir et mettent en valeur la mélancolie de ce prince, dont Montesquieu a pu dire qu'il était le premier en Europe et le second dans son royaume.

Quant au cinquième acte, Victor Hugo l'a transformé pour la représentation. Dans le texte initial, Didier allait à l'échafaud sans pardonner à Marion. La thèse romantique était incomplète : elle n'aboutissait pas à la réhabilitation, à la glorification de la courtisane repentante. Lors de la lecture qui fut faite du manuscrit primitif, en juillet 1829, devant un auditoire où se trouvaient Balzac, Sainte-Beuve, Musset, Alfred de Vigny et Delacroix, le seul Mérimée osa énoncer une critique, parmi l'enthousiasme général, et soutenir la nécessité du pardon. Deux ans après, il avait gain de cause : Victor Hugo, qui ne s'était pas rendu d'abord aux instances du confrère, cédait aux sollicitations de madame Dorval.

La première version, au regard du rôle de Laffemas, contenait des brutalités que le public n'eût point acceptées. Victor Hugo les a remplacées par la fameuse tirade :

> Il faut que vous soyez un homme bien infâme,
> Bien vil, décidément ! pour croire qu'une femme,
> — Oui, Marion de Lorme ! — après avoir aimé
> Un homme le plus pur que le ciel ait formé,
> Après s'être épurée à cette chaste flamme,
> Après s'être refait une âme avec cette âme,
> Du haut de cet amour si sublime et si doux,
> Peut retomber si bas qu'elle aille jusqu'à vous.

D'autre sorte avait été conçue, en 1829, la grande scène du cinquième acte entre Marion et Laffemas. L'explication, ou plutôt le marchandage, se déroulait au premier plan, tandis que les ouvriers occupaient le fond du théâtre. C'était Marion qui, dans une fièvre de dévouement et d'amour pour Didier, s'offrait au lieutenant criminel. Voici tout cet audacieux passage qui sans nul doute eût soulevé des clameurs :

> LAFFEMAS.
> Je puis faire garder

Cette brèche, par où viendra Son Éminence,
Par des hommes à moi.

MARION.
Tire-les de cet antre [1],
Et fais ce que tu veux ! Je te suis !

LAFFEMAS.
Un instant !

MARION.
Quoi ?

LAFFEMAS.
Je ne savais pas me compromettre tant.
Après tout, je ne sais où ma bonté m'entraîne,
Et si, dans tout cela, le plaisir vaut la peine.

MARION.
Misérable !

LAFFEMAS.
Moins haut ! on vous entend crier.

MARION.
Veux-tu de moi, réponds ?
(Se tordant les bras.)
En être à le prier !

LAFFEMAS.
Je puis être cassé.

MARION, *tombant à genoux.*
Prends mon corps, prends mon âme !
L'enfer ! et qu'il se sauve !

LAFFEMAS.
Allons, venez, madame !
(Il sort par la grande porte.)

MARION, *à genoux.*
O Didier !
(Elle se lève et le suit.)

Cette scène baroque, où Marion pressait Laffemas très hésitant et presque sur le point de se dérober, se compliquait d'une autre, encore plus révoltante et plus invraisemblable. Après une

---

1. Les deux vers ne rimaient pas.

absence relativement courte — il faut aller vite
au théâtre — le lieutenant criminel et sa compagne d'un moment reparaissaient devant la rampe.
Ils continuaient leur conversation, ou bien ils émet-
taient leurs appréciations respectives, non loin de
Didier qui demeurait plongé dans sa rêverie.

LAFFEMAS, *à part.*

Ah ! la maudite affaire !
(*A Marion.*)
Point de bruit !
(*A part.*)

Je voudrais être encore à le faire.
Ce sera négligent !... — Il faut se hasarder.
Au diable ! Elle serait femme à me poignarder !
(*Revenant encore à Marion.*)
Richelieu va venir voir comme on exécute
Ses ordres. Gardez-vous de perdre une minute !
Le canon tirera pour sa venue ; ainsi
Tout alors est perdu si vous êtes ici.
(*Laffemas s'éloigne, puis revient d'un air caressant.*)
Vous ne m'embrassez pas pour ma tête risquée ?

MARION, *reculant avec dégoût.*
Sa lèvre est un fer rouge, et m'a toute marquée.
(*Repoussant Laffemas qui s'approche toujours.*)
Non ! Non ! — Devant Didier !...

LAFFEMAS, *la saisissant par la taille.*

Mais on se dit adieu !

MARION, *s'arrachant de ses bras.*
Vous êtes donc un homme à ne pas croire en Dieu !

LAFFEMAS, *saluant.*
Comme il vous plaira !
(*Se rapprochant de son oreille.*)

Mais, au point où vous en êtes,
Me ménager serait plus prudent.

MARION, *brisée, d'une voix éteinte.*

Allons, faites !
(*Laffemas la saisit dans ses bras et l'embrasse. Au bruit*

> du baiser, *Didier se réveille, se retourne, prend la lanterne sourde à terre, la dirige sur les visages de Marion et de Laffemas, et tous trois restent quelques instants immobiles et comme pétrifiés. Enfin, Didier éclate d'un rire horrible.*)

DIDIER.

Ha ! c'est bien Marion de Lorme, que je croi !

MARION, *s'arrachant des bras de Laffemas.*

Anges du jugement, prenez pitié de moi !

(*Elle vient tomber à genoux sur le devant du théâtre.*)

DIDIER.

La place est bien choisie, — et l'homme aussi, madame !

MARION, *se relevant, égarée.*

Didier ! Fuyez !...

(*Didier la regarde ; elle recule.*)

                 Didier ! j'en jure sur mon âme,
C'était pour vous sauver, vous arracher d'ici,

(*Montrant Laffemas.*)

Pour fléchir ce bourreau ! pour vous sauver !...

DIDIER.

                                     Merci !
Donc, je suis bien ingrat ! — Comment ! je vous tourmente,
Tandis que c'est pour moi, chaste et fidèle amante,
Qu'à ce juge, qui vient torturer et tuer,
Vous avez la bonté de vous prostituer !
Pardon, je suis de trop. Je gêne, j'importune...
Madame et le bourreau sont en bonne fortune.

(*Montrant la lampe.*)

Éteindrai-je ceci ? — Dites-moi seulement
Si c'est la fin, madame, ou le commencement.

Tandis que Marion se tord les bras et gémit, Didier insiste. S'adressant à Laffemas et lui montrant Saverny endormi, il fait observer que tous trois ont eu place dans le cœur de la belle : « Moi, — vous, — lui. » C'était du plus mauvais goût, et la version de 1831 est singulièrement préférable, avec le pathétique couronnement du pardon.

Les polémiques de presse furent moins violentes autour de *Marion de Lorme* qu'elles ne l'avaient été lors de l'apparition d'*Hernani*. Pourtant l'opposition classique ne désarmait point. Le *Moniteur Universel*, du 15 août 1831, demandait des coupures, trouvait le spectacle imposant, riche, varié, les décors admirables, l'interprétation très satisfaisante, bref, l'ouvrage curieux dans son ensemble; il reconnaissait que le style, « tour à tour élevé, hardi, étrange, *inconcevable*, participe moins de cette affectation du bizarre, de cette originalité qui touche au ridicule, que celui d'*Hernani*, dont il reproduit souvent aussi les beautés. » Mais le critique du *Moniteur* ne saurait accepter ni le sujet ni la thèse de *Marion de Lorme*, qui lui paraissent monstrueux et insensés. A son estime, — et il proclame qu'on doit la vérité à un homme de talent, — jamais Victor Hugo n'avait rien imaginé de plus faible. « A quoi bon, dit-il, choisir un personnage héroïque pour le dénaturer, mettre Marion en scène sans la rattacher à aucun des événements où elle a figuré, faire de la femme la plus gaie, la plus légère dans sa jeunesse — et on la présente jeune — une mauvaise héroïne de roman, pleurant sans cesse, se roulant par terre, jouant l'innocence et la vertu ? Quel intérêt peut inspirer ce Didier inflexible sur l'honneur, et qui veut, à toute force, épouser une femme qu'il connaît à peine, dont il ignore la famille; injuste, cruel, grossier envers celle qui lui a donné tant de preuves d'attachement, et qui, par un reste de pudeur encore, ne veut pas le prendre pour mari ? » — Plus rigoureuse est la *Quotidienne*, à la même date du 15 août. Elle fait grief à Victor Hugo d'avoir porté sur les planches un caractère que presque tous les auteurs modernes ont abordé, et dans la peinture duquel tous ont échoué : celui de la courtisane amoureuse. Le journal ultra ne manque pas d'observer que « les difficultés immenses du sujet, tenant à une question de moralité publique, devaient être bien aplanies par la direction licencieuse imprimée au théâtre depuis un an. » C'est une occasion de dauber sur la Révolution de Juillet, sur les vices et les périls concomitants de la liberté politique et de la liberté théâtrale. Devant ce qu'on voit et ce qu'on entend, le rédacteur de la *Quotidienne* plaint les regards honnêtes, les oreilles chastes, se voile la face et s'écrie : « Quand le respect de la pudeur n'est plus qu'un anachronisme, *Marion de Lorme* est un à propos. » Le sujet de la pièce choque le critique, non moins que la façon dont il est traité : « Louis XIII, Richelieu, les édits contre le duel, les sanglantes exécutions de la Grève, l'agonie de la féodalité, l'impuissance du roi et la toute-puissance du pouvoir royal, voilà les idées accessoires qui se pressent dans le drame, et l'on sent bien l'intention de l'auteur de grouper le siècle de Louis XIII autour des amours de Marion. Par une malheureuse habitude de son école, M. Victor Hugo, à force de vouloir donner aux siècles qu'il peint ce qu'on appelle la couleur locale, imite un peu ces femmes qui abusent du fard au lieu d'en user; il n'enlumine pas une époque, il la barbouille. » Pourtant la *Quotidienne*, rompant par miracle avec son intransigeance coutumière, reconnaît et admire la poésie, la grandeur peu commune du tableau sur lequel descend le rideau du dernier acte : « Cette vaste alcôve portative, tapissée de rouge, dans laquelle Richelieu, invisible et présent, parcourait la France sur les épaules de cinquante gardes, traverse lentement le théâtre pour aller assister au supplice. Une femme se précipite à la rencontre, la chambre fatale continue à marcher. Elle s'agenouille, la chambre marche encore. Elle saisit les draperies et s'y attache, la chambre marche toujours. Elle est renversée, la chambre, sans arrêter son cours ni le hâter, passe sur son corps, et toujours elle marche impassible comme celui qu'elle renferme, et son pas régulier et ferme semble être celui de la destinée. C'est là une belle image du génie de Richelieu. » Tout en convenant que la pièce a complètement réussi, la *Quotidienne* déplore et censure le procédé littéraire du poète : « Il est impossible, dit-elle, de parler du style. M. Hugo a fait, comme on sait, alliance offensive et défensive avec le barbarisme et le solécisme, ces usurpateurs que notre siècle a mis sur le trône, sous le nom de néologisme. Les oreilles tintent au seul souvenir de l'harmonie de ses vers, et je crois vraiment que c'était pour nous mettre en haleine qu'il nous a cité au second acte du Garnier et du Chapelain. On dit à cela que c'est un dialecte nouveau, à la bonne heure, mais alors on ne s'étonnera pas en m'entendant dire que le dialecte de M. Hugo n'a aucun rapport avec le dialecte français. »

A ces sévérités excessives la *Gazette de France* mettait une sourdine. Aussi passionnée en politique que la *Quotidienne*, elle professait des opinions littéraires un peu moins fanatiques. Sans doute elle se lamente sur le malheur des temps, sur l'inutilité de la critique, « emportée comme toutes choses dans le ruisseau de la révolution. » Mais elle constate très loyalement le succès de *Marion de Lorme*, les applaudissements et les acclamations qui ont salué le nom de l'auteur, enfin, l'élégance et l'agréable vérité des détails scéniques. Sur le personnage même de l'héroïne, il y a quelques réserves dictées par de vertueuses préoccupations. La *Gazette de France* est une feuille austère. « Marion de Lorme, dit-elle, vécut riche et mourut pauvre. C'est la bonne morale des femmes de cette sorte : un palais, tant qu'elles sont belles ; un hôpital, quand elles ne le sont plus. Passons vite sur les relations que les propos contemporains l'ont accusée d'avoir entretenues avec le cardinal de Richelieu. S'il y a des choses qu'il ne faut pas dire, il y en a même qu'il ne faut pas croire. » Volontiers la *Gazette* proclamerait l'infaillibilité du cardinal-duc et garantirait l'intégrité de ses mœurs. Caution hasardeuse.

Le journal légitimiste, après avoir signalé la grandeur et l'intérêt de l'action principale, critique, non sans raison, le nombre et la longueur des développements, l'encombrement touffu des épisodes. Il admet que l'auteur a déployé beaucoup de talent ; mais, à son gré, « il en aurait fallu moins, et de plus applicable aux émotions graduées et actives du théâtre. » Reste le reproche usuel de l'école classique contre la versification du romantisme, qui pourtant, dans *Marion de Lorme*, n'est point poussée à ses extrêmes conséquences. La coupe hachée du dialogue faisait scandale parmi les partisans de la vieille tirade. « Les acteurs de la Porte-Saint-Martin, écrit le rédacteur de la *Gazette*, habitués à dire de la prose, et entrant tout à fait dans le système du rythme poétique que M. Hugo cherche à faire prévaloir au théâtre, ont eu peu de peine à débiter, comme le langage familier, une poésie qui, dans plus d'une occasion, ressemble à s'y méprendre à de la prose, puisque la rime et la césure y sont parfaitement insensibles. »

De tous les comptes-rendus le plus sympathique est celui de Jules Janin, dans les *Débats* du 15 août. Il l'a d'ailleurs reproduit et amplifié au tome IV, chapitre VII, de son *Histoire de la Littérature dramatique*. Très judicieusement il observe que *Marion de Lorme*, tour à tour ode, dithyrambe, comédie, tragédie, préface, bien plutôt que drame, est traversée par un fantôme qui est Louis XIII, et dominée par un homme que l'on ne voit pas, mais dont on sent la toute-puissance, le cardinal de Richelieu. La pièce est variée, alerte, pittoresque, pathétique, angoissante. Elle a du mouvement et aussi des digressions. « Au troisième acte, remarque Jules Janin, vous avez déjà une fille de joie, un duel, deux dissertations dramatiques, une mort, une résurrection, une évasion, une troupe de comédiens, une reconnaissance, un lieutenant criminel et une arrestation. Sans compter plus de jolis vers, plus de fines reparties, plus de mots piquants, plus de poésie et plus d'esprit que vous ne pouvez vous imaginer. » Voici comment il analyse le Louis XIII dont Victor Hugo a voulu nous offrir la synthèse psychologique et la décevante image, silhouette de monarque effacé : « Le poète s'est souvenu, au moment où l'intérêt commence, qu'il y avait à Paris un roi singulier qu'il fallait aller voir; un propre fils de Henri IV, brave de son épée sur le champ de bataille, mais timide et tremblant dans son palais; un pauvre roi absolu, fils de roi absolu, père surtout de roi absolu, qui n'eut jamais une volonté à lui, bonhomme entêté et dévot qui se méprise profondément, et à qui ce mépris pèse comme un crime ; aussi timide en présence de sa maîtresse que de son ministre, aussi peu entreprenant près de l'une que de l'autre ; chaste et faible d'esprit par la même raison, l'incapacité et la peur ; en un mot, un véritable pantin dont le fil est remué par une main large et forte ; sans nul doute, c'était pour un homme comme M. Hugo une bête curieuse à voir. » Cette irrévérence de Jules Janin envers la monarchie devait surprendre maints lecteurs des *Débats*; mais ils avaient un surcroît d'indulgence pour le pétillant critique qui excellait à les amuser. Après avoir dit son fait au roi-fantôme, il se tourne vers le beau ténébreux, amant d'une courtisane en humeur de repentance : « A mon sens — déclare-t-il avec solennité — Didier, philosophe sceptique, à une époque toute de croyance ; Didier, jeune homme mélancolique à une époque turbulente, active, belliqueuse, passionnée en dehors ; Didier, isolé, sans nom, sans famille, homme du peuple à qui le cardinal-duc fait trancher la tête, honneur de gentilhomme, et dont il s'occupe comme il s'occuperait d'un comte féodal ; Didier, et sa vaporeuse passion, me paraissent un contre-sens dans ce drame historique. Un pareil homme, exalté comme Hernani, bâtard comme Antony, amoureux de l'idéal comme Hamlet, me paraît plutôt un homme du nord qu'un homme du midi ; c'est plutôt une passion allemande qu'une passion française ; c'est un homme qui convient bien mieux à une grande dame, à une jeune fille innocente, qu'il ne va à une courtisane, de la vie, des mœurs et du caractère de Marion. » Quant au drame même, Jules Janin proclame qu'il y a de tout dans ces cinq actes : rire, larme, pitié, terreur. On demeure déconcerté, stupéfait, devant une conception aussi hardie. Victor Hugo est un Dieu; l'univers lui appartient. Il a le don des pleurs, le don des langues, toutes les immunités du génie, le prestigieux auteur des *Orientales* et des *Feuilles d'automne*! Il est actif, volontaire, amoureux, ambitieux, bien portant, jeune, fier, orgueilleux, insolent. Bref, le critique des *Débats* lui décerne la couronne du triomphe, en rendant hommage à une gloire encore bruyamment discutée : « Il heurtait la foule et la charmait. Sur le passage de son drame il soulevait tour à tour ou tout à la fois cent mille clameurs et cent mille louanges, des admirations, des blasphèmes, des sifflets et des tonnerres; des sifflets à tout briser, des adorateurs à tout écraser ; — rien de médiocre n'a accompagné les diverses tentatives de ce poëte heureux ; on ne pouvait lui jurer une haine modérée ; on ne pouvait pas l'aimer d'un tiède amour. Ah ! le monstre ! ah ! le grand homme ! Oh ! le poëte ! ah ! misérable ! Il faut lui dresser des autels; il le faut traîner aux gémonies. » Jules Janin s'arrête, ébloui, devant le rayonnement d'un astre qui perçait la nue, dissipait les ténèbres épaisses et venait apporter aux générations nouvelles une lumière radieuse. Hugo iconoclaste imposait le respect à une foule dont la coutume était de célébrer d'autres rites et de fréquenter les autels du passé. En saluant le maître et le pontife du culte romantique, le disciple s'écrie : « Singulier privilège de cet homme qui, à force de mépriser son parterre, à force de violences faites au langage reçu, aux règles consacrées, aux convenances les moins disputées, à force de grotesque et de bizarre, arrive à des succès d'enthousiasme à une époque où l'enthousiasme est mort ; homme puissant qui s'est trompé de siècle, qui s'est fait poète dramatique quand il n'y avait plus ni poésie ni drame ; hardi novateur qui, avant d'achever le but qu'il se propose, a tout à faire : son théâtre, ses acteurs, son public et jusqu'à la critique appelée à le juger. »

L'interprétation fut-elle digne de l'œuvre ? Ce point est fort controversé. Alexandre Dumas, qui avait pour son cher Victor une admiration sans un atome d'envie et qui disait, avec son habituelle hyperbole, qu'il eût acheté chaque acte de *Marion de Lorme* par une année de sa vie ; le glorieux auteur d'*Henri III*, qui, devant la poésie étincelante de Victor Hugo, lançait cette exclamation : « Ah ! si je faisais de pareils vers, sachant faire une pièce comme je sais la faire, » déclare que la troupe de la Porte-Saint-Martin servait mal la cause sacrée du romantisme. Bocage, merveilleux dans Antony, était un Didier sans grand éclat ; Gobert, un médiocre Louis XIII. Il n'y avait vraiment à louer que Chéri dans Saverny, et surtout madame Dorval en Marion. Elle y trouvait le même emploi de ses facultés géniales que mademoiselle Mars dans doña Sol. Victor Hugo, très bienveillant pour ses interprètes — au point d'écrire que Bocage, tout ensemble grave, lyrique, sévère et passionné, a réalisé l'idéal de l'auteur, et que Gobert a reproduit la réalité de l'histoire — prodigue à madame Dorval les plus chaleureux éloges. « Elle a développé, dit-il, dans le rôle de Marion, toutes les qualités qui l'ont placée au rang des grandes comédiennes de ce temps ; elle a eu, dans les premiers actes, de la grâce charmante et de la grâce touchante. Au cinquième acte, elle est constamment pathétique, déchirante, sublime, et, ce qui est plus encore, naturelle. Au reste, les femmes la louent mieux que nous ne pourrions faire ; elles pleurent. » Les glorieux critiques de la nouvelle école sont à l'unisson de l'enthousiasme de Victor Hugo. Jules Janin exalte madame Dorval, « un de ces talents francs comme l'or non monnayé, dur comme l'acier non poli ; âme infatigable, larmes inépuisables, cœur déchiré, passions sans limites, terreurs sans bornes ; une femme qui allait toute seule à l'inspiration ; véhémente, active, intrépide ; où le drame la poussait, elle se portait, à ses risques et périls, en pleine fièvre, en plein abîme ; elle touchait à toutes les limites sans jamais se sentir arrêtée, à tous les extrêmes sans jamais se briser ; curieux spectacle et lutte admirable de ce frêle petit corps haletant et chancelant sous le charme poétique, qui se chargeait d'accomplir les rêves intimes de ce géant Adamastor. Oui, la fée était aux prises avec l'athlète, et souvent c'était l'athlète vaincu, j'en atteste Victor Hugo lui-même, qui demandait grâce à la fée. »

Non moins dithyrambique est Théophile Gautier dans l'article de la *Presse* du 1ᵉʳ juin 1849, qui se trouve reproduit d'abord au tome VI de l'*Histoire de l'Art dramatique en France depuis vingt-cinq ans*, et aussi parmi les notices annexées à l'*Histoire du Romantisme*. « Adèle d'Hervey, s'écrie-t-il, Kelly Bell, Marion de Lorme, vous avez vécu pour nous d'une vie réelle ; vous ne fûtes point de vains fantômes fardés, séparés de nous par un cordon de feu ; nous avons cru à votre amour, à vos larmes, à vos désespoirs. Ah ! comme nous avons été jaloux d'Antony, de Chatterton et de Didier !... Le talent de madame Dorval était tout passionné, non qu'elle négligeât l'art, mais l'art lui venait de l'inspiration ; elle ne calculait pas son jeu geste par geste, et ne dessinait pas ses entrées et ses sorties avec de la craie sur le plancher…. Elle avait des cris d'une vérité poignante, des sanglots à briser la poitrine, des intonations si naturelles, des larmes si sincères, que le théâtre était oublié et qu'on ne pouvait croire à une douleur de convention. Madame Dorval ne devait rien à la tradition. Son talent était essentiellement moderne. » Théophile Gautier la revoit au plus lointain du souvenir, à la première représentation de *Marion de Lorme*, avec ses longues touffes de cheveux blonds mêlés de perles, sa robe de satin blanc, et se faisant défaire par dame Rose. Elle rayonnait de joie et d'espérance.

En dépit du charme de madame Dorval, le succès ne fut point égal à celui d'*Hernani*. *Marion de Lorme* ne tint l'affiche que du 11 août au 25 septembre, en alternant avec d'autres pièces de la Porte-Saint-Martin. Et cette fortune douteuse restera attachée au drame le plus sentimental et le plus voluptueux qu'ait écrit Victor Hugo. Tandis qu'*Hernani* depuis 1867 appartient au répertoire de la Comédie-Française, *Marion de Lorme* n'y a fait qu'une apparition en 1873. Il est vrai que la distribution avait un lustre incomparable. Bressant jouait Louis XIII, Delaunay Saverny, Maubant Nangis, Got L'Angely, Febvre Laffemas. Didier, c'était Mounet-Sully pétulant de jeunesse, et mademoiselle Marie Favart était une exquise Marion, après avoir été une admirable doña Sol.

La parodie ne pouvait épargner l'œuvre nouvelle de Victor Hugo. On représenta aux Variétés la *Gothon du passage Delorme*, farce grossière ; au Vaudeville, le 17 août, *Une Nuit de Marion de Lorme*, pièce en deux actes, par Brazier, Alboize et Dulac. L'invention en est médiocre. Un certain Desbarreaux, conseiller au Parlement, postule depuis dix ans l'amour de Marion. Elle ne veut pas rendre à Richelieu, mais brûle les papiers de son cher Cinq-Mars, avec qui elle avait contracté un mariage de conscience. Tout à coup Desbarreaux revient pâle, défiguré. Il annonce la mort de Marion. Quand le rideau se relève sur le second acte, on apprend qu'elle n'était qu'évanouie. Pour échapper aux policiers du premier ministre, elle gagnera la frontière dans la voiture de Brienne, capitaine de vaisseau. Cependant qu'on prépare ses funérailles, elle complète son testament par cette disposition : « Je ne donne rien au cardinal de Richelieu, afin qu'il le distribue fidèlement aux pauvres. » Elle ajoute : « Je lègue au jeune Corneille ma bibliothèque, à Ninon les lettres d'amour que ses amants m'ont écrites. » Enfin, elle s'évade dans la chaise de poste, tandis que sous la fenêtre s'éloigne son cercueil vide.

La plus importante et la moins mauvaise de ces parodies, c'est *Marionnette*, en cinq actes et en vers, par Duvert et Dupeuty, représentée au Vaudeville le 29 août 1831. Les principaux personnages sont : Marionnette, jolie femme, vivant de son bien ; Cuirverni, agent de police, plein de légèreté ; Idiot, imbécile sans le sou, bavard et grand marcheur ; Lavemas, commissaire de police, sans aucune retenue avec le sexe ; le sous-préfet, vieux carliste ; Jérémie, vieillard de la Jeune France, sentencieux, barbu et larmoyant ; Rabatjoie, bouffon, spécialement attaché à l'administration des inhumations et pompes funèbres.

Le premier acte se passe à Pontoise, où Cuirverni relance Marionnette :

A Pontoise venir me chercher des rivaux !
Mais Pontoise jamais n'a produit que des veaux :
C'est le fruit du pays, et pour toute merveille
Les champs et les jardins sont infectés d'oseille.
Ah ! sur un pareil sol la vie est un fardeau :
Que peut-on faire ici, sinon du fricandeau ?

Cuirverni s'éloigne. Arrive Idiot qui nous est ainsi dépeint :

Il pousse des soupirs à faire fuir les chats ;
Il se met à genoux quand son ardeur l'emporte.

Marionnette le reçoit et lui dit en style romantique :

Seyez-vous.
  IDIOT, *naïvement.*
  Oui, quelquefois du nez.
  MARIONNETTE.
Je vous dis de vous seoir. Seyez-vous.
  IDIOT.
    Pardonnez !
J'entendais, *saignez-vous ?*

Il raconte sa vie, sa jeunesse :

Mon nom est Idiot.
  MARIONNETTE.
  Je le savais d'avance...
Vous êtes un crétin, mais je vous aime ainsi,
Et vous êtes encor plus dindon qu'Hernani.

Une rixe s'élève dans la rue. Idiot, pour l'apaiser, tire de sa poche une brochure de *Marion de Lorme* et va la lire sur le balcon. Tous les combattants se sauvent.

Au second acte, le brigadier affiche le tarif des amendes à Pontoise :

Un œil crevé, trois francs, six francs pour les deux yeux ;
S'ils ne sont que pochés, quatre francs pour les deux ;
Un bras démis, sept francs, cassé, sept francs cinquante ;
Pour une dent, un franc, deux dents, un franc soixante ;
Pour toute la mâchoire enlevée, onze francs,
Sauf à restituer, s'il reste quelques dents ;
Pour un nez écrasé, si l'enflure est énorme,
Quatre francs, et cinq francs, s'il a perdu sa forme,
Ou s'il n'en reste pas assez pour se moucher.

En cas de décès, l'assassin doit treize francs dix sous à l'État. C'est le tarif que paiera Idiot pour la prétendue mort de Cuirverni, pleuré par son oncle Jérémie qu'un domestique remonte comme une pendule. Mais Idiot n'a pas le sou. Par bonheur Marionnette l'assiste :

Idiot, je suis tienne... oui, voilà ma menotte.
Il me semble déjà que je suis Idiote.

Cuirverni, trop bavard, raconte à son camarade les antécédents de leur commune amie. Idiot s'emporte :

Tu mens, tu mens, tu mens.
 CUIRVERNI, *lui montrant un portrait.*
      Eh bien ! regarde, mens-je ?
 IDIOT, *regardant.*
Son portrait chez un autre !
 CUIRVERNI.
      Eh bien ! mens-je à présent ?
 IDIOT.
Oui, je le reconnais. Il n'est pas ressemblant.

Désespéré, il se fait arrêter par Lavemas, qui

pue la pipe. Marion court chez le sous-préfet, lequel dit au brigadier :

Ah ! j'ai bien peu ronflé, mon excellent gendarme.

Devant ce haut fonctionnaire, le vieux et la jeune, Jérémie et Marionnette, plaident avec chaleur et confusion la cause de leur client. Y aura-t-il un sixième acte ? Non, dit Cuirverni, ce serait « un acte de décès. » Tandis qu'un personnage murmure :

La recette toujours va *degringolando*,

on aperçoit un sac vide qui traverse le théâtre, et Marionnette crie :

Regardez, regardez... la recette qui passe !

Cette parodie était bien inoffensive, mais les romantiques ne pouvaient tolérer qu'on bafouât leur idole. Jules Janin publia, sous le titre « les Parodies, » un feuilleton indigné dans les *Débats* du 2 septembre. « On a parodié, disait-il, *Marion de Lorme* toute la semaine. Ils l'ont placée au coin de la borne. Figurez-vous qu'ils l'ont dégradée à plaisir. Ils l'ont dépouillée, non pas seulement de sa robe à ceinture d'or, mais de sa poésie, de son idéal, de ses tendres émotions, de son mol abandon, de ses larmes, de son amour, de tout ce qui en faisait encore une femme. Ils l'ont affublée d'esprit et de gros sel, la courtisane parfumée. Ils l'ont prise, la pauvre fille qui combat son amour, pour la jeter à la tête d'un amant de carrefour ; nous avons senti la pipe et le tabac de régie dans le drame de M. Hugo ; la vile prose a remplacé le vers passionné de *Marion de Lorme* ; la charge s'est glissée entre tous ces personnages si fantastiques, si mouvants, si spirituels, brodés sur toutes les coutures, brodés à jour, véritables Français qui vivent, pensent et se disputent sous une loi de fer. L'ignoble a frappé tous ces détails de poète ; le grivois a pesé sur toutes ces têtes sévères ; l'esprit a gâté tout le drame; ils ont fait un curé de village de Richelieu et de Louis XIII un sous-préfet. Profanation ! »

De vrai, la parodie, même maniée par la dextérité de Duvert, a échoué dans son entreprise contre *Marion de Lorme*, parce qu'elle s'attaquait au sentiment de l'amour que l'on peut railler chez autrui, mais qu'on entoure, en son intime pensée, de tous les hommages d'un culte mystérieux. Parmi les ruines des croyances, des philosophies et des rites dévots, reste debout l'autel de cette divinité qui aura toujours des martyrs et ne manquera jamais d'adorateurs.

CHAPITRE XXIV

CHRISTINE.

La destinée de Christine, reine de Suède, l'étrange fille de Gustave-Adolphe, devait tenter la curiosité et attirer l'audace des novateurs romantiques. Élevée au trône à l'âge de six ans, grandie sous la tutelle du chancelier Oxenstiern, elle prit dès sa dix-huitième année la direction effective des affaires. Tout aussitôt, elle étonna et ses sujets et l'Europe par sa précocité, sa dextérité politique et le jeu d'une diplomatie qui allait aboutir à la signature des traités de Westphalie. Passionnée pour les lettres, les sciences et les arts, elle transforma sa cour en une manière d'Académie où affluaient les savants et les philosophes. A la culture intellectuelle la plus subtile elle joignait une imagination ardente, un tempérament impulsif et sans frein Si elle répugnait aux liens du mariage, les changements du cœur et les caprices de l'amour ne lui étaient point étrangers. De nombreux favoris — dont les plus notables furent le médecin

Bourdelot, le comte de La Gardie, Tott et Pimentel — l'aidèrent à dilapider les finances de la Suède. L'austérité luthérienne du peuple, l'humeur indépendante des nobles supportaient mal l'extravagance de la souveraine. Christine pressentit une révolution. Pour l'éviter, elle abdiqua, reine découragée, femme lassée de tout, à vingt-huit ans. Lors de son séjour en France, au palais de Fontainebleau, une crise de jalousie ou plutôt de fureur la détermina à faire assassiner son grand écuyer, le marquis de Monaldeschi, par son nouvel amant, Sentinelli, capitaine des gardes. Le meurtre eut lieu, le 10 novembre 1657, sur l'ordre de la reine et presque devant ses yeux, dans la galerie des Cerfs. Elle témoigna, en cette occurrence, une férocité froide, une cruauté raffinée, qui révoltèrent l'opinion et parvinrent à émouvoir l'insouciante humeur de Mazarin. Christine dut quitter la France et se retirer à Rome, où, convertie au catholicisme et saturée d'aventures, elle tint bureau d'esprit. Après avoir collectionné les favoris, son goût se tourna vers les livres et les objets d'art. Par testament elle légua au Pape les raretés qu'elle avait rassemblées. Cette Messaline vieillie, chargée de débauches et de crimes, était une fidèle cliente du Vatican.

À travers ses vices, elle nourrissait la manie du prosélytisme ultramontain. Recevant, en mai 1678, de mademoiselle Tanneguy-Lefèvre, la future madame Dacier, un livre traduit du grec, elle répondit à cette jeune érudite, protestante de naissance, en l'exhortant à embrasser le catholicisme : « À quoi, disait-elle, peut servir toute votre science, si vous ignorez ce point si important ? Donnez-vous la peine d'y faire une réflexion sérieuse, et priez Dieu qu'il ouvre un jour vos yeux et votre cœur à la vérité. » Dans la société romaine, parmi les cardinaux et les *monsignori*, Christine trouvait des complaisances et des sympathies que la France lui avait déniées. Voici, d'après madame de Motteville, la première idée qu'on eut de la princesse que le grand Frédéric, lequel s'y entendait, a déclarée *bizarre*: « On connut que les vertus de cette reine gothique étaient médiocres. Elle n'avait alors guère de respect pour les chrétiennes; et, si elle pratiquait les morales, c'était plutôt par fantaisie que par sentiment. » Que sera-ce, et que dira-t-on, après le forfait de Fontainebleau? Elle eut le front de se rendre à l'Académie, le 11 mars 1658, quand l'indignation soulevée par l'assassinat de Monaldeschi était encore toute vive. Mézeray qui faisait fonction de secrétaire, voulut donner à la visiteuse un spécimen des travaux de la docte compagnie. A l'article « jeu » du dictionnaire, il lut cette locution proverbiale: « Jeux de prince — qui ne plaisent qu'à ceux qui les font. » Il paraît que Christine ne rit que du bout des dents. Elle savait qu'à l'Académie on cultivait, sur un sol propice, l'allusion malicieuse.

Cette femme singulière, éhontée, presque un monstre, allait tenter successivement la muse de quatre auteurs dramatiques. Alexandre Duval, classique attardé, écrivait en 1793 une tragédie en cinq actes, *Christine ou la Mort de Monaldeschi*. Brault, ancien préfet, traitait le même sujet en une pièce qui échoua à la Comédie-Française, et Frédéric Soulié donnait à l'Odéon, le 13 octobre 1829, un drame en cinq actes et en vers, *Christine à Fontainebleau*, que le renom de mademoiselle

Georges ne put préserver d'un lamentable insuccès. Enfin, sur cette même scène de l'Odéon et avec la même interprète, Alexandre Dumas faisait applaudir, le 30 mars 1830, *Christine ou Stockholm, Fontainebleau et Rome*, trilogie dramatique en cinq actes, en vers, à laquelle il avait annexé prologue et épilogue, pour paraître vraiment shakespearien et supérieurement romantique.

La pièce d'Alexandre Duval n'a point été représentée. C'est une œuvre de début qu'il composa au sortir de la rhétorique, en collaboration avec un de ses jeunes amis, de Corbigny. « Nos conversations, dit-il, sur tout ce qui nous frappait en littérature, nous amenèrent à des confidences réciproques. Je ne craignis plus de lui faire connaître quelques essais dramatiques que j'osais à peine lire ; il m'encouragea : et dominé lui-même par un secret penchant pour le théâtre, il me proposa de travailler avec lui. Quelques jours avant cette proposition, il était allé voir Fontainebleau ; et les traces du sang de Monaldeschi, que l'on montrait encore dans la galerie, nous firent naître l'idée de traiter le sujet de *Christine*. » Cette pièce, qui se rattache aux premiers incidents de la vie d'Alexandre Duval, « à une époque où chaque jour amenait une sensation, une crainte, un espoir, un plaisir », fut reçue à la Comédie-Française aux approches de la Terreur, quelques mois avant l'emprisonnement de la troupe. En ce temps-là, suivant le mot d'un homme d'esprit, *la tragédie courait les rues*. Le manuscrit de *Christine* demeura dans les cartons, et les deux auteurs suivirent des voies différentes : Alexandre Duval, après avoir été acteur, bifurqua vers la comédie de mœurs, et de Corbigny vers l'administration préfectorale. Ce ne sont ni mêmes théâtres, ni mêmes rôles, ni mêmes interprètes.

En lisant cette *Christine*, on s'abstient de déplorer qu'elle n'ait pas été jouée. Il s'y trouve de nombreuses réminiscences de situations et de sentiments qui lui enlèvent tout caractère d'originalité. Lagardie, ami de Monaldeschi que d'ailleurs il s'apprête à trahir, explique à son confident Delmonté l'admiration et l'amour dont il est possédé :

Dis-moi ; sans être ému, peut-on voir une reine
Descendre d'elle-même au rang de citoyenne ?
Abdiquer la couronne et n'avoir pour sujets
Que des infortunés, heureux par ses bienfaits ?

Dans un monologue, Christine, indignée contre Monaldeschi, fait appel aux mânes paternels :

Oh ! dieux ! quelle est ma honte ! ô mon père ! ô Gustave !

Elle charge Lagardie du soin de la délivrer de ce parjure qu'elle a aimé et qu'elle hait. La scène rappelle, par quelque analogie, mais non par la facture poétique, le terrible entretien d'Hermione et d'Oreste. Lagardie, que la passion pousse au crime, se fait le docile instrument de la vengeance royale :

Je me sens pas à pas entraîner dans l'abîme.
Un crime doit toujours suivre le premier crime.
A ce noir attentat tout doit me condamner.
Qui trahit son ami peut bien l'assassiner.
Vous voyez maintenant de quoi je suis capable.
Il ne me reste plus qu'à punir le coupable.
Faut-il dès cette nuit servir votre *courroux* ?
C'est à vous de fixer le moment et les *coups*.
Parlez : dans quel endroit, où voulez-vous qu'il meure ?
Me faut-il de son sang souiller cette demeure ?

Faut-il, pour ajouter encore à cette horreur,
D'un poignard acéré lui déchirer le cœur ?
Ou bien d'un fer tranchant armant ma main sanglante,
Faire tomber sa tête, et l'emporter fumante ?
Il n'est point de forfaits, commandés par l'amour,
Que mon bras n'exécute en cet horrible jour.
CHRISTINE.
Qu'il périsse à l'instant où son âme inconstante
Croit trouver le bonheur en quittant son amante ;
Qu'il périsse, et qu'il sache, en recevant les *coups*,
Qu'il ne doit son trépas qu'à mon juste *courroux*.
Vous pouvez obéir, et soigneux de me plaire,
Servez en l'immolant ma haine et ma colère.
Je ne vous prescris point de terme à sa douleur ;
Essayez cependant de le frapper au cœur :
C'est lui qui m'a trahie, et que ce coup lui prouve,
Quand le cœur est atteint, le tourment qu'on éprouve.
Allez, quand votre bras aura versé son sang,
La récompense est prête, et l'autel vous attend.

Cependant, le remords accomplit son œuvre. Lagardie avoue l'infâme projet à Monaldeschi qui pardonne. C'est un concours de générosité. Christine, sans qu'on saisisse la cause du revirement, s'associe à ce double élan, qui devient un triple élan de vertu. Le baiser Lamourette ne fut pas plus émouvant, en sa provisoire sincérité. Or, il y a une condition à la clémence de la reine : Monaldeschi renoncera à ses écarts volages et sera désormais un très fidèle et très ponctuel grand écuyer. Voilà l'idylle que sa souveraine lui propose :

Tous mes biens, mes grandeurs, mon nom, mon existence,
Tout ce qui m'appartient, tout est en ta puissance.
Je te suivrai partout, tu peux choisir l'endroit ;
Je puis voir un palais dans le plus humble toit.
Rien ne peut maintenant affaiblir mon courage ;

Et ce séjour enfin, fût-il le plus sauvage,
Si par Monaldeschi je le vois habité,
Deviendra pour Christine un séjour enchanté.

MONALDESCHI, *à part.*

Tant d'amour, malgré moi, m'importune et me touche.

Dès que Christine s'éloigne, il reprend ses projets d'évasion, et offre à Lagardie d'y participer :

Viens, quittons pour jamais cette reine jalouse,
Et fuyons tous les deux dans les bras d'une épouse.

Singulière façon de prendre la fuite !

Christine serait jouée, si Sentinelli n'entravait les desseins de Monaldeschi et ne l'arrêtait au sortir même du palais. Elle pardonnerait encore, pour peu qu'il consentît à nommer la femme à qui étaient adressées les lettres interceptées. Mais il est un parfait gentilhomme et refuse de consommer une vilenie. Il préfère la mort. Égorgé dans la coulisse, il vient expirer en scène, non sans avoir lancé cette exclamation cornélienne : « Soutiens-moi, Lagardie, » et jeté à Christine une apostrophe solennelle, avec l'appel à la postérité où se glisse un mot final de pardon. C'est tomber galamment. Plus farouche, Lagardie, en quelques phrases véhémentes, maudit la *reine-bourreau*, qu'il a failli aimer, et prédit la Révolution de 1789 :

Je vois dans l'avenir que le ciel nous prépare
Des décrets éternels un exemple bien rare ;
Oui, je vois tout le peuple honteux d'être opprimé :
Il se plaint, il s'agite, il s'arme, il est armé ;
Il court au Dieu vengeur arracher son tonnerre.
Tremblez ! de rois errants il va couvrir la terre ;
Et, reprenant ses droits longtemps abandonnés,
Punir par des forfaits des forfaits couronnés.

Christine, repentante, le crime à peine accompli, se proclame une *reine-assassin*, dépose sa couronne « aux pieds des peuples de l'univers, » et s'écrie devant le cadavre de Monaldeschi :

Osons le contempler. Quels regards il me lance !
Son œil encore ouvert garde un sombre *courroux* ;
Il découvre son sein, il me montre les *coups*,
Je les compte avec lui... Ce spectacle m'effraie !...
Son sang bouillonne encore en sortant de la plaie.
Ah ! courons l'arrêter... osons porter ma main...
La voilà sur son cœur ! c'est là que l'assassin...
Mais non, retirons-la... Quelle image effrayante !
Du sang de mon amant elle est toute fumante !
J'en vois ici, partout, le marbre en paraît teint,
Et jusque sur les murs mon forfait est empreint.

Tous les personnages de la tragédie d'Alexandre Duval sont artificiels, pensent et parlent à contresens. Lagardie, après une velléité d'infamie, redevient un Pylade de tout repos. Monaldeschi a des attitudes langoureuses et de rares délicatesses. Quant à Christine, elle ne rappelle en rien la reine arrogante, sanguinaire, effrontée, qui, au lendemain de l'assassinat, s'avisait d'écrire au premier ministre de Louis XIV :

« Mons Mazarin, ceux qui vous ont appris le détail de la mort de Monaldeschi, mon écuyer, s'étaient très mal informés. Je trouve fort étrange que vous commettiez tant de gens pour vous éclaircir de la vérité du fait. Votre procédé ne devrait pourtant pas m'étonner, tout fou qu'il est. Mais je n'aurais jamais cru que vous, ni votre jeune maître orgueilleux, eussiez osé m'en témoigner le moindre ressentiment. Apprenez, tous tant que vous êtes, valets et maîtres, petits et grands, qu'il m'a plu d'agir ainsi, que je ne veux ni ne dois rendre compte de mes actions à qui que ce soit, surtout à des fanfarons de votre espèce. Vous jouez un singulier personnage pour un homme de votre rang ; mais, quelques raisons qui vous aient déterminé à m'écrire, j'en fais trop peu de cas pour m'en intriguer un seul instant. Je veux que vous sachiez et disiez à qui voudra l'entendre, que Christine se soucie fort peu de votre cour et encore moins de vous ; que, pour me venger, je n'ai pas besoin d'avoir recours à votre formidable puissance. Mon honneur l'a voulu ainsi ; ma volonté est une loi que vous devez respecter. Vous taire est votre devoir ; et bien des gens, que je n'estime pas plus que vous, feraient très bien d'apprendre ce qu'ils doivent à leurs égaux, avant de faire plus de bruit qu'il ne convient. Sachez enfin, Mons le cardinal, que Christine est reine partout où elle est, et qu'en quelque lieu qu'il lui plaise d'habiter, les hommes, quelque fourbes qu'ils soient, vaudront encore mieux que vous et vos affidés. Le prince de Condé avait bien raison de s'écrier, lorsque vous le reteniez prisonnier inhumainement à Vincennes : « Ce vieux renard, qui jusqu'ici a trompé Dieu et le diable, ne se lassera jamais d'outrager les bons serviteurs de l'État, à moins que le Parlement ne congédie ou ne punisse sévèrement cet illustrissime faquin de Piscina. Croyez-moi donc, Jules, comportez-vous de manière à mériter ma bienveillance ; c'est à quoi vous ne sauriez trop vous étudier. Dieu vous préserve d'aventurer jamais le moindre propos indiscret sur ma personne. Quoique au bout du monde, je serai instruite de vos menées. J'ai des amis et des courtisans à mon service, qui sont aussi adroits et aussi surveillants que les vôtres, quoique moins bien soudoyés. »

Quinze jours après cette lettre, un mois après l'assassinat, Christine recevait à Fontainebleau la visite du roi Louis XIV, accompagné du cardinal Mazarin et de toute la cour. Le ministre qui gouvernait la France avait l'échine souple.

La pièce de Brault, *Christine de Suède*, représentée au Théâtre-Français le 25 juin 1829, n'est pas plus exacte au regard de l'histoire. Monaldeschi, qui courtise la comtesse Ebba, fille d'honneur de la reine, émet cet aphorisme :

Quand on est à la cour, on n'en peut plus sortir.

Christine dit au gouverneur du château de Fontainebleau, député vers elle par Mazarin :

Les Suédois, monsieur, sont les Français du nord,
Et sous votre beau ciel la fille de Gustave
A quelque droit à l'air que respirent les braves.

Elle remet au père Lebel, prieur des Mathurins, les lettres qu'a surprises Sentinelli et qui prouvent la trahison de Monaldeschi, sa promesse d'épouser la comtesse Ebba. Au troisième acte, les deux aventuriers italiens se trouvent face à face. Monaldeschi dit à Sentinelli qui vient pour l'arrêter :

Qui vous a ramené? C'est le souffle des vents.
Vos pieds ne laissent plus de marques sur la terre.
Tous vos pas sont cachés, vous êtes tout mystère...
Je me justifirai! je me justifirai!

A Christine, qui le soupçonne et déjà même l'accuse, il adresse cette déclaration :

Je vous ai consacré mon cœur, mon bras, ma tête.

Comme la reine lui montre, d'abord les copies, puis les originaux des lettres outrageantes qu'il a écrites sur elle, le grand écuyer répond :

       Une imprudence
Peut se remettre, hé bien! soyez ma providence.
Pesez l'ennui présent et le bonheur passé.

Elle se laisserait peut-être attendrir. Mais la comtesse Ebba, de façon fort inopportune, vient lui avouer sa passion pour Monaldeschi dont elle demande la grâce. Christine, sur-le-champ, donne l'ordre de le tuer. Vainement le gouverneur invoque la légalité. Le mot et la chose sont hors de saison :

Au roi de France en France appartient la justice.
Il est des magistrats pour juger en son nom.
Remettez en leurs mains le grand écuyer.
    CHRISTINE.
        Non.
    LE GOUVERNEUR.
Madame...
    CHRISTINE, *à part.*
Non ! Mon sang dans mes veines bouillonne.
    LE GOUVERNEUR.
Cédez à la raison.
    CHRISTINE, *à part.*
Je brûle.
    LE GOUVERNEUR.
      Tout l'ordonne.

Il termine sa tirade par cette sommation : « Rendez Monaldeschi ! » Sur ces entrefaites, apparaît Sentinelli, qui prononce le mot de la fin : « Monaldeschi n'est plus. »

Le drame de Brault fut accueilli froidement à la Comédie-Française : il méritait cette froideur. A l'Odéon, quatre mois plus tard, le 13 octobre 1829, *Christine à Fontainebleau*, drame également en vers, de Frédéric Soulié, essuya un échec éclatant. L'auteur avait été mal inspiré en refusant de collaborer avec Alexandre Dumas ; mais il alléguait une raison péremptoire : « David m'a promis, à la première œuvre importante que je ferais seul, de me faire avoir la croix. » Seul donc, il écrivit *Christine* : ce fut détestable. Il a essayé de défendre sa pièce dans une préface qui débute ainsi : « C'est, en vérité, un pitoyable métier que celui d'auteur dramatique.... Que faire en présence du meurtre de Monaldeschi ? Être vrai. C'est un devoir de poésie et de conscience. Alors il arrivera que le drame sera pénible à voir comme une mauvaise action. » Très pénible, en effet, odieuse même et assez ridicule, cette intrigue broussailleuse où se trouvent une jeune fille étendue sur la table de dissection pour déjouer la jalousie de Christine, un brigand déguisé en ermite, une reine qui chevauche sans escorte dans la forêt de Fontainebleau. Frédéric Soulié se glorifie de n'avoir pas voulu « ennoblir le crime. » En réalité, il a produit une œuvre grossière et surtout ennuyeuse. Le public se fâcha ou plutôt s'égaya aux dépens de l'auteur, qui s'en montre scandalisé. On avait murmuré et ricané, usé de la blague et du quolibet. « Des mots de la halle partis des loges — gémit douloureusement Frédéric Soulié — des apostrophes tutoyées adressées aux acteurs, des sifflets continus et des clameurs perpétuelles, sans qu'on ait pu entendre une scène entière de tout ce travail, voilà ce qu'on a appelé un jugement! » Il se plaint également de la colère haineuse des journaux contre un homme « qui ne touche aux ambitions de personne, qui n'a point fait de profession de foi littéraire, qui n'écrit dans aucun journal, ne fait de lecture dans aucun salon, et n'a ni pension du roi ni maîtresse au théâtre. » Pour réfuter toute cette apologie, il suffit de prendre la brochure de *Christine à Fontainebleau* : on s'explique les huées du parterre et l'unanimité de la critique. La versification était étrange. On y voyait un mélange de pathos et de galimatias. En voici un spécimen :

> Oui, oui, celui-là seul s'est vraiment oublié,
> Serviteur favori dont l'amour est lié
> Par d'autres soins que ceux que l'amour seul ordonne,
> Qui pour des torts d'emploi trouve un cœur qui pardonne,
> Mais qui pour son amour, où rien n'est de moitié,
> Sur le pied de valet peut être châtié.

Sentinelli, voulant assurer Christine du dévouement de ses sicaires, emploie cette métaphore hardie :

> Quelques pintes de vin et quelques écus d'or,
> Ils passeront pieds nus dans un ruisseau de laves.

La sévérité impitoyable d'un père envers la faute de sa fille est résumée en ce logogriphe :

> Le père qui maudit l'enfant vivant qui tombe
> Se repent bien souvent... mais Dieu voue au remord
> Le père sans pitié qui maudit l'enfant mort.

Enfin, quand Monaldeschi se voit irrémédiablement perdu, il adresse cet appel cacophonique :

> Christine, écoute-moi ;
> Tes bourreaux sont plus loin de moi que moi de toi.

Ici, le cahotement des mots correspond à la bizarrerie des développements et à l'incohérence des idées.

Autrement attachante et dramatique est la *Christine* d'Alexandre Dumas. Si nous l'en croyons, elle fut conçue au corps de garde du boulevard Bonne-Nouvelle où il passa la nuit, après avoir sauvé un homme et une femme attaqués par des voleurs au sortir d'un souper. Quoi qu'il en soit de ce détail pittoresque, *Christine*, reçue à la Comédie-Française, puis reprise par l'auteur qui n'avait pu s'entendre pour quelques corrections avec M. Samson, émigra à l'Odéon. Dans l'intervalle, Alexandre Dumas, voyageant en diligence entre Paris et Le Havre, remaniait son plan. Il avait ajouté — et il faut l'en louer — le rôle de Paula, l'amante de Monaldeschi déguisée en page, mais aussi — l'invention était moins heureuse — le prologue à Stockholm, l'épilogue à Rome, ce qui donnait sept actes à la trilogie. Il prétend que s'il retira son manuscrit du Théâtre-Français, c'est que, de bonne grâce, il avait cédé son tour de priorité à la *Christine* de Brault, pour complaire à l'auteur atteint d'un mal incurable. De vrai, les sociétaires, fort enthousiastes au jour de la lecture, s'étaient dégoûtés de la pièce. Mademoiselle Mars avait de ces caprices, et la Comédie de ces sautes de vent. A l'Odéon, les interprètes allaient être mademoiselle Georges pour Christine, mademoiselle Noblet pour Paula, Lockroy et Ligier pour Monaldeschi et Sentinelli. C'étaient les acteurs, ou de peu s'en faut, qui avaient joué le drame de Soulié et l'avaient laissé tomber. Le projet de reprendre la même distribution émanait du directeur Harel, en une lettre qui se terminait ainsi : « Ne vous préoccupez pas de cette idée que vous étranglez la pièce d'un ami ; elle est morte hier de sa belle mort. » Tout aussitôt, Alexandre Dumas communiqua le billet directorial à Frédéric Soulié, qui spirituellement lui répondit : « Ramasse les morceaux de ma *Christine* — et il y en a beaucoup, je t'en préviens — jette-les dans la hotte du premier chiffonnier qui passera, et fais jouer ta pièce ».

Reçu à l'Odéon, Alexandre Dumas aurait voulu retourner à la Comédie-Française. Il plaida devant le tribunal de première instance pour recouvrer la libre disposition de son œuvre, sous prétexte qu'on avait fait passer, avant *Christine*, d'abord *Marino Faliero*, puis la *Fête de Néron*. Son orgueil romantique rougissait de céder le pas à Casimir Delavigne et Soumet. Il mandait à Harel : « Cher frère, je désire que M. Soumet m'écrive un mot pour me remercier ; arrangez cela avec lui. Sans cela, il dirait qu'il ne m'a aucune obligation. Vous concevez qu'avec la possibilité d'être joué demain au Théâtre-Français si je le veux, j'ai le droit d'exiger qu'on soit honorable avec moi. » Sauf la lettre de Soumet, Alexandre Dumas obtint tout ce qu'il souhaitait : un dédit de 4.000 francs, des décors neufs, des toiles représentant des vaisseaux et même la campagne de Rome, plus, un divertissement où devaient figurer une cinquantaine de paysans suédois pour lesquels on rafraîchit les costumes vénitiens de *Marino Faliero*. Harel gagna le procès, Dumas fut condamné aux dépens.

Christine, après avoir triomphé de la censure, puis du directeur de l'Odéon qui eût souhaité que les vers fussent transformés en prose, eut un grand succès de répétition générale. La première représentation fut assez orageuse, et la majeure partie de la presse délibérément hostile. On blâma l'inutilité d'un prologue où Descartes disserte et où Christine tombe à la mer. Bizarre, effectivement, est la langue de Descartes qui dit à son interlocuteur :

Chez ton oncle, mon cher, pour l'intellectuel,
La nature a peu fait; mais, pour le ponctuel,
En formant un seul homme, elle s'est ruinée.

Et quelle définition de la politique de Richelieu dans la bouche de Christine !

Il comprenait le trône, et que, ses quatre pieds
Au front des grands vassaux se trouvant appuyés,
Mal assortir leur taille était puissantes fautes;
C'est pour ce qu'il passa sur les têtes trop hautes
La hache du bourreau comme un niveau de plomb.
Il fit giter le trône en le mettant d'aplomb.

Les critiques étaient fondées, lorsqu'elles visaient la rugosité de certains vers ou la superfluité d'un épilogue qui montrait, après trente-deux ans, l'agonie de Christine repentante et caduque, dans l'isolement somptueux d'un palais romain. Mais il y avait lieu d'admirer la vigueur de plusieurs scènes, la silhouette et le monologue du condottiere Sentinelli, les tragiques débats entre Monaldeschi et Christine, enfin le pathétique et l'horreur du cinquième acte, qui se termine sur les cris déchirants de la victime et cet ordre sinistre de la reine en réponse aux supplications du confesseur :

Eh bien, j'en ai pitié, mon père, qu'on l'achève !

La presse ne rendit pas justice aux mérites de l'œuvre et en souligna passionnément les défauts. — Le *Courrier des Théâtres* est implacable. Il ne saurait admettre une trilogie qui s'étend sur une période de quarante années. « Ce drame, dit-il, que l'on signalait comme un événement littéraire, a été trouvé vide d'action, d'intérêt, de situations dramatiques et surtout de sens commun. Aussi a-t-il été sifflé et resifflé par le public qui a abandonné la partie longtemps avant le dénouement. » Le rédacteur, cruel envers l'embonpoint de la principale interprète, ajoutait cette note plus que méchante, injurieuse : « On s'attendait à voir mademoiselle Georges en matelot. Il a fallu se contenter du ridicule de voir un immense potiron en forme de femme. » — Le *Constitutionnel* raille Alexandre Dumas de n'avoir pas osé imiter le drame italien du *Comte de Comminges*, qui n'a pas moins de quinze actes et dont la représentation exige trois soirées. Il juge le caractère de Christine vague, indécis, peu dramatique, et, tout en réputant le personnage de Paula très intéressant, il se demande s'il est naturel qu'une femme reste par excès d'amour auprès d'un homme devenu l'amant d'une autre femme. Après avoir reproché à Sentinelli d'être un bourreau, à Monaldeschi d'être un héros de lâcheté, le rédacteur du *Constitutionnel* conclut : « Ce genre d'héroïsme est plus propre à commander le dégoût que la pitié. Jusqu'à présent la nouvelle école n'est fertile qu'en inspirations d'une nature semblable ; ses héros sont des bandits, des hommes de sac et de corde ; elle se plaît aux supplices, elle aime la Grève et prend plaisir à savourer les derniers moments d'un condamné… C'est au milieu du XIXe siècle, dans la moderne Athènes, qu'on réunit la foule pour lui offrir le hideux aspect d'un homme qu'on fait mourir à petit feu, qu'on perce de mille coups et dont le sang jaillit de toutes parts. — Le *Journal des Débats* incrimine surtout l'atteinte portée à l'unité de temps. Il est moins préoccupé de l'unité de lieu. A la rigueur, il admettrait qu'en quelques heures on transférât le spectateur de Stockholm à Fontainebleau, puis de Fontainebleau à Rome. « Si vous lui présentez, dit-il, votre requête en beaux vers, il vous signera, quoique en souriant, tous vos passeports, et vous ne serez point inquiété sur la route. Mais ce spectateur a des yeux, et jamais vous ne lui persuaderez que dans l'intervalle mis par l'aiguille des minutes à faire six fois le tour du cadran, cette jeune reine que nous avons vue brillante de fraîcheur et de santé, soit celle que nous retrouvons dans votre épilogue, les joues creusées par le remords, le front sillonné de rides, la tête ombragée de cheveux blanchis. On vous passe quatre cents lieues; l'imagination aime à courir la poste; mais quarante ans! » — Le *Corsaire* déclare, en badinant, que c'est une rude chose qu'une trilogie dramatique, lorsqu'elle menace de se prolonger jusqu'à l'aube, pour étaler en sept actes et en six heures d'ennui les antiques rengaînes, le fer et le poison, le poison et le fer. Au demeurant, et par manière de raillerie, il place *Christine* au-dessus d'*Hernani*, parce que *Christine* dure plus longtemps et ennuie davantage. Il ajoute assez méchamment : « Le style de M. Dumas est préférable à celui de M. Hugo; mais il faut éviter d'appeler un vieillard un *vieux sapin*; car, lorsqu'en parlant des sénateurs suédois, la reine dit : « Ils s'avancent comme de vieux sapins », cela rappelle les vieux fiacres. » Le *Corsaire* affirme que vainement on avait convoqué le ban et l'arrière-ban des camarades, les condottieri à moustaches et virgules féodales qui hurlaient et battaient des mains : les sifflets et les rires faisaient écho. — La *Quotidienne* ne publie qu'une note brève et dédaigneuse; mais la *Gazette de France* s'en donne à cœur-joie, daube sur la pièce et l'auteur, sur les réclames complaisantes et fastueuses des cénacles romantiques, sur la singularité des sentiments et des images, notamment lorsque Christine dit à Monaldeschi pour justifier son abdication :

> Mon diadème d'or contrariait tes vœux
> Quand tu voulais passer ta main dans mes cheveux.

Voici, d'après la *Gazette*, comment la nouvelle école prépare une pièce et manigance un succès : « Prenez la vie d'un roi ou d'une reine ; faites-en un drame en sept actes, que vous appellerez *trilogie*. Laissez aller votre pensée et votre plume ; ne corrigez pas surtout, c'est le privilège du génie ; violez ouvertement les règles de la prosodie ; rime, césure, nombre, harmonie, tout cela été inventé par des esprits rétrogrades. Quinze jours au plus suffisent pour produire le chef-d'œuvre. Faites-le vanter d'avance par les journaux voués au nouveau culte ; lisez-le dans les coteries de la jeune France ; colportez-le partout, puis plaignez-vous d'infidélités, d'intrigues, de malveillance, cela vous donnera un air de victime qui ne nuira pas au succès. Maintenant soignez la représentation. Exigez des comédiens sept ou huit décorations neuves, changement de costumes à chaque acte, meubles gothiques, pertuisanes, escopettes, sarbacanes, bilboquets, et pour le moins une douzaine de petits vaisseaux ; on ne peut s'imaginer ce que tout cela ajoute au mérite du drame. Faites-vous abandonner le parterre, l'orchestre, la première et la seconde galeries. Placez au parterre la troupe des admirateurs à vingt sous, aux mains fortes et crasseuses, à la voix retentissante ; à l'orchestre seront vos jeunes amis dont l'enthousiasme s'épanchera par les ah ! ah ! les exclamations, les : que c'est beau ! et, dans certaines occasions, les bravos et les trépignements[1]. Aux galeries seront votre coiffeur, votre épicier, vos parents aux degrés les plus éloignés, vos voisins et tous vos admirateurs de circonstance surveillés par quelques amis éprouvés. Le reste fera foule à sept heures et entrera par un guichet étroit, ce qui renouvellera la scène des barricades. Si vous êtes marié, mettez en évidence dans la loge la plus apparente votre femme et vos petits enfants qui exerceront leurs jeunes mains aux applaudissements. Ils plaideront pour vous et recevront les hommages qu'un vieux préjugé ne permet pas encore que vous receviez vous-même. »

Dans son indignation forcenée, le critique de la *Gazette* va jusqu'à proclamer que les romantiques sont, tous, éminemment niais et ignorants. Il leur reproche la paresse, le défaut de bonnes études, l'orgueil de la médiocrité, l'imbécillité d'esprit. Il les accuse de dédaigner ce qu'il y a dans la nature humaine de noble, de grand, de sublime et d'idéal, pour ne s'attacher qu'à ce qu'elle peut offrir de trivial, de prosaïque et de puéril. Bref, il leur fait un crime de renverser les bases de la haute littérature, instituées, dit-il, « depuis l'origine du monde, depuis Homère jusqu'à Bossuet. » Il en appelle, comme c'est l'usage, aux honnêtes gens, à la jeunesse studieuse et éclairée, à tous ceux chez qui « le sentiment du beau n'est pas émoussé par cet alcool de bas aloi que l'on appelle romantisme. » Émule de Joseph Prudhomme, il

---

[1]. La *Gazette* omet de dire que Frédéric Soulié était venu avec cinquante ouvriers bien stylés, pour applaudir frénétiquement la *Christine* de Dumas, sur la même scène où sa *Christine*, à lui, avait piteusement échoué.

les adjure, au nom de la gloire nationale et de l'honneur des lettres, « d'écraser de leur mépris des productions qui sont un outrage à la raison, une insulte au bon sens public, en même temps qu'elles entraînent la corruption des mœurs, du langage et la décadence des arts. » Que dis-je? il veut sauver la monarchie, menacée par la *Christine* d'Alexandre Dumas. Il voit dans ce drame toutes les conséquences du libéralisme en littérature. Il relève des attentats sacrilèges à la majesté des trônes. « On y joue à la boule avec le spectre et la couronne; on entend une reine qui, en parlant de la sienne, dit :

C'est un hochet royal trouvé dans un berceau. »

A travers tant d'exagérations et d'invectives, il y avait en ces critiques une part de vérité, lorsqu'on demandait à Dumas, d'un accord unanime, d'alléger sa pièce. Il y consentit de bonne grâce en coupant l'épilogue. De même certains passages devaient être remaniés pour la représentation du lendemain. Le temps faisait défaut à l'auteur qui avait vingt-cinq convives à souper. Alors Victor Hugo et Alfred de Vigny, dans une salle voisine, passèrent la nuit à supprimer ou à redresser les vers qui avaient été *empoignés*. Ils terminèrent après l'aube leur tâche fraternelle et laissèrent le manuscrit sur la cheminée d'Alexandre Dumas qui s'était couché et endormi. En évoquant ce touchant souvenir, le bénéficiaire d'une si flatteuse collaboration s'écrie dans ses *Mémoires* : « Te rappelles-tu cela, Hugo? Vous rappelez-vous cela, de Vigny? » En ces jours de bataille où passait un souffle de gloire et d'espérance, le romantisme était à la fois une armée et une famille.

Devant la radieuse aurore du renouveau littéraire, l'enthousiaste jeunesse avait cette ferveur qui bientôt allait descendre dans la rue pour abattre le drapeau blanc, revenant d'ancien régime. Toutes les libertés fleuriront, hélas! d'une floraison trop brève, au soleil de Juillet.

FIN

TABLE DES MATIÈRES

Chapitre Ier.	— Les Origines du Romantisme	1
— II.	— La Préface de *Cromwell*	17
— III.	— *Cromwell*	33
— IV.	— La Jeunesse d'Alexandre Dumas	51
— V.	— *Henri III et sa Cour*	68
— VI.	— La Pétition des Classiques	90
— VII.	— Un demi-classique : Alexandre Soumet	111
— VIII.	— Un demi-romantique : Népomucène Lemercier. I. Ses débuts	131
— IX.	— Népomucène Lemercier. II. Ses audaces	
— X.	— Népomucène Lemercier. III. Ses échecs	169
— XI.	— Népomucène Lemercier. IV. Sous la Restauration	190
— XII.	— Népomucène Lemercier. V. Ses dernières années	212
— XIII.	— Casimir Delavigne	233
— XIV.	— *Marino Faliero*	253
— XV.	— Les Traducteurs de Shakespeare	275
— XVI.	— Alfred de Vigny	295
— XVII.	— *Othello*	312
— XVIII.	— Les Préludes d'*Hernani*	330
— XIX.	— La Soirée du 25 février 1830	348
— XX.	— La Fable et le Style d'*Hernani*	367
— XXI.	— Les Parodies d'*Hernani*	387
— XXII.	— *Marion de Lorme*	411
— XXIII.	— Critique de *Marion de Lorme*	431
— XXIV.	— *Christine*	452

Imprimerie générale de Châtillon-s-Seine. — A. Pichat.

SOCIÉTÉ D'ÉDITIONS LITTÉRAIRES ET ARTISTIQUES
LIBRAIRIE PAUL OLLENDORFF
50, Chaussée d'Antin, PARIS.

DERNIÈRES NOUVEAUTÉS

Collection à 3 fr. 50 le volume

PAUL ADAM
La Ruse

NONCE CASANOVA
César

JULES CASE
La Fille à Blanchard

CAMILLE LEMONNIER
Comme va le Ruisseau

ALBERT LE ROY
George Sand et ses amis

CAMILLE MAUCLAIR
Les Mères Sociales

GEORGES OHNET
Marchand de Poison

H. VIGNEMAL
La Chaîne

Imprimerie Générale de Châtillon-sur-Seine. — A. PICHAT.

www.ingramcontent.com/pod-product-compliance
Lightning Source LLC
Chambersburg PA
CBHW060224230426
43664CB00011B/1545